YAGUEL DIDIER
ou la mémoire du futur

GÉRALD GASSIOT-TALABOT

YAGUEL DIDIER
ou
la mémoire du futur

Questions sur la médiumnité

ÉDITIONS ROBERT LAFFONT
PARIS

ISBN 2-221-05808-9

A la mémoire de Gabrielle d'A.

Introduction

Nous entretenons tous des relations secrètes avec des livres oubliés qui ont traversé notre vie comme pour répondre à certaines questions, ouvrir certaines voies. Celui que j'ai lu à l'âge de quinze ans, et qui m'avait alors fortement bouleversé, c'est *L'Hôte inconnu* de Maurice Maeterlinck [1] que l'on trouve parfois cité à propos de l'expérience des chevaux d'Elberfeld, mais qui est injustement délaissé. Au moment d'entreprendre cette investigation sur la médiumnité, à travers le cas

1. *L'Hôte inconnu*, édité dès 1914 aux États-Unis chez Dodd Mead, fut publié après la guerre en français, à la Bibliothèque-Charpentier (Eugène Fasquelle, 1920). Maeterlinck nous dit que son ouvrage s'inscrit dans la veine de son essai sur *La Mort*. Mis à part sa spéculation sur *l'Hôte inconnu* qui lui sert de conclusion, il traite, d'une part, des fantasmes, de la psychométrie et de la connaissance de l'avenir, d'autre part, de l'affaire des chevaux d'Elberfeld. On a avancé que cette expérience extraordinaire avait été le véritable prétexte de son livre. Maeterlinck nommait « Hôte inconnu » l'interlocuteur imprévisible, dépositaire de la Sagesse et du Savoir, mais « téléphoniste facétieux », répondant ambigu et hoquetant, qui opérait dans ces régions équivoques où se produit « une étrange mêlée de forces hétérogènes... aux alentours de l'estuaire nébuleux où notre conscience normale se jette dans notre subconscience ». En fait, l'auteur déplaçait le problème en considérant que cet hôte vivait « avec ce qui ne meurt pas en nous-mêmes [...] n'entre pas dans la tombe, comme avec ce qui ne s'incarne point à l'heure de la naissance ». Et ce grand régulateur simplifiait nos rapports avec l'inconnu « en nous évitant de peupler le monde et d'encombrer notre vie d'une foule d'êtres hypothétiques et imaginaires », au profit d'un seul interlocuteur valable. C'est que Maeterlinck avait à batailler en son temps contre l'explication « spirite », victime de son succès, et dont il ne voyait que les interventions anecdotiques, les petites préoccupations. Il voulait soutenir, en revanche, l'explication « médiumnique » entendue comme l'économie d'un recours au monde des morts, à ses « bavardages ineptes et ses réminiscences encombrantes », et se fonder sur la psychométrie pour établir les « communications de subconscience à subconscience, les révélations des faits inconnus, oubliés ou futurs ». Dans cette volonté de mettre un peu d'ordre, Maeterlinck se laissait aller à des propositions plus complexes que ce qu'il voulait réduire, à l'invention d'un intermédiaire indéfinis-

Yaguel Didier, j'éprouve l'obligation de me référer à cet ouvrage, d'abord parce qu'il a creusé en moi une brèche qui m'a contraint, au cours de ma vie et de ma carrière, à utiliser la force de la rationalité en en mesurant constamment les limites, ensuite parce qu'il sera souvent cité dans les différentes articulations de ce livre et qu'il convient donc de le situer d'entrée de jeu, enfin parce que je le considère comme un exposé critique exemplaire. Il convient donc que le nom de Maeterlinck soit cité dès ces premières lignes, parce que cet écrivain couronné par le prix Nobel de littérature, adulé et célébré en son temps, eut le courage d'engager sa réputation sur les voies chaotiques du paranormal et eut le mérite de poser la question fondamentale (en y répondant par la négative) : avons-nous à faire « un choix exclusif et redoutable entre l'énergie cérébrale et les mystérieuses forces de la subconscience », ou pouvons-nous espérer une saisie sereine et méthodique de phénomènes dont une partie de la classe scientifique rejette *a priori* l'existence?

Le présent ouvrage avoue des ambitions modestes. Il est d'usage que les grandes études critiques sur les pouvoirs de l'esprit embrassent l'ensemble des théories, des pratiques et des manifestations qui échappent un tant soit peu à l'explication rationnelle [2]. Or

---

sable, aux motivations incertaines, que la problématique jungienne avait évoqué plus pertinemment avec « l'inconscient collectif ». Cependant, son livre fut une remarquable ouverture aux mille questions mêlées qui composent aujourd'hui, encore et toujours, le contenu des enquêtes sur le paranormal. Il utilisa tous les filtres, toutes les sûretés qu'un esprit curieux et attentif pouvait appliquer à cette « terre promise de la fraude ». Son fourvoiement dans l'affaire des chevaux d'Elberfeld plaide finalement en sa faveur. Ces chevaux « calculateurs », qui effectuaient des opérations simples, voire des extractions de racines carrées, posaient le problème de la télépathie entre l'homme et l'animal. Il faut retenir, dans la démarche de Maeterlinck, l'acharnement et l'ingéniosité analytique qu'il mit à contrôler un phénomène dont l'enjeu était énorme et qui le fascinait. Même s'il rendit les armes et fut finalement persuadé de la manifestation d'une intelligence autonome, non télépathique, même s'il élimina les explications par le dressage, même si l'interférence des caractères humanoïdes, reposant sur des travaux postérieurs, ne put évidemment entrer dans son champ d'interrogation, son comportement ne doit pas être réduit à celui d'un « gogo » facilement convaincu, éperdument désireux de croire et dupe rêvée pour des manipulateurs sans scrupule. La réfutation du phénomène a reposé, dans un premier temps, sur l'intervention des micromimiques (rapports de la commission impériale et d'Édouard Claparède), puis sur l'hypothèse des modifications respiratoires des spectateurs, avancée par Henri Pièron, qui n'a jamais pu être vérifiée, en raison de l'obstruction ou de l'exaspération du Dr Krall, propriétaire des chevaux; elle est d'une telle subtilité, puisqu'elle suppose que les chevaux étaient « guidés » par l'émotivité des personnes présentes, que, tout en tendant à accréditer la manifestation de causes discernables ou le montage d'une supercherie elle laisse, c'est le moins qu'on puisse dire, comme un malaise.

2. Deux ouvrages, l'un sérieux, universitaire, écrit par René Louis (*L'Ère des Médiums*, Éditions Autrement), l'autre, agressif et polémique, dû à Alain Cuniot (*Incroyable... mais faux!* Éditions L'Horizon chimérique), constituent, lorsqu'on

on ne traitera ici que du phénomène de la médiumnité ou « médiumnie », néologisme couramment employé par certains auteurs et praticiens. Ce concept sera utilisé de préférence à celui de « voyance » que néanmoins, par commodité, pour contourner les répétitions, ou dans son sens concret et limité, on emploiera également. Cette approche reposera pour l'essentiel sur le témoignage de Yaguel Didier, sur l'analyse de son cas, sur le long dialogue qu'elle m'a permis d'avoir avec elle et qui se fonde sur dix ans de confiance, d'estime et d'amitié réciproques. Certes, des références seront faites à la pratique d'autres médiums et voyants, parmi lesquels d'excellents, qui font honneur à cette profession controversée. Ces questions sur la médiumnie auraient pu être posées à une vingtaine d'interlocuteurs; elles auraient pu donner lieu à des comparaisons, à des investigations dans l'histoire, à des entrecroisements de récits, à des confrontations de résultats, à des recherches de témoins.

Je pense parvenir à un stade assez avancé en me limitant à des références courtes aux autres cas et en poussant les conversations que j'ai eues avec tous ceux et toutes celles qui ont accepté, dans la deuxième partie de ce volume, de dire sur la médiumnie et Yaguel Didier ce qu'ils savaient. De toute façon, même si j'ai exposé en conclusion certaines hypothèses, je n'ai pas cherché à percer le secret de la voyance, à développer une théorie, comme l'avait fait imprudemment Maeterlinck, mais à réfléchir sur la manière de se « servir » de la médiumnie, à examiner son éclosion et ses manifestations chez un sujet, à évoquer ses « triomphes », comme on dit en cartomancie, mais aussi ses ambiguïtés et ses limites.

Suivre un seul médium dans le parcours qu'il a effectué jusqu'à aujourd'hui dans divers états de la voyance, et passer au crible sa formation, sa pratique, son expérience, ses souvenirs, ses prises de conscience, ses doutes, sa relation avec les autres, ses ambitions, sa

---

juxtapose leurs tables des matières, un catalogue de cet agglomérat critique des faits « marginaux ». Ils seront l'un et l'autre longuement impliqués dans cette étude, avec une considération particulière pour l'essai de René Louis qui est un travail « incontournable » (même si l'on en conteste vivement certains aspects) sur les objections que peut susciter le « paranormal ».

On éprouve cependant une certaine surprise à voir énumérés et examinés sous la même loupe le spiritisme historique et le néo-spiritisme, les calculateurs prodiges, les artistes médiums, la psychocinèse (les maisons hantées et les apparitions), la radiesthésie, la télékinèse, les chirurgiens « psi », la télépathie, la précognition, la lucidité ou clairvoyance, l'écriture automatique, l'astrologie, la chiromancie, la morphopsychologie, l'insensibilité à la douleur (perforations ou brûlures), à côté de la médiumnie, dans ses diverses nuances et définitions, du mysticisme chrétien associé à certains phénomènes comme la transverbération, la luminescence, l'ubiquité, la lévitation, la stigmatisation... pour terminer avec les apparitions de la Vierge et les miracles de Lourdes.

Comme on le voit le menu est copieux, bien qu'incomplet.

conception de son étrange pouvoir et sa façon de le vivre, c'est se donner les chances d'aller aussi loin que possible et de susciter ultérieurement des extrapolations. Mais il a fallu pour cela décrire de nombreuses situations, nommer beaucoup de protagonistes, faire état de mon expérience personnelle qu'il n'était pas toujours aisé d'exposer. Il revient à Yaguel Didier l'immense mérite d'avoir accepté de jouer le jeu, malgré sa discrétion et sa sensibilité, et d'avoir consenti à être, en quelque sorte, « l'objet » en même temps que la partenaire d'une enquête.

***

Cet ouvrage comprend une première partie où sont inscrits les problèmes généraux posés par la médiumnie à travers l'expérience de Yaguel Didier et qui renvoie fréquemment à la seconde partie où sont classés par ordre alphabétique, donc aisément repérables, les « dossiers » regroupant les témoignages. Les nombreux exemples et développements contenus dans ces « dossiers » ont nécessité, pour éviter redondances et contradictions, de renvoyer d'une partie à l'autre et donc de faire état, chaque fois que cela était nécessaire, d'éléments exposés ultérieurement.

Première partie

LA MÉDIUMNITÉ
ou
LE CAS YAGUEL DIDIER

ENFANCE ET ADOLESCENCE

Yaguel est née à Lagny dans une famille qui allait compter dix enfants (elle a toujours aujourd'hui cinq frères et quatre sœurs). Installée très tôt à Toulon, elle y passa son enfance en connaissant, d'une part, les libertés que donnent les familles nombreuses, dans une grande maison, avec les échappées que permet le climat méridional et, d'autre part, les astreintes d'une éducation protestante assez rigide. Son père prônait pour ses enfants une formation fondée sur les principes les plus stricts et une pratique active de la charité. Yaguel gardera le souvenir d'un homme absent, qui lui témoigna une réelle affection, mais avec lequel elle eut peu de contacts. Sa mère avait de telles charges à assumer avec la gestion de son ménage, qu'elle n'était pas toujours accessible à une petite fille ardente et affectueuse. L'effet le plus immédiat de ce climat familial fut une introversion très prononcée. Vivant dans un monde intérieur, ne parlant à personne jusqu'à paraître farouche, elle apprit à soliloquer, à se replier sur son imagination. Elle ressentit les troubles caractéristiques des conflits avec l'univers parental et d'une difficulté affective qui était moins l'effet, elle le reconnaît, du comportement objectif de sa mère que des attentes que celle-ci ne pouvait satisfaire. Insomniaque, elle éprouve une crainte de la réprimande qui accentue son isolement. Elle voit sa famille comme typique de la bourgeoisie française de province, avec ses principes, son réalisme, et elle trouvera, auprès de ses frères et sœurs, un climat de tendresse qui s'épanouira.

Lorsqu'on questionne Yaguel sur les événements annonciateurs de ce qui allait être sa disposition médiumnique, elle ne décèle pas de signe précis. Les voyants font souvent état de dons précoces (Georges de Bellerive aura la vision d'un de ses ancêtres à sept ans et, dans un livre récent, Didier Derlich situe ses premières prémonitions à l'âge de huit ans), mais Yaguel est consciente qu'elle a été élevée dans un milieu où il aurait été choquant d'évoquer des pratiques condamnées par la Bible, tout au moins selon certaines exégèses. L'Ancien Testament était présent dans le déroulement de la journée, au moment de la prière commune, de la bénédiction des repas, au cours du culte hebdomadaire et de l'école du jeudi. Mais en même temps, comme je lui faisais remarquer que ce texte sacré était celui qui mettait en scène les prophéties et annonçait à la fin des temps, le développement du don de prédiction, elle s'est souvenue d'avoir assisté à des scènes de « parler en langue » au cours desquelles certains assistants priaient et prophétisaient. Il n'empêche que la médiumnie, au sens habituel du terme, se trouvait ramenée aux pratiques de diseurs de bonne aventure et bannie de la pensée. Les intuitions qui la traversaient, et ensuite, à l'école, cette facilité pour répondre aux questions de l'institutrice de façon quasi instantanée, au point que ses camarades l'appelaient « Miss doigt levé », étaient mises sur le compte du fonctionnement de l'intelligence. Elle s'aperçut plus tard que cette intuition lui avait fait faire l'économie d'un savoir avec lequel elle la confondait.

Mais c'est surtout par l'expression de son extrême vitalité et par sa révolte que se manifestait le trop plein d'énergie vitale. A dix ans, en se rendant à l'école, elle voyait se dresser sur son chemin le mont Faron et se disait : « Un jour je renverserai cette montagne. » Pourquoi cette agressivité à l'égard d'une montagne, impressionnante certes, mais paisible? Parce qu'elle symbolisait pour une petite fille l'inaccessible, les obstacles insurmontables que plus tard la voyance, comme un coup de bélier (son signe de naissance), allait l'aider à renverser. Cet avenir, encore non discernable, était projeté comme une « empoignade avec le monstre ». On voit quels bouillonnements pouvaient se produire dans le for intérieur d'une enfant peu loquace, à laquelle la règle imposerait bientôt de ne pas se maquiller, de ne pas couper ses cheveux, de cacher ses jambes, règle qu'elle s'empresserait évidemment d'enfreindre. Avec l'inévitable révolte politico-athée que connaissent beaucoup d'adolescents, le jugement porté sur la contradiction qu'elle constatait entre les principes moraux enseignés et la difficulté pour ses parents de vivre l'harmonie du couple, Yaguel connaissait, sans que personne ne soit vraiment responsable, une adolescence perturbée. En atteignant les seize dix-sept ans, elle allait trouver, dans le théâtre d'amateur, un exutoire à la force qu'elle sentait en elle. La petite muette allait se jeter avec ferveur dans l'expression, le jeu scénique. Pour briser sa timidité, se « désembourber », elle n'avait rien trouvé de mieux que de fusionner avec les autres par les textes, que de communiquer en état de grâce (en cherchant tout de même le devant de la scène). La schizoïdie du comédien annonçait celle du médium; comédienne, elle récupérait les répliques des autres, se fondait dans la troupe, faisait inconsciemment un numéro de voyance par incorporation dans sa façon d'être une autre et elle-même. Un analyste datera même de ce rapport avec le théâtre, le début, la prise de conscience, de son état médiumnique. Elle gardera une nostalgie de ce pouvoir de l'artiste auquel elle comparera elle-même, le moment venu, l'exercice de la voyance. Elle sentait en même temps un frein, par la manifestation de sa personnalité, de son ego, qui l'empêchait d'entrer complètement dans le personnage interprété, jusqu'à la perte d'identité. Je ne peux mieux comparer ce comportement qu'à la façon dont Yaguel, aujourd'hui, dans ses expériences de voyance sur l'histoire, entre en demi-transe, s'abandonne à l'entité qui l'habite, tout en se retenant au seuil de la perte de conscience, en gardant une possibilité de « retour », même dans les moments les plus paroxystiques.

Elle suit donc des cours et, sans être considérée par ses professeurs comme exceptionnellement douée, elle obtient des prix, joue du Claudel (elle sera Mara dans *L'Annonce faite à Marie*); on lui donne des rôles dramatiques en raison de son physique; elle retrouve, encore aujourd'hui, cette sensation de jouissance, d'ivresse, d'état de grâce à communiquer. État qu'elle ressent lorsqu'elle réussit une consultation, qu'elle a la certitude d'avoir réussi à pénétrer l'autre et à lire en lui à livre ouvert. Ce parallélisme entre la médiumnie et les arts s'étendra à la peinture, à la sculpture, aux objets avec lesquels elle éprouve toujours une grande affinité. Elle fréquentera des peintres et sera accessible à l'écran vibratoire de la toile, comme elle l'est maintenant, entre autres, à celui des cartes de son jeu divinatoire réalisé par une artiste.

De cinq à dix-sept ans, elle aura suivi l'itinéraire sans histoire d'une vie scolaire ordinaire et d'activités secondaires, d'un rapport à une société qui, après un échec au bac à cause des maths dont elle ne peut appréhender la structure rationnelle, la conduit à deux années de capacité en droit où elle s'ennuie ferme. Elle se fait à dix-huit ans la promesse qu'à sa majorité elle partira pour Paris, d'autant que les prédictions de deux voyantes ne l'avaient pas laissée indifférente. Dans cet épisode, sa mère, malgré les principes auxquels elle se soumettait, se montre sympathiquement complice. On sent Yaguel hypersensible et hyperémotive, on lui dit que ce sera un atout mais aussi une souffrance, qu'elle voyagera beaucoup, ira aux États-Unis, parlera en public (elle pense alors au théâtre) et surtout on emploie une métaphore qui prend une étrange résonance lorsqu'on lit la consultation astrologique de Joëlle de Gravelaine : « Tu seras un aigle au-dessus des autres. » La notoriété, voire la célébrité, lui seront prédites, mais sans aucune allusion à une activité médiumnique. Est-ce par son éducation catholique, moins directive que l'ordre protestant qu'elle avait adopté par son mariage, ou simplement en raison de l'affection généreuse qu'elle lui porte, que sa mère fait preuve d'assez d'humour et de libéralisme pour l'aider à quitter la maison? Elle laisse Yaguel faire croire qu'elle part pour Paris achever des études. A vingt et un ans, Yaguel a pu répondre à une petite annonce qui demandait une jeune fille au pair. La voici dans une famille, avec toutes les servitudes que cette condition implique, assez solitaire et malheureuse. Ne pouvant s'acheter de vêtements, elle se met à en faire pour elle-même, à couper, à apprendre le crochet. On remarque son travail, on lui passe des commandes, enfin on la paye.

Un été, toujours comme jeune fille au pair, elle partage les vacances d'une autre famille et ses dispositions pour la couture se trouvent particulièrement encouragées. Elle est sollicitée pour faire les costumes d'un bal masqué : c'est un succès qui se prolonge par d'autres commandes et par la constitution d'une clientèle. Au bout d'un an, elle a monté un petit réseau de couturières à domicile; elle gagne assez d'argent pour être indépendante.

Elle est étrangement partagée entre l'impression, qui se dissipe peu à peu, de « ne pas suivre ses intuitions », d'aller *a contrario* (sentiment qu'elle éprouvait avec vivacité au moment de ses débuts difficiles) et la fulgurance prémédiumnique de son expérience dans la couture. Elle « visualise » les modèles avant de les faire, voit les gens habillés comme elle le souhaite, se sent dans une veine créatrice qu'elle compare et assimile plus que jamais aux arts plastiques.

Elle a pu, à vingt-quatre ans, prendre un petit logement et augmenter son champ de relations, au point qu'il lui faudra bientôt faire un choix décisif. Car maintenant des couturiers l'engagent à créer et à fournir. Elle travaille la soie, des couleurs vives et douces.

C'est là qu'il faut situer un épisode étrange, le premier qui demandera au lecteur un effort particulier de distanciation, de suspension de jugement. Elle avait reçu un talisman qu'elle emporta à Paris. Il faut entendre Yaguel raconter cet épisode avec sa verve habituelle. « Comme je n'aime pas les talismans, au bout de deux ou trois ans, je me suis dit que ce n'était pas bien. Je ne voulais pas faire de fétichisme sur un objet. Un jour j'ai dit à l'une de mes parentes : " Écoute! On va brûler ça parce que je ne veux pas être possédée par un objet. " Nous sommes allées près de la chaudière. C'était assez gros. On met la chose dans la chaudière, et qu'est-ce qu'on voit dans les flammes? Un homme extraordinaire qui avait l'air d'un Indien, qui portait une espèce de chapeau (on l'a dessiné, une sorte de bonnet blanc); il nous regardait intensément. En même temps, nous avons eu la même vision de cet homme. Je vous assure qu'il était aussi visible que vous que je vois en face de moi, aussi visible que les voyances tout à fait extraordinaires que j'ai eues par la suite. Ça a duré, je ne sais pas, trente secondes, ce qui est quand même très long, dans la flamme, et puis tout d'un coup ça s'est calmé. A nouveau nous avons regardé et fait " Ah ! " en même temps. Nous venions de voir un château, tout à fait étonnant, dont, petit à petit, toutes les fenêtres se sont illuminées, une à une. Mais, je vous assure, il s'agissait d'un château tout à fait extraordinaire. Ce n'était pas une maison, c'était un château. Je me souviens que nous l'avions dessiné. »

Yaguel avait vingt-quatre ans; cette expérience eut lieu au cours de vacances à Toulon, alors qu'elle était installée depuis plusieurs années à Paris. Elle n'avait pas encore reçu la révélation de ses dispositions médiumniques et, jamais, elle n'avait eu de visions. Aussi cette aventure ne mériterait-elle pas d'être citée si elle ne comportait une vision insolite et symbolique. A ce point, nous pouvons considérer que les deux témoins ont été victimes d'une hallucination ou inventent cette histoire pour ajouter un peu de piment magique à une aventure qui n'en manque pas. Si l'on s'en tient à cette conclusion, cet épisode ne mérite aucun examen. Cependant, si l'on consent à poursuivre, il faut se demander qui était ce personnage et que signifiait ce château aux fenêtres illuminées une à une. Voici la suite de notre entretien.

Yaguel Didier – Bien après, je me suis dit : « Au fond, tu as vu ton Guide. »

Gérald Gassiot-Talabot – Mais pourquoi ce Guide aurait-il été montré au cours de cette opération banale pour vous?

Y. D. – L'étonnant c'est que ma parente l'a également vu, ainsi que ce petit château ravissant.

G. G.-T. – Mais pourquoi ce personnage était-il dans cette force?

Y. D. – Je crois que cet homme se trouvait impliqué dans ce talisman. Il ressemblait à un hindou ou à un prêtre aztèque, avec cette espèce de chapeau. Il avait un beau visage mat, avec de grands yeux et nous a regardées toutes les deux.

G. G.-T. – Avec un air de reproche ou de colère?

Y. D. – Pas du tout. Il nous regardait intensément et paisiblement.

G. G.-T. – Mais enfin, vous étiez en train de le faire brûler, vous vous débarrassiez de l'amulette...

Y. D. – Non, parce que je l'ai fait brûler en me disant : « Je suis assez grande maintenant, je ne vais pas m'attacher à un gris-gris, je le brûle parce que j'ai assez de force en moi. »

G. G.-T. – Mais il était bénéfique ce gris-gris!

Y. D. – Ah oui! Pas une seconde je n'ai pensé que c'était maléfique. Mais je ne voulais plus être asservie à un objet.

G. G.-T. – Vous avez utilisé une sorte de four?

Y. D. – Vous savez, les anciennes chaudières à charbon.

G. G.-T. – Donc c'était une toute petite apparition?

Y. D. – Comme sur un petit écran de télévision.

G. G.-T. – Le chapeau qu'il portait, vous n'avez pas pu l'identifier? Il serait intéressant de retrouver l'époque et le lieu.

Y. D. – Je ne m'en souviens plus. Je me souviens du visage brun de cet homme et de sa coiffure qui montait haut sur le front...

G. G.-T. – Ensuite ce château qui s'illumine! Est-ce l'ouverture vers le don de voyance?

Y. D. – Oui, c'est la lumière... Les fenêtres se sont éclairées l'une après l'autre... Donc cela symbolisait l'illumination, l'Éveil.

G. G.-T. – Puisque vous avez reçu cette image après l'autre, n'avez-vous pas pensé, au fond, que votre geste était approuvé, puisqu'on vous donnait une image très gratifiante.

Y. D. – Le personnage me regardait avec bienveillance. Cela m'a marquée pendant des années. Maintenant ça me revient, et mon ouverture à la voyance est arrivée un an après, je crois.

G. G.-T. – Si une autre personne ne certifiait pas avoir vu ce personnage en même temps que vous, ne pourriez-vous pas craindre qu'il s'agisse d'une vision mentale?

Y. D. – Non c'était trop net. »

Un autre fait doit être signalé ici. Il est moins surprenant car il s'agit d'un rêve que Yaguel eut à vingt et un ans et qui la laissa tremblante, bouleversée, en nage. Deux yeux bleus, sans visage, la regardaient avec une attention pénétrante, implacable, comme pour lui donner une injonction. L'image était immense, muette, très impressionnante. Elle revint à plusieurs reprises, jusqu'à ce que, lorsqu'elle eut atteint l'âge de vingt-quatre ans, Yaguel ait décidé de se vouer à la médiumnie. Dans un dernier rêve le regard cilla, ce qu'elle interpréta comme une approbation. Cette incursion onirique, qui s'inscrit dans la masse de ses rêves symboliques et prémonitoires, n'a que la valeur que lui donne Yaguel et constitue pour elle un présage très important, un signe initiatique.

L'APPARITION DU « DON » MÉDIUMNIQUE

Les éléments prémonitoires et troublants qui jalonnent l'enfance et l'adolescence de Yaguel ne constituent pas, malgré tout, une indication claire et univoque sur ses dispositions médiumniques. C'est à une astrologue, Lily Dussire, qu'il revient d'avoir, pour la première fois, en faisant son thème, affirmé : « Vous êtes voyante, c'est indiscutable, et vous en ferez un métier. » A cette époque, Yaguel, on l'a vu, était modéliste, s'était constitué une clientèle et s'interrogeait sur son avenir dans cette activité. C'est donc pour y voir plus clair qu'elle consultait, mais la réponse qu'on lui fit la plongea tout d'abord dans la perplexité. L'éducation qu'elle avait reçue, la suspicion dans laquelle son père tenait ces pratiques l'avaient fortement impressionnée et, dans un premier temps, elle considéra un peu comme une calamité cette prédiction qui l'orientait vers une activité peu convenable, qui ne pouvait qu'être désapprouvée par ses proches. Elle refusait moins la médiumnie que l'idée d'en faire une profession. Mais Lily Dussire se montra impérative et ses affirmations ne souffrirent aucune réplique : « C'est le plus beau thème de voyance que j'aie vu de ma vie, dit-elle, tu seras mondialement connue car tu possèdes la voyance à l'état pur. » Elle était passionnée, en effet, par ce sujet et s'interrogeait, au cours de ses consultations, sur cet aspect du psychisme humain. On a perdu, malheureusement, les notes prises sur cette analyse qu'il aurait été intéressant de comparer avec celle que Joëlle de Gravelaine a conduite pour ce livre. Yaguel a souvent parlé de cette femme dont le rôle fut déterminant dans sa vie. Mme Dussire avait aussitôt mis une boule de cristal entre les mains de sa consultante, et ce fut la révélation, fulgurante, mais naturelle, sans aucun choc ni angoisse. « J'ai trouvé cela plutôt amusant, j'étais ravie mais je n'éprouvais aucun étonnement » dira-t-elle. Et ce premier contact ludique avec la voyance, cette sorte de jeu avec une boule insolite précisent un rapport non dramatique avec un don. De nombreuses voyantes m'ont parlé de cette intrusion dans leur vie d'une disposition qui les inquiétait, voire les bouleversait et allait s'accompagner d'un cortège d'épreuves et de malheurs. Pour Hélène Bouvier, médium spirite, très marquée par sa rencontre avec le Padre Pio, le « don » fut une « croix à porter » et elle écarte de cette vocation, autant qu'elle le peut, les jeunes qui la consultent pour savoir « comment on devient médium »...

Si beaucoup de voyantes, comme l'excellente Maud Kristen, ont pris avec simplicité une telle révélation et ont organisé une nouvelle vie autour de cette activité qu'elles accomplissent en toute plénitude, la réaction juvénile de Yaguel reste particulière car ce côté joyeux persistera tout au long de sa carrière et en sera une composante essentielle.

Les images qu'elle vit dans le cristal, comme dans un petit écran, avec une netteté parfaite, avaient pourtant de quoi l'interloquer. Dans la première, elle était en robe blanche, les cheveux longs, à l'avant d'une caravelle richement ornée. Elle quittait la proue pour marcher sur l'eau, légère, à la rencontre d'un énorme soleil. La vision s'effaça et Yaguel se trouva bien incapable d'interpréter cette suite symbolique dont la signification semble aujourd'hui fort claire et dans laquelle Mme Dussire vit la confirmation qu'elle attendait.

La deuxième image fit apparaître sa mère, en voiles de veuve, entourée de ses enfants. Or elle ne devait perdre son mari qu'une dizaine d'années plus tard. Ensuite une amie, qui était partie en Grèce, se présenta montée sur un âne comme pour une promenade. Yaguel nota l'heure qui fut vérifiée, ainsi que l'anecdote. Enfin elle vit une autre de ses amies en train de se faire les ongles.

Voici donc, pour son coup d'essai, les quatre visions que perçut Yaguel. L'une était symbolique mais éclairait la vie entière; l'autre était prémonitoire mais avec un écart temporel considérable. Les deux dernières, très anodines, étaient exactes au moment même. Déjà le glissement dans la durée interférait; quant au deuil, Yaguel se demande s'il ne correspondait pas à un désir censuré de « la mort du père », dont la personne n'était d'ailleurs pas indiquée dans la scène. Yaguel manipula donc cette boule, mais son initiatrice passa à d'autres exercices, en lui mettant sur le front des photos et en lui demandant de les lire, ce qu'elle fit sans difficulté. Très vite s'organisèrent des séances quasi quotidiennes, au cours desquelles l'astrologue faisait venir des amis qui ne se privaient pas d'interroger, jusqu'à épuisement, ce nouveau prodige. Trait révélateur de la vitalité et de l'impétuosité de Yaguel, elle répondait sans se ménager aux sollicitations, entrait dans des détails intimes, révélait les attaches secrètes de certaines personnes (une scène rituelle maçonnique à laquelle un proche avait participé). Cela ne dura qu'un temps car Yaguel se rendit compte que l'on vampirisait ses forces et elle préféra se livrer à ce qu'elle considérait toujours comme un jeu, comme un « truc rigolo », avec ses amis et ses clientes. Mais son métier l'obligeant à toucher les corps au cours des essayages, sa force de voyance, longtemps contenue, se déchaînait littéralement, en flashes directs, en recours intempestifs à la boule de cristal.

Compagne de ces années, Françoise Bitton, qui devait se consacrer plus tard à l'astrologie, fut le témoin de cette période charnière. Elle partagea avec elle un appartement, suivit Yaguel dans ses activités de modéliste, et assista à la rencontre avec Lily Dussire, qui exerça sur elle également une grande influence. Avant cette minute décisive, Françoise se souvient que Yaguel traversa un moment de grand trouble : agitation nocturne, rêves impressionnants, perturbations diverses dont elle fut le témoin direct. Elle situe cet épisode dans le courant de 1967, avant les événements de mai 68 dont Yaguel donnera une sorte de pré-journal médiumnique, voyant les manifestations, les discours et les péripéties à venir de cette période riche en rebondissements. Françoise Bitton assistait aux séances au cours desquelles, sur les indications de Mme Dussire, elle plaçait des photos sur le front de son amie. Et la voyance passait. Elle passait si bien qu'au cours de ces jours heureux, Françoise, qui éprouvait les peines de cœur de son âge, n'arrêtait pas de questionner Yaguel. Quelle tentation, quand on partage son logement et sa vie quotidienne avec une voyante, dans toute la verdeur de son talent, que de la soumettre à un feu roulant d'interrogations! Yaguel en éprouvait quelquefois un peu de lassitude puisqu'elle finit par mettre dans les mains de sa compagne un jeu de cartes en la priant de se les tirer toute seule et de les lui tirer par la même occasion.

Yaguel faisait donc d'un côté des modèles et de l'autre des voyances avec une belle insouciance, constituant un groupe d'habitués qui grossissait par l'effet du bouche à oreille. Et cela dura trois à quatre ans. Elle avait vingt-huit ans quand elle épousa Michel Didier. De cette union naîtra un fils, Benjamin. Elle continuait toutefois à se consacrer à la mode, avec de moins en moins de conviction, il faut le dire. On remarqua qu'elle passait plus de temps à regarder sa boule qu'à faire des essayages, et qu'il serait temps, peut-être, de choisir une occupation unique. La dispersion d'énergie entre ses deux pôles d'intérêt trouva sa conclusion chez une amie qui se fit fort de lui constituer une « clientèle » si elle consentait à pratiquer la voyance comme activité rémunérée. Ce fut le premier cas de conscience que se posa Yaguel car, encore une fois, si l'expérience même de la voyance ne posait pas problème, il lui fallait consentir à sortir du merveilleux ludique pour s'organiser de manière concrète et pratique. L'alibi de l'expiation dans la souffrance, qui correspondait si peu à sa nature mais qui était l'héritage d'une éducation, devait céder devant une acceptation sans culpabilité de ce nouvel état. La première consultation eut lieu à Hyères; elle dura près de quatre heures et Yaguel demanda cinquante francs. D'emblée, elle comprit que la longueur d'un entretien n'ajoutait rien à sa qualité car elle s'enlisait dans les méandres des projections mentales de l'autre, alors que les séances allaient, au fil des jours, être occupées plus par la parole du médium que par les questions de son interlocuteur. La gêne éprouvée à la demande d'honoraires devait également s'effacer devant la nécessité de s'assurer une autonomie financière : la voyance, il fallait s'y résigner, était aussi un métier. Ordinairement, Yaguel procédait en tenant la main qu'on lui tendait et en questionnant la boule du regard, mais au bout d'un an environ, les images s'effacèrent et un occultiste lui expliqua que la vision cristalline, si elle inaugure une véritable vision médiumnique, doit céder le pas à une lecture directe avec ou sans support. Elle continua cependant à utiliser cette boule, devenue aveugle, comme moyen de concentration, et cela par une sorte d'automatisme, mais son support habituel fut dès lors un jeu de cartes spécialement choisi par elle, ou, occasionnellement, pour s'en amuser, les lignes de la main. C'est à cette époque qu'elle a pu annoncer à un mannequin qu'elle habillait sa réussite à un concours organisé par une marque célèbre et prédire à un autre un succès dans une maison de couture, alors que tout laissait supposer le contraire, mais elle ne pensait pas que ces avis, donnés comme en passant, étaient de la voyance.

Cependant, l'utilisation des « supports », particulièrement les cartes, modifia la nature de la vision qui, de nette et fulgurante avec le cristal, reposa sur des perceptions intérieures. Dans la boule, l'image se trouvait inscrite, extérieure au sujet, matérialisée. En y repensant, Yaguel en a un peu la nostalgie mais trouve normal de se concentrer en elle-même.

Comme je m'étonnais de cette interruption de la vision cristalline, malgré l'explication qui en avait été donnée, Yaguel me dit qu'elle possédait toujours un assortiment de boules, dont elle pourrait se servir pour une voyance intérieure, comme moyen de concentration, mais que cela appartenait à un moment inaugural de sa vie de médium sur lequel il lui semblait inutile de revenir.

LES SUPPORTS : LEUR UTILISATION MÉDIUMNIQUE

Yaguel avait compris qu'en prenant la main du consultant, en le regardant dans les yeux, elle faisait de la télépathie. Elle sentait un malaise croître chez certains, une difficulté à soutenir son regard, d'où l'idée d'intercaler entre elle et le patient l'écran des cartes. Celles-ci permettent de soulager l'attention, de créer un échange, d'impliquer le partenaire, car, dans la pratique, les cartes sont battues, coupées et *données* par le consultant, selon une méthode qui répercute le nombre de lettres du nom ou du prénom d'une personne physique ou morale sur laquelle on interroge, ou d'un concept sur lequel on veut cibler. Par ailleurs, l'intermédiaire des cartes procure un répit au médium pour lequel la voyance directe est assez rapidement fatigante. D'instinct, son attention se fixa donc sur les treize cartes choisies par le consultant, dans un jeu de vingt-quatre cartes dessiné par Alain Le Foll, vingt ans avant, découpé « par hasard » dans le magazine *Elle* et encollé sur des rectangles de carton. Des amis lui avaient donné ce jeu et ce jeu lui convint, il lui « parla », elle ne savait pas pourquoi. Elle a rencontré Le Foll avant sa mort ; il ne croyait pas à la voyance. Elle n'a rien vu dans son futur, et il considérait son jeu comme une commande qu'il avait exécutée dans un esprit poétique, avec une motivation esthétique, sans dédoublement ni inspiration particulière. Il n'a donné aucune clé, aucune indication à Yaguel, et celle-ci ne sait pas d'où viennent les figures que porte ce jeu. Malgré cela, a-t-il un caractère intime et secret pour elle, bien qu'elle ne puisse donner l'origine des symboles ? La réponse est ambiguë : de nombreux consultants croient qu'il s'agit du Tarot. Il n'en est rien, même si certaines lames ont des affinités avec les arcanes majeurs. Mais il émane du Tarot une force mystérieuse que notre amie ne souhaite pas apprivoiser. Jodorovsky disait : « Le Tarot est un instrument magique, initiatique et merveilleux, un cadeau mystérieux fait à l'humanité... » Ce miroir de l'inconscient peut-il renvoyer à celui qui l'utilise des forces qu'il ne peut dominer? Toujours est-il que chaque fois qu'elle a essayé d'utiliser le Tarot de Marseille, des troubles, des événements inexplicables, des phénomènes violents l'en ont dissuadée. Yaguel considère bien le Tarot comme un instrument initiatique, mais trop directif, impératif; elle tient à rester libre et maîtresse du jeu, ce qu'elle peut faire avec la création de Le Foll; sinon elle se sentirait sclérosée, ligotée, écrasée, or il faut, on le verra, que sa vision « glisse ou ne glisse pas », mais qu'elle ne soit pas bloquée par un système de serrures et de passages obligés. Cette attitude confirme encore une fois l'usage strictement médiumnique et non littéral que Yaguel souhaite faire du support. Cependant, le jeu de Le Foll est tellement en elle, elle s'en est servi avec tant de bonheur, qu'il a pu exercer une influence inconsciente sur son décryptage des âmes et du monde, et qu'elle lui garde une sorte de fidélité, de tendresse. Au moment où elle a créé avec Marina Karella un jeu qui est son émanation directe et auquel Marina a donné sa forme plastique, elle se sert encore du jeu de Le Foll. En attendant l'édition de son jeu divinatoire.

J'ai souvent exprimé à Yaguel l'agacement que me procurait précisément cet écran où les cartes sont finalement dépendantes de l'apparition de telle lame, de son rapprochement avec telle autre, c'est-à-dire d'un agencement concret, sans doute significatif, mais qui peut interférer sur la vision pure. Yaguel s'en explique dans un ouvrage qu'elle a consacré précisément au jeu qu'elle a créé avec Marina Karella, mais avant d'en arriver à cette étape, je dois dire qu'elle ne considère pas les cartes sorties comme un système fixe, codé, unique, mais que sa voyance s'exerce sur les figures avec des écarts d'interprétation qu'une lecture mécanique ne permettrait pas. C'est là sans doute que s'instaure la différence entre une « tireuse de cartes », qui reste focalisée sur la signification symbolique et précise des figures, et un médium utilisant un jeu pour en recevoir des sollicitations visuelles, auditives ou intuitives.

Yaguel a l'habitude d'utiliser un mot très éloquent quand cette lecture médiumnique du jeu retourné se fait aisément : elle dit que la « vision glisse ». Mais je reste obstinément persuadé que la vision glisse encore mieux lorsqu'elle procède à partir d'une saisie directe. Elle agit ainsi communément avec certaines de ses amies, comme Élisabeth de Chimay et, bien que le jeu de cartes se soit interposé entre elle et moi, chaque fois qu'elle n'a pas eu recours à ce support, nous avons eu des résultats rapides, clairs et péremptoires. Comme je lui en faisais la remarque, après une séance « sans filet » particulièrement brillante, elle me répondit, qu'en effet, elle s'était sentie beaucoup plus libre car *je n'avais pas donné* de cartes. Elle ajouta que cet usage des cartes, ou la possibilité de les écarter, découlait en grande partie de son état, de sa forme, mais que cela dépendait surtout des gens et des moments. Lorsqu'elle est en veine de voyances promptes, elle lit au-dessus des cartes, très rapidement ; elle est portée en avant par un mouvement très vif ; les images se précisent en un discours alerte, assuré, quelquefois même impérieux. « Notre talent c'est l'autre, dit-elle, nous sommes efficaces en fonction de ce dont il est porteur. » Peu importe, en fin de compte, la façon dont procède le médium : Maud Kristen donne elle-même les cartes du Tarot qu'elle dispose en croix et interprète des taches d'encre dans un papier plié par le consultant ; Jean-Jacques Greneau confronte aux cartes que donne le consultant celles qu'il met lui-même en vis-à-vis, une à une, et c'est sur cette relation qu'il fonde sa voyance ; Josiane Favrot, une étonnante pythie de Maisons-Laffitte, qui donne plus de faits que d'images, interroge longuement les coupes, presque effacées, et utilise plusieurs jeux en demandant au consultant de sortir sept puis neuf cartes ; j'ai eu souvent le sentiment chez Bianca ou chez Véronique Weiss que la vision dépassait très vite les cartes données et reposait sur une pénétration du sujet. Georges de Bellerive caresse le dos des cartes sans les retourner. Cela dit, Yaguel insiste : « Moi qui n'ai jamais appris l'interprétation des figures, qui donne une lecture à chaque fois " arbitraire ", je me suis rendu compte que, certaines fois, les cartes en soi étaient d'une précision extraordinaire. » On en arrive alors à une double lecture : un décryptage formel et didactique, et un glissement médiumnique « par-dessus », avec clichés et audition. Les cartes émettent des vibrations avec leurs couleurs et leurs formes et le médium, en état d'hypersensibilité, les capte, les interprète, les décode.

LA SYMBOLIQUE DES CARTES

Yaguel insiste sur le caractère mouvant, imprévisible, non répétitif des symboles. Elle a même utilisé l'épithète « d'arbitraire » pour définir sa façon de lire un jeu. A peine reconnaît-elle que la carte de « La Mort », précédée de « L'Oiseau de Malheur » et suivie du « Soleil » est l'indication d'une mort physique. Mais souvent « La Mort » peut être l'indice d'un deuil symbolique, de la fin d'une relation, le prélude d'une « résurrection ». Le consultant ne peut pas lire ce que voit le médium. Toute interprétation littérale et fixe doit être écartée au profit d'une approche relative; ce sont les cartes suivantes qui précisent le message et, de toute façon, celui-ci est saisi en voyance, c'est-à-dire avec des syncopes, des surgissements, des chocs, des renforcements et autres cas de figure qui sont à la discrétion du médium.

Dans le jeu de Le Foll, Yaguel détecte des combinaisons qui seront valables dans le Jeu divinatoire car elles fondent la souplesse et l'ambiguïté de la donne. Elle insiste bien sur le fait que c'est elle qui a précisé telle signification et qui peut faire l'impasse sur une partie d'une carte : le soleil, par exemple, surmonte une pyramide, mais la pyramide ne signifie rien pour Yaguel qui s'attache au mot, à la dénomination inscrite sur la carte plus qu'à la lecture immédiate de sa représentation. Pourtant, nous l'avons vu, les figures et les couleurs dégagent une vibration que capte le médium, mais cette vibration est imperceptible et, si elle influence la vision, ce n'est jamais d'une manière littérale. On a le sentiment que cette pratique très complexe échappe aux liens de cause à effet, ou que plusieurs causes peuvent produire des effets à chaque fois différents et redécouverts.

Rapidement, nous voyons « L'Étoile », carte bénéfique, qui peut effacer des effets nocifs; elle couronne le jeu. « Le Soleil » corrige, lui aussi, tout ce qui est négatif, associé au « Lion », symbole de force et de triomphe, il est irrésistible – si le médium le voit ainsi. Car la malice de ce système c'est que l'intervention de Yaguel peut complètement inverser la signification d'une suite apparemment positive. Il lui arrive de sentir que le jeu, en principe excellent, que donne le consultant doit être interprété négativement et que rien de bon ne sort de l'ensemble. Ainsi, selon le cas, « Le Serpent » que Yaguel a chargé de toutes les traîtrises, de tous les mirages, peut indiquer la sexualité; « Les Nuées », les contrariétés. De « bonnes » cartes apportent leur charge de prédictions propices : « Les Anneaux » signifient les contrats et les accords; « La Lune », l'imaginaire et la créativité; « La Maison », le foyer et les acquisitions mais aussi le moi profond; « L'Arbre », la force, la santé, la vie; « L'Amour » c'est la joie et l'épanouissement; « La Cigogne », le changement; « L'Homme », « La Femme » désignent le consultant, la consultante, leur conjoint, l'autre. Les enfants, les parents, les amis, les associés ont leur place dans le jeu avec des connotations qui dépendent du contexte. Mais « Le Travail » qui cible l'activité, « La Roue de la Fortune » qui porte sur la chance, l'argent et la transformation; « Les Voyages » symboliques ou réels; « La Foudre » et ses imprévus bons ou mauvais ont besoin également des cartes qui suivent pour acquérir un sens précis. D'autres, enfin, sont comme effacées modestement (« Les Poissons » pour les petits profits).

Yaguel reconnaît qu'elle a pris en grippe « L'Oiseau » parce que, décidément, il avait une bien mauvaise tête et de vilaines couleurs : elle en a fait « L'Oiseau de Malheur ». En revanche, elle aime « L'Étoile », une carte aussi forte et rédemptrice que « Le Soleil ». Toutes ces imprécisions, ces ambiguïtés apparaîtront à d'aucuns comme une saisie bien désinvolte de la symbolique des cartes, surtout si l'on oppose le système de Yaguel à la lourde prégnance, aux images chargées des arcanes majeurs du Tarot, dont la présentation, à l'endroit ou à l'envers peut encore modifier la valeur. Mais le « système de Yaguel » traduit justement toute la fragilité et toute la subtilité de l'interprétation du rapport à la carte qui reste pour elle le support de voyance le meilleur.

Aussi, lorsque *Madame Figaro* publia dans son numéro du 1er février 1986, le jeu inédit de Yaguel et de Marina, on sentit que quelque chose de particulier venait de se passer. Certes, beaucoup d'artistes célèbres, de Dali à Brauner, en allant même jusqu'à Guttuso, ont proposé des reprises du Tarot, mais dans le cas du « Jeu divinatoire », l'univers plastique de Marina, tout en gardant le style, l'atmosphère, les références appartenant à ce peintre, exprimait les choix de Yaguel. Et nous avons vu combien la dénomination des cartes avait d'importance pour celle-ci. Vingt-sept cartes au lieu de vingt-quatre, avec des disparitions (« La Cigogne », « Les Nuées », « L'Oiseau de Malheur »...), mais beaucoup de thèmes maintenus et des nouveaux venus : « Le Diable », pas nécessairement mauvais sire puisqu'il peut donner, comme dans le Tarot, sagacité (ou les excès du corps), mais c'est une carte « trouble »; « L'Équilibre » est l'alternative qui dépend de ce qui l'entoure; « La Clé », qui ouvre sur quoi? « Les Plaisirs », « Le Magicien », etc. La première remarque porte sur la fluidité conceptuelle du jeu : si le placement de la carte par rapport aux autres est toujours essentiel, le commentaire indique explicitement que plusieurs figures ne s'entendent que dans une suite : « Le Travail », « La Clé », « L'Arbre », « Les Nouvelles », « L'Équilibre », « La Mort », « La Lune », « La Foudre », « La Roue de la Fortune », « Les Plaisirs ». Cette fluidité du contenu des mots est soulignée par le travail très raffiné de Marina Karella. Son monde, résolument féminin, est peuplé de drapés, de vêtements virginaux, de plans marmoréens ou glaciaires; les miroirs et les reflets invitent à une contemplation narcissique ou à une interrogation magique, à moins qu'ils ne dédoublent simplement l'espace comme pour indiquer un rapport entre le réel et l'apparence. Beaucoup de figures énigmatiques vêtues de longs manteaux, de robes amples, montrent un visage grave ou opaque. L'air est imprégné de mélancolie. L'or apparaît ou règne dans presque toutes les cartes. L'or et le blanc. Et des symboles dominent, comme « L'Étoile », « La Clé », « Le Soleil »,

« Les Serpents », « La Lune », ou abstraits, tels que « L'Équilibre », « L'Amour », « Le Travail », « Les Nouvelles », « Les Anneaux », « La Roue », « Les Plaisirs » sont portés ou « mis en scène » par des personnages (le plus souvent des femmes), sans oublier ceux qui appellent naturellement la figure humaine : « La Sagesse », « La Justice », « L'Homme », « La Femme », « Le Magicien » (Le Bateleur), « Les Enfants ». Cet humanisme de la symbolique indique un écart par rapport au jeu de Le Foll très souvent concentré sur des figures, des objets, des abstractions. Il est intéressant de voir comment « fonctionne » l'incitation de Yaguel et la réponse, souvent subjective, singulière, toujours libre, de Marina. Il faudra un livre pour présenter et commenter un tel travail et ce livre, auquel il sera nécessaire de se référer, paraîtra en 1990. Pour le moment, Yaguel caresse son vieux jeu de Le Foll, je devrais dire « ses jeux » car elle a conservé ces cartes devenues grises à force d'avoir été usées par des centaines de mains anxieuses, ces jeux « réformés », qui sont autant de jalons dans sa trajectoire médiumnique. Il est toujours difficile de se séparer d'un serviteur efficace et fidèle, d'un compagnon qu'il a fallu dominer. Mais l'aventure conduite avec Marina a le grand mérite d'avoir donné naissance à un support qui lui doit la vie, qui est son émanation directe. Ce qui explique peut-être l'espèce de timidité, ce soupçon de crainte qu'elle éprouve à l'égard de sa propre créature, comme s'il fallait l'apprivoiser, s'assurer qu'elle ne sera pas le balai facétieux de l'apprenti sorcier, ou qu'elle ne deviendra pas à son tour transparente, glacis sans image, oracle muet, comme ce fut le cas, au début des années soixante-dix, pour la boule soudain éteinte. Tout de même qu'elle s'était sentie obligée d'intercaler le jeu de Le Foll entre le consultant et elle, la voilà indécise parce que cet intermédiaire est maintenant issu d'elle. Mais pour moi, l'inquiétude de l'écran manifestée à propos de l'usage des cartes se trouve précisément gommée par le lien intime qui rapproche le médium et l'instrument qu'elle a entièrement forgé. N'oublions pas, en effet, que Yaguel a rejeté des dizaines de jeux, dont un japonais, avant de créer le sien. Tout est maintenant dans une très fine connivence avec elle-même. C'est sa propre liberté à propos de ce bel outil de divination qui l'angoisse et l'émerveille à la fois.

LA QUALITÉ DE L'IMAGE ET LES PARASITAGES DE LA VISION

On peut s'interroger sur la façon dont Yaguel « voit » les personnages et les scènes qu'elle décrit. Passons sur la boule de cristal, sorte de télévision de poche. Aussitôt après cet épisode, lorsque le jeu de cartes est le support, ou que le médium procède en vision directe, nous sommes confrontés à trois cas de figure que Yaguel distingue nettement. Ces images sont, par ailleurs, accompagnées par des monologues, des propos rapportés, des commentaires qui interprètent la voyance. La vision objective peut subsister, hors cristal, mais elle est rare. Yaguel a eu peu de visions extérieures d'entités. En revanche, elle se trouve généralement dans une situation où on lui « donne », où on lui « dit » à l'intérieur d'elle-même. Le cliché mental est suffisamment précis pour qu'elle décrive avec minutie certains vêtements, les gestes, les expressions. Pour qu'elle reconnaisse ultérieurement sur document un personnage vivant ou mort, perçu en vision (Marc de Chimay, des auteurs de rapt ou d'assassinat, etc.). Elle peut cibler, au cours de flashes souvent rapides et fugaces, une entité dont elle rapportera les paroles, ou bien pénétrer le sujet et, par empathie, s'exprimer en son nom. Enfin, troisième possibilité, elle se sent reliée à des forces cosmiques, à une sorte de mémoire universelle (ne retrouverions-nous pas ici *l'Hôte inconnu* ?) qui la « bombardent » d'informations. Elle est prise alors dans un courant, dans un flux porteur. Les entités qu'elle perçoit n'appartiennent pas forcément au monde des princes, des héros et des grands criminels. Yaguel a le snobisme bienveillant et, si elle n'aime pas manipuler les photos des « chers disparus » au cours des consultations ordinaires, elle peut vous indiquer qu'une grand-tante (pas forcément Chimay) ou un ami (pas forcément illustre dessinateur) vient de forcer la porte de son cabinet.

Elle est donc tantôt spectatrice, tantôt partie prenante, tantôt élément surinformé d'une réalité très vaste et très complexe. L'un des exemples les plus étonnants, cas unique dans l'expérience de Yaguel, est la vision citée dans mon entretien avec Michel de Grèce, où l'on voit un personnage (l'assassin) appréhendé par tranches, comme dans un film policier : d'abord les jambes, le buste (détails sur l'habillement), puis la tête (avec un portrait précis). Ensuite viennent les informations sur les liens de parenté (un oncle), sur les maladies dont il souffre (prostate) et, ce qui est plus intéressant, la façon dont il a commis le crime, a fouillé un meuble, s'est enfui et s'est comporté par la suite.

Yaguel a annoncé la mort de personnages politiques importants. Le cas le plus troublant est celui de l'assassinat d'Anouar el-Sadate sur lequel Mona Touzani et son mari portent témoignage. Mais d'après Françoise Bitton (qui reprit contact avec Yaguel au début des années quatre-vingt après une longue interruption), un document plus précis qu'une conversation de dîner a existé : c'est une cassette dont elle a eu connaissance avec son mari; Yaguel y avait enregistré, en sa présence, la relation de cet événement, dans un état de trouble extrême, presque en transe. On y voyait Sadate en uniforme, victime « d'une trahison », tué au cours d'une parade militaire. Elle décrivait la façon dont il était touché, de manière si saisissante que M. et Mme Bitton furent bouleversés par l'exacte concordance avec la relation de l'attentat lorsqu'il se fut produit. C'est un peu plus tard qu'elle fit part de cette vision à un homme d'État arabe (Voir Mona Touzani). Ce document s'est pour le moment égaré parmi tous ceux que Yaguel fit dans les années soixante-dix et au début quatre-vingt, avant que sa secrétaire, Élisabeth de Chimay et moi-même, avec les pièces que j'ai rassemblées pour ce livre, ne constituions des éléments d'archives. Elle annonça également les assassinats d'Indira Gandhi (V. E. de Chimay), de Bob Kennedy, sans le nommer (« les drapeaux américains sont en berne, un homme blond est assassiné, une foule en pleurs », vision du titre de *France-Soir* « Il est mort »).

Son intervention dans les faits divers récents a été également impressionnante mais Yaguel refuse de s'étendre sur ces sujets. Chaque fois, des témoins ont été informés avant le terme de l'enquête (voir deuxième partie). Yaguel n'a jamais travaillé directement avec la police, mais seulement à la demande de parents ou d'amis, ou sur des présentations de documents sous enveloppe. J'ai assisté à quelques séances de vision où les circonstances, le déroulement de certains assassinats étaient décrits de façon insoutenable, surtout lorsqu'il s'agissait d'enfants. Mais l'auteur du crime n'est pas toujours identifié : dans l'affaire Ranucci, sur laquelle le biographe du bourreau Obrecht l'interrogeait, elle n'a pu confirmer la thèse qui a conduit le jeune homme à l'échafaud, malgré le luxe de précisions qu'elle a donné. Dans ces cas, troisième élément de perception après la vision et l'audition, elle peut ressentir la douleur causée par une maladie ou par une violence. Elle peut aussi, exemple plus anodin mais qui l'a frappée, être pénétrée par une odeur. Jeune femme, elle se rendait en bus chez une amie dans les environs de Toulon et était incommodée par une forte senteur de civet de gibier. Arrivée à destination, elle reconnut cette odeur de viande faisandée, mais c'était le repas qui mijotait et qu'on allait lui servir...

Ainsi par ces différents accès au monde des images du passé, du présent, de l'avenir, Yaguel est amenée à voir des êtres et des événements, à deviner des intentions, à sentir des impressions. Pourtant le champ de la voyance est un dépotoir où s'entassent pêle-mêle les informations les plus diverses, l'erreur et la vérité, le précis et le vague, le fragmentaire et la totalité, la douleur et la joie. Dans cette gangue se trouvent des joyaux précieux, des cadeaux des dieux, des merveilles imprévisibles : les voyances péremptoires. Lorsqu'un fait, situé dans le futur, est prévu en dehors du champ de conscience d'un individu, quelquefois contre ses convictions intimes ou ses intentions les mieux trempées, et qu'il se réalise sans qu'il ait pu agir pour en provoquer l'accomplissement, et dans le délai prévu, on peut dire qu'il y a voyance péremptoire. Lorsqu'un événement suppose la mise en œuvre de telles forces, de tels moyens, d'un tel concours de circonstances, que l'individu se sent désarmé, se sait impuissant à atteindre le but qui lui a été suggéré, et que pourtant il y parvient, il y a, à un degré moindre, voyance péremptoire. De brillantes prestations peuvent être faites sur le passé, d'étonnantes descriptions sur le présent, mais sauf quand le sujet ignore tout de ce que la vision fait apparaître, on peut penser que, selon l'analyse qu'on en fera, l'on est en présence d'un acte médiumnique ou d'une lecture de pensée. Encore faut-il tenir compte de la possibilité de ramener certains phénomènes de rétrocognition à des réminiscences de souvenirs oubliés, qui sont saisis par la conscience non pour ce qu'ils sont, mais comme des événements inédits. Donc, pour arriver aux situations archétypales que nous avons évoquées, combien de sinuosités sur la route, combien de parasitages de l'image, combien de pièges malicieux!

La première ennemie de la voyance est la télépathie. Et d'autant plus redoutable, nous allons le voir, qu'elle peut l'assister, la mettre en route... Les critiques les plus sévères des phénomènes paranormaux reconnaissent que beaucoup d'entre nous en ont éprouvé les effets et qu'elle peut se produire de manière discontinue et aléatoire. J'y reviendrai dans l'analyse des preuves (ou de leur impossibilité). Je fais ici état d'un phénomène qualitativement et quantitativement constaté chez Yaguel, à l'état naturel, j'allais dire « décontracté ». En effet, chaque fois que l'on veut provoquer une transmission de pensée, soit au cours d'expériences scientifiques, soit en consultation lorsqu'on désire mentalement l'orienter vers un sujet ou une solution (beaucoup de clients attendent qu'on leur dise ce qu'ils souhaitent entendre), Yaguel se trouve en état de refus ou de non réceptivité. Au cours de l'expérience du *Titanic* (Voir Alix de Saint-André), alors qu'elle s'obstinait à décrire un personnage au lieu d'un navire, ses amis, qui connaissaient le contenu de l'enveloppe, ont avoué, après la séance, qu'ils avaient essayé mentalement de « redresser » l'image de base sur laquelle le médium déviait. Rien n'y fit, et Yaguel poursuivit jusqu'à la fin son étrange transposition. En revanche, elle reconnaît que la transmission de pensée peut servir « d'allumage » pour une lecture sous enveloppe, mais que la vision dépassant ce que savent ou ce que veulent les protagonistes, on se retrouve très vite en médiumnie pure. Cependant, l'équivoque demeure pour tout ce qui touche au passé et au présent et qui fait partie du savoir conscient ou oublié du consultant. Le Dr Dimitri Viza dira même qu'il ne s'intéresse qu'à ce que j'appelle les « voyances péremptoires ». Lorsque j'entends dire, par tel animateur de télévision, que s'il avait la preuve, dans une expérience de voyance, d'une simple réussite télépathique, il serait comblé et convaincu, je pense avec angoisse à toutes les incertitudes que j'ai pu éprouver à cause de ce phénomène. Si, en effet, la voyance ne se réduit qu'à un jeu de miroirs, si le sujet ne se trouve confronté qu'à sa propre pensée par le truchement du médium, l'effet ressenti pourra être troublant, émouvant, saisissant, mais il ne constituera pas un apport, une information venue d'ailleurs. Comme dit Yaguel, « ce n'est déjà pas si mal » et nous sommes confrontés à l'un des pouvoirs de l'esprit les plus fascinants. Mais nous nous trouvons placés hors du champ médiumnique, en parapsychologie. D'ailleurs, en voulant mettre en question la médiumnie, certains critiques ne sont pas loin de penser que toutes ses manifestations peuvent se ramener à des informations télépathiques. En fait ce brouillage peut nous laisser indécis, dans de nombreux cas, sur celle des deux facultés dont la voyante a fait usage, et nous sommes conduits à penser que les deux accès peuvent être simultanément ou successivement empruntés par elle. Par ailleurs, on peut noter que, dans un échange où l'empathie joue un rôle important, la prise de contact de la voyante avec son patient subit l'influence de l'état psychologique dans lequel il se trouve. Porté par un projet qui l'enthousiasme, par un amour qui le comble, ou au contraire écrasé par un chagrin ou un coup du sort qu'il vient de subir, le consultant transmet, avec une certaine intensité, des sentiments et des émotions qui impressionnent le médium et que celui-ci doit contourner et dépasser.

Le deuxième obstacle dans l'accomplissement d'une prédiction réside dans l'écart temporel entre l'énoncé et la réalisation. Yaguel a l'habitude de dire que le temps n'existe pas pour elle, et l'on a très souvent le sentiment, en effet, que le passé, le présent et l'avenir se trouvent placés sur un même plan. Bien que Yaguel, dans certaines affaires, ait été d'une précision d'horloge, les prédictions différées, concernant notamment des mariages, sont si nombreuses qu'elles font l'objet de plaisanteries entre les consultants amis qui prennent leur longue patience avec philosophie et Yaguel qui ne se départit pas de son humour et de sa bonne humeur. Dix ans pour une de ses intimes dont elle décrivait inlassablement, chaque année, la cérémonie de noces. Et cette lettre d'une consultante charmante : « J'ai changé de nom en septembre dernier comme vous me l'aviez promis... il y a quatorze ans! Vous m'aviez alors parlé de " Jean-Loup " qui serait mon mari. Vous aviez beaucoup de mal à prononcer ce nom, comme s'il n'était pas français ». Et de citer un prénom et un nom scandinaves qui s'en rapprochent phonétiquement : « On ne pouvait trouver de meilleure approximation. Le mythe " Jean-Loup " est devenu réalité sur l'écran du temps, de même que ce chiffre 8 dont vous me parliez toujours, sans pouvoir lui donner une interprétation précise. C'est en 88 que notre amour est né et nous nous sommes mariés au début du mois de septembre. Les autres indications que vous m'aviez données sur sa famille, son métier, son aspect physique se sont également révélées exactes... » On objectera qu'une personne qui a reçu une telle prédiction s'acharnera à la réaliser et finira bien par rencontrer un partenaire correspondant à l'image qu'elle porte en elle. Peut-être! Mais ce n'est pas le sentiment de cette jeune femme, et les circonstances qu'elle décrit dans le reste de la lettre échappent à un agencement volontaire et programmé des faits. Est-il nécessaire de dire que plusieurs « affaires » de ce genre sont en suspens et que cette distorsion du temps ne s'applique pas qu'aux problèmes sentimentaux? Cette difficulté ne peut pas être prise à la légère puisque nous vivons dans la durée et qu'un événement prédit peut prendre une signification différente selon qu'il se réalise à trente ou cinquante ans. Mais les cas sont trop nombreux et j'en cite un qui a eu des conséquences personnelles si dramatiques (voir Michel de Grèce) que, sans perdre de vue cette composante mobile et imprécise, il faut se résigner, sur ce point, à une relative défaillance de la vision.

Quels étranges détours prend parfois une prédiction importante! Mme R. me dit que la mort de son frère ne fut pas annoncée à ce dernier (au contraire on lui parla d'un amour, on lui dit qu'il verrait les enfants de son fils), ni à elle-même, ni à sa sœur qui lui était particulièrement attachée, mais à l'ami de celle-ci qui enregistra très explicitement ce message qui ne le concernait qu'indirectement. Combien de fois, interrogeant sur une personne, on reçoit un flot d'informations sur son mari ou sur sa femme, ou leurs enfants, leur état de santé, détails que l'on ignorait.

Autre parasitage, l'image peut se composer par juxtaposition, par combinaison : deux lieux en un seul, une même vision sur deux personnes successives, sur une maison imaginée et une autre actuelle, sur plusieurs événements qui interfèrent. Très souvent, dans ce cas, le sens d'une vision est compris après qu'elle s'est réalisée. « Quel crédit donner à des informations qui ne prennent un sens qu'ultérieurement, quand elles ne sont plus d'aucune utilité pour quiconque? De quel intérêt une prédiction, une prophétie, lorsqu'elle reste obscure pour les intéressés eux-mêmes? » écrit René Louis dans *L'Ère des médiums.* Si l'on ne peut dépasser cette profonde ambiguïté, tout en s'interrogeant sur ses raisons et sur sa signification, l'étude du phénomène médiumnique est urticant, les témoignages accumulés tombent des mains. La voyance, répétons-le, est un phénomène très simple dans son déroulement naturel et très complexe en raison des malices et des pièges qu'elle place sur notre chemin. Autre piège au moment où se forme l'image : la juxtaposition de documents, des enveloppes, les photos encombrées d'objets et d'individus, l'image brouillée par une seconde image cachée au revers (Yaguel me parle des tendances éthyliques d'un personnage dont je lui montre le portrait et qui est un buveur d'eau notoire. Le dos de la coupure de revue représentait en revanche un individu connu pour ses penchants alcooliques). La voyance a une potentialité ternaire : vision péremptoire, lecture de pensée et intuition. Cette troisième composante, pour moins perturbante que la lecture de pensée, peut constituer une dilution, une sous-voyance. Lorsque Yaguel dit « j'ai l'intuition que... » elle se place dans une perspective prémédiumnique; elle a appris à se méfier de cette folle du logis qui, avant la révélation de son don, lui donnait des suggestions qu'elle devait interpréter *a contrario.* Ces intuitions négatives qui la poursuivirent jusqu'à ce que la médiumnie éclate en elle, se replacèrent ensuite dans la gamme de ses possibilités. On doit, aujourd'hui encore, où ces indications ont une valeur positive, les recevoir avec circonspection et relativité. La démarcation est difficile à établir, et la fréquentation de Yaguel permet de discerner, dans la rapidité de l'énoncé, le placement de la voix, le caractère hésitant de l'image, ce qui est voyance et ce qui est intuition.

L'usage chez elle des facultés purement rationnelles, dans la gestion de ses affaires, dans les décisions qu'elle a pu prendre dans sa vie privée, passe généralement par le filtre de conseils et d'interventions de tiers. L'intuition, comme raisonnement instantané, peut se combiner avec ce qu'il y a de résolution et de courage dans son caractère et que l'astrologue a bien cerné. Mais « lorsqu'un problème se pose trop mathématiquement, dit-elle, ça rate », et l'intuition peut alors se briser ou se dévoyer. Le médium, en tant que tel, est désarmé, on le sait, par rapport à lui-même. En revanche, une de ses craintes, qu'elle a évacuée peu à peu, était de trop entrer par sympathie dans le « désir » de l'autre, surtout lorsqu'un lien affectif l'unissait à lui et, « par faiblesse », de ne pas lui résister suffisamment.

Plusieurs amis de Yaguel ont souligné certains phénomènes et exprimé certaines inquiétudes. La répétition des consultations peut créer une habitude, émousser le choc de la première rencontre. Yaguel est bien de cet avis pour qui rien n'égale la voyance initiale, celle au cours de laquelle, ne sachant rien du sujet, elle a souvent les vues les plus brillantes et les plus pénétrantes. Aussi, les familiers peuvent-ils craindre que la mémoire n'interfère et ne répète des schémas. Or Yaguel oublie les trois quarts de ses prédictions, ou refuse de réécouter ses cassettes, s'étonne avec une sincérité à laquelle se mêle peut-être une pointe de coquetterie d'avoir fait telle prédiction. « J'ai dit cela, moi! Comme c'est drôle! » C'est drôle, c'est amusant, voilà des tics de langage qui prennent dans les voyances historiques un tour imprévu. « C'est drôle! Je vois un tas de cadavres! » Yaguel ne retient donc que des événements capitaux ou paradoxaux, soutenus par des métaphores impressionnantes. Elle ne pourrait sans doute vivre avec cette accumulation, ce poids des autres, cet entrelacs d'anecdotes, de faits divers, et de secrets intimes qui passent par elle comme par un canal. Une force secrète, une censure déontologique la poussent-elles à cette amnésie sélective? Lorsqu'on croit qu'elle se souvient, elle ne fait le plus souvent que réitérer une vision. Elle est médium, médiatrice, exact milieu entre des forces qui veulent communiquer. Elle a toujours protesté avec véhémence contre l'assertion qu'elle aurait pu utiliser des éléments de conversations, des propos entendus au cours d'un dîner, pour construire après coup une consultation. Au début de sa carrière, elle a pu être sensible, parce qu'elle était extrêmement vulnérable, à un déjà-dit implicite. Cette interférence l'a toujours conduite, car elle en prit très vite conscience, à l'erreur; « Ce qui m'intéresse, dit-elle, c'est de prendre une personne dans son présent et de la projeter dans l'avenir ». Chaque fois que quelqu'un de connu est venu la voir sous un nom d'emprunt, le visage caché derrière d'immenses lunettes de soleil, elle a toujours levé l'incognito et dit qu'elle reconnaissait son consultant. Dans ce cas, elle joue, si l'on peut dire, cartes sur table, et précise ce que la notoriété lui a appris, avant de passer à l'acte médiumnique. Une seule fois, une journaliste de télévision, spécialisée dans le sport hippique, se camoufla si bien que l'extralucidité de Yaguel, *a priori* désarmée, fit sortir quantité de clichés traversés de chevaux et encombrés de tiercés (et de précisions personnelles), avant que la personne ne dévoile sa profession et son identité.

Mais une mémoire résiduelle peut subsister dans les lacunes de l'esprit, qui n'est pas compatible avec le cours du temps, le brassage des choses de la vie, le dur renouvellement des jours. Cette connaissance des êtres, qui appelle la confidence, qui sécrète tout un réseau affectif, fait craindre précisément à ceux qui en éprouvent la chaleur et la vigilance qu'une censure implicite empêche Yaguel de dévoiler les épreuves qu'elle pourrait lire et ne la pousse à occulter, par affection, par protection, ce qu'elle dirait plus facilement à des consultants ordinaires. Sur cette objection j'ai souvent répondu que le tact et l'humanité qu'elle témoigne à tous ceux qui font appel à elle ne l'empêcheraient pas, pour des intimes en état d'affronter une échéance difficile, d'aller au bout de sa voyance. Certaines obturations se produisent, qui peuvent provenir de l'état de fatigue du médium ou des dispositions du consultant, mais également de cette mystérieuse fluidité qui, à certains moments, peut s'opacifier. Ne voulant pas forcer son talent, ni évidemment tricher en cachant une cécité momentanée derrière des lieux communs et des déductions psychologiques, elle « renvoie » un nombre assez important de clients. Un rideau tombe, sa voyance se déconnecte; il vaut mieux remettre à un autre rendez-vous où tout se passera mieux. Un feu rouge peut s'allumer, qui n'aura pas toujours de signification dramatique, mais pose un problème. C'est le surgissement violent d'une nausée qui l'oblige à respirer, à surseoir. Une cliente lui amena une amie qu'elle ne put garder en consultation, car elle fut prise de suffocation, d'une envie de vomir. Six mois plus tard cette jeune femme revint. Yaguel ne la reconnut pas et ne se souvint de rien. La nausée reprit, empêchant toute vision. Elle apprit qu'un cancer l'avait emportée quelques mois plus tard. Cette censure fut perçue par Yaguel comme une interdiction, une impossibilité de secourir, de préparer à la souffrance, à la mort.

Ces interférences, ces parasitages, qui peuvent intervenir au moment de la consultation, se manifestent d'une autre façon pour ce qui touche à la réalisation de la prédiction. Certains, après une voyance très favorable, mettent en œuvre toutes leurs forces pour la réaliser au point qu'on ne sait plus ce qui, de la détermination du sujet ou du cours du destin, a prévalu. J'ai dû très souvent interroger sur cette possibilité de réaliser la prédiction par la seule décision de l'intéressé. Yaguel avait prédit à Catherine Marlet, styliste et architecte d'intérieur, qu'elle « ferait du blanc dans la mode » et de fait, quelques années plus tard, alors qu'elle avait perdu contact avec Yaguel, elle se distingua par des collections entièrement vouées au blanc; elle vécut et créa dans le blanc. Elle assure ne pas avoir été influencée par une vision qu'elle avait oubliée et qu'elle avait focalisée, à l'époque où elle lui avait été faite, sur ses activités d'architecture. On trouvera de nombreuses questions sur cette virtualité dans les interviews. De toute façon, l'effort de concrétisation d'une vision heureuse ou constructive relève du bon sens même. Mais le contraire pourra également se produire : qui saura dire qu'un accident prédit ne s'est pas réalisé très vite comme si le sujet voulait forcer le sort, se libérer d'une menace par une autopunition? Cette attitude immature peut aussi se traduire d'une façon inconsciente par des somatisations. Alors, la conduite à tenir dans tous les cas est de suivre le conseil de Michel de Grèce (voir p. 169), de prendre la voyance comme une indication et de voir venir. Sauf lorsqu'un événement inopportun, franchement négatif, est prédit. Je partage la conviction d'Olivier Dassault sur la possibilité d'interrompre dans ce cas un processus. J'ai souvent rappelé à Yaguel une prédiction qu'elle m'avait faite et qui portait sur un fait relativement mineur. Elle m'annonçait qu'une de mes collaboratrices allait me quitter et que j'en éprouverais du désagrément car elle jouait un rôle important à la tête de collections. J'étais alors dans l'édition, directeur de plusieurs unités, et mes collaboratrices étaient trop nombreuses pour que je puisse savoir de qui il s'agissait. Yaguel me donna une description physique et caractérielle qui me permit immédiatement d'identifier la personne. Effectivement, son départ m'aurait contrarié. Mais

Yaguel avait précisé qu'elle serait remplacée par deux collaboratrices plus jeunes avec qui j'entretiendrais d'excellents rapports de travail et que je rétablirais facilement la situation. A partir de ce moment, je m'acharnai à empêcher ma responsable de collections de partir, chaque fois qu'elle allait en manifester l'intention... Je manœuvrai tant et si bien qu'elle resta, et que c'est moi qui quittai l'entreprise quelques mois plus tard. Cette anecdote ne présenterait pas un grand intérêt si la prédiction n'avait pas ouvert une perspective sur deux autres personnes : qui étaient-elles, dans quelles matrices de l'avenir leur sort resta-t-il scellé ? Cette petite affaire me troubla assez. D'abord parce qu'elle avait prouvé, à mes yeux, ma liberté d'action ; ensuite parce qu'elle avait mis en réserve une part de destin. Yaguel tend à préciser qu'une vision claire et univoque, comme le fut celle-ci, devrait se réaliser. Sa position diffère en ceci de celle des astrologues pour lesquels, selon la phrase de Leibnitz : « Les astres inclinent mais ne nécessitent pas. » D'autres voyantes, comme Maud Kristen, pensent qu'elles donnent des potentialités mais ne peuvent assurer qu'un événement se produise hors de la détermination du sujet. « Je vois que vous devez écrire un livre et que tout est propice pour cela, mais je ne peux dire s'il se fera car c'est à vous de l'écrire. » Yaguel ne s'enferme pas dans une position déterministe et elle a pris acte de la modification que j'avais imposée à sa vision. Mais son interrogation porte subtilement, dans un tel cas, sur l'inscription, dans le destin de l'individu, des aléas, des détours et des arrêtoirs. C'est tout le problème du sens, du rôle, de la nature de la voyance qui se trouve ainsi posé. De même qu'un avertissement sur un accident imparable (train, avion) peut modifier le cours du destin en empêchant le consultant de se rendre à la gare ou à l'aéroport, toute prédiction s'inscrit dans un contexte subtil et complexe, suscite des comportements et des réactions qui peuvent aboutir à une issue différente de celle qui semble programmée. Un divorce ciblé en voyance peut être suspendu par une prise de conscience ou se produire dans des conditions psychologiques qui en rendront le déroulement et l'échéance acceptables, « harmonieux ».

Dans la plupart des cas, cependant, lorsque le souvenir d'un événement revient, des années après sa prédiction, le sujet insiste sur le caractère très improbable qu'il avait au moment où il avait été prévu. La vision péremptoire, qui finira par se réaliser, se signale très souvent par la répétition qu'en fait Yaguel. Le retard temporel n'est, la plupart du temps, que la preuve de l'inscription de l'événement dans le devenir de l'individu.

Cet inventaire des parasitages, des gauchissements et des déviations de la voyance ne doit pas faire escamoter l'accident rédhibitoire, l'erreur pure et simple, si j'ose dire. Ce droit à l'erreur, Yaguel le revendique, comme l'une des conséquences de l'extrême vulnérabilité du médium à l'environnement, à la pression mentale du consultant (ou de l'assistance, quand il s'agit d'une séance de groupe) et surtout en raison de la mystérieuse destination de la prédiction. L'erreur peut donc être l'effet d'une défaillance psycho-physiologique, d'une agression, mais peut s'inscrire dans une décision qui lui échappe. Nous retrouvons la réintégration de l'erreur, comme celle de la voyance partielle ou interrompue, dans un plan plus général où l'individu se trouve impliqué. L'erreur de voyance apparaît alors comme une composante du destin.

Nous sommes bien conscients des limites de cette spéculation. Le consultant, même s'il n'est pas Monsieur de La Palisse, attend de la voyante qu'elle voie juste et, pour faciliter sa tâche, lui donner tous les moyens de réussir, il doit se présenter si possible dans un état de relaxation, d'attente sympathique, sans anxiété morbide ni négation agressive. Voilà qui est facile à dire car il faut bien que le médium agisse avec des sujets bloqués, anxieux, obsédés; avec ceux que la vie vient de matraquer; avec toute cette frange pathétique qui compose une partie de la clientèle d'un cabinet. Mais Yaguel n'a jamais caché qu'elle avait eu les résultats les plus brillants, lors de la première rencontre, avec des consultants animés d'un scepticisme ouvert, d'une curiosité bienveillante, sans question particulière à poser. Très souvent, dans ces cas, le résultat a été si fulgurant que les plus réservés sont devenus des inconditionnels. Lorsqu'un lien se crée avec elle et que les consultations se répètent, les meilleurs résultats sont obtenus par ceux qui éprouvent une amitié confiante, qui ne se ferment pas à tout dialogue, bien qu'elle souhaite de plus en plus délivrer son message plutôt que de se prêter, comme à ses débuts, à d'interminables confidences qui n'ajoutent rien à la qualité de la perception.

Cela dit, munissez-vous d'une cassette. De nombreuses voyantes répugnent à être enregistrées. Elles ont tort, car le consultant ne retient, dans une première phase, que ce qu'il veut entendre. Réécouter une consultation c'est sentir à nouveau la vibration de la voix, noter les hésitations, le trop parler, les silences bloquants, les indications implicites qui ont pu influencer malgré lui le médium. C'est surtout appréhender le contenu exact de ce qui a été dit et donc ne pas se livrer à des interprétations sur une communication hypothétique. Yaguel demande à être enregistrée et se montre en cela complètement responsable et sûre de la qualité de la prestation qu'elle fournit. Les risques que nous avons évoqués ne l'effraient pas; ils font partie de l'enjeu.

La voyante, lorsqu'elle accepte de dépasser la simple délivrance d'une communication aseptisée (et c'est le cas de Yaguel), peut exprimer une affectivité, délivrer un conseil, aider à une définition du comportement. Elle ne doit pas devenir un point de référence obsessionnel, un « gourou ». Yaguel ne « dicte sa vie » à personne, même lorsque ses interventions sont performantes, précises, bouleversantes. La reconnaissance que lui témoignent ceux qui ont bien voulu se manifester ici à visage découvert n'exclut pas la liberté de décision, la discussion d'une vision en apparence péremptoire, la mise en relativité du phénomène médiumnique tout entier. Une partie de la voyance peut se faire sur des documents, des photos, des lettres. Bien que le simple énoncé d'un prénom suffise souvent à fixer le sujet, il n'est pas mauvais d'ajouter des supports de vision. La voyance se déclenche par un flash qui peut s'étayer ensuite sur un flux d'images, mais elle est par définition fugace, fragile, capricieuse, donc faillible. Une voyance trop propice, comme un thème astrologique à trigones, peut émousser la volonté et créer un fatalisme béat qui réservera de mauvaises surprises. S'il est évident qu'une disposition d'esprit hostile, une antipathie forcenée sont de sûrs moyens de verrouiller un échange, l'indifférence molle et goguenarde ne motive pas davantage, ni le vide mental. Yaguel reçut une jeune femme et lui dit : « Non, décidément, cela ne marche pas; je ne vois rien en vous qu'un puits sans fond. » On lui fit dire peu après qu'elle avait été extraordinaire, d'où son étonnement. « Oui ! Cette personne avait fait un exercice de yoga avant de venir vous voir et, pour ne pas vous influencer, s'était fixée sur une image de puits sans fond. » Dans ce cas, le miroir de la télépathie avait fonctionné cinq sur cinq, comme on dit dans l'armée.

Nous aborderons plus loin le problème des « mauvais voyants » tels qu'ils apparaissent en creux dans l'enquête de François Laplantine et non pour faire de Yaguel un cas unique. *Le Guide des voyants et des astrologues* d'Élisabeth Alexandre et Agnès Mathon fait plutôt bien, à quelques oublis et complaisances près, ce travail de salubrité publique, et les trois étoiles qu'il décerne sont généralement méritées. On nous objectera évidemment qu'il est bel et bon de donner des témoignages gratifiants sur Yaguel, mais que les consultants déçus, amers, ou furieux, ceux que l'on a remis à une date ultérieure, ceux qui attendent dans l'extratemporalité, si impatients de ne rien voir venir, n'apportent pas dans ce livre le vinaigre qui est l'antidote nécessaire au miel. Pour la raison que je ne les ai pas rencontrés et que j'aurais évidemment examiné leurs objections. Ce sera pour une suite à cette enquête. Un médium dans sa gloire ascendante sait que saint Paul portait une écharde dans sa chair pour ne pas céder à l'orgueil. Yaguel me disait que chaque fois qu'elle recevait dix témoignages de satisfaction et d'encouragement, un camouflet, une attaque venimeuse, une injustice, une insinuation perfide la ramenaient à la nécessaire modestie que lui avait enseignée Gabrielle d'A. (voir p. 46).

ÉVOLUTION DE L'EXPÉRIENCE MÉDIUMNIQUE

Yaguel, on l'a vu, eut la révélation à vingt-quatre ans de la vision cristalline au cours d'un contact avec l'astrologue Mme Dussire. Il s'agissait d'une image claire, réduite, très affinée qui persista un court instant. Cette intrusion de la voyance dans sa vie fut prise comme un jeu un peu facétieux. Aucune angoisse ou dramatisation. Quelques années plus tard, alors qu'elle était enceinte, assise dans sa chambre devant un poste de télévision, entre sa mère et son mari, elle eut la vision très nette du fils qu'elle allait avoir. Elle était enceinte de sept mois. Elle vit les conditions de son accouchement, un enfant blond qui serait beau, gracieux et intelligent. Lorsqu'elle accoucha dans les conditions qu'elle avait prévues et lorsqu'on lui présenta l'enfant qu'elle connaissait déjà, elle eut la certitude de l'existence de la médiumnie et de sa capacité à prévoir. Ce fut la deuxième vision qu'elle eut sur elle-même, après celle, toute symbolique, de la boule de cristal, et ce fut la dernière. Le stade ludique, le jeu entre copines, basculait soudain dans une pratique sérieuse, engageant sa responsabilité et dont elle allait décider, cette fois définitivement, de faire une activité continue. C'est à partir de ce moment qu'elle s'interrogea et qu'elle formula cette définition à laquelle elle allait se tenir : « la voyance est un don, l'interprétation un art et la consultation un acte d'amour ». On peut dire que, de 1977 à la période actuelle, elle a appliqué les trois termes de cette proposition. La voyance est un don. Nombreux sont ceux qui, dans ce livre, pensent qu'elle n'est qu'une faculté naturelle, peut-être enfouie, qui réapparaîtra et qu'en tout cas il est possible de cultiver et de développer; ce qui n'interdit pas de penser que certains individus en ont reçu les signes prémonitoires, se sont trouvés confrontés, à un moment de leur vie, avec ce phénomène qu'ils gèrent comme ils peuvent. Pour certains médiums la rétrocognition et la précognition sont une fonction qu'ils mettent au service de leurs consultants, de façon distante, sans qu'ils considèrent que leur responsabilité se trouve impliquée. Ils voient, ils interprètent, ils parlent. Pas de prise en charge des états d'âme, pas de conseils. De jeunes praticiens, très volontaires, vous disent : « Je vois telle situation, mais faites ce que vous voulez, vous êtes libre. » On a même le sentiment qu'ils éprouvent une certaine répugnance à affronter les difficultés affectives, les angoisses professionnelles. Leur comportement est souvent honnête, mais leur distanciation peut provoquer des catastrophes : une mort annoncée brutalement, un amour dont on dit trop vite la décomposition, un échec grave dans une affaire ou une carrière peuvent ajouter au désarroi du consultant. Car il est vrai que ledit consultant est en état d'interrogation lorsqu'il franchit le seuil d'un cabinet de médium et rarement en simple disposition de curiosité. Pourtant certains « préfèrent savoir » et approuvent cette dureté qui est bien dans la manière des relations du monde moderne. Mais d'autres sont interventionnistes : Maud Kristen disait qu'elle ne pouvait pas laisser quelqu'un couler sans essayer de l'en empêcher; Martine Saint-Genès, astrologue-médium qui dénoue avec subtilité l'écheveau des destins, ne recule pas devant ce qu'elle voit mais ne musèle pas l'affectivité de son discours. La voyance s'enrichit d'une intervention de psychologue-conseil.

Mais le don implique une responsabilité et sous-tend une mission. Pour Yaguel, il impose que l'on affine et contrôle sa technique jusqu'à en faire un art, une méthode très efficace où l'approche psychologique joue un rôle important, où l'empathie permet de sentir la force morale, l'état mental, la possibilité d'écoute et d'accueil du consultant. D'où cet « acte d'amour », que l'on retrouve dans les témoignages sur les grands voyants. Richard Alouche décèle le retour des mots « bonté, dévouement, abnégation, compassion » dans les « attestations » concernant Georges de Bellerive. Et Yaguel Didier considère la part de « sacerdoce » qui intervient dans son métier, tandis que vingt-sept témoignages insistent dans ce livre sur son charisme et sa bonté. Richard Alouche affirme avec humour qu'il aurait voulu échapper à « l'ennuyeux chapelet de témoignages à la gloire du voyant performant » et qu'il aurait presque préféré « tomber sur un mauvais voyant, ils sont légion... pour faire de la bonne sociologie ». L'expression « acte d'amour » peut contenir pour certains une touche de préciosité mondaine, d'ineffable gentillesse qui appellent le sarcasme. Il faut donc prouver que ce n'est pas un mot de convention et qu'il a été ressenti par ceux qu'il concerne. Ce qu'il y a d'impressionnant dans la voyance c'est qu'elle touche au trivial et à l'essentiel, à la voiture que l'on voudrait vendre d'occasion et à la quête du salut. D'où l'extraordinaire variété des consultants qui interrogent sur tout, reviennent à l'assaut, exigent des dates exactes et des faits circonscrits, et laissent le médium éprouvé, comateux, exsangue. D'où le cri de Georges de Bellerive : « Ils exagèrent... Ils en veulent trop... Ils me vident... Ils me crèvent... » Le harcèlement que subit un médium « performant », comme Yaguel, passe l'imagination : liste d'attente, pressions sur le secrétariat, coups de téléphone nocturnes, lettres et supplications... Et comme il est impossible de déplacer le rendez-vous d'une personne venue d'un autre continent, de rester sourde à l'appel affectueusement capricieux des amis (dont la troupe ne cesse de s'accroître), et surtout de ne pas aller au feu quand on vous consulte en urgence sur un enlèvement, une opération imminente, une disparition, une obsession suicidaire, la règle que s'était imposée Yaguel de ne recevoir que très peu de personnes par jour, quatre jours sur sept, de se reposer le lendemain quand elle dépasserait le nombre prévu, d'interrompre ses activités par de courtes périodes de vacances, eh bien, cette règle est souvent battue en brèche. Quelle que soit la protection de ses proches, de sa secrétaire, de ses amis.

Pour beaucoup de voyants, et des meilleurs, la vision s'arrête aux choses de la vie; ils ne répugnent pas, par sympathie humaine, à examiner des faits mineurs, de petites anecdotes tout en abordant les moments cruciaux d'un destin. Mais la voyance ne va pas toujours aux faits les plus graves et musarde, butine, papillonne. Cela arrive à Yaguel, comme à d'autres; un écrivain me disait : « Elle n'a vu qu'*a posteriori* un amour qui a bouleversé ma vie et m'a donné mille détails exacts et secondaires. » Il n'est pas certain, on l'a vu, que cette distribution capricieuse des clichés n'ait pas une nécessité, une signification. Cette voyance événementielle, qui constitue l'éventail des consultations, mérite toute l'attention de Yaguel. C'est le consultant qui, par son niveau de motivation, définit la qualité de l'échange. La rencontre avec Gabrielle d'A. (voir p. 46) allait faire mûrir une appétence spirituelle qui jusque-là était dispersée dans des souvenirs d'enfance, des lectures éparpillées, des conversations de hasard. L'enjeu se précisa par le fait que le don de médiumnie, enfin accepté, allait impliquer une mission, une responsabilité, des comptes à rendre un jour. C'est le moment de souligner le mot de médiumnie (ou médiumnité) qui suppose un rapport entre un plan et un autre et que je préfère à celui de voyance qui est le simple constat qu'un individu reçoit des images, entend des mots, ressent des pulsions intuitives. Beaucoup de voyants « événementiels » ne cessent de ponctuer leurs consultations de : « On me montre ceci... On me dit que... Je suis autorisé à vous annoncer que... » et impliquent, sans le nommer, un plan de référence, une base de départ. Ils sont réticents à en dire plus et cachent la source de leur inspiration. D'autres consentent à désigner les entités aperçues derrière le consultant, généralement des parents qu'ils décrivent par des détails et dont ils rapportent les messages. Ainsi Jean Tissier, mais surtout Hélène Bouvier, cette vieille dame au regard malicieux, au parler abrupt, à la surdité sélective, qui vit entourée de chats heureux et dodus, et débusque, dès qu'on parvient à être reçu par elle, des entités familières, quelquefois sibyllines et porteuses de demandes de prières ou de messages réconfortants.

Le spiritisme a toujours eu mauvaise presse après l'embellie provoquée par les travaux d'Allan Kardec et les excès qui suivirent. Les églises l'ont unanimement condamné et avec quelque raison car, sans nier la possibilité d'une correspondance entre les mondes, elles visaient une intervention brouillonne, superstitieuse, motivée par une curiosité indécente et une transgression du champ spirituel. Maeterlinck dans *L'Hôte inconnu*, nous l'avons vu d'entrée de jeu, dit son mépris pour les supercheries, pour l'extraordinaire tohu-bohu auquel introduit l'hypothèse spirite, « qu'il ne faut pas écarter, mais dont il ne faut pas non plus se contenter ». C'est que Maeterlinck pensait essentiellement aux facéties des maisons hantées, des craquements de meubles et aux messages grandiloquents ou pâteux des tables tournantes. Qui a jamais utilisé un oui-ja [1] avec des amis, pour passer une « soirée amusante », a pu collecter ces interventions cocasses, hargneuses ou incohérentes qui semblent parvenir, au premier degré, du monde des élémentals [2]. Nous croisons tous les jours dans la rue des êtres en désarroi, avinés, que notre société laisse s'enfoncer dans une glu mentale; nous rencontrons dans nos démarches urbaines, au fond de nos banlieues, dans nos quartiers, des gens enfermés dans leurs rancœurs, leurs frustrations, leurs idées fixes : ils parlent comme ces « larves » du monde astral dont certains pensent qu'ils iront grossir la foule; ils dégagent les mêmes haines, les mêmes peurs, les mêmes confusions. Ils sont pourtant inscrits dans la « douce pitié de Dieu ». Si c'est cet aspect du spiritisme que met à l'index toute une campagne, qui le taxe de « satanisme », il est lui-même dénoncé par les spiritualistes qui y voient un jeu dangereux, cruel, et futile.

La position des surréalistes fut radicalement différente, puisqu'ils rejetèrent toute implication d'une métaphysique, toute relation avec une transcendance. Les délires somnambuliques de Desnos mettent au jour une « parole inouïe », un « stupéfiant image » qu'Aragon demande de prendre hors de tout filtrage littéraire, comme le pouvoir concret de la matière mentale. Répudiant l'asservissement au réalisme, Breton accueille le second langage de Desnos, « éclos sur les lèvres du dormeur » comme une accession à une parole libre. Mais celle-ci n'a pas à être porteuse d'une divination soumise à des vérifications; peu aurait importé aux surréalistes que les prédictions de Desnos sur l'assassinat de Peret et la courte vie de Max Ernst aient finalement, à une confrontation très ultérieure avec les faits, abouti à une maladie vasculaire et à une longévité exceptionnelle. Cette quête des pouvoirs de l'esprit humain, très différente de l'aventure à haut risque du « Grand Jeu », qui fait la synthèse de la révolution et de

1. Oui-ja, ou ouija. Planchette, montée sur billes et munie d'une flèche, sur laquelle les participants posent un doigt. Lorsqu'elle entre en mouvement, elle sert à délivrer des « messages » en parcourant un alphabet, une série de chiffres de 0 à 9, et les mentions « oui » et « non » disposés en arcs de cercle sur un support plan. Ce procédé, plus rapide que le « verre parlant » et surtout que les « tables tournantes », est couramment utilisé dans les expériences des parapsychologues et les séances de spiritisme.

2. Élémental (ou « larve »), entité non évoluée du monde astral, selon la terminologie spirite.

« l'expérience » métaphysique, ne compose pas avec la métapsychie et retrouve le tangible, le phénoménal dans l'hallucination. Avec l'écriture automatique et l'écoute des poètes en rupture de pensée diurne, possédés d'eux-mêmes, avec les inventions surréelles des tables tournantes, l'homme découvre une nouvelle dimension des possibilités de l'esprit, mais il reste confronté à son propre dépassement, aucunement concerné, responsabilisé par une intrusion indésirable dans l'au-delà.

Les extravagances du spiritisme élémentaire n'ont rien à voir avec des livres de référence comme *Les Lettres de Pierre*, et les recueils de Marcelle de Jouvenel et de Jeanne Morrannier, mères qui se disent visitées par leurs fils morts et dont les témoignages, avec des nuances et des différences, rejoignent la grande tradition de Swedenborg. Hélène Bouvier, pour répondre à ceux qui trouvent dans la Bible la réprobation des communications avec le plan astral, cite toujours ce passage de la deuxième épître aux Corinthiens où saint Paul fait état de sa montée au troisième ciel :

« J'en viendrai aux visions et révélations du Seigneur. Je connais un homme dans le Christ qui voici quatorze ans – Était-ce en son corps? Je ne sais. Dieu le sait – [...] Cet homme-là fut ravi jusqu'au troisième ciel. Et cet homme-là – Était-ce en son corps? Était-ce hors de son corps? Je ne sais. Dieu le sait – Je sais qu'il fut ravi jusqu'au Paradis et qu'il entendit des paroles ineffables qu'il n'est pas permis à l'homme de redire. »

Hélène Bouvier insiste sur deux principes : aucune entité ne peut être « convoquée » par le médium; elle se présente si elle le peut et selon des directives mystérieuses. La hiérarchie des âmes conduit à des stades que le médium ne peut atteindre : une évolution post-mortem éloigne de nous des entités qui s'étaient montrées après leur désincarnation si présentes, si soucieuses de petits faits matériels (voir E. de Chimay, p. 122).

Ces considérations nous ramènent à Yaguel qui n'a jamais été tentée, à ses débuts, par l'hypothèse spirite, a souvent refusé d'examiner des photographies de défunts sur lesquels on l'interrogeait, et puis qui, insensiblement, a été impliquée par l'immense marée des morts. Il faut bien aborder cet aspect de l'activité médiumnique de Yaguel car il tend à occuper de plus en plus de place dans ses préoccupations. Si l'on veut donc bien évacuer du mot spirite tout ce qu'il contient de badin, de confus, et d'outrecuidant, il faudra l'utiliser dans le sens d'un accès à des entités, soit par le biais de l'histoire et de l'archéologie, soit par l'expérience quotidienne, dont le cas de Gabrielle d'A. est un exemple très significatif (voir p. ci-dessous).

Le premier contact avec le monde des esprits, Yaguel en vécut l'expérience éprouvante lors d'une visite d'une amie, Denise Ayral.

Celle-ci était liée à une jeune femme médium qui était décédée d'un cancer quelque temps auparavant. Pendant le trajet qui la conduisait chez Yaguel, Denise Ayral avait fixé sa pensée sur son amie, prénommée Jeannette, en formulant le vœu qu'elle se manifestât. A peine arrivée, Yaguel lui donna la description physique de la morte, imita ses tics (sucer des bonbons, tirer sur sa jupe) et transmit des prédictions sur elle-même, qui devaient d'ailleurs se réaliser. Mais un malaise grandissant gagnait Yaguel qui se sentait « possédée » par une entité étrangère et n'aimait pas du tout cela. Elle voulut s'en libérer et entendit une injonction : « Lave-toi les mains. » Aussitôt fait, elle ressentit un bref soulagement, suivi d'une nouvelle impression intolérable de possession. De nouveau l'injonction : « Lave-toi les mains, mais ne les sèche pas »... Elle put évacuer ainsi cette présence, certes pas maléfique, mais étouffante. Et cette aventure désagréable lui permit d'éprouver, pour la première fois, l'usage de la lustration, qu'elle pratique aujourd'hui systématiquement. Comme dans presque toutes les religions, l'eau, qui entre dans les rituels de purification, permet d'évacuer les surcharges fluidiques. Le malaise qu'avait éprouvé Yaguel, et qu'elle a subi plusieurs fois dans sa vie, lui donnait la sensation de « partir loin », mais s'accompagnait, dans le cas cité, de tremblements et de crispations tétaniques. Ces expériences, qui ne sont pas toujours désagréables, car elles donnent l'envie de se fondre dans une autre dimension, de ne pas « revenir » sur notre plan, se produisent, selon Yaguel, lorsqu'elle est en contact avec une entité à forte puissance médiumnique comme cette présence nostradamienne qui traverse parfois ses visions, ou lorsqu'elle éprouve, comme pour Anastasia, une intense émotion.

GABRIELLE D'A.

Au point où nous sommes, la voyance spirite a été évoquée sur divers plans, au cours d'expériences, nous l'avons vu, qui ont pu être éprouvantes et qui ont suscité toutes sortes d'hypothèses. Le cas de Gabrielle d'A. relève d'une aventure où Yaguel s'est trouvée engagée corps et âme, sans aucune distanciation. Il doit être traité hors contexte. Ce fut une épreuve extrêmement émouvante où la sincérité de Yaguel et quelques témoignages concomitants d'amis constituent la seule « preuve » que ces faits se sont véritablement déroulés.

Gabrielle d'A. était une jeune femme dont tous ceux qui l'ont connue s'accordent à souligner la grâce, l'élégance, la gaieté. Elle pratiquait la sophrologie et était médium. Yaguel considère qu'elle lui a ouvert la voie spirituelle, qu'elle l'a conduite à accepter son don de médium et à l'exercer avec humilité. Cette simplicité, cette joie de tous les instants allaient chez elle avec un plaisir de vivre, une coquetterie, une vivacité et un goût pour une existence active et tournée vers les autres. Elle acceptait le monde, ses plaisirs simples et apprit à Yaguel à ne pas être un médium de vendredi saint mais du jour de la Résurrection. Son don n'était pas une croix mais une prodigieuse ouverture sur l'amour des autres. Elles échangeaient quelquefois des impressions médiumniques et, un jour de 1980, Yaguel, qui suivait ses conseils depuis deux ans, lui dit : « C'est prodigieux! Toi qui veux changer d'appartement, tu vas enfin déménager début septembre. Je vois des dizaines de valises noires qui attendent pour être emportées. Et puis je te vois heureuse, heureuse comme tu ne l'as jamais été : tu n'auras plus jamais d'ennuis. Et d'ailleurs tu vas te marier. Je te vois dans les bras d'un homme : il est blond aux yeux bleus, rayonnant, d'une grande beauté. Je vois un " être de lumière ". Je vois la cérémonie. Ça se passe dans une église remplie de fleurs blanches; j'entends une voix chanter; on joue une musique très belle. »

Gabrielle accueille la prédiction avec joie, mais, au cours de l'été, elle téléphone à Yaguel avec plus d'insistance que d'habitude et lui dit qu'elle se sent de mieux en mieux et de plus en plus en accord avec sa foi. Yaguel, qui était assez angoissée au cours de cette période, lui avoue : « J'ai peur de la mort. Je ne suis pas sûre de ce qui se passe de l'autre côté. – Pourquoi cette peur? lui répond Gabrielle, mourir est une joie, c'est naître qui est une souffrance. Si je mourais demain je serais prête, ce serait le bonheur, mais je sais que je vais vivre très vieille, tout le monde me l'a prédit. » C'était en août. Gabrielle mourut début septembre d'une rupture d'anévrisme alors qu'elle ignorait qu'elle était menacée. Yaguel apprit cette nouvelle par un coup de téléphone. Ce fut l'effondrement total dont Françoise Bitton m'a donné le témoignage. Rien ne pouvait laisser prévoir cette issue, ni son état de santé, ni les médecins qui la suivaient normalement, ni surtout sa gourmandise de vie. Mais évidemment, le plus insupportable pour Yaguel, en dehors de son chagrin déchirant, de son premier « deuil de mère », c'est qu'elle s'était trompée dans l'interprétation de sa vision et avait été incapable de prédire à sa meilleure amie une mort imminente. Pourtant, la vision de Yaguel n'était pas inexacte : l'église polonaise fut débordante de bouquets de fleurs blanches, une amie chanta divinement et Gabrielle fut accompagnée par beaucoup d'amour, par une tristesse où se mêlait une sorte de douceur. Yaguel eut ainsi la confirmation qu'il était très difficile de prédire et d'interpréter pour elle-même et surtout pour ceux qu'elle aimait trop fortement. Par quel mécanisme : blocage analytique, autocensure? Ce phénomène est connu par d'autres médiums. Gabrielle ayant contribué à faire démarrer sa clientèle, Yaguel recevait souvent des gens qu'elle avait traités. Au bout de trois à six mois après sa mort, insensiblement, à l'occasion de consultations qu'elle donnait à des anciennes clientes et amies de Gabrielle, elle voyait apparaître celle-ci, en cliché mental, dans un halo de lumière, gaie jusqu'au rire lorsque le message était heureux, empreinte d'une certaine tristesse quand les choses allaient mal. Yaguel connut une période de désarroi profond, mais peu à peu elle reçut des apaisements et cette présence se fit proche, très rassurante; elle prit l'habitude d'avoir une sorte de relation fréquente, quotidienne avec elle, en cas d'embarras, de difficultés, d'hésitations. Cela ne ressemblait pas à une « dépendance médiumnique », mais à l'usage très naturel et très simple que l'on a d'une amie. Au cours de séances, Yaguel donna des messages de Gabrielle entre autres à Élisabeth de Chimay, qui en parle dans son témoignage, à sa collaboratrice Francine Rivière, où son amie de l'au-delà insiste sur la déontologie du médium, sur son obligation d'avoir une vie en esprit, sur sa lutte contre la tentation d'orgueil. Au cours de consultations personnelles, Yaguel m'a parlé au nom de Gabrielle et je dois dire que toutes mes barrières de prudence critique ont cédé devant ce fait.

J'ai assisté, et j'en porte un témoignage exprès, à un étrange événement qui montre, si l'on veut bien admettre ces choses, le pouvoir d'intervention que possèdent de telles entités.

Yaguel n'est pas de nature particulièrement craintive (sauf lorsqu'il s'agit du sort des siens); elle avait reçu des sommations d'une femme qui la rendait responsable, ainsi que plusieurs autres médiums, de tous les malheurs qui lui étaient arrivés. On sentait un tel désespoir dans son cas que Yaguel avait accepté de la recevoir le lendemain du jour où je devais travailler avec elle. Mais elle me fit part de l'angoisse qu'elle éprouvait devant le comportement imprévisible de cette femme qu'elle savait violente. « Que dois-je faire? me demanda-t-elle. Si je la décommande, ce sera une dérobade. – Interrogez Gabrielle sur la conduite à suivre. »

A ce moment-là je vis Yaguel se détendre et me dire : « Je me sens complètement sous la protection de Gabrielle; elle m'assure que cette personne sera malade cette nuit et annulera elle-même le rendez-vous. C'est vrai, elle va très mal, mais on s'occupe d'elle. On me demande de lui envoyer des pensées d'amour... » Effectivement, Yaguel m'appela le lendemain et me dit que tout s'était passé comme prévu; cette femme avait eu une nuit éprouvante, avec de la fièvre, et ne pouvait venir. Yaguel avait eu une conversation apaisante avec elle.

J'ai eu là, en prise directe, une expérience que l'on pourra interpréter comme une simple coïncidence, comme une voyance ordinaire, comme une douce hallucination, comme une complaisante interprétation de ma part. Car, après tout, je n'ai pas *entendu* cette femme se décommander; je n'ai pas la *certitude* qu'une secrétaire bien intentionnée ne l'ait pas fait et, à l'antipode de l'opposition rationnelle et sceptique, certains me diront – pourquoi pas? – qu'une pensée magique a pu l'incommoder pendant une nuit et la rendre indisponible. Limites donc de la preuve, encore une fois! Bien que, comme toujours, les objections paraissent infiniment plus compliquées et artificielles que la version sur laquelle elles s'exercent. Est-il nécessaire de préciser que, dans mon intime conviction et en raison de mon commerce avec Yaguel, *je sais* que les choses se sont passées comme je les décris.

Il faut revenir sur le sens de la prédiction détournée de Yaguel. Tout s'est passé comme si une force karmique, une disposition du destin lui avait interdit à la fois de préciser la mort de son amie et de l'en avertir. Quand ce genre d'événement s'annonce inéluctablement et que l'on a des certitudes spirituelles, on souhaite en être averti pour s'y préparer. Mais Gabrielle était sans doute déjà prête. Le plus étrange est évidemment cette métaphore du mariage que beaucoup d'entre nous trouveront limpide et dont d'autres se gausseront. Cette histoire simple est un cas limite que je rapporte avec honnêteté, mais qui ne peut, en aucune manière, être conforté par ma simple caution, ni par celle des « témoins ».

Yaguel a éprouvé une autre fois ce blocage prévisionnel pour un être proche. Il s'agissait de sa mère que les médecins considéraient comme perdue et pour laquelle des amies astrologues voyaient une interruption fatale. Son cœur cessa de battre, en effet, mais elle fut ranimée sur la table d'opération. Yaguel, complètement affolée n'avait rien vu, ne voyait rien. C'est pourquoi il lui arrive de consulter pour elle-même astrologues et médiums de ses amies. Elle est traversée par une telle vitalité qu'elle refuse la mort, pour ceux qu'elle aime certes, mais elle en fait une approche toujours prudente en consultation.

VOYANCES SUR L'HISTOIRE, VOYANCES SCIENTIFIQUES

De nombreux cas de médiumnie spirite seront encore évoqués dans ce livre par des témoins qui ont été en contact, par l'intermédiaire de Yaguel, soit avec des personnages dont ils étudiaient la vie, soit avec des amis et des parents décédés, soit avec des figures historiques, soit avec des entités familières comme le « fantôme de Chimay ». Un chapitre important de l'activité de Yaguel a été ouvert, après les épisodes que décrit Élisabeth de Chimay, avec les séances conduites par Michel de Grèce et qui devaient aboutir, sans que cela ait été fait de propos délibéré, à *Leur vrai destin* [1]. Les cas le plus souvent cités sont ceux de Jeanne d'Arc, d'Anastasia, de Louis XVII, où des indices historiques ont été proposés, des pistes indiquées. Dans ma conversation avec Michel de Grèce, et plusieurs fois avec Yaguel, je me suis étonné du caractère souvent cotonneux, imprécis, incomplet de ces communications, alors qu'en voyance ordinaire le propos est si souvent net et tranchant et que Yaguel agissait comme si elle était mandatée pour mettre au jour un pan d'histoire. Pourquoi Louis XVII ne désigne-t-il pas explicitement le château écossais où il aurait vécu? Pourquoi n'en savons-nous pas davantage sur l'ordre occulte qui aurait manipulé Jeanne d'Arc, ni sur l'identité de son père? Pourquoi Anastasia, qui donne une explication plausible de la substitution de Mme Anderson, n'est-elle pas plus précise sur les archives où l'on doit trouver des preuves de cette imposture? Pourquoi tant de périphrases, de dérobades, de glissements, alors que les thèses qui surgissent de l'acte médiumnique de Yaguel sont souvent d'une évidence, d'une simplicité qui décontenance. Je m'acharnais à comparer ces syncopes, pour moi insolites, avec celles qui interviennent dans la vision de destins personnels où tout ne peut pas nécessairement être révélé (cas de Gabrielle d'A.). Mais mon argumentation ne portait pas. La réponse qui me fut faite et dont je dois me contenter c'est qu'il est vain de demander à la médiumnie ce qu'elle ne peut donner, puisqu'elle est une simple indication du chemin à suivre, que l'approche des énigmes de l'histoire doit se faire dans un échange entre l'entité et celui qui reçoit le message par le médium, qu'il serait trop simple de questionner et d'avoir une réponse sur laquelle bâtir sans recherche complémentaire des travaux et des investigations, qu'enfin il est bien présomptueux de décider de ce qui doit être révélé ou non. D'ailleurs, de nombreux blocages s'étaient manifestés au cours de ces séances (Jeanne d'Arc, le suaire de Turin) comme si l'on mettait une main sur la bouche du médium. La méconnaissance de l'histoire dont Yaguel fait souvent (et exagéré-

1. Yaguel Didier, *Leur vrai destin, Révélations sur les grands secrets de l'histoire* (Jean-Claude Lattès, 1985). Cet ouvrage interroge, à partir de documents enfermés dans des enveloppes opaques remises au médium, la personnalité et le destin de personnages historiques dont la vie comporte certaines énigmes. Chacun des sujets est d'abord brièvement présenté pour montrer en quoi, aujourd'hui encore, il pose un problème aux historiens. Le lecteur trouve ensuite la transcription exacte, sans retouche, des propos tenus par Yaguel Didier au cours de l'expérience, propos fréquemment émaillés par des notes donnant des précisions jugées nécessaires. Des développements complémentaires, sous forme de « commentaires », sont apportés à la fin de chaque chapitre; ils comparent les faits révélés par Yaguel avec la vérité historique admise. Ces incursions médiumniques portent sur l'affaire Anastasia, Louis XVII, la disparition de Mozart, la mort de Louis II de Bavière, la légende du comte Dracula, Jeanne d'Arc, l'assassin de Lincoln, le secret de Mayerling, William Shakespeare, l'identification de Jack l'Éventreur et le cas Gaspar Hauser.

ment) état peut être la raison d'une difficulté d'exposition, d'une ambiguïté sur les mots; la pluralité des lectures pourrait également justifier un langage intermédiaire, équivoque. Ce livre étonnant devrait susciter des enquêtes; on assure que Yaguel a été contactée par des personnes concernées par ces énigmes, par des chercheurs, et que des ouvrages se préparent.

Le rapport que Yaguel entretient avec l'histoire est aléatoire, événementiel, ambigu. L'histoire se trouvait à Chimay, à Gisors, à Rennes-le-Château, dans les biographies dont elle cernait le héros, dans les consultations qu'elle donne à des amis, dont j'ai dit qu'ils étaient « porteurs d'histoire ». Dans *Leur vrai destin,* les hypothèses vont loin, offensent les idées reçues, tentent des ouvertures à la fois vers l'évidence et l'imprévisible. Thierry de Beaucé, dans une préface qu'il avait écrite précédemment pour cet ouvrage et qui est restée inédite, explique par petites touches cet impressionnisme de la voyance, ses éclats de lumière, cette façon qu'elle a de marcher sur la pointe des pieds, comme une ballerine, pour aller très vite là où on ne l'attend pas. Il faut citer largement ce texte qui pose, avec distinction et subtilité, une question fondamentale sur un aspect très singulier de la voyance de Yaguel.

« L'histoire ne refuse aucun matériau. Tous les déchets du passé concourent à son évocation. Ainsi renaissent tant bien que mal les époques et les personnages. Les voyances de Yaguel Didier contribueront à ces résurrections. Elles susciteront des débats. Ces faits nouveaux sont bizarres. Ils procèdent si peu de la science et de la raison. Le passé remonte à l'état brut avec la précision déconcertante d'un document photographique. Ombres et fulgurances, déplacement des angles de vue, secrets percés, les voyances de Yaguel Didier illuminent en coin un moment de vérité, le temps minuscule d'un éclat. Yaguel Didier ne prétend à rien d'autre. L'interprétation fait intervenir la raison plus facile des *a priori*, les catégories préférentielles du déjà vu et du déjà su. A ce stade, ce n'est plus la préoccupation de la voyante. Elle a dit ce qu'elle avait à dire. Il y a des images, le choix même des mots, la démarche dramatique de la découverte. Pas à pas dans des labyrinthes d'erreurs et de suppositions contredites, la voyance trouve son chemin, déchire des voiles, fait apparaître des personnages dont la psychologie hésite, se retourne et puis éclate au hasard d'une confrontation.

Yaguel Didier n'a aucune ambition de connaître l'histoire ou de rivaliser – par d'autres méthodes – avec les historiens. Les thèses en présence ne lui importent pas. Elle voit simplement les moments d'outre-tombe. Elle redit des voix qui se sont tues. Ce langage ne lui appartient pas. Alice au pays des merveilles entrebâille des portes, guette au trou des serrures, passe allègrement de l'autre côté du miroir, sans pressentir le scandale que dénoncent des vérités renversées. Une sensibilité extrême recompose les indices, lève des traces imperceptibles qui traînent encore à la surface un inconscient de souvenirs, le génie d'amalgames imprévus. On pourra trouver l'explication qu'on veut. L'obsession d'un temps et d'un personnage se concentre en un point fixe. La voyance appelle toutes les données qui s'y rattachent. Elle retrouve un langage, des expressions, des figures et des paysages qui sont d'époque. Un écrivain de génie pourrait atteindre ce paroxysme, se mettre dans la peau, fouiller jusqu'à la nuance d'un sentiment enfoui... Aux savants d'en faire l'usage qui convient. Comme on feuilletterait un album de photographies dont même l'origine serait inconnue. Quel est celui qui porte ce regard? Qui sont ces visages autour et cette maison là-bas si longue en bout de prairie? Quelle était la saison de ces orages, giboulées de mars ou tempêtes d'août? Quel était le prétexte de cet uniforme? Avec un soin particulier, l'archiviste procédera aux recoupements, il analysera, ajustera les éléments, prendra en compte ce qu'il savait déjà et, pour se rassurer, s'encombrera de présupposés. C'est le discours de la méthode, le jeu constant des hypothèses et des vérifications, des *a priori* et des preuves déjà prévues qui s'appliquent à les confirmer. A chacun son emploi. Je ne fais pas ici le procès de la science. Je voudrais laisser la place à d'autres illuminations. C'est d'enfance qu'il s'agit. L'émerveillement devant les choses mises côte à côte et encore si mal nommées. Avec Yaguel Didier, le regard constate des merveilles. Il ne peut pas les expliquer. A peine indique-t-il des pistes ou des lignes de fuite, des contours, des épisodes, des objets parsemés sans liens les uns avec les autres. Ce sont des voyances ou des errances, un chemin vague qui ne connaît pas son but. Elles procèdent d'un don particulier. Mais, dans le cas de Yaguel Didier, j'entends ce don dans le sens d'une “ générosité ” ».

Il demeure que ces interventions des entités constituent en elles-mêmes des énigmes dans les énigmes de l'histoire. Si l'on s'écarte d'une position de rejet pur et simple (fantasmagories ou inventions romanesques du médium, télépathie avec des témoins possédant des connaissances historiques précises, etc.) on se trouve en présence de deux hypothèses : celle des religions judéo-chrétiennes et de l'Islam qui n'admettent qu'un seul salut pour une seule vie, celle des religions orientales et des traditions ésotériques occidentales qui croient à la réincarnation et au Karma. Dans le premier cas on admettra, même si cela paraît quelquefois « extravagant » et rappelle les augustes visites que Victor Hugo suscitait au cours de séances de tables tournantes à Jersey, que des entités historiques « célèbres » puissent intervenir. En revanche, dans la seconde hypothèse, on ne comprend pas toujours quel principe se manifeste : une entité personnelle non réincarnée, la trace résiduelle d'un sujet qui a connu d'autres réincarnations mais qui continue à témoigner sur l'une de ses existences antérieures, ou la lecture par le médium dans le livre de la vie du personnage invoqué, sans que celui-ci agisse par lui-même? Dans *Leur vrai destin,* Yaguel semble avoir un rapport direct avec Anastasia et Louis XVII dont elle rapporte, pour l'une, le récit d'une agonie et l'explication d'une substitution, pour l'autre, les propos très abrupts qu'il tient sur sa famille (qui l'aurait rejeté), sur des ennemis (qui l'auraient sauvé), sur ses pérégrinations. Mais au cours d'une interview radiophonique, Yaguel, dans un moment d'interrogation, se demandait : « Il s'agit d'un phénomène d'empathie, parce que je n'entre jamais en transe, je suis vraiment moi-même. Effectivement, je me mets à parler comme la personne et je deviens la personne. Mais peut-être est-ce la personne elle-même, puisque je la vois, qui vient me transmettre sa pensée. Ou suis-je une onde émotionnelle qui fait que je deviens l'autre, comme s'il s'agissait d'une substitution? Au fond, c'est mon ego qui s'abolit et, en effet, je deviens l'autre. » Comme cette réflexion était faite à propos de la prestation d'Anastasia, au cours de laquelle elle avait exprimé une véritable souffrance, dit un immense désarroi et s'était trouvée terrassée par une violente crise de larmes (au point que les témoins interrompirent la séance), on ne peut être qu'indécis sur la relation que Yaguel entretient avec l'entité manifestée. D'autant que dans presque tous les autres cas, sauf pour Louis II de Bavière et pour les interventions de Louis XIV et de Mme de Montespan à propos d'un livre de Michel de Grèce *(L'Envers du Soleil),* Yaguel décrit des personnages et des événements jusque dans le détail, sans rapporter directement leurs propos. Dans une cassette non utilisée sur Alexandre Iᵉʳ, où elle avait donné nombre d'indications sur le personnage, elle répondit à Michel de Grèce qui regrettait que ce prince ne se soit pas exprimé abondamment : « Je crois que je suis limitée dans ma perception, parce qu'il est réincarné. » Cette phrase, perdue dans la masse des enregistrements, pourrait être la clé, si l'on admet le principe de la transmigration des âmes, du système dans lequel fonctionne le médium.

Yaguel apporte toutes sortes de précisions, dans cette histoire de l'Occident, encore proche de nous, même lorsqu'elle évoque les tribulations des Templiers, le mystère Jeanne d'Arc ou les facéties guerrières du comte Dracula. Mais on trouve dans d'autres témoignages médiumniques comme ceux d'Edgar Cayce, un mélange de vues intéressantes et inédites sur l'histoire, de faits fabuleux et invérifiables remontant à la haute antiquité ou aux civilisations englouties, et de désignations précises de personnages que les exégètes des « Lectures » conservées à la Fondation E. Cayce ont de la peine à retrouver dans la chronique des siècles récents.

En franchissant encore un degré, Yaguel s'est soumise à des expériences dont il est largement fait état dans les « témoignages » (IIe partie). Ces incursions chez Akhenaton *(Le Nouvel Observateur)* ou sur le personnage de Michel-Ange *(Elle)* ne sont pas de simples piquetages, de courtes clartés sur des données connues et retrouvées. Yaguel surprend souvent les enquêteurs par des détails ignorés d'eux, des précisions qu'ils retrouvent en fouillant dans les livres. Mais la contribution d'Emilia Masson sur les Hittites, la voyance très avancée qui fut faite sur les Indo-Européens, permettent de franchir une nouvelle étape et peut-être de faire apparaître cette hypothèse que seul le canal des sciences humaines pourra approcher une manière de confirmation, faire éclore une forme de preuve.

Mais, si Yaguel a donné à Emilia Masson des localisations sur la poursuite des fouilles dans les sites hittites, les étranges expériences qu'elle a menées, toujours selon la procédure des enveloppes cachetées, avec Rémy Chauvin, attendent des confirmations ou des infirmations ultérieures. Sa vision sur Mars, par exemple, donne des précisions chimiques, géologiques (une dominante rouge, l'état de l'atmosphère) et biologiques (sur la vie actuelle sous forme de lichens, sur « l'archéologie » de la planète), décrit les problèmes qui se poseront aux cosmonautes, les malaises (allergies et troubles nerveux) dont ils seront atteints lorsqu'un vaisseau spatial soviétique aura fait l'aller et retour de la planète.

Parfois le sujet touche aux mythes bibliques : le déluge, l'arche, le mont Ararat (avec des images très fortes sur un cataclysme), ou décrit la météorite d'Orgueil avec tant de précision quant à sa composition, au site dans lequel on l'a trouvée, que l'on entend le Pr Chauvin s'exclamer : « Ce que vous avez dit est exact à quatre-vingt-dix pour cent ! » puis, un peu plus tard : « C'est un brillant succès. » Cette météorite, contrite charbonneux, venue d'une planète éclatée, contient des éléments qui attestent, selon certains, la présence de la vie dans le cosmos. C'est à la fin de cette séance qu'il lui tendra une enveloppe, en lui demandant de lui parler du personnage dont la photo se trouve à l'intérieur. En deux secondes Yaguel lui renvoie l'enveloppe en riant : « Mais c'est votre portrait qui se trouve là-dedans ! » Exclamations, admirativement truculentes de Rémy Chauvin qui s'écrie : « Ah ! la bique ! Elle m'a drôlement eu ! » Si l'on peut arguer d'une transmission de pensée pour ce cas et pour la communication sur la météorite d'Orgueil, bien que plusieurs éléments sur l'avenir des travaux relèvent de la précognition, les vues sur Mars sont entièrement « inédites », échappent au domaine de connaissance actuelle du savant et ne pourront être confirmées que lorsqu'on y sera allé voir.

Au cours de la séance sur la pyramide de Chéops, le 8 août 1986, en présence d'amis journalistes et archéologues, Yaguel a donné de multiples renseignements sur des découvertes à venir, l'orientation des fouilles, le rapport des lieux et leur description, le déroulement de certaines cérémonies. On a le sentiment que beaucoup de portes ainsi ouvertes ne sont pas prises sérieusement en considération. Or on voit que Yaguel souhaite mettre ses dons médiumniques à la disposition d'historiens, de chercheurs en sciences humaines, d'archéologues, de médecins, de scientifiques, et mener avec eux, sous leur incitation et leur contrôle, des expériences qui peuvent aussi bien toucher à la définition d'une campagne de fouilles, à la nature de certains phénomènes physiques, à la recherche des relations qui s'établissent entre tels potentiels physiologiques et la voyance, qu'à l'investigation en précognition sur des expéditions, des expériences. Seuls l'intérêt et l'exactitude des résultats pourront faire prendre en considération la médiumnie comme moyen d'investigation. Les voyances de Yaguel Didier sont enregistrées et accessibles, un livre a été publié sur les énigmes de l'histoire : on espère que ceux qui les ont suscitées ou qui en ont connaissance dépasseront le stade de l'hypothèse et de la curiosité.

L'une des collaborations les plus fructueuses, réalisées à ce jour, entre archéologues et médiums, est certainement la campagne dirigée par Stephan A. Schwartz et dont la relation a été faite dans un ouvrage intitulé *Le Projet Alexandrie* (Sand). Cette équipe qui travaillait de conserve avec les responsables et les ouvriers égyptiens, réunissait vingt-deux Américains (plusieurs médiums, des scientifiques, cameramen, preneurs de son, etc.). Mise en œuvre par le groupe Mobius, qui s'était donné pour but de retrouver la tombe d'Alexandre, l'équipe de Schwartz fonctionna essentiellement autour de deux médiums, Hella Hamid et George Mc Mullen, qui fournirent des croquis, des descriptions précises et des mesures. Cette expérience a non seulement obtenu un bilan archéologique impressionnant, que l'on appréciera en se reportant à l'ouvrage de Schwartz, mais elle a permis de montrer la marche d'une équipe « pluridisciplinaire » (si l'on considère la médiumnie comme une discipline) et de souligner les nuances qui différencient les perceptions médiumniques, la formation des images, les approches très spécifiques de chaque voyant. Les distorsions entre le cliché prémonitoire et l'objet réel une fois retrouvé sont notées, mais aussi les confirmations des prédictions, le jeu des voyances autonomes qui permettent de cerner le sujet, parfois jusqu'à l'unanimité des participants, les différends entre les Égyptiens, contrôleurs des fouilles, et les médiums (donnant raison à ces derniers). Tout est approché comme dans un journal de bord et il en résulte un document exceptionnel où le maître d'œuvre tient compte de l'ambiguïté profonde du médium, à la fois partenaire et « outil » d'investigation, considérant l'histoire « comme s'il s'agissait d'un simple magazine » et non sous l'angle des spécialisations archéologiques. Et, surtout, il insiste sur le fait que ce « bio-ordinateur à télédétection » a un rendement qui n'est jamais exact à cent pour cent. C'est donc un extraordinaire champ d'observation du fonctionnement médiumnique que donne ce *Projet Alexandrie*, en dehors de son intérêt purement scientifique.

Le chapitre des prédictions mondiales ne sera qu'entrouvert car Yaguel n'a jamais caché sa répugnance à donner des prévisions annuelles, à intervenir au moment des élections sur les résultats qu'elle entrevoyait. Dans la politique immédiate, plus particulièrement dans le domaine français, les nombreux consultants qu'elle reçoit, qui exercent des responsabilités, ou qui sont en relation avec les appareils d'État et les partis, lui permettent, par vision directe ou par recoupements, d'avoir une idée assez précise de ce qui va se produire. Elle s'en ouvre à son entourage, à ses amis, et ceux-ci ont pu constater, soit la véracité et la ponctualité de ses vues, soit certains glissements temporels qui, comme dans tout fait médiumnique, rendent délicate l'utilisation de ce type d'information. Yaguel pense qu'elle puise dans une sorte d'inconscient collectif et que les courants, les désirs, les peurs qui s'expriment sont si violents qu'elle peut en être troublée et parasitée. Des flashes éclatent dans certains témoignages (Élisabeth de Chimay, Michel de Grèce, Mona Touzani, etc.) qui ne constituent pas un corpus prévisionnel, mais des lueurs éparses arbitraires sur certains pays, sur certaines personnes. J'ai fait allusion à ces entités « nostradamiennes » qui interfèrent dans certaines séances et en interrompent le cours pour délivrer des messages souvent lourds de menaces et obliger le médium à adopter un mode incantatoire, à parler « en chanson », en langage cadencé, dans une syntaxe archaïsante. L'intrusion d'une entité dans la communication d'Anastasia, plusieurs cassettes enregistrées par ses amis, dont moi-même, une étrange séance qui s'est tenue le 15 mai 1988, en présence de Michel de Grèce et de Patrick de Bourgues, invitent à la réflexion. On peut s'en moquer, hausser les épaules et ne prendre en considération que les aspects très précisément personnalisés de la voyance ou, au contraire, s'interroger sur ces mises en garde, sur ce cortège d'images qui annonce au monde des jours difficiles. Yaguel s'est elle-même sévèrement mise en question, lorsqu'un tremblement apocalyptique a secoué la presse et les médias après la publication d'études sur les Centuries et la révélation de certaines prédictions mariales. On a ressuscité les mythes de la fin de la papauté, du grand monarque et la conflagration universelle, de l'Antéchrist. Les clichés qu'elle a pu avoir sur ces sujets sont entachés pour elle d'une imprégnation collective. Pourtant les textes sont là, qu'il n'est sans doute pas souhaitable de rassembler ni de répandre. L'angoisse publique n'est pas un des effets que doit générer la voyance, même si celle-ci prodigue des mises en garde salutaires qui peuvent d'ailleurs sembler des lieux communs. Les menaces politiques, écologiques, démographiques, atomiques relèvent, en effet, d'une analyse des causes où la raison et l'examen des faits devraient suffire. Mais le vieux barde, venu du fond des âges, qui visitait hier Yaguel, énonçait des vues paradoxales sur lesquelles la logique n'a aucune prise : par exemple que la paix, rétablie au Moyen-Orient, annoncera la tempête et que le faux conciliateur venu de l'Est (« Oh! combien son charme est grand! »), cacherait une dague derrière son dos...

Les médiums ont souvent la description d'un événement collectif important, voire dramatique, par la juxtaposition de voyances particulières dans lesquelles des faits caractéristiques se reproduisent : c'est ainsi que Madame Fraya, « dès la fin de 1913, fut bouleversée par le nombre considérable de morts violentes qu'elle décelait dans les mains de jeunes hommes qui venaient la consulter... Elle ne pouvait que conclure à l'éventualité d'une guerre prochaine... ». Ce fait statistique, rapproché d'une prédiction donnée à la sœur du Kaiser et d'une vision fatale qu'elle eut à Vichy en examinant la main de Jaurès (ce dernier étant persuadé que sa mort aurait lieu la veille d'une déclaration de guerre; Simone de Tervagne, dans *Le Livre d'or de la voyance)* forma pour elle une certitude globale concernant l'imminence de la guerre mondiale.

Autre procédure : le destin d'un homme éminent, figure historique et chef d'État, fournit, évidemment, de nombreuses informations sur l'avenir du pays qu'il dirige. Dennis Eisenberg, dans une interview datée de février 1971, avait révélé que le général de Gaulle consultait, pendant la guerre, la voyante anglaise Bertha Harris. Elle lui aurait donné des certitudes sur l'issue de la guerre, sa prise de pouvoir, son retrait dans un « petit village » et son retour aux affaires après une période de troubles. Date approximative de sa mort : avant ses quatre-vingts ans, en précisant « qu'il aurait quitté le pouvoir, et serait occupé à écrire ses Mémoires qu'il ne terminerait jamais. » Le témoignage tardif de Bertha Harris peut être, évidemment, contesté. Bien que sa réputation et sa notoriété (Churchill la consultait) plaident pour sa sincérité et son honnêteté, cette relation reste une « curiosité ». Comme on lui demandait pourquoi elle n'avait pas répondu à l'invite du Général à venir le voir en France, elle rétorqua avec beaucoup de bon sens : « Dans le désespoir il avait besoin de moi. Mon rôle s'arrête là. Si quelqu'un, qui a assisté à ma première rencontre avec de Gaulle, n'avait pas parlé, je serais morte avec mon secret. » (Cité par André Larue dans *Les Voyantes.*)

LES CONSULTANTS ET LES DANGERS DE LA VOYANCE

Si j'ignore ce qui se passe dans le cabinet de Yaguel, puisque les consultants emportent leur cassette et que le médium n'en garde pas de copie, j'ai pu avoir accès aux enregistrements qui m'ont été volontairement soumis par certaines personnes, mais j'ai surtout pu consulter des demandes de rendez-vous par lettres qu'ont transmis son éditeur ou les journaux qui avaient publié une interview de Yaguel. La plupart du temps les consultations sont convenues directement avec elle ou son secrétariat et ne laissent de traces que sur un livre qui reste confidentiel. C'est donc une voie d'accès importante, abondante mais parallèle qui est concernée ici; elle touche tous ceux qui n'ont pas obtenu par leurs relations, les hasards d'une rencontre mondaine, ou l'intervention d'un ami commun, une adresse, souvent recherchée depuis longtemps mais qui demeurait inaccessible. Si nous mettons à part les personnalités des divers mondes politico-médiatiques, les hommes et femmes d'affaires, l'assortiment des « responsables » de tous niveaux, on entre dans les eaux calmes des consultants ordinaires, dont je faisais partie lorsque Lazare Iglésis m'indiqua le domicile de Yaguel à Chatou, en 1979. La correspondance à laquelle nous faisons allusion donne, en revanche, un aperçu intéressant de la répartition socioprofessionnelle de ceux qui appartiennent à cette troisième catégorie, sans doute la plus émouvante, celle qui souvent crie son urgence à consulter... Une grande majorité de femmes s'en dégage, dans une moyenne d'âge de trente à cinquante ans. Beaucoup d'employées, de secrétaires, d'agents subalternes de l'État ou des collectivités, des ouvriers, mais aussi des représentants de professions libérales (judiciaires, commerciales, médicales).

Beaucoup s'informent du montant des honoraires et font état de difficultés financières (or, si les consultations sont payantes, puisque Yaguel exerce un métier, on sait que celle-ci est compréhensive sur ce point). La plupart des lettres indiquent l'objet de la demande et le manège pathétique des angoisses, des douleurs, des soucis humains tourne jusqu'à donner le vertige et se trouve exposé avec tout son cortège d'appels à l'aide, de suppliques, d'expression contenue ou éclatée de chagrins et de désarrois [2]. On veut consulter pour des problèmes conjugaux et sentimentaux (les ruptures et leurs consé-

2. Étonnante stabilité des motivations : ce rapide survol des appels que Yaguel reçoit répercute presque exactement l'analyse du « courrier de cauchemar » et de la hiérarchie des raisons de consulter qu'effectue André Larue en 1971 dans *Les Voyantes*, et recoupe l'examen des cas qui composent la clientèle de Georges de Bellerive, et que l'essai dirigé par François Laplantine étudie *in vivo*, en 1985.

quences), pour des questions de santé, d'équilibre psychologique, de travail et d'affaires (beaucoup de chômeurs, de gens en difficulté professionnellement), sur des enfants, leurs études, leur avenir, sur des conflits graves avec des tiers, des soupçons. Certaines descriptions de situations particulièrement catastrophiques coupent le souffle : l'acharnement du malheur prend parfois l'aspect d'une monstrueuse accumulation, ce qu'on appelle « la loi de Murphy ». Ces lettres sont émouvantes par la confiance qu'elles témoignent, *a priori*, à Yaguel, entrevue à la télévision ou sur laquelle on a lu un article; nombreux sont ceux qui se sentent un lien avec elle, une connivence, et qui attendent avec angoisse une réponse. Ils ne seront généralement pas déçus car j'ai été frappé par le peu de temps qui s'écoulait entre la date d'expédition de la lettre et la prise de rendez-vous, notée à chaque fois.

Les méandres de situations compliquées sont décrits et l'on attend des conseils, une vision sincère sur un avenir qui se présente sombrement. Étrangement, aucune peur de la vérité qui sortira de la bouche du médium : on sait que Yaguel sera compatissante, attentive, prudente, réconfortante. A « l'acte d'amour » dont elle parle répondent des déclarations qui se placent sur le même plan : « Pas de formule de politesse, simplement l'amour. » On touche là au rôle sociologique très spécifique du médium qui n'appartient pas à notre seule civilisation, mais dont on trouve l'intervention à travers l'histoire, au domicile sacré des pythies, mais surtout, de nos jours, dans les différents milieux africains, asiatiques et latino-américains. Les psychologues du courrier du cœur, dans certains magazines, les animatrices d'émissions d'entraide à la radio connaissent bien cette épaisse marée de la souffrance, de l'anxiété. L'appel au médium se situe, évidemment, sur un autre plan puisque l'acte divinatoire est évoqué et sollicité, bien que le plus souvent on demande son intervention après que l'événement douloureux est arrivé ou que la situation conflictuelle s'est installée. Quelques sollicitations plus apaisées attendent d'une rencontre avec Yaguel l'occasion de faire le point, de dresser un bilan et d'y voir plus clair. On peut la consulter très concrètement sur une recherche généalogique, l'identification d'un objet, la lecture d'un blason, l'examen d'un portefeuille boursier ou, au contraire, sur l'apparition d'une disposition médiumnique, sur des visions de parents décédés qui provoquent des troubles chez le sujet. Parfois, comme *La Foudre* du Tarot, un cri : « Ma fille a été assassinée, nous soupçonnons l'auteur du crime, l'enquête piétine, venez à notre aide. » La place des faits divers est importante, nous l'avons vu, dans l'activité de Yaguel; elle justifie l'urgence de l'appel et laisse prévoir le surcroît de tension et de responsabilité qui en résultera pour le médium. D'autant qu'on lui demandera de préciser des dates, des lieux, des circonstances, et de décrire les protagonistes (un homme qui interroge sur l'assassinat de son épouse; une femme qui recherche sa mère disparue, que « l'on retrouvera par hasard, noyée, lorsque le niveau de la Seine baissera », ce qui arriva...)

Yaguel a beaucoup insisté sur l'évolution de la qualité de sa vision en fonction du niveau spirituel et moral de ses consultants. Elle a même nuancé l'objection que je faisais au sujet de la voyance directe, plus fatigante pour le médium que la lecture par le truchement des cartes, en précisant que c'est ce que le consultant projette qui peut fatiguer ou dynamiser. Telle personne « peut alimenter votre flux intérieur, telle autre vous vider complètement. Plus les gens sont chargés, plus ils sont intéressants, mieux l'on voit ». Malheureusement, elle s'est trouvée, au cours de sa carrière (beaucoup moins aujourd'hui), en face d'esprits violemment négatifs ou hystériques, venus l'agresser et se prouver l'inanité de son talent. Elle n'a pas rencontré de criminels, mais des personnes chargées d'un intense désir de mort à l'égard d'un proche ou d'un adversaire. Dans ce cas, comme dans celui, plus malheureux, des envoûtés et des ensorcelés de tout acabit, son champ de vision s'éteint et elle interrompt la séance (car si elle peut guérir, elle ne peut pas intervenir en magie). Quitte à adresser la victime de manipulations maléfiques ou de possessions à des exorcistes ou à des désenvoûteurs. Une voyante me disait qu'elle soumettait périodiquement son cabinet aux bons soins d'un mage blanc pour le nettoyer des effluves malsains qu'y accumulent certains clients, comme on procéderait à une désinfection après le passage des malades contagieux. Sans en arriver à ces pratiques extrêmes, Yaguel n'écarte pas le problème. Elle compte sur ses « protections », elle pratique, nous l'avons vu, la lustration, pas seulement en se lavant les mains, mais en prenant, quand il le faut plusieurs fois par jour, des bains ou des douches. Elle compte surtout sur la force de la pensée positive, pour évacuer les miasmes de la médiocrité, des angoisses, et des fantasmes psychopathologiques dont je m'imagine parfois que, comme dans certains films d'horreur, ils distillent une vapeur méphitique et délétère qui s'insinue dans le champ de vie du médium. Les rapports de dépendance médiumnique excessive, les appels qui peuvent lui être mentalement adressés, sont ressentis péniblement, comme une onde de choc sur le plexus solaire.

C'est pourquoi, presque paradoxalement, si Yaguel est touchée par certains attachements, elle apprécie les comportements d'indépendance. Une jeune femme lui avait écrit, après avoir lu une de ses chroniques dans *Vogue*, une lettre d'une grande sensibilité, espérant un rendez-vous; Yaguel le lui accorda aussitôt. La réponse inattendue qu'elle lui fit, bien loin de la blesser, la toucha particulièrement : « J'ai réfléchi mûrement et ai résolu de ne pas consulter d'oracle, même si le canal est infaillible et très pur, pour des raisons de sérénité et d'équilibre intérieur. Je vois trop de désastres partout, dus à la fixation dans l'inconscient de prédictions, même bonnes, qui plongent l'être dans un état de passivité. Je me sens bien sûr plus forte qu'eux, mais prédire est à double tranchant... C'est un voile déchiré qui se paie. Ma faiblesse actuelle étant de mendier donc un signe, par votre intermédiaire, de l'au-delà. Quel manque de foi de ma part!... En temps voulu, on reçoit ce qu'il faut savoir, ce qu'on est capable de voir en face... » Cette correspondance fait état de réponses perçues en rêve, « ni trop d'images, ni trop peu » et évoque des expériences de voyance dont elle a pu apprécier les effets pervers. Nous avons là, très remarquablement résumée, l'objection spiritualiste la plus fondée que l'on puisse faire à la voyance : créer un état de dépendance, inconscient ou non, qui inhibe la volonté d'action; transgresser la loi du secret qui semble verrouiller le destin... C'est pourquoi j'ai souvent interrogé sur cette disposition qui suit la consultation et l'on m'a répondu, le plus souvent, dans le sens du libre arbitre. En ai-je toujours, pour autant, été convaincu? C'est pourquoi, également, Yaguel nous répète que la voyance est un acte grave, auquel on doit se préparer, que l'on doit aborder en état de « lâcher prise » et non de harcèlement, et sans attendre plus que ce que l'on reçoit. Michel de Grèce demande que l'on respecte le don du médium en ne l'accablant pas avec des futilités, des pièges, des questions trop catégoriques (voir p. 165-166). L'effet de déstabilisation que provoque sur la vision l'agressivité du consultant recoupe le problème de l'état de santé du médium au moment où il opère. On peut se demander, en effet, si un accès de fièvre, une tension nerveuse ne seraient pas propices à la manifestation de la médiumnie. Certaines voyantes assimilent ces dispositions morbides à des moments de transe et y trouvent une surexcitation de leur disposition à voir. On sait que Yaguel, si elle a approché cet état dans des cas assez rares (voyance sur Anastasia, vision de la mort de Sadate), tient à « maîtriser la situation », à rester au bord d'un décrochement qui conduirait à la perte de conscience. Elle adopte un comportement résolument « sain » à l'égard de la voyance, abolition lucide de l'ego, et demeure en constante interrogation sur la nature de l'image, les apparitions d'entités, l'interférence toujours possible des fantasmes personnels. Elle veut retrouver l'innocence, le dépouillement, le naturel de la force primitive sur laquelle repose la voyance, utiliser l'empathie et la faculté fusionnelle mais en se méfiant de leurs débordements, et elle souligne très justement ce que son art comporte à la fois de simplicité et de sophistication.

C'est cette sophistication qui lui permet d'interpréter les clichés, les symboles, d'opérer la synthèse des différents éléments de la vision. Donc Yaguel fuit toute sensation maladive : une grippe l'oblige à garder la chambre et non à se poster derrière sa table de consultation. Pour faire une bonne voyance : « J'ai besoin d'être décontractée et heureuse », dit-elle. Disposition que Joëlle de Gravelaine fait apparaître très clairement dans la lecture de sa carte du ciel : la vitalité d'une voyante Bélier-Sagittaire est opposée aux divagations neptuniennes des médiums Poissons. Une grande voyante comme Jacqueline Lebeau avoue au contraire : « Au point de vue clairvoyance, plus je suis éprouvée, plus je suis formidable » (op. cit.)

Cette « voyance heureuse », à la fois nécessaire à une bonne « performance » et difficile à réaliser en raison des pièges et des contrariétés qui parsèment son chemin, Yaguel va chercher à l'obtenir en créant un cadre de vie harmonieux et propice, en s'entourant d'objets qu'elle aime, en acceptant le monde sans succomber à ses chimères, en s'entourant d'amis attentifs et affectueux. Ce style est celui qu'adopta l'une des plus célèbres voyantes du siècle, Mme Fraya, dont l'élégance, le raffinement, la fréquentation des Grands ne portaient en rien atteinte à la fulgurance de ses dons. Dans *Le Livre d'or de la voyance*, Simone de Tervagne consacre un chapitre à Mme Fraya dont elle avait recueilli les confidences, et l'on est saisi de voir défiler dans l'entourage de l'illustre chiromancienne tous les hommes politiques qui comptaient en son temps : Poincaré, Millerand, Aristide Briand, Albert Sarraut, Louis Barthou, Malvy, Delcassé, qui la convoquèrent une nuit de septembre 1914 pour une consultation exceptionnelle sur l'offensive allemande. Non seulement ces personnages, auxquels il faut ajouter Clemenceau, ne cachaient pas l'estime qu'ils portaient au médium, mais les écrivains qui croisaient sa route, Léon Daudet, Pierre Loti, Marcel Proust, Anna de Noailles, les figures mondaines du Jockey-Club, les maîtres de la presse, n'hésitaient pas à laisser des témoignages. L'article de Pierre Loti dans *Le Figaro* : « Une chiromancienne chez une reine en exil » (il s'agissait de la reine Nathalie de Serbie), écrit le lendemain d'une rencontre où Mme Fraya l'avait ébloui, est un acte généreux qui paraissait aller de soi en ce début de siècle où le positivisme était pourtant une idée (encore) dominante. Que Loti ait pu écrire à son sujet, dans une attestation : « ... Sa divination supérieure m'a comblé d'étonnement... », invite à une comparaison avec les dérobades frileuses d'un très petit nombre qui doit pourtant beaucoup aux voyances de Yaguel, et surtout à la prudence ordinaire des milieux politiques d'aujourd'hui.

Yaguel n'a pas à se plaindre de ses rapports avec les médias. Mis à part les études et les interviews très sérieuses que l'on a données d'elle dans *Madame Figaro, Elle, Marie-Claire*, sa participation à l'enquête du *Nouvel Observateur* et l'interview à trois par Catherine

Nay et Michel de Grèce dans *Paris-Match*, elle apparaît tantôt dans les rubriques mondaines, tantôt dans les chroniques littéraires (pour *Leur vrai destin*), mais on la retrouve dans la page culinaire, pour l'ouverture de *L'Orangerie* à Los Angeles et parmi les fleurs dans *Marie-France*. De bonnes chroniques lui sont consacrées par Marie-Thérèse de Brosses, Anne-France Dautheville. Elle est citée le plus souvent par des artistes qui font état de voyances réalisées (Eva Darlan, Marina de Grèce, Jean-Michel Ribes, etc.), et elle demande au président Giscard d'Estaing quelle réincarnation il souhaiterait (« 39 questions impertinentes à V.G.E. » dans *Elle*); elle tient une chronique dans *Vogue* « Atmosphère, Atmosphères », donne des portraits médiumniques dans les magazines (Chantal Thomass, Marc Bohan, Isabelle Adjani, Élisabeth de Senneville); Pierrette Rosset et Françoise Ducout, à l'instigation de Christine Ockrent, ont obtenu d'elle de très pertinentes voyances sur un chapelet d'écrivains, portraits médiumniques dont les journalistes soulignent l'exactitude : Michel Braudeau, Michel Ragon, Guy Hocqenghem, Jeanne Champion, Michel Rio, Élisabeth Huppert, François-Olivier Rousseau, François-Marie Banier, Raphaële Billetdoux, Hector Bianciotti, Alain Absire, sont vus dans ses flashes en quelques lignes révélatrices. Elle participe à des jurys (festival d'Avoriaz 1986). On lui tend des pièges, mais elle les déjoue : elle découvre brillamment le prince Charles derrière une aquarelle.

Les journalistes focalisent sur son style BCBG, sur son côté « Chanel », s'étonnent qu'elle vive dans des appartements modernes, clairs et meublés avec goût (le mythe de Mme Irma a la peau dure!)

Mais cette image très parisienne qui ressort de son press-book, ne lui déplaît pas, bien qu'elle agace certaines de ses amies qui préféreraient que l'on dise tout ce que sa voyance a d'exceptionnel plutôt que d'insister sur son « look » (« Les plus belles jambes de Paris » affirmait *L'Express*). C'est la rançon d'un certain style que Yaguel sauve par son humour, son regard d'enfance sur le monde, son goût pour la vie, les voyages et les amitiés fidèles. Son personnage est un tout qu'il faut savoir aimer et accepter, avec son mélange de générosité et de réalisme, de force et de fragilité, qui sont, sans doute, les composantes les plus étonnantes de son caractère. Pour conclure par un dernier bouquet de roses, citons cette appréciation de la deuxième édition du *Guide des Voyants et des Astrologues* où, sous la couronne des super-médiums, les auteurs écrivaient : « Tout bien considéré, Yaguel Didier demeure bien la meilleure voyante de France. Non à cause de son absence d'échecs (elle en a) mais par la qualité et la fréquence de ses succès. Nous y ajouterons son charme, sa gentillesse, son souci d'aider (tout cela est bien agréable) et une honnêteté fort rare : si elle n'entre pas en communication mentale avec son visiteur, elle renonce à la consultation... sans percevoir d'honoraires. » On ne saurait mieux dire en si peu de lignes.

Christian Charrière, dans son style inspiré, n'avait-il pas décerné à Yaguel le plus beau label d'authenticité, la célébration la plus fervente : « [...] Yaguel Didier nous aide à mieux comprendre ce fabuleux transit avec l'invisible, lequel n'est rien d'autre qu'une divine inspiration. On sait que cette femme hors du commun, que les religions antiques eussent choisie comme prêtresse, déchiffre derrière chaque être, quand l'inspiration la touche, ses armoiries subtiles : les grands symboles qui ombragent sa destinée.

« C'est que nous avons tous notre chemin personnel d'accomplissement, notre mode d'accession à l'image parfaite de nous-mêmes, à l'archétype dont nous sommes, sur cette terre, le reflet aventuré. Ainsi, ne s'agit-il pas d'aller plus loin mais de revenir à notre modèle préexistant en marchant, au sein même de notre royaume, vers notre vérité centrale, notre essence, notre élixir! [...]

« Aussi, des êtres comme Yaguel Didier sont-ils fondamentaux, qui, soudain missionnés par l'ange, donnent à l'égaré sa programmation subtile, avec ses mystérieuses paroles de brume, de feu et d'amour, chuchotées jadis dans les sanctuaires de Phoïbos, et qui restituent la perle enténébrée à son Orient mystique. » (Le *Quotidien de Paris*, 25-11-1985.)

***

« L'hagiographie du bon voyant ne prend tout son relief que si elle est mise en opposition avec ce qui est sa négation : le charlatanisme » observe Richard Alouche (op. cit.) à propos de Georges de Bellerive. A partir de l'image emblématique du pélican qu'il s'est choisie et qui sous-tend les idées de sacrifice, d'immolation, de sacerdoce, celui-ci pourfend ceux qui, sans don de voyance, emploient des subterfuges pour tromper leur monde et ceux qui, effectivement doués, utilisent leurs pouvoirs pour faire du mal : par malveillance, brutalité, cupidité, ou simplement manque d'amour. J'ajouterai, nous verrons pourquoi, par volonté de puissance.

Le charlatanisme cynique est l'obsession des « vrais » médiums qui, périodiquement, cherchent à instaurer une déontologie, un contrôle, voire un « conseil de l'ordre », pour une activité qui se développe en champ libre, entre une interdiction légale de principe et une reconnaissance fiscale; ce qui ajoute à son ambiguïté. Les seules sanctions, les seules opérations de sélection et de tri, relèvent d'initiatives privées, très souvent salutaires, mais qui ne peuvent constituer un système de référence incontestable. Je citerai deux témoignages sur des voyances d'autant plus pernicieuses qu'elles étaient complètement fausses et intervenaient à des moments où les sujets étaient vulnérables, anxieux, blessés; Claire Bretécher eut l'esprit de prendre la prédiction catastrophique qui lui était faite avec dérision et de n'en pas tenir compte (voir son entretien p. 98). Françoise Bitton, astrologue, avait été impressionnée par la réputation du « voyant » qui lui avait dit en 1983, en vrac : « Votre mari est foutu; vous avez une fille (un bébé) caractérielle; vous n'aurez pas d'autre enfant; vous allez faire un voyage en Chine. » Ce personnage qui avait, paraît-il, obtenu par ailleurs des succès appréciables, lisait-il dans l'esprit ou dans le comportement de Françoise une anxiété latente au sujet des siens? Toujours est-il que rien n'était ni ne fut exact : pas de voyage en Chine, mais surtout excellente santé du mari, naissance d'un autre enfant, et développement harmonieux de la petite fille. Seulement cette intervention provoqua des malaises, des angoisses et Françoise Bitton, qui travaille en collaboration avec des équipes médicales sur la « mémoire cellulaire », insiste : « Nous faisons tous, astrologues, voyants, psychologues et psychiatres, des métiers extrêmement dangereux, si nous ne pensons pas à la fragilité de la personne qui est en face de nous. C'est pourquoi j'interroge le subconscient avec les Tarots, c'est pourquoi je cherche à connaître le vécu de l'enfance, par la mémoire cellulaire, avant de commencer mon investigation astrologique proprement dite. » Je ne sais auquel des termes de l'alternative appartenait ce voyant défaillant : éclipse sur une disposition authentique ou charlatanisme pur et simple; en tout cas, sa formulation abrupte, vulgaire, stressante fut une grave faute professionnelle [3].

André Larue (op. cit.) raconte avec beaucoup de malice le cas d'une consultante qui avait tellement consulté, qu'elle finit par ouvrir un cabinet de consultation. Elle avait si bien observé le comportement des voyantes, qu'elle rassembla les éléments de son expérience, quelques souvenirs d'études en psychologie, un petit bric-à-brac référentiel où trônait le *Grand Albert*; elle se fabriqua un « look » au visage pur, lisse, sérieux, « jeune mais réservée, jolie mais distante. Les hommes seraient attirés, mais les femmes auraient confiance. » A

3. Voici un cas cité par Yaguel Didier, dans son entretien avec le Dr Alain Ksensée, dans le numéro de mars 1989 de la revue *Psychiatrie française* intitulé « Psychiatrie fiction ». Elle reçoit un jour une jeune fille de vingt ans et, en ouvrant la porte, s'écrie : « Vous êtes folle de vouloir mourir! » Elle voyait du sang qui coulait de ses poignets; quatre tentatives de suicide, dont la dernière très récente. Yaguel prédit à sa consultante un futur superbe. La crise de larmes, qui avait secoué cette dernière, se calme et Yaguel lui demande : « Maintenant vous allez me dire pourquoi vous avez voulu vous suicider. » Et l'autre lui fait cette réponse inouïe : « J'avais seize ans, j'ai été voir une voyante qui m'a dit que ma vie était foutue, que je ne serais jamais heureuse et que, de toute façon, je finirais par me suicider. Je me suis dit que, puisque je devais mourir, il valait mieux le faire tout de suite. »

partir de là, le système fonctionne comme le décrit René Louis (op. cit.), il est vrai pour le cas spécifique de la psychométrie, c'est-à-dire pour la lecture à partir d'un objet : « ... Prendre connaissance de l' " ambiance " d'une personne, de ses états affectifs et intellectuels, de son passé et de son avenir... même si la voyante est peu inspirée, elle pourra s'en tirer par des généralités; sa perspicacité, l'art avec lequel elle saura faire parler la consultante feront le reste... »

Je le répète, cette observation s'appliquait plus particulièrement à la psychométrie, bien que l'auteur considère d'une manière générale qu'une pythonisse avisée se juge à son aptitude à renvoyer en miroir à son client les informations qu'elle a reçues de lui. Elle me semble cependant parfaitement convenir aux fausses voyantes. A partir de là, le fonctionnement de la « voyante bidon », comme le dit André Larue, repose sur l'assurance avec laquelle elle assène les bourdes les plus péremptoires en comptant bien qu'une parcelle de réalité se glissera dans ses généralités. L'affaire est de détecter ce que le client souhaite entendre et de le lui dire. Pourtant, phénomène singulier, la « voyante bidon », qui deviendra respectable au bout de quelques années, finit par se prendre à son propre piège et à croire, puisque ça marche si bien, à son extralucidité. Pince-sans-rire, l'auteur observe que les mauvaises voyantes ne sont pas si mauvaises que l'on croit car, « même bidon, cette profession ne peut être exercée par n'importe qui. »

Voici le cas de Madame X, tel qu'il m'a été rapporté. Sur la recommandation d'une amie, M. Jacques D. est allé consulter Madame X, qui venait d'ouvrir un cabinet. La quarantaine, opulente, blonde sans agressivité, plutôt sympathique, le verbe assuré, Madame X a abandonné une carrière dans les relations publiques pour répondre à ce qu'elle estime être sa vocation : la voyance. Jacques D., qui est journaliste, spécialisé dans les questions économiques, est, à quarante-neuf ans, marié, père de plusieurs enfants et tient au maintien de son lien conjugal. Il entretient une liaison avec une jeune femme, mariée à un avocat et occupant des fonctions assez importantes dans un cabinet d'affaires. Elle a deux enfants et, si ses liens avec son mari se sont distendus, ils restent courtois et affectueux. Jacques D. va être soumis à une projection « médiumnique » d'une extrême violence, d'une étonnante précision, fait par fait, jour par jour. En une heure il apprendra que son couple va être déstabilisé par un de ses anciens amis, perdu de vue depuis quelques années. On lui donne une description minutieuse de ce personnage, des dates précises, mais Jacques ne voit pas de qui il peut s'agir. Madame X lui énumère des événements épouvantables concernant sa femme, son amie, un avenir accablant dans lequel son libre arbitre est diaboliquement mis en pièces par l'enchaînement des événements, et où il assiste, impuissant, au déchaînement, à la déchéance, à la crise psychologique d'êtres qu'il respecte et qu'il aime. Comme il fait remarquer qu'il doit effectuer un reportage au Canada accompagné de sa femme qui est sa collaboratrice, il s'entend rétorquer qu'il ne fera pas ce voyage et que sa femme sera bien trop occupée par son drame intime et par un deuil récent pour l'accompagner. Jacques D. se voit le héros lamentable d'un roman de gare, traversé de déflagrations avec sa femme, d'affrontements violents et de changements de vie. A demi hébété, matraqué de toutes parts, ayant le sentiment qu'il va perdre et sa femme et son amie, on lui dit qu'il s'engagera, pour une période dont on lui prédit les limites, dans une vie commune avec son amie. Exactement un an : du 1er janvier 1988 au 1er janvier 1989, après quoi il retournera auprès de sa femme.

Jacques D. avait une expérience assez courte des voyantes et se demandait ce qu'il était allé faire dans cette galère, d'autant que parmi ses relations il connaissait un médium, Simone, qui lui avait donné de tout autres perspectives sur son avenir et s'étonnait avec lui d'une telle accumulation de faits catastrophiques, inéluctables, et complètement opposés à la volonté ferme des principaux protagonistes. En consultant ses notes, en réécoutant une cassette qu'il avait enregistrée au cours de la consultation, Jacques D. s'aperçut qu'il en avait dit beaucoup plus qu'il ne le croyait, qu'il avait soumis en début de séance, à la demande de la « voyante », un ensemble de photos très interprétables sur les personnes dont il se préoccupait, que certaines questions, par leur énonciation même, par le placement de la voix, un silence, un étonnement, une protestation, pouvaient induire la réponse qu'il avait reçue. Ainsi, des détails qui lui avaient semblé sur le moment surprenants pouvaient se déduire du contexte; il fournissait implicitement des informations à une femme intelligente, intuitive, autoritaire, qui les lui renvoyait avec d'habiles décalages entre l'indication involontairement fournie et la « prédiction » qui intégrait celle-ci quelques instants plus tard. Jacques D., complètement subjugué par sa pythonisse, ne s'étonnait pas du contraste qu'il aurait pu discerner entre le caractère péremptoire, précis, et daté des prédictions, et la difficulté à voir un certain nombre d'événements du passé : son métier principal, les étapes de sa carrière, le caractère spécialisé de l'enquête économique qu'il écrivait, le cadre de travail de son amie, ses ambitions professionnelles, tout cela semblait échapper à la rétrocognition du « médium », alors que ce sont d'ordinaire ces éléments qui apparaissent, par télépathie, en premier lieu. Jacques D. aurait pu interrompre là l'investigation, s'arrêter aux contradictions, aux glissements qu'il avait constatés : un criblage de petits faits inexacts dans le passé, sur des êtres qui lui étaient proches, et, dans un futur immédiat, le montage imprécis de certaines journées, les rapports de force apparaissant incorrectement à l'occasion de certains événements auraient pu lui permettre de refuser le tableau abominable qu'on lui imposait : la destruction d'un être auquel il était profondément attaché, la dégradation d'un lien amoureux intense, des événements qui l'éloignaient inexorablement de son épouse étaient décrits avec une insistance sadique, une délectation morbide et une implacable persévérance dans des schémas particulièrement têtus. Jacques D. a défini le sentiment très particulier qu'il éprouvait : il suffoquait sans pouvoir se détacher, comme fasciné par ces terribles échéances qu'il rejetait pourtant de tout son être, et contre lesquelles il était décidé à lutter en se fondant sur son libre arbitre. C'est pourquoi Simone et lui décidèrent de mettre à l'épreuve Madame X, de tester la capacité médiumnique, même résiduelle, que pouvait posséder cette femme. Simone prit donc un rendez-vous, se présenta avec cet air réservé, cette modestie dans le vêtement et l'apparence qui ne donnent aucune indication de classe sociale, de profession, ni de statut personnel; elle avait réuni une documentation fictive sur des relations, des amis, sans rien laisser apparaître de sa situation familiale véritable (son mari, ses enfants, son père). Pratiquant la médiumnie, elle connaissait l'attitude qu'il convenait d'adopter : une décontraction mentale complète, l'esprit fixé sur des objets anodins de la pièce où elle se trouvait, ne donnant aucune prise au questionnement insistant auquel elle était soumise. A la différence de Jacques D. qui avait presque tout dit imperceptiblement, puis qui avait engagé un dialogue confiant avec Madame X, elle retenait son jeu. Le résultat passa les espérances des deux compères : en une petite heure on lui fit une description complètement fausse, point par point, de sa situation et des personnes sur lesquelles elle interrogeait. Fausse jusqu'à provoquer un fou rire intérieur. Madame X ne découvrit même pas l'activité médiumnique de Simone et lui affirma qu'elle était célibataire et secrétaire de direction. Faut-il préciser que Jacques D. fit avec sa femme son voyage au Canada, collaboration qui se passa fort bien et qu'aucun deuil n'avait assombrie; il ne rencontra jamais le mystérieux ami, qu'il ne parvenait toujours pas à identifier, celui qui devait apporter avec lui le bruit et la fureur. Je ne sais pas ce que sont devenues les relations de Jacques et de son amie qui a entamé une brillante carrière dans les affaires, mais je crois savoir qu'ils ont rompu, que Jacques continue, dans le secret d'une parenthèse, torride mais brève, une vie conjugale apaisée.

L'intérêt d'un tel vaudeville serait bien mince, s'il ne se réduisait qu'à l'anecdote, mais il illustre assez bien l'acharnement du vouloir-croire chez un consultant, formé par ailleurs à l'analyse critique et rompu par son métier à distinguer les causes et les effets. Celui-ci, habitué à traiter de façon confiante avec son amie médium, avait transféré imprudemment une crédibilité qui relevait de la crédulité.

C'est cependant le cas de Madame X qui reste passionnant car, loin de noyer ses prédictions dans le vague et de se réserver diverses portes de sortie, comme la « voyante bidon » d'André Larue, cette pythonisse prend de gros risques : elle donne des dates rapprochées, décrit péremptoirement des faits, oppose aux protestations de son client une persévérance dans la prédiction qui ne peut qu'impressionner et laisse enregistrer des cassettes. Elle est très vite démentie par l'événement, mais on voit comment son processus d'intervention, particulièrement redoutable, a pu être démasqué et bloqué par le petit complot monté par Simone et Jacques D. La plupart des consultants qui se montrent satisfaits des services de Madame X, et particulièrement la jeune femme qui l'avait recommandée à Jacques, s'acharnent à réaliser la prédiction qui leur a été faite, soit que celle-ci leur convienne, soit qu'ils se soumettent à la décision d'un destin scellé que le médium leur révèle et leur impose.

La motivation de Madame X, si l'on ne peut complètement écarter les hypothèses psychopathologiques, est avant tout l'expression d'une volonté de puissance dévergondée. Le consultant, troublé dans sa vie la plus intime, convoqué au banc des décisions déterminantes où son destin s'engage, ne peut qu'être destabilisé par le matraquage verbal, les affirmations sans appel d'une femme qui va lui dicter, avec une courtoisie navrée, l'inéluctable déviance de sa vie. Le « charlatanisme » de Madame X est sans doute celui des subterfuges et des faux-semblants, mais ce qui pourrait n'être que le jeu malicieux de la « voyante bidon » (on a toujours en réserve une « catastrophe », une fêlure sentimentale, un départ qui peut n'être qu'un départ en vacances, une anxiété professionnelle), devient ici un rapport de force assez terrifiant avec la liberté, l'honneur et la dignité d'un homme et de deux femmes. Quelle est l'utopie délétère, l'étrange ambition, la morose délectation qu'éprouve Madame X, lorsqu'elle fait le compte de ses consultants sous influence, auxquels elle a dit, à la différence des médiums authentiques, « Gardez mon numéro de téléphone, je suis *sûre* que vous me rappellerez bientôt » ? Cette image creuse de la « mauvaise voyante », double nécessaire de la « bonne voyante », reproduit les antithèses sacrées de ce que Caillois désignait comme : « Les bons et les mauvais esprits... le prêtre et le sorcier... Dieu et le Diable. » Ici l'allégorie a rejoint l'image d'Épinal, puisque, contre la voyante maléfique, s'est silencieusement dressé le médium bénéfique, le chevalier blanc, qui a permis à la victime de reprendre sa route.

Les ambiguïtés des pouvoirs du médium ne s'arrêtent malheureusement pas à ce cas presque caricatural, illustration d'une intervention abusive où le consultant et la voyante partagent une même responsabilité, l'un par manque de discernement, l'autre par projection destructrice. Des médiums de grande qualité peuvent se laisser tenter, souvent à la demande des intéressés, à jouer le rôle d'un directeur de conscience, à donner des indications comminatoires sur ce qu'il convient absolument de faire ou de ne pas faire, à sonder les reins et les cœurs, alors même qu'on accède à l'intimité de l'être par la voie du paranormal. L'effet de stupéfaction ressenti devant le jaillissement d'une indication exacte sur le passé, conduit souvent le sujet à accepter l'idée d'un déterminisme sur l'avenir et à se laisser « dicter sa vie ». Yaguel Didier insiste bien sur le rôle « d'indicateur » du voyant, sur la nécessité de garder, même si l'on est éclairé par ses conseils, une complète autonomie à son égard. Elle peut voir ce qui lui semble inéluctable, en une vision péremptoire, mais reste vigilante, on le sait, sur la nature de la prédiction, faisant une part à l'erreur intégrée dans le destin, au décalage temporaire et aux parasitages. Le bon usage du médium implique que le consultant prenne ses responsabilités, en face d'une prédiction difficile, consulte médecin et avocat, ne compte pas sur son « ange gardien » pour faire son travail à sa place, pour lui éviter les obstacles qu'il peut écarter lui-même, pour modifier ce qui relève du champ de l'expérience temporelle. La remarque de cette consultante que nous avons citée, résonne comme un juste avertissement : « Je vois trop de désastres partout, dus à la fixation dans l'inconscient de prédictions, même bonnes, qui plongent l'être dans un état de passivité. » L'intrusion du médium dans le cours d'une vie n'est pas un hasard, ses voyances, les glissements et les reports, à l'intérieur de ces voyances, ne sont pas non plus, pour Yaguel, des hasards, car « on ne voit pas impunément ».

J'aime beaucoup que, dans une lettre testamentaire adressée à Georges de Bellerive, on lui écrive : « ... Vous n'invitez pas à la passivité... et j'apprécie, dans votre don et dans votre profession, la liberté que vous laissez à chacun de nous de se diriger... La voyance ne veut pas dire prédestination. » (op. cit.) Oui, décidément, la médiumnie peut être une faculté redoutable ou bénéfique, même chez les « bons médiums ».

Deuxième partie

TÉMOIGNAGES

Yaguel Didier a donné des voyances remarquables à toutes sortes de consultants. Nous en avons des traces, des relations orales ou écrites, bien qu'elle ne conserve, nous le savons, hors des cassettes et de la correspondance qu'elle reçoit, que peu d'archives. Dans certaines études sur la médiumnité, comme *Un Voyant dans la ville* (Payot), conduites par des universitaires, les témoignages de ce genre sont classés par « cas », numérotés et sollicités au fur et à mesure de l'investigation. Le crédit qui s'attache à la personnalité universitaire ou médicale des chercheurs est garant de la valeur de ces interventions souvent brèves et laconiques. J'ai dû prendre, pour cet ouvrage, un autre parti. Si j'avais choisi et compilé, avec l'accord des intéressés, des consultations données à des personnes, parfaitement honorables et identifiables, mais strictement inconnues du public ou de certains milieux spécialisés, on n'aurait pas manqué de mettre en doute l'authenticité et la valeur de leurs contributions. Sans autorité particulière, du moins institutionnelle, pour mener une telle enquête, il aurait été facile de supposer que Yaguel Didier et moi-même avions réuni des témoignages de complaisance, et persuadé quelques comparses pour conforter nos propos. En faisant appel à vingt-sept personnes notoires, voire célèbres, qui, par leur profession ou leurs activités, leur image sociale ou morale, peuvent confirmer ces assertions, j'ai pensé répondre, au moins en partie, au souci d'étayer le commencement de « preuve ». J'ignorais, au début de cette étude, que certaines d'entre elles avaient consulté Yaguel; il a fallu que celle-ci obtienne leur accord pour que je puisse solliciter un entretien, le mener à bien et lui donner une ordonnance qui permette d'aborder à chaque fois certaines questions fondamentales, conduisant à des conclusions très personnalisées. N'ayant pas accès, comme je l'ai dit, au carnet de rendez-vous de Yaguel Didier, qui est tenue au secret par déontologie, il a fallu procéder empiriquement sans être certain de parvenir à un échantillonnage socioprofessionnel équilibré. Sur ces vingt-sept personnes nous trouvons, en tenant compte de certains chevauchements, six écrivains, six journalistes dont trois responsables de rédaction et trois grands reporters, deux artistes plasticiens, trois artistes dramatiques, un présentateur de télévision (les médias radiophoniques et télévisuels étant concernés trois fois), un scientifique (sciences humaines), un éditeur, un médecin, un banquier, un publicitaire, un collectionneur, une directrice d'entreprise commerciale, un industriel et homme politique, une astrologue. Sept personnes, qui exercent des activités citées dans cette liste, ont été également sollicitées en raison de ce que l'on pourrait appeler leurs liens familiaux avec l'histoire, ou parce qu'elles sont proches d'un homme politique en activité, ou ont été les épouses de créateurs connus, ou d'un homme ayant marqué tragiquement l'actualité.

On remarquera une absence, celle des hommes politiques qui composent pourtant une part importante de la clientèle des médiums. C'est que, dans ce domaine, le caractère encore marginal et, pour certains, extravagant, de la voyance peut porter atteinte à leur crédibilité, dès lors que leurs électeurs, leurs confrères (qui consultent également en douce), en un mot les gens dont dépend leur carrière auraient connaissance de leurs pratiques. Yaguel s'est montrée stricte et inflexible sur ce point et, lorsque j'ai franchi cette enceinte du secret, c'est que les intéressés eux-mêmes ou des tiers bien renseignés m'en avaient fait la confidence. Cette information ne m'a en rien autorisé à transgresser une règle qui semble bien établie, ni à troubler l'incognito de ces consultants très spéciaux, sauf à propos d'un texte antérieurement écrit par Thierry de Beaucé, ou dans un cas particulier, celui d'Olivier Dassault. Commencée à un moment où ce dernier se présentait comme industriel, pilote et artiste, notre conversation s'est achevée après qu'il eut été élu député de l'Oise et qu'il eut réalisé le score que l'on sait aux élections municipales de Beauvais. Olivier Dassault a été fair-play et a eu le courage de maintenir sa participation et nous lui en savons, Yaguel et moi, le plus grand gré.

Pour le reste, s'il est faux d'affirmer que la moitié de l'Assemblée nationale vient consulter Yaguel avant chaque élection, il est exact, en revanche, que des limousines officielles – gouvernementales ou oppositionnelles – s'arrêtent aussi discrètement que possible devant sa porte et qu'elle a pu établir des contacts confiants avec certains de nos princes ou de leurs épouses. Le scandale provoqué par les révélations concernant l'astrologue de Nancy Reagan, dont les avis interféraient, paraît-il, sur le calendrier et les rencontres politiques du Président, justifie cette discrétion. Mais s'il est ridicule de soumettre aveuglément son activité et ses choix à des prestations astrologiques ou médiumniques, régulièrement suscitées, il n'y a rien d'aliénant, d'immature ou d'indécent à consulter lorsqu'une interrogation mûrit, ou qu'une décision doit être soumise à diverses délibérations. Yaguel a souligné les caractéristiques de ces actes médiumniques avec des responsables politiques et, plus généralement, avec certains hauts décideurs : le rapport prend le plus souvent la forme d'un monologue dans lequel le médium intervient, et le sentiment dominant qui ressort de ces rencontres est celui d'une solitude profonde que la voyante peut atténuer et suspendre un moment. Je ne partage donc pas certaines sévérités (Alix de Saint-André) qui considèrent en état de fragilité tous les « décideurs » politiques qui cherchent un dialogue avec un médium.

S'il est important que vingt-sept personnes connues, investies de responsabilités et considérées généralement comme des interlocuteurs lucides, aient accepté de baisser le masque, de faire confiance à cette enquête, et de dire simplement quelles relations elles avaient nouées avec Yaguel Didier, je demeure bien conscient que l'on pourra, même à ce niveau, contester les faits, leur lecture, leur interprétation. On peut toujours considérer que des gens, qui assument leur profession, leurs charges et leurs relations avec autorité et compétence, se révèlent, dès que l'on touche aux rapports avec le « paranormal », complètement crédules, manipulables et dépendants. On peut, en effet, affirmer n'importe quoi et pousser sans arrêtoir les limites de l'examen. Dans un cas de voyance péremptoire, où Yaguel avait annoncé la naissance d'un enfant à une jeune femme qui ne pouvait en avoir, ne m'a-t-on pas rétorqué que la prédiction même de Yaguel, parce qu'elle était inattendue et traumatisante, avait pu provoquer la fin d'une stérilité, médicalement constatée, et la possibilité de fécondation? Il y aura donc toujours, derrière la voyance la mieux cernée, libre de toute transmission de pensée, réalisée en dehors de la volonté du sujet, un moyen de faire reculer l'interprétation, de réduire l'extralucidité à un phénomène psychologique, physiologique, mécanique.

Tout en restant sans illusion, sur ce point comme sur d'autres, je pense que la réunion de ces vingt-sept témoignages est le meilleur moyen de constituer un début de dossier sur « le cas Yaguel Didier » et, par là même, sur la médiumnie. Si certaines figures du Gotha apparaissent parmi les personnes interrogées, c'est d'abord, évidemment, parce qu'elles comptent parmi les amis de Yaguel, mais surtout, hors de tout snobisme futile, parce qu'elles ont joué, pour certaines, un rôle capital dans son évolution, parce qu'elles sont « chargées d'histoire », presque malgré elles, et répondent de ce fait à certaines questions que se pose le médium sur les énigmes du passé. On a fait de Yaguel « la voyante du Tout-Paris », la « coqueluche des médias » : il faudrait, une fois pour toutes, mettre un terme à cette légende. Sans commettre d'indiscrétion on peut savoir qu'elle reçoit qui lui en fait la demande et qu'une « clientèle » composée, en grande partie, de gens chargés de projets et de responsabilités, n'en est pas moins ouverte à un large éventail social, à tous ceux qui sont porteurs d'interrogations, de problèmes et d'angoisses (voir p. 58).

***

Dans ces témoignages, les patronymes sont classés par ordre alphabétique pour permettre un repérage rapide.

LAURENT ADAMOWICZ

Vice-président d'une banque à New York.

Gérald Gassiot-Talabot. – Vous m'avez dit que vous connaissiez Yaguel depuis quatre ans.

Laurent Adamowicz. – Je la connaissais indirectement depuis beaucoup plus longtemps; mes parents l'avaient rencontrée et, à la suite de cette rencontre, mon père avait plus tard exprimé le besoin de la consulter un jour; il avait donc vu Yaguel il y a sept, huit ans. L'expérience avait été très probante. J'ai éprouvé un choc en écoutant cette cassette en tant que tiers, en m'apercevant que la personne concernée n'avait rien dit et que Yaguel avait parlé très directement. A la suite de quoi j'ai eu ma première rencontre avec Yaguel que j'ai revue deux fois.

G. G.-T. – Vous êtes donc allé la voir avec intérêt et curiosité, dans la mesure où vous aviez déjà été frappé par la prestation faite à votre père.

L. A. – J'avais un *a priori* favorable, non seulement à cause de cette cassette, mais aussi à cause du témoignage d'autres amis de mes parents qui l'avaient rencontrée.

G. G.-T. – Que s'est-il passé?

L. A. – Ce qui m'avait d'abord frappé, c'est que mon père était allé la voir en ayant à l'esprit un problème qui le tracassait. Or, quelques minutes après le début de leur entretien, Yaguel s'était mise à lui parler de ce problème, sans qu'il lui ait posé de question.

G. G.-T. – On est dans un cas de figure intéressant et classique : celui du risque de transmission de pensée, surtout si votre père avait sa préoccupation très présente à l'esprit.

L. A. – Tel que j'ai perçu cette conversation, c'est lui qui avait transmis à Yaguel, d'après vos explications, par une affinité médiumnique émanant de son être. Il transparaissait à travers sa personne, à l'époque, que c'était la chose qui était la plus préoccupante pour lui. Elle lui parlait donc de ce sujet qui le passionnait avec des détails très impressionnants, détails que l'on avait eu l'occasion de discuter en famille, mais qui n'étaient très certainement jamais sortis de ce cadre.

G. G.-T. – En disant cela vous voulez écarter la possibilité que Yaguel ait pu être au courant par des tiers d'un événement, dans ce qu'il avait pu avoir de notoire. Mais, par la suite, y a-t-il eu des prédictions?

L. A. – Oui. Il y a eu par la suite des projections sur le futur. Ce qui me vient à l'esprit c'est un problème d'eau. Mon père était dans le textile; il importait des vêtements. Elle lui avait dit : « Je vois que vous allez avoir une difficulté avec l'eau, s'agit-il d'un bateau? D'un chargement? Tout est trempé. Des marchandises sont gorgées d'eau. » Elle parle ensuite d'autre chose, puis revient à ses affaires dans la conversation. Elle dit : « Vous avez un redémarrage, vous reconstruirez quelque chose. » Un an après, un incendie éclatait dans un entrepôt et les pompiers avaient tout inondé pour éteindre le feu. Tout était trempé, en effet. Il avait fallu reconstruire le magasin... On s'en est aperçu plus tard en réécoutant la cassette, bien après l'incendie.

G. G.-T. – Malice de la médiumnie, malice des dieux! On parle d'eau, on pense à un bateau qui coule ou à une canalisation qui éclate. Or, l'eau arrive par le feu.

L. A. – Yagel avait ressenti l'arrivée du krach boursier. C'était la deuxième fois que je l'avais rencontrée, au mois de décembre 1986, donc moins d'un an avant. J'ai eu une expérience complètement différente, car la première fois, elle passait par l'intermédiaire de mon père avec des choses très directes, personnelles, anecdotiques; elle lisait comme à livre ouvert, mais rien d'extraordinaire. En décembre 1986, ce fut très différent. Yaguel m'a dit : « J'ai très rarement ce genre de vision et de révélation comme aujourd'hui. J'ai la chance d'être en face d'un sujet ouvert, d'un client qui me donne la possibilité d'avoir des images très, très fortes. » A la fin de la séance elle était épuisée. C'était impressionnant, elle était comme en transe. Elle avait une vision en rapport avec le problème boursier, de façon très simplifiée. On parlait de marchés internationaux, de la banque et, tout d'un coup, elle m'a dit : « Il y a quelque chose de très, très grave; c'est sous la forme d'un building, je vois une image. C'est un énorme building, ça doit se passer à New York dans le domaine financier. L'immeuble vacille, le haut du building éclate, des pierres tombent, des gens paniquent, c'est une véritable crise. Des gens arrivent avec des cordes, essaient de maintenir la structure; elle tient; apparemment, ils y arrivent, la structure tient en place. La crise se passe mais c'est quelque chose de très, très sévère. » Elle a ensuite expliqué : « Le building peut représenter un système qui va presque s'écrouler, les cordes peuvent être des régulateurs, des mesures législatives pour remettre les choses en place. La fondation qui reste c'est celle du système qui reçoit le choc; le building tient grâce à ces " cordes " qui rétablissent l'équilibre. C'est très grave. » Elle est entrée dans le sujet carrément. Elle m'a dit : « Voyez-vous quelque chose comme cela? » Je lui ai répondu : « Je suis dans la banque, à Wall Street. La crise existe à travers un scandale, l'affaire Ivan Boesky. Le scandale des délits d'initiés a éclaté. Est-ce que ça peut être cela? » Yaguel a continué : « Si les vitres tombent c'est que ça atteint les gens qui sont en haut; les vitres tombent en haut. » J'ai dit : « Oui! Cela peut coller assez bien », car on parlait de beaucoup de sociétés impliquées, on voyait des têtes rouler. Mais Yaguel a rétorqué : « Non! Ce n'est pas cela, c'est autre chose » (on avait pourtant infligé cent millions de dollars d'amende à Boesky; l'ampleur de cette sanction avait surpris tout le monde). « Est-ce que ça peut être à cause de cela que s'écroule le building? » Je me disais : « Pourquoi pas! » Mais elle insistait : « C'est beaucoup plus sévère que cela. C'est un choc financier. Je ne sais pas de quelle partie du système financier cela vient. »

G. G.-T. – En tant que professionnel, vous pouviez imaginer une affaire financière. En tout cas vous n'aviez pas en tête l'idée d'un schéma aussi catastrophique, aussi important que cela a été.

L. A. – J'ai toujours eu en tête, à partir de ce moment-là, que quelque chose pouvait se produire. Mais, au moment où je lui parlais, je ne pensais à rien de cet ordre. Évidemment, lorsque le krach s'est produit, j'ai pensé à elle.

G. G.-T. – Est-ce que, ayant cette possibilité à l'esprit, ça vous a rendu plus prudent, plus vigilant?

L. A. – Absolument! Ça m'a influencé, sans aucun doute. Ça a eu un effet bénéfique sur mon comportement.

G. G.-T. – Étant donné qu'elle ne connaît rien à ces mécanismes, elle n'est pas allée plus loin. Elle ne vous a pas donné les causes, d'ailleurs toujours discutées.

L. A. – Elle a dit : « Ce sera une crise sévère avec un redressement du système, sinon un redressement, du moins un état d'équilibre. » C'est ce qui s'est passé. Nous avons eu des conversations téléphoniques, Yaguel et moi, sans nous rencontrer, à ce sujet. Une discussion a eu lieu après le krach et elle m'a dit : « J'ai pensé à vous. » Elle se souvenait tout à fait. C'était tellement frappant. Elle en a parlé également à un ami de New York que je lui avais envoyé.

L'événement n'était pas daté, mais il y avait un ordre de grandeur. Le cliché était tellement fort qu'elle avait l'impression de l'imminence, en tout cas de l'inéluctabilité, mais elle ne pouvait vraiment pas dire si cela arriverait vite. Le laps de temps était d'un an – dix-huit mois. Entre la voyance et l'événement, nous n'avons pas eu de discussion.

G. G.-T. – C'est une belle voyance péremptoire. Vous ne pouviez pas avoir tout cela en tête. Avez-vous eu de l'angoisse ou avez-vous fonctionné normalement?

L. A. – Je restais toujours, je vous l'ai dit, avec cette arrière-pensée, même au cours de l'envolée des actions de l'été 1987 qui a été la dernière embellie et a accentué la chute. Au cours de cette envolée qui prenait un caractère un peu spéculatif, on parlait de krach, de 1929, de 1974. A New York le marché a perdu 508 points le 19 octobre pour passer en gros de 2 200 à 1 700, cela faisait 22 % dans la journée. Quatorze jours avant, ça s'était sensiblement détérioré, et la veille du krach on avait perdu plus de 100 points, c'était la première fois (le vendredi 16 octobre). Les gens ont commencé à parler de « crise sévère ». On disait : « On va vers une journée des 200 [points de baisse] », ce qui était un chiffre considérable. Or, le lendemain, on a pris 500 points...

G. G.-T. – Y a-t-il eu des prédictions personnelles dont vous puissiez parler?

L. A. – En décembre 1986 tout a tourné autour de morts brutales qui allaient me toucher directement. Elle voyait quelque chose de très fort, une mort brutale créant des problèmes familiaux relativement importants; ce serait une expérience très marquante, même pour le reste de ma vie. C'est ressorti cinq à six fois dans ma conversation avec Yaguel, et c'était si fort comme vision que, là encore, elle voyait le côté inéluctable de l'événement sans pouvoir le dater. Elle disait : « Je n'aime pas bien ce genre de chose, car ça peut arriver dans un an ou dans dix. »

G. G.-T. – Cela pose, encore une fois, ce problème du temps en médiumnie.

L. A. – Elle parlait d'un homme d'un certain âge, mais on ne pouvait focaliser sur quelqu'un. A moins que, cet événement arrivant dans plusieurs années, une personne, jeune aujourd'hui, soit alors « d'un certain âge ».

15 juin 1988.

JOSETTE ALIA

Directeur-adjoint de la rédaction du *Nouvel Observateur*, écrivain, essayiste.

Gérald Gassiot-Talabot. – Aviez-vous connu Yaguel avant votre article dans Le Nouvel Observateur, *du 16 août 1985?*

Josette Alia. – Assez peu. Je l'avais rencontrée au cours d'un dîner, chez une amie commune, pas du tout en tant que médium.

G. G.-T. – Quand vous aviez organisé le scoop archéologico-médiumnique pour Le Nouvel Obs, *aviez-vous un préjugé plutôt favorable, avec la réserve d'usage, évidemment, ou au contraire étiez-vous dans un état de scepticisme vigilant?*

J.A. – Non pas dans un état de scepticisme, mais dans un état d'expérimentation. Lorsque nous avons décidé de faire une série d'articles pour l'été sur des points insolites de l'histoire, j'étais chargée des « choses mystérieuses ». J'avais lu par hasard un livre sur des prédictions portant sur l'archéologie, parce que l'archéologie est un de mes « dadas .

Donc je lisais un ouvrage de Stephan A. Schwartz publié par une université américaine, qui racontait qu'aux États-Unis on faisait, très souvent, appel à des médiums pour accélérer les fouilles. On citait un exemple très précis qui se rapportait à la bibliothèque d'Alexandrie, le titre était d'ailleurs *Le Projet Alexandrie*. C'était très universitaire, très fouillé comme savent le faire les Américains. On soulignait l'aide que des médiums avaient apportée aux archéologues dans le repérage des sites, au cours des fouilles, ce qui avait permis de gagner beaucoup de temps car, dans la plupart des cas, les indications étaient justes. J'avais été impressionnée. Je lisais ce livre pendant les vacances et, en même temps, j'écrivais mon papier : je me suis dit avec Frédéric Ferney : « Pourquoi ne pas lier les deux, pourquoi ne pas appliquer le même système en France? Ne pourrait-on pas trouver quelqu'un qui aurait des clichés sur des problèmes archéologiques? » Or, il n'y avait pas de fouilles importantes en cours, nous étions en plein été et je ne pouvais joindre aucun archéologue. C'est alors que j'ai appris que Yaguel avait fait un livre sur les énigmes de l'histoire; j'ai pensé que l'on pourrait tenter une expérience avec elle, mais sur des événements beaucoup plus anciens. Yaguel a accepté et m'a envoyé son livre. Donc, je précise bien que l'idée m'est venue avant d'avoir reçu *Leur vrai destin*, et que j'ai cherché à l'appliquer à des périodes très antérieures, sur les sujets que nous avions en cours.

G. G.-T. – Comment avez-vous procédé?

J.A. – Yaguel était d'accord pour que nous mettions des photographies ou des documents dans des enveloppes. Nous avions trois sujets qui portaient sur des événements mystérieux de l'histoire de l'humanité. Le premier cas était Akhenaton. Nous avions des reproductions de stèles concernant la période solaire. J'ai mis toutes les photos « égyptiennes » dans la première enveloppe. Le deuxième sujet concernait les statues de l'Ile de Pâques, et le troisième les Amazones (des photographies de sculptures et de peintures représentant des Amazones). Cette documentation a été répartie dans trois enveloppes identiques. Nous sommes allés voir Yaguel, Frédéric Ferney et moi, mais nous ne savions plus nous-mêmes ce qui était dans quoi.

G. G.-T. – Vous aviez donc trois enveloppes distinctes opaques, fermées, sans signes distinctifs, sur trois sujets différents et mises ensemble dans une serviette.

J.A. – Oui! Yaguel a tiré une enveloppe et a commencé son travail de médium. Nous ne savions pas nous-mêmes laquelle elle avait tirée. Mais les deux autres enveloppes étaient posées tout à côté; elle a d'abord été un peu confuse, elle disait à la fois : « Je vois la mer, une très, très grande mer, une étendue énorme, et puis en même temps je sens des odeurs, je vois un désert, je vois beaucoup de soleil, un pays avec des femmes à cheval. » Il y avait des interférences.

G. G.-T. – Un mixage des trois.

J.A. – Elle disait : « Ce n'est pas net, mais quand même ça se précise; il y a des choses qui me troublent, et des ondes confuses autour. Écartez les autres enveloppes. » Nous avons donc écarté les deux enveloppes qu'elle n'avait pas choisies; alors elle a fait la voyance que j'ai racontée dans le journal. Cela devenait de plus en plus clair. Évidemment je n'ai donné que des extraits. Tout d'abord elle a dit : « Dans cette région, j'entends de l'eau qui coule. Les gens ont la peau très basanée. Ils ont quelque chose à voir avec l'Afrique mais ne sont pas noirs. Le paysage est double, parfois très sec, parfois avec une végétation très dense et touffue. Je vois des yeux qui me regardent. Ceux d'un homme assis, très droit, qui lit. Ce regard m'impressionne, il est très curieux, fascinant. J'entends “ Sagesse, la sagesse ”. C'est un sage, un initié. C'est fou ces yeux qui me regardent. On les dirait en émeraude. »

G. G.-T. – Ce texte est-il un résumé, a-t-il été récrit ou bien est-ce que ce sont des citations précises?

J.A. – Des citations précises, mais un peu remises en forme et coupées. J'ai retenu ce qui me semblait le plus intéressant.

G. G.-T. – Donc, à ce moment-là, vous avez vu « surgir » une des enveloppes?

J.A. – Il est évident que nous nous sommes dit, Frédéric et moi : « C'est l'Égypte. » Il y avait des prêtres, des détails significatifs. A partir du moment où le sujet a été identifié on peut émettre l'hypothèse d'une transmission de pensée, puisque nous savions, l'un et l'autre, qui était Akhenaton. Je dois cependant reconnaître que j'en avais des souvenirs lointains; il y a longtemps que je ne m'étais pas préoccupée de ce personnage, je n'avais rien lu spécialement sur lui avant cette séance. Ce n'est qu'après que j'ai consulté deux ou trois bouquins sur cette période. C'est un sujet qui m'avait intéressée autrefois. Elle parle d'homosexualité à un moment donné, personnage assez trouble avec un jeune homme à ses côtés. Mais elle a ajouté : « C'est curieux, je vois quand même des enfants, et une femme, mais il y a aussi l'homosexualité et il y a quelque chose de bizarre. »

G. G.-T. – Dans le texte retenu dans Le Nouvel Observateur, *elle dit : « Il est malade, comme rongé de l'intérieur. Il y a un mystère sur lui. On l'a marié jeune mais pas avec la femme qui lui était destinée (c'est exact, il n'a pas épousé sa sœur, selon la tradition, mais Néfertiti, la fille du Grand Prêtre Ay). Il aime le blanc et l'or, le bleu aussi, un vrai bleu. Sa femme est à la fois présente et absente. Elle est gracile, de petits seins, très fine. Il l'aime mais il la délaisse. Il préfère la compagnie des hommes. »*

J.A. – Je me suis rendu compte, en regardant les photos après la séance, que sur la stèle non terminée à Amarna (musée de Berlin), on voit Akhenaton entourant un jeune homme, qui est son jeune frère Smenkeré (dit « aimé d'Akhenaton »), de son bras. J'ai pu vérifier, toujours après, que plusieurs auteurs faisant référence à cette stèle indiquent qu'il a été l'amant de son frère. Yaguel décrit un environnement, une ambiance avec des fêtes, de la musique, des parfums, des fleurs et des chats. « Le pays est riche. C'est l'Égypte, non? Un pharaon sûrement. Ramsès? Non, pas Ramsès. C'est un solitaire. Il se lève à l'aube, marche lentement, un peu de côté, penché comme cela (elle s'incline vers la gauche). »

Ce qui m'a frappée en lisant ces textes c'est que je retrouvais ce que Yaguel avait voulu dire et je dois souligner que tout ce que j'ai retrouvé, je ne l'avais pas du tout en tête au moment où Yaguel parlait. Frédéric, de son côté, m'a affirmé qu'il ignorait ces détails. Nous ne pouvions donc les transmettre par télépathie, à moins que ce ne soit une connaissance vraiment enfouie dans la mémoire.

G. G.-T. – Oui, dans un inconscient, un savoir collectif. Elle a dû vous parler de faits qui sont évidemment plus connus comme la querelle avec les prêtres, l'antagonisme Amon-Aton?

J.A. – Elle avait surtout des images, donnait une description physique du personnage, son ventre, son crâne bombé et rasé; elle disait qu'il était malade, qu'il avait un corps de femme, avec toutes sortes de détails médicaux précis. « Son visage est émacié, allongé vers le bas. Ses cheveux sont rasés curieusement. Il a sur le crâne quelque chose qu'on cache. Une déformation, peut-être? Dès la naissance il a un handicap, mais cela lui confère une certaine gloire. Son crâne, on dirait un œuf... Il a des poignets très fins, presque féminins, et aussi des chevilles très fines... Il a des bracelets d'or en forme de serpent. »

G. G.-T. – Ce sont les caractéristiques de ce personnage.

J.A. – C'est comme si elle avait vu la photo à travers l'enveloppe, tellement c'était exact.

G. G.-T. – Yaguel avait sûrement vu auparavant des reproductions d'Akhenaton qui sont très frappantes.

J.A. – Mais la description qu'elle a donnée de ses caractéristiques, en disant que c'était une maladie, d'abord c'est assez controversé et puis il s'agit d'une interprétation récente. J'en ai parlé à mon mari qui est médecin et je lui ai demandé ce qu'il pensait de ces particularités physiologiques. Il m'a répondu qu'on estimait que c'était un syndrome de Froelich (tumeur de la glande pituitaire) qui peut provoquer une hydrocéphalie et une certaine impuissance sexuelle.

G. G.-T. – Yaguel s'est-elle arrêtée au personnage ou a-t-elle parlé du règne, de la révolution religieuse?

J.A. – Elle a clairement indiqué que quelque chose d'important avait changé sous son règne, qu'il avait marqué la fin et le début d'une époque, mais qu'après sa mort tout avait disparu.

G. G.-T. – Il y a plusieurs lectures de l'art amarnéen : on a pensé que c'était un maniérisme, une exagération de formes qui, en réalité, n'existaient pas, ou au contraire qu'il s'agissait d'une expression réaliste.

J.A. – C'était une parenthèse réaliste dans un art toujours très archaïque.

G. G.-T. – On osait montrer le prince avec ses défauts physiques, mais cela était devenu une mode, car Néfertiti, des proches et des personnages de la cour se faisaient représenter avec les mêmes exagérations organiques.

J.A. – Mais ce qui est intéressant, c'est que ce n'est pas seulement une question de rendu artistique, d'école de sculpture; Yaguel a décrit cela comme une maladie, et il semble que ce soit exact. « Cet homme était un visionnaire. Sous son règne ont été promulguées beaucoup de lois nouvelles. Il a fait énormément pour les paysans, pour la terre. Il se nourrissait très frugalement, avec des sortes de graines... C'était un novateur extraordinaire. Il se croyait Dieu? Ou, non, il croyait à un dieu unique. Il a arrêté certaines pratiques mais il a aussi fait tuer. Le sang coule, des ruisseaux de sang... Il pouvait être terriblement mystique, je dirais fanatique. Il était à la fois haï et adulé. J'entends : Il a tué beaucoup, beaucoup. »

G. G.-T. – On a dit qu'il avait été assassiné.

J.A. – Yaguel est de cet avis : « Plus j'avance et plus je sens qu'il a été tué, empoisonné par quelqu'un proche de sa femme. Je la vois qui accourt. Elle le haïssait à la fin. Il transpire beaucoup, il râle, se tord de douleur... Le poison? J'entends : " Comme si le poison avait été mis dans un fruit pour le tuer ". Il croque un beau fruit rouge qu'on lui tend et j'entends : " A partir de là commence une longue agonie. " On l'a tué parce qu'il gênait. »

G. G.-T. – Pourtant cette théorie n'est pas avérée. On pense qu'il a eu deux sépultures, l'une à Amarna, abandonnée, et l'autre dans la Vallée des Rois qui a été profanée. On n'a jamais retrouvé sa momie et son nom a été effacé, les traces de son règne abolies. On peut admettre, en mesurant l'acharnement qui l'a frappé post-mortem, *qu'on ait provoqué sa mort.*

Dans cette voyance extraordinaire, le fait indiscutable c'est que Yaguel a tiré une enveloppe, dont elle ignorait le contenu, devant deux témoins. A partir du moment où le sujet a été identifié, une analyse critique prétendra qu'elle a récité un livre d'histoire ou effectué une lecture de pensées. Mais vous attestez le contraire, en raison des détails inconnus, révélés, et vérifiés a posteriori. *Et parce que nous savons que Yaguel ignorait l'histoire égyptienne.*

*J'avais beaucoup apprécié qu'à l'émission de Polac sur la voyance, émission très chahutée, comme toujours, où des médiums avaient été contrés et piégés, il y ait eu des personnes, dont vous étiez, qui témoignaient pour Yaguel (absente) d'une façon très calme, en disant : « Voilà ce que nous avons fait et constaté. Nous n'avons pas d'*a priori. »

J. A. – Oui. « Voilà ce que nous avons fait et voilà ce que nous avons publié », parce qu'il est évident que cette enquête a suscité beaucoup de problèmes dans la maison. Auparavant, personne n'avait rien dit, on avait trouvé cela plutôt marrant. C'était en plein été, j'étais responsable de la rédaction. Ces sujets passaient bien car nous n'étions pas submergés par l'actualité politique. Il y avait des creux, donc pourquoi pas! Mais après, nous avons eu beaucoup de réactions. Comme toujours quand on touche à ce genre de choses.

G. G.-T. – Vous vous êtes fait attraper ou, au contraire, vous a-t-on demandé davantage d'informations?

J.A. – Les deux, évidemment les deux! Beaucoup de gens m'ont réclamé l'adresse de Yaguel, d'autres m'ont écrit en me disant qu'il y avait d'autres médiums de talent. La télévision et les radios m'ont demandé des cassettes, ont voulu savoir comment l'enquête s'était déroulée. Parce que c'était *Le Nouvel Observateur* qui avait publié cette expérience.

G. G.-T. – Il y a quatre périodiques qui ont fait une ouverture importante et courageuse sur ce sujet : Marie-Claire, Elle, Madame Figaro *et* Le Nouvel Observateur.

J.A. – Je pense que l'impact a dû être très différent parce que, évidemment, nous n'avons pas le même public. Nous avons enregistré beaucoup de réactions pour et contre. Des lecteurs nous engueulaient en s'écriant que *Le Nouvel Observateur* était en train de se galvauder dans des superstitions épouvantables, qu'il les avait habitués à plus de sérieux. Mais comme c'était une enquête à la fois littéraire, onirique, un peu marginale, ça a pu passer. Et, dans l'ensemble, je crois même que ça a bien passé. Je me souviens cependant d'un lecteur qui m'a écrit, un universitaire distingué, qui m'écrit d'ailleurs de temps en temps – car il y a des lecteurs fidèles qui suivent les journalistes, qui nous connaissent surtout pour nos articles politiques – une très longue lettre pour me dire : « J'ai beaucoup d'admiration pour vous, je lis toujours vos papiers, mais là vous m'avez énormément déçu. Comment pouvez-vous mettre ainsi en jeu toute votre crédibilité journalistique sur de telles choses ? » C'est une réaction intéressante car elle montre que, pour certains, le sérieux, la crédibilité sont liés à de tels écarts qui n'ont rien à voir avec les analyses politiques. Je peux tout à fait mener à bien une opération avec Yaguel, par curiosité intellectuelle, puis, par ailleurs, couvrir un coup d'état en Tunisie... Qu'est-ce que cela a à voir ? J'ai rencontré assez souvent cette attitude, ce n'était pas toujours aussi clairement dit, mais là, il n'y avait pas d'ambiguïté.

G. G.-T. – Quand vous avez lu cette lettre, avez-vous souri ou vous êtes vous tout de même senti gênée ?

J.A. – Ah, oui ! Évidemment cela m'a embêtée parce qu'il n'était pas le seul à me le dire et parce que, même dans le journal, on a plaisanté : j'étais celle qui croyait aux esprits. Vous savez, il y a vingt ans que je travaille à *l'Observateur*, je suis reporter, directeur-adjoint de la rédaction ; on n'a jamais mis en cause mes analyses : mes papiers n'ont jamais été ni coupés, ni déformés, je n'ai jamais eu aucun problème. Je ne serais pas où je suis si c'était le cas. Il y a des sujets que je connais bien, et je peux me tromper, mais c'est une autre affaire. C'était la première fois que je sentais une espèce de petite faille où certains se précipitaient. Mais j'ai récidivé. J'ai fait, par ailleurs, un numéro spécial sur la France envoûtée, sur les médiums avec une interview sur l'hypnose (à ce moment-là ce fut une levée de boucliers). Pourquoi avoir abordé ce sujet ? Parce que je m'occupe également des faits de société et lorsque j'avais traité d'un sujet plus austère, le logement à Paris, par exemple, j'avais eu connaissance d'un nombre de voyances absolument fabuleux, qui m'avait frappée. Je me suis dit : « Mais c'est important, il faut en parler. » C'est donc en tant que dossier de fait de société que l'on avait traité « La France envoûtée ». J'ai rencontré une grande intolérance. Or, maintenant, l'hypnose commence à être de plus en plus reconnue, en Union soviétique notamment. Et puis ça n'a rien à voir avec la voyance. J'ai toujours été intéressée personnellement par une espèce de perception irrationnelle, pas forcément logique. J'ai toujours pensé que la logique avait ses limites. J'ai été grand reporter pendant vingt ans. J'arrivais à chaud dans les endroits chauds. Et quand il y a une guerre, on a tout à faire sauf de demander à un médium ce qui va se passer. Je n'ai jamais utilisé un tel recours dans mes analyses politiques, parce que je n'en avais ni l'occasion, ni le temps, ni l'intention. Pour moi ça ne se justifiait pas, parce qu'il n'y avait pas d'énigme, il y avait seulement des problèmes et des situations à élucider, à sentir d'abord, à comprendre ensuite, à essayer d'expliquer après. C'est tellement présent et fort qu'il y a peut-être une perception extrasensorielle, mais alors c'est moi seule qui l'ai.

23 juin 1988,
24 octobre 1989.

CLAIRE BRETÉCHER

Dessinatrice, artiste peintre.

Gérald Gassiot-Talabot. – Comment avez-vous rencontré et connu Yaguel?

Claire Bretécher. – Il y a peut-être trois ou quatre ans. Une copine m'avait présenté Guy Breton qui m'avait parlé pendant toute une soirée d'histoires abracadabrantes, de sectes. C'était passionnant et drôle; j'avais posé la question : « Que pensez-vous de tout ça? », et il m'avait dit : « Il y a des gens qui ont des dons exceptionnels comme Yaguel. » Immédiatement, j'ai été curieuse...

G. G.-T. – Vous ne la connaissiez pas avant, donc vous avez pris un rendez-vous et vous êtes allée la voir à Chatou.

C. B. – C'est ça.

G. G.-T. – Que s'est-il passé au cours de ce premier contact?

C. B. – Elle a trouvé que ça s'était très bien passé, parce que je n'avais pas de réserve de principe. Mais bizarrement, je n'arrive pas du tout à me rappeler ce qu'elle m'a dit! J'ai passé une heure formidable...

G. G.-T. – Ça touchait votre vie privée, votre vie professionnelle?

C. B. – Les deux. Mais surtout elle m'a beaucoup parlé de mon précédent mari, des gens qui m'entouraient. J'en ai conclu que je n'avais aucun intérêt et que c'était seulement ceux qui m'entouraient qui méritaient attention.

G. G.-T. – Il y a beaucoup de lectures par personnes interposées. C'est très fréquent.

C. B. – Ce qui m'a beaucoup frappée, c'est qu'elle m'a décrit mon premier mari d'une façon sidérante. J'en avais des larmes de rire! Et elle m'a décrit mon mari actuel également d'une façon sidérante. Pour moi, elle m'a dit des choses probablement vraies, mais je ne m'en souviens pas...

G. G.-T. – Pourtant on ne peut pas dire que vous ayez une vie, ou une activité insignifiantes.

C. B.– Je n'arrive pas à me rappeler. Elle ne m'a dit que des choses positives, du genre : « Vous n'aurez jamais de problèmes d'argent. » Mais les détails, je ne sais plus...

G. G.-T. – Ce qui m'importe, si elle vous a dit quelque chose, c'est que vous étiez, au fond, dans une attitude de curiosité, assez sceptique, mais pas hostile.

C. B. – Non! Ce n'était pas du scepticisme; je ne suis pas du tout attirée par l'irrationnel, l'occultisme. Simplement ça m'amusait de voir la star du genre!

G. G.-T. – C'est ce que j'appelle un scepticisme bienveillant. Je peux vous dire que c'est une des dispositions mentales les plus propices pour que ça marche. Ce qui vous a épatée, au fond, c'est qu'elle vous a fait des descriptions. Or, je me fais l'avocat du diable, il a pu y avoir des lectures de pensée. Elle a pu voir dans votre esprit ce qu'était votre précédent mari et le décrire à travers vous.

C. B. – Oui, mais c'est vraiment quelqu'un à qui je ne pense pas.

G. G.-T. – La lecture de pensée est un phénomène largement étudié en parapsychologie, que certains trouvent ahurissant et que je trouve, moi, effroyablement banal et très dangereux. Après cette séance, l'avez-vous vue à d'autres reprises?

C. B. – Oui! Je suis allée la revoir. En fait, après l'avoir vue la première fois, mon mari m'attendait dans la voiture, je lui ai raconté et il a été absolument stupéfait par ce que je lui ai rapporté, ce qu'elle avait dit sur lui, et il y est allé. Et avec lui ce fut un feu d'artifice!

G. G.-T. – Elle lui a parlé de lui ou de vous également?

C. B. – Des deux. La prochaine fois je prendrai des cassettes.

G. G.-T. – Vous l'avez vue combien de fois en tout?

C. B. – J'ai dû la voir deux fois à Chatou et une fois à Paris.

G. G.-T. – Et l'avez-vous vue au cours de dîners, ou à la fin de soirées?

C. B. – J'ai accompagné chez elle une de mes amies.

G. G.-T. – Avez-vous eu des voyances péremptoires qui portaient sur l'avenir et qui se sont réalisées?

C. B. – Elle m'a parlé d'une maison... Mais je ne trouve pas cela très convaincant (non pour moi, mais pour les autres) parce qu'on peut toujours supposer que quelqu'un achètera une maison quelque part au bord de la mer. Le fait est que j'ai acquis une maison au bord de la mer.

G. G.-T. – Vous aviez l'intention de l'acheter au moment où vous l'avez vue?

C. B. – J'avais l'intention de l'acheter ailleurs.

G. G.-T. – Elle vous a décrit la maison, donné l'endroit?

C. B. – Elle m'a mal décrit la maison, mais elle m'a bien décrit l'endroit. Au bord de la mer, avec la plage en bas.

G. G.-T. – Elle vous a dit dans quelles conditions ça se passerait, cet achat?

C. B. – Je ne m'en souviens plus. Mais je sais que j'étais sidérée parce que je n'y pensais pas du tout. J'étais sur le point d'acheter un terrain en Bretagne et, tout d'un coup, elle m'a parlé de cette maison. Je me suis dit : « Mais c'est vrai, il y a cette histoire de terrain qui traîne. » Finalement je l'ai acheté et ça a été une calamité parce qu'il y a eu des tas de problèmes. Ce n'est qu'après que je suis tombée par hasard sur une maison qui correspondait à sa description.

G. G.-T. – Est-ce que vous pouvez dire qu'en vous annonçant que vous alliez acheter une maison, elle vous a incitée à le faire?

C. B. – En aucun cas! Le terrain était prévu, mais ça traînait pour des raisons administratives.

G. G.-T. – De toute façon, ce n'est pas là que ça s'est passé.

C. B. – Pas du tout, ça n'a aucun rapport...

G. G.-T. – La maison, vous l'avez vue à la suite d'une investigation précise dans une région? Ou bien on vous a dit : « Vous devriez aller voir ça... »

C. B. – Ah! non! Je suis passée devant la maison et j'ai dit : « Voilà exactement ce que je veux », et je ne savais pas du tout qu'elle était à vendre. J'ai foncé chez le notaire du coin, et elle était à vendre.

G. G.-T. – Donc, vous êtes passée par hasard devant cette maison. Vous l'avez vue, elle vous a plu. Vous avez questionné le notaire sans savoir qu'elle était à vendre et vous l'avez achetée. Vous avez pensé à Yaguel au cours de ces épisodes?

C. B. – Pas du tout. Après l'achat, oui, j'ai pensé à elle.

G. G.-T. – Un des parasitages de la médiumnie c'est qu'on vous prédit quelque chose de si gratifiant que vous mettez toutes vos forces à le réaliser. Alors vous employez des moyens rationnels pour réaliser un irrationnel. Mais là ce n'est pas le cas?

C. B. – Ce n'est pas du tout le cas parce qu'il s'agissait carrément de l'autre terrain. En fait, elle m'a dit qu'elle voyait une maison constituée de blocs gris. C'est drôle car j'avais en tête une sorte de blockhaus. J'avais envie d'un genre Bauhaus, et c'était effectivement des blocs gris en béton. Mais la maison que j'ai achetée n'est pas du tout comme ça. C'est une maison bretonne blanche. Les blocs gris c'était dans ma tête. Ce n'était même pas encore constitué...

G. G.-T. – Il y a eu une interférence. C'est une question qui m'intéresse : un glissement médiumnique fondé sur une lecture de pensée. Dans ce qu'elle vous a prédit de précis, est-ce qu'il y a des choses que vous pouvez me dire?

C. B. - Je ne me rappelle pas! Elle a vu que je serais très ennuyée par le terrain que j'avais acheté.

G. G.-T. – Elle a vu cela. Elle ne vous avait pas prédit que ce serait là que vous construiriez?

C. B. – Non. C'est moi qui ai fait l'amalgame, forcément. Quant au travail : cinéma, théâtre : zéro!

G. G.-T. – Elle vous a prédit un travail pour le cinéma, le théâtre et la télévision. Vous avez déjà travaillé pour le théâtre?

C. B. – Non. Jamais.

G. G.-T. – Vous n'avez jamais fait de décors. Vous n'avez jamais fait de cinéma d'animation?

C. B. – Si, j'ai fait quelque chose, mais c'était avant Yaguel.

G. G.-T. – Elle vous a parlé de cinéma? De quelle façon?

C. B. – Elle m'a vue comme scénariste. Je ne vois pas ce que je pourrais faire d'autre.

G. G.-T. – Vous avez une telle palette de personnages qu'il y a vraiment de quoi nourrir des films. Vous n'avez jamais été tentée de le faire?

C. B. – Oui! J'avais conçu un de mes albums comme pouvant faire un scénario. Ça s'appelait *Le Destin de Monique.* Elle m'avait dit : « Travail, cinéma et théâtre, album du passé qui ressort... »

G. G.-T. – Vous avez fait une réédition?

C. B. – Non! Ça peut encore se produire. Elle avait ajouté : «*Agrippine,* le dernier album, marchera bien. » Ça n'est pas probant car il y avait une chance sur deux pour que ça marche!

G. G.-T. – Ça a toujours marché?

C. B. – Non! L'avant-dernier n'a pas marché du tout.

G. G.-T. – Donc, ça n'a pas forcément donné. Vous pouvez avoir aussi des réussites plus ou moins grandes. Agrippine, *vous pensiez que ce serait un succès, vous le sentiez?*

C. B. – Par superstition, je me disais : « Ça ne va pas marcher », mais en fait je pensais le contraire!

G. G.-T. – Vous avez comme moi une fausse négativité.

C. B. – Oui. C'est pour conjurer le sort!

G. G.-T. – J'appelle cela « le pessimisme actif ». On n'arrête pas d'agir.

C. B. – Oui, c'est ça! Elle m'a dit un truc frappant sur un problème de santé que j'avais, que personne ne connaissait et que l'on ne pouvait deviner. Elle m'a donné des recommandations et ce qu'elle m'a dit, presque immédiatement, m'a beaucoup saisie. J'étais très préoccupée par cela. J'ai vu quantité de médecins. L'un m'a recommandé de ne pas faire d'intervention, l'autre de faire une investigation en ajoutant : « Il n'y a pas grand-chose, ça ne peut pas nuire. » J'étais paniquée et j'ai téléphoné à Yaguel. J'ai eu l'impression de la prendre au dépourvu. Elle m'a dit : « Faites-le, ne le faites pas, ce n'est pas un problème. Ce n'est pas important. » Elle était très vague. Ensuite je suis allée la voir, exprès pour cela. Elle m'a dit : « Cette intervention n'a pas beaucoup d'intérêt. De toute façon, il ne faut pas y aller avec le type auquel vous pensez maintenant, parce que vous n'êtes pas sûre de lui, mais dans quelque temps vous allez rencontrer un chirurgien qui sera grisonnant, avec des lunettes, très rassurant et vous subirez cette opération qui sera sans conséquence. Ça ne va pas spécialement marcher, mais faites-le, sinon vous penserez toujours à ça. » Et c'est exactement ce qui s'est passé. Elle ne voyait ni catastrophe, ni succès formidable.

G. G.-T. – Le chirurgien, vous l'avez rencontré?

C. B. – Pile! Carré, grisonnant et avec des lunettes! Quand je l'ai vu, j'avais complètement oublié ce qu'elle m'avait dit. C'était exactement ça.

G. G.-T. – Il faut absolument parler de cette prédiction où elle vous a décrit un praticien que vous avez rencontré et reconnu à des caractéristiques très précises; il faut le dire tout de même, ainsi que la raison et le résultat de l'intervention.

C. B. – Oui! J'ai fait cette intervention qui n'a rien donné, ni dans un sens, ni dans un autre. Zéro! Exactement ce qu'elle m'avait dit.

G. G.-T. – Psychologiquement, ça vous a libérée.

C. B. – Elle m'a également prédit le décès d'un homme, et un copain est mort quelque temps après.

G. G.-T. – C'est assez vague; vous ne lui avez pas demandé d'être plus précise, de donner des initiales, une description?

C. B. – Je ne pense jamais aux questions qu'il faut poser!

G. G.-T. – La question c'est : « Soyez plus précise. » Le « décès d'un homme », vous vous rendez compte, on perd des amis, des parents...

C. B. – Remarquez, je ne perds jamais personne, mais là il y a eu vraiment un événement. Elle m'a dit que mon album allait très bien marcher, que le printemps 89 allait être professionnellement formidable.

G. G.-T. – On y est maintenant! Allez-vous sortir quelque chose d'important?

C. B. – Non, mais j'ai une campagne publicitaire qui marche très bien, une exposition qui marche très bien à Berlin et mon album marche très bien. Une conjonction de bricoles qui marchent. Vous voyez, elle ne m'a pas dit de choses vraiment fascinantes, mais je retourne la voir dans une semaine.

Voici une autre vision amusante sur quelqu'un que je connais et qui aime jouer. Elle lui avait dit : « La prochaine fois que vous irez au casino vous verrez une table de roulette où il y a un croupier qui aura quelque chose de bizarre à l'œil. Il faudra aller à sa table, vous jouerez tel chiffre et vous allez gagner. » Lui n'a pas pu tenir et, au bout de huit jours, il est allé à Deauville. Dans la salle, la première chose qu'il a vu c'était un croupier avec un défaut à l'œil. Il a foncé à la table, a joué le chiffre et a tout perdu, toute la soirée! C'est pas formidable, ça!

G. G.-T. – C'est une voyance cassée qui s'est réalisée jusqu'à un certain point, ce qui n'est pas mal car elle ne connaissait ni le casino, ni le croupier. Du moins je le suppose.

C. B. – C'était déjà formidable, mais le résultat final a été une catastrophe!

G. G.-T. – Elle donne très rarement de chiffres. Pour une fois qu'elle en donne, il joue et il perd; c'est quand même très étrange. Ça montre qu'il y a une malice des dieux...

C. B. – C'est ça! C'est l'impression que j'ai eue. Je n'ai pas conclu du tout : « Cette idiote, elle s'est trompée! » Pas du tout, j'ai trouvé que c'était franchement humoristique!

G. G.-T. – Elle s'est quand même trompée. On ne lui en a pas reparlé?

C. B. – Si. Elle a ri! Ç'aurait été plus intéressant que le croupier n'ait rien à l'œil et qu'il gagne.

G. G.-T. – Bien sûr! Mais cette personne n'a-t-elle pas précipité les choses, la prédiction ne comportait-elle pas un délai? Ne lui avait-elle pas dit autre chose? Elle vous a parlé de succès, d'un film. Il est possible que ça se fasse.

C. B. – Oui, ce n'est pas impossible, c'est même plausible, mais parler de quelque chose qui est seulement plausible, ça ne présente pas beaucoup d'intérêt.

G. G.-T. – Vous allez la voir à nouveau pour lui poser des questions précises?

C. B. – Non! Ce que j'aime dans la voyance, avec une personne intelligente et sympathique, c'est qu'elle vous parle de vous. Où trouverez-vous quelqu'un qui vous parle de vous pendant une heure?

G. G.-T. – C'est, en effet, une des utilités de la voyance! Au fond, vous êtes toujours mue par une curiosité sans recherche d'explication fondamentale.

C. B. – Oui! Parce que je ne crois pas qu'une explication fondamentale soit possible.

G. G.-T. – Vous pensez que la médiumnie est l'hypertrophie d'un certain nombre de pouvoirs que n'importe qui pourrait avoir mais que certains êtres possèdent comme ça, de naissance...

C. B. – Je ne vais même pas si loin que ça. Je ne pense pas à ça.

G. G.-T. – Vous pensez que c'est un événement phénoménal qui est lié à l'homme.

C. B. – Oui. Je pense que c'est un phénomène rigolo...

G. G.-T. – Vous ne pensez pas que c'est un lien entre le plan temporel et le plan spirituel?

C. B. – Non! Parce que je ne crois vraiment pas du tout au plan spirituel.

G. G.-T. – Vous êtes athée, agnostique? Quelle est votre position?

C. B. – Je suis a-tout! De toute façon, je trouve que s'il y a un irrationnel on ne l'atteint pas, donc ça n'a aucun intérêt d'y penser. Quant à la médiumnie, je pense qu'il y a une possibilité de phénomènes magnétiques, pas compris du tout, et qu'il y aura une explication un jour.

G. G.-T. – Vous pensez que c'est un phénomène de parapsychologie?

C. B. – Oui. Tout à fait.

G. G.-T. – De la même façon qu'on fait des expériences dans de nombreux laboratoires où un médium est dans une pièce, alors que dans l'autre, on sort des cartes. C'est astreignant, assommant comme expérience, mais c'est classique. Si le médium dépasse la loi des grands nombres, fait 60 %, 70 %, à ce moment-là, on en tient compte.

C. B. – Je ne suis pas décidée à voir les choses d'une façon positiviste mais je ne vois pas d'explication, et une autre explication, à la limite, ne m'intéresse pas, parce que je n'y crois pas.

G. G.-T. – Vous avez un regard sur le monde; vous ne pouvez pas dire que vous ne l'avez pas. Vous avez un regard sur les êtres, vous avez une psychologie.

C. B. – C'est peut-être pour ça que j'aime bien voir Yaguel et que j'aime les histoires qui tournent autour d'elle. Je ne suis pas folle de voyance. C'est aussi parce que je la trouve sympathique.

G. G.-T. – Vous en avez vu d'autres?

C. B. – J'en ai vu d'autres, voyantes et astrologues.

G. G.-T. – Les conditions dans lesquelles vous avez vu Yaguel étaient très bonnes.

C. B. – Je pense que c'est plus frappant la première fois. Parce qu'après ça ronronne un peu.

G. G.-T. – Parce qu'elle vous connaît davantage. L'amitié peut être un parasitage de la voyance. Vous avez un enfant. Elle vous l'a décrit?

C. B. – Il était petit à l'époque. Il devait avoir même pas un an.

G. G.-T. – Elle vous a parlé de votre enfant? Elle vous a dit quelque chose sur son avenir?

C. B. – Elle ne m'a dit que des choses générales : « C'est un enfant qui ne posera jamais de problème, qui ne vous apportera que des joies, etc. »

G. G.-T. – Mais c'est peut-être parce que vous avez une vie heureuse. Vous avez réussi dans ce que vous avez entrepris.

C. B. – J'ai eu une vie de merde jusqu'à trente ans. Et depuis tout marche très bien. Je suis obligée de le reconnaître. Elle m'a dit qu'avec mon jules ça marcherait très bien, qu'on était pratiquement un couple idéal, que c'était génial. Touchons du bois, oui, c'est vrai! Mais, vous voyez, ce sont des trucs vagues.

G. G.-T. – Il ne faut pas non plus demander des choses absolument péremptoires.

C. B. – Oui, mais on est frappé par certaines expériences! Récemment je lui ai envoyé une de mes amies qui a des problèmes et, naturellement, j'avais invité l'amie après pour qu'elle me raconte, parce que ça fait partie du plaisir. L'amie est arrivée en me disant : « Elle n'a pas voulu me parler, elle m'a tiré deux, trois cartes et m'a dit : Non, je suis fatiguée, je ne peux rien vous dire. »

G. G.-T. – Ça arrive.

C. B. – Mais attendez! J'étais furieuse, déçue car je pensais pendant tout le dîner parler de ça, j'adore ça! Et puis le lendemain j'ai appris que le père de cette fille était mort. Le lendemain vers onze heures, c'est-à-dire vraiment très peu de temps après. J'ai téléphoné à Yaguel et je lui ai demandé : « Que s'est-il passé avec ma copine? Vous étiez fatiguée, ça n'allait pas? » et elle m'a répondu : « J'ai eu une espèce de voile noir et quand j'ai cela, ça veut dire la mort. Je n'aime pas et, comme j'étais fatiguée, je n'ai pas voulu essayer de dire autre chose et donc j'ai préféré couper et lui donner un autre rendez-vous. » Ça m'a impressionnée, je dois dire.

G. G.-T. – Vous avez une façon assez malicieuse de vous débarrasser des recherches d'explication en disant : « Ça ne m'intéresse pas. »

C. B. – Non! Ce n'est pas malicieux du tout. Je trouve qu'on est dans un univers qu'on n'appréhende déjà pas, que s'il y a un Dieu, ce qui n'a aucun intérêt, il est complètement en dehors, on n'en aura jamais aucune idée, donc ce n'est pas la peine de se poser des questions.

G. G.-T. – Vous n'avez aucune preuve qu'il est complètement en dehors et qu'il n'agit pas sur votre vie.

(Exclamations sceptiques de Claire Bretécher!)

G. G.-T. – N'entrons pas dans une discussion spirituelle qui ne servirait à rien, mais ma question est nécessaire parce que, parmi toutes les personnes que j'ai interviewées, il y a des gens comme vous, qui reconnaissent que « ça les a épatés », mais qui s'arrêtent là.

C. B. – C'est bien mon cas.

G. G.-T. – Ces personnes ne cherchent pas à savoir s'il y a quelque chose derrière. Personnellement je ne pose pas de question, sauf celle-ci : « Est-ce que le contact avec Yaguel a modifié certaines de vos croyances, certaines de vos attitudes en face du monde, philosophiques ou autres? » Certains disent : « Non, ça n'a rien modifié, je constate le fait et je ne le comprends pas. » Pour vous ça n'a rien modifié. Vous restez ce que vous êtes. Mais ne pensez-vous pas qu'une prise de conscience différente aurait pu être dangereuse pour vous, au niveau de votre vision critique? Comprenez bien, ce qu'il y a de frappant quand on connaît vos dessins, c'est qu'il y a une accumulation d'observations, de connaissances, de perceptions, d'intuitions. Vous avez une façon de restituer certains dialogues qui est d'une telle vérité qu'on pense à des conversations que vous avez entendues ou qu'on vous a répétées.

C. B. – Non. Ce sont des trucs que j'invente. Je suis désolée!

G. G.-T. – Je ne sais pas comment vous faites pour inventer le réel. Vous êtes médium!

C. B. – Mais je vous assure qu'il n'y a que les choses inventées qui paraissent vraiment réelles.

G. G.-T. – Vos personnages « fictifs » tiennent des discours qui sont exactement ceux que tiennent des personnages décrits. C'est absolument ahurissant : quand vous mettez un intellectuel en situation, on meurt de rire, parce qu'on « voit » untel qui a dit ça, on entend untel qui a dit ça...

C. B. – Oui, mais c'est une reconstitution. Ce n'est pas dû à l'observation. Je n'observe rien, je n'entends rien...

G. G.-T. – Vous êtes sûre que vous n'observez pas sans vous en rendre compte?

C. B. – Bien sûr. Naturellement!

G. G.-T. – Vous n'arrêtez pas d'emmagasiner. Même notre conversation, je suis persuadé qu'elle est enregistrée, qu'elle sera classée quelque part dans votre tête. Un de ces jours vous représenterez un type un peu biscornu, qui croit en Dieu, qui manipule un magnétophone et qui fait des interviews sur la médiumnie. Et je reconnaîtrai quelqu'un...

C. B. – Le fait est que j'ai envie en ce moment de faire des trucs sur les voyantes.

G. G.-T. – Comme par hasard, tiens!

C. B. – Oui, parce que c'est dans le vent, ça intéresse tout le monde, et votre bouquin va faire un tabac!

G. G.-T. – Et quand on voit des gens, vraiment de très haut niveau, qui consultent, cela a une signification. Comme on l'a dit, c'est un fait de société.

C. B. – Mais je trouve pathétiques les gens qui sont immergés là-dedans; c'est terrible!

G. G.-T. – Non. Il y a votre comportement, mais en dehors de cela toutes sortes d'attitudes, extrêmement intéressantes. D'ailleurs dans ce livre vous lirez des déclarations qui vous hérisseront, vous ahuriront et qui pourtant sont fondées sur une pratique, une expérience. Il n'y a que la dépendance à la voyance, contre laquelle il faut mettre en garde.

C. B. – D'ailleurs Yaguel n'est pas favorable à ça du tout. Elle n'aime pas.

G. G.-T. – Si vous allez voir une voyante en qui vous avez confiance, qui est une amie, comme Yaguel, une fois par an et si vous la questionnez quelquefois par téléphone quand vous avez un problème, voilà ça suffit!

C. B. – Oui, c'est ce que je fais. Je trouve ça très bien.

G. G.-T. – Vous avez très naturellement un regard amusé sur les gens? Quel est votre regard sur le monde, sur votre crémière, sur votre boucher, sur vos amis, sur les gens qui sont dans les journaux dans lesquels vous travaillez? Vous avez une certaine philosophie du comportement à leur égard ou bien un œil neutre, bienveillant?

C. B. - Bienveillant quand je les trouve sympathiques et pas quand je les trouve antipathiques... Je ne sais pas!

G. G.-T. – Il n'est pas possible de faire ce que vous faites sans avoir, peut-être pas d'une façon explicite, une saisie, quasiment ininterrompue du monde et des êtres.

C. B. – C'est-à-dire que j'ai une certaine curiosité. Je suis en état de curiosité.

(Claire Bretécher me donne un exemple de voyance de Yaguel particulièrement brillant, où la carrière, les influences reçues, la rencontre d'un homme éminent sont données avec une grande précision pour une personne qu'elle connaît. Ce témoignage ne peut être divulgué.)

G. G.-T. – Quels sont les problèmes qui vous préoccupent?

C. B. – J'ai l'intention de poser à Yaguel des questions précises. J'ai très peur de manquer d'argent, d'être seule et d'être malade. Comme tout le monde, plus ou moins. Je n'ai absolument aucune originalité! Mais j'ai peur aussi de manquer d'idées. A certains moments, j'ai l'impression que je ne retravaillerai plus jamais, mais ça a toujours été comme ça! En ce moment je ne fais rien.

G. G.-T. – Depuis combien de temps?

C. B. – Depuis six mois. C'est déjà arrivé.

G. G.-T. – Vous allez quand même la questionner là-dessus.

C. B. – Oui, bien sûr. Je me sens très coupable par rapport à Wolinski, par exemple, ou des copains qui font cinq pages par semaine... Moi je suis capable d'une production tellement limitée!

G. G.-T. – Vous avez connu quand même des productions hebdomadaires dans Le Nouvel Obs *qui montraient qu'il y avait une tension très grande. Je trouve que vos préoccupations sont naturelles, mais non fondées.*

C. B. – A propos de ces trois angoisses, j'avais vu quelqu'un au cours d'une période très difficile que je traversais vers les années 80. Il m'avait dit que je m'acheminais vers une solitude totale, que ma vie professionnelle était foutue et (à l'époque je n'en avais pas) que je n'aurais jamais d'enfant.

G. G.-T. – Un extralucide! Il y a combien de temps dites-vous?

C. B. – C'était en 1981 où je vivais un moment déplorable, enfin l'horreur! Six mois après j'ai rencontré mon homme, sept mois après j'étais enceinte et depuis tout a marché!

G. G.-T. – C'était un voyant notoire?

C. B. – Je ne sais pas. Je ne l'avais pas cru d'ailleurs. J'étais furieuse!

G. G.-T. – Quand on pense qu'un médium valable peut se tromper, qu'il y a des perturbations, des visions mal interpétées, on est consterné par les prestations de pareilles nullités!

C. B. – Ça ne m'avait pas impressionnée. J'avais plutôt pensé : « Ce mec est nul. » Je n'étais pas sortie déprimée. Cela m'est quand même resté en mémoire parce que c'était tellement gros!

G. G.-T. – Vous imaginez les dégâts que peuvent faire de tels charlatans. Vous, vous avez réagi sainement. Cela n'a pas eu d'influence sur votre vie immédiate?

C. B. – Pas du tout.

G. G.-T. – Vous n'avez pas été un peu déprimée pendant deux mois?

C. B. – Non, non! J'étais vexée d'avoir perdu mon temps.

G. G.-T. – Quelles sont votre famille philosophique, vos idées sur le monde? Est-ce que vous refusez tout système parce que ça vous ennuie, ça vous fatigue ou bien...

C. B. – C'est surtout parce que je suis d'une ignorance assez prodigieuse... Je suis très intéressée par les religions mais sur le plan du rituel et de la conscience collective...

G. G.-T. – Du rituel significatif à un niveau sociologique ou ethnographique?

C. B. – Non! Significatif sur le plan thérapeutique.

G. G.-T. – Cela aussi c'est important. Mais une thérapie rejoint les moyens ordinaires d'action, qui ne sont pas du tout mystérieux.

C'est comme si vous parliez du rôle thérapeutique de la confession en tant que catharsis!

C. B. – Je trouve que c'est zéro à côté de la voyance, la confession. Du point de vue thérapeutique, j'entends!

G. G.-T. – Quelle perception avez-vous de Yaguel?

C. B. – Je trouve que c'est une femme qui dégage quelque chose.

G. G.-T. – C'est ce que tout le monde dit en des termes différents.

C. B. – Elle a un charisme, mais ce qui est amusant, c'est que la médiumnie n'est pas une science exacte : ça cafouille, ça ondoie... C'est ça qui est bien.

G. G.-T. – Vous avez une sensibilité de gauche. Vous êtes connue comme ça.

C. B. – Oui, mais ce n'est pas vrai!

G. G.-T. – Comment, ce n'est pas vrai?

C. B. – J'ai été engagée par *Le Nouvel Observateur.* C'est eux qui ont décidé, ce n'est pas moi. Je travaillais pour *Pilote.* On ne peut pas dire que *Pilote* était très déterminé.

G. G.-T. – Il y avait un esprit critique, séditieux et vous vous êtes livrée dans Le Nouvel Observateur *à la critique des propres lecteurs du journal.*

C. B. – C'est cela qu'ils voulaient! C'est eux qui me l'ont demandé parce que je le faisais déjà dans *Pilote.*

G. G.-T. – Oui, mais seuls des gens de gauche peuvent faire ce genre d'exercice sans risquer de perdre leurs lecteurs : ils ont moins de susceptibilités et d'interdits à ménager.

C. B. – C'est vrai, c'est le seul journal qui ait réussi cela, je vous le signale. Sans avoir une affection excessive pour *Le Nouvel Obs,* je trouve qu'ils ont été gonflés. J'ai vu comment ça s'est passé à partir du moment où le succès a été constaté : beaucoup de magazines ont voulu en faire autant et ont contacté des dessinateurs, dont certains étaient très bons. Ils les ont emmerdés, ne les ont pas laissés travailler, ne leur ont pas laissé le temps de s'implanter. Ça a été affreux. Personne n'a réussi faute d'avoir le champ libre.

G. G.-T. – Et c'est un journal dans lequel il y a des courants différents. Donc vous étiez soutenue par des courants et pas par d'autres?

C. B. – Je n'ai jamais su qui était à l'origine de mon engagement.

G. G.-T. – Pour Copi c'était quelque chose de terrible parce qu'il y avait les contre et les pour et ils s'engueulaient toutes les semaines. Et c'est vrai que ses dessins pouvaient provoquer ce genre d'affrontements. Les vôtres ont une telle décharge qu'on les reçoit en pleine figure. Ils étaient tellement critiques que ça aurait pu leur paraître insupportable, mais à aucun moment il n'y a eu de censure.

C. B. – Jean Daniel, par exemple, a beaucoup d'humour. Je l'aime beaucoup. J'aime également beaucoup Hector de Galard.

G. G.-T. – Vous avez une allergie pour certains comportements?

C. B. – Oui, mais ça fait bien-pensant. Je suis allergique à des comportements déplaisants. Enfin, oui, je suis à gauche si vous voulez. Je suis assez d'accord avec Rocard, mais je trouve qu'il a une façon d'être à gauche assez pondérée : essayer de mettre une certaine générosité dans une gestion bien conduite c'est courageux cette attitude. Je peux vous dire les gens que j'aime lire. Par exemple Marcel Aymé pour moi est l'auteur dont je me sens le plus proche. Et puis je suis venue habiter à côté de chez lui et la patronne du bar « Le Rêve » m'a dit que je lui faisais penser à Marcel Aymé. Il y a eu tout un tas de coïncidences. C'est la façon dont il mêle le réalisme le plus terre à terre et le plus ringard avec des phénomènes surnaturels – le *Passe-Muraille* en est le meilleur exemple – qui me plaît énormément. J'adore la façon dont il décrit l'employé qui passe à travers le mur de façon naturelle. J'adore cette espèce de torsion, de mauvaise foi. Cela me ravit absolument. García Márquez également, avec *Cent ans de solitude* m'a complètement bouleversée.

G. G.-T. – Vous n'aimez pas la grande littérature à message.

C. B. – Non. Je fais confiance aux gens qui me disent que c'est bon, mais moi ça ne me touche pas beaucoup.

G. G.-T. – Quand vous me dites cela, je ne vous crois pas complètement. Je ne sais pas si c'est une chose que vous vous dites à vous-même, parce que vous le devez. Le genre de travail que vous faites vous oblige à vous constituer des digues, des garde-fous. Le seul danger, que vous avez énoncé tout à l'heure et que je comprendrais que vous ayez, c'est une angoisse, c'est la perte d'inspiration. Ce serait comme pour un médium : la perte de son don. Mais je suis certain que vous ne perdrez pas votre inspiration.

C. B. – Qu'est-ce qui vous fait dire ça?

G. G.-T. – En raison de ce que vous avez déjà fait, et surtout de la force et du tonus qui traverse votre œuvre, de la vérité, de la lucidité qui s'en dégagent. Quelle que soit l'évolution de la société, vous aurez toujours quelque chose à dire, parce que le monde ambiant vous obligera à vous déterminer. Je suis persuadé de la pérennité de votre inspiration, dans la mesure où elle procède sans doute d'une intériorisation, d'une vision propre et singulière, mais se trouve en même temps en référence à un monde qui se définit et qui évolue à côté. Les dessins que vous avez faits il y a quinze ans ne sont pas les mêmes que ceux que vous feriez maintenant. Je ne veux pas dire les dessins, en tant que formes, mais leur contenu. Parce que, simplement, les gens vont vous interpeller constamment ; vous aurez à réagir devant un monde qui bouge et sur lequel vous aurez toujours quelque chose à dire. C'est certain, mais je conçois que pour un créateur ce soit une hantise. Chez les artistes que je fréquente depuis un certain nombre d'années, il y a des périodes d'interrogation, des moments de panique, des sortes de réadaptations qui, très souvent d'ailleurs, sont camouflées, cachées, qu'ils ne confient pas complètement ou qu'ils confient plus tard, quelle que soit l'intimité que l'on a avec eux. Mais si, pour un artiste plasticien qui est dans un jeu d'invention sur des formes et des concepts, il peut y avoir un mur qui se dresse, chez un dessinateur (qui, certes, est aussi un artiste plasticien) il y a une relation continuelle avec le monde. Vous ne dessinez pas seulement des dessins abstraits et des formes, mais des personnages qui vivent.

C. B. – Vous voulez dire que mon travail va être nourri parce que de toute façon ce sont toujours des gens que je représente. Mais ça ne suffit pas...

G. G.-T. – Oh, si, ça suffit, avec le talent et surtout le regard que vous avez. C'est pour cela que vous vous défendez d'être une observatrice perpétuelle, mais vous l'êtes malgré vous. Il n'est pas possible que tout cela sorte comme ça...

C. B. – Oui. Je consomme beaucoup de tout, de livres, de journaux...

G. G.-T. – Vous voyez beaucoup de films?

C. B. – J'essaie de voir les bons! Mais c'est difficile : il faut s'en taper pas mal de mauvais...

G. G.-T. – La télévision?

C. B. – Je n'aime pas trop.

G. G.-T. – Ce serait pourtant une nourriture incroyable pour vous.

C. B. – Non! Parce que la télé est tellement conventionnelle et uniforme. Il faut avoir du pot pour tomber sur quelque chose d'intéressant. J'aime mieux sortir.

G. G.-T. – Dans des dîners, avec des amis?

C. B. – Oui. J'aime bien connaître des gens nouveaux, sinon je m'emmerde atrocement.

G. G.-T. – Vos personnages sont très souvent assis autour d'une table ou dans un living, en train de parler.

C. B. – Eh bien oui. Maintenant j'essaie d'en faire un peu moins.

G. G.-T. – Là c'est plutôt en critique d'art que je vous parle : dans votre méthode, il y a une chose très frappante et très différente de ce que font la plupart des autres dessinateurs, c'est que très souvent vous partez d'une image fixe qui n'évolue que par des détails; tout le plan est construit sur une ou deux situations, d'où l'importance de la parole et du petit détail différent. J'ai toujours aimé beaucoup cela mais, au début, je me disais : « Elle doit être paresseuse! » et j'ai compris après que c'était un système (peut-être pour donner le sentiment de la fixité, de l'engoncement).

C. B. – Oui, c'est peut-être un système basé sur la paresse! C'est très possible parce que je suis très fainéante! Mais quand même, quand je fais une page, je veux que ce soit le mieux possible.

G. G.-T. – Vous travaillez le dessin de fond. C'est celui-là qui évidemment gouverne toute la page, avec les mots qui, eux, changent sans arrêt.

C. B. – En tout cas il y a une chose que Yaguel m'a dite, que j'ai crue complètement et qui m'a requinquée. Je suis d'un genre dépressif, alors j'ai toujours peur de craquer. J'ai dit à Yaguel : « Je sens qu'un jour je vais tout laisser tomber, que je ne vais plus parler, que je ne pourrai plus m'occuper de mon môme... » J'ai des espèces de fantasmes, comme ça. Elle m'a répliqué : « Vous ne craquerez jamais! » d'une façon très sèche et très affirmative. Et je ne sais pas si c'était pour m'encourager, mais je l'ai crue : « Vous n'êtes pas du genre à craquer, vous ne craquerez jamais! »

G. G.-T. – En effet, à travers votre travail passe un tel fluide vital que l'on ne peut pas imaginer que vous craquiez ou alors, si cela arrivait, il en sortirait encore des personnages!

C. B. – Eh bien, vous êtes encourageant, mais que dire des périodes de stérilité?

G. G.-T. – Ce sont des pauses où vous vous rechargez.

9 mars 1989.

CHRISTIAN BRINCOURT

Grand reporter à TF1.

Gérald Gassiot-Talabot. – Vous me disiez que par nature et par métier vous étiez assez sceptique. Vous avez rencontré Yaguel il y a une quinzaine d'années.

Christian Brincourt. – Oui! Grâce à Brigitte Bardot qui est une amie d'enfance et qui venait de voir Yaguel : elle avait été très sensibilisée par ce que Yaguel lui avait dit. Et moi je lui répondais : « Tu sais, ce sont des trucs de sorcières, je n'y crois pas du tout. » Elle a ajouté : « Je crois à la qualité des faits. Si tu passes par Chatou, voilà son numéro de téléphone, tu l'appelles de ma part, vas-y. » Un jour, comme ça, j'étais en reportage dans le coin, quand j'ai vu la pancarte « Chatou » sur ma route; j'ai pensé à Brigitte, j'ai retrouvé le numéro de Yaguel, je lui ai téléphoné.

G. G.-T. – A chaud, comme ça.

C. B. – Oui. Sans rendez-vous. A chaud. En me recommandant de Brigitte. Elle m'a reçu entre deux consultations. Je suis arrivé chez elle avec des souliers en plomb. J'ai trouvé la jeune femme adorable, charmante, très accueillante, que nous connaissons, mais je n'étais pas du tout inquiet. Je me disais : « Tu peux raconter ce que tu veux, moi je n'y crois pas. » Sans hostilité, mais curieux, car c'est mon métier d'être curieux. Je lui ai tout de suite dit mon scepticisme. Elle m'a répliqué : « Ce n'est pas grave, si ça vous amuse, je vais vous tirer les cartes. » Elle m'a sorti le même jeu, superbe d'ailleurs, dont elle se sert aujourd'hui encore. Je ne la connaissais donc pas du tout; je travaillais à l'époque à RTL où je faisais mon métier de reporter. Je n'étais pas quelqu'un de notoire. Elle ne pouvait rien savoir de ma vie. Brigitte ne lui avait pas parlé de moi. D'ailleurs il y a des tas de choses que Brigitte ne connaît pas de moi. En dix minutes elle m'a dévoilé mon jardin secret.

G. G.-T. – Savait-elle que vous travailliez à la radio?

C. B. – C'est moi qui lui ai dit en arrivant : « Je suis journaliste à RTL. » Je revenais du Viêt-nam où ça avait été très, très dur. J'avais été blessé. Elle m'a immédiatement situé avec deux ou trois faits précis qui s'étaient passés au Viêt-nam. Deviner que je revenais du Viêt-nam, ce n'était pas extraordinaire; elle l'avait peut-être entendu à la radio, mais ce qui m'a complètement étonné ce sont les faits précis, non donnés dans les reportages, qui s'étaient déroulés au Viêt-nam.

G. G.-T. – Des faits marquants?

C. B. – Une embuscade. Elle m'a dit : « Vous avez risqué gros à un moment parce que vous avez failli être fait prisonnier. » C'était vrai, à quelques secondes près, je tombais dans une embuscade. Par ailleurs, elle m'a parlé de ma vie privée; à l'époque j'étais marié, j'avais un garçon qui était déjà adolescent. Elle m'a sorti des traits de caractère de mon fils, de ma femme, que j'étais seul à connaître. C'était extrêmement précis, notamment comment avait eu lieu notre rencontre, quand j'étais militaire, dix-sept ans auparavant, puisque je l'avais rencontrée en 1955. En parlant de ce passé elle m'a dit à un moment : « Je suis vraiment désolée de vous le dire mais je ne crois pas que ce mariage tiendra. » Or nous étions un couple, avec nos problèmes comme tous les couples, mais pas en crise grave; nous connaissions des problèmes d'absence dus au journalisme, des petites choses que les hommes et les femmes peuvent rencontrer quand ils vivent ensemble. Et voilà qu'elle m'annonçait que j'allais me séparer de ma femme. J'ai été un peu surpris quand même. Mais, moins d'un an après, je divorçais... Vous dire que j'ai fait le recoupement avec Yaguel, sûrement pas. En revanche, et c'est là que c'est devenu intéressant pour moi, elle m'a parlé de l'avenir.

G. G.-T. – Pendant ces années-là, n'avez-vous pas pensé aux prédictions de Yaguel?

C. B. – Une fois ou deux, comme ça, mais sans conséquence.

G. G.-T. – Vous savez qu'un des pièges de la médiumnie c'est que l'on soit amené à accomplir son destin une fois qu'il est donné par le médium. Ne vous êtes-vous pas dit devant vos problèmes conjugaux : « Je ne vois qu'une issue : la séparation » ?

C. B. – Non, non, en aucun cas!

G. G.-T. – Vous voyez le piège.

C. B. – Oui, très bien! Je poserais la même question, étant journaliste, mais non! Très sincèrement, je n'y ai pas pensé.

G. G.-T. – Alors l'avenir?

C. B. – Alors, l'avenir, cela a été tout à fait extraordinaire. J'étais depuis treize ans grand reporter à Radio Luxembourg. Elle m'a dit : « Vous allez quitter RTL, entrer à la télévision. » Or c'est la route tracée : tous les types qui font de la radio pensent un jour intégrer la télé. « Ah! bon », lui dis-je – « Oui, me précise-t-elle, c'est même imminent. » Personne ne m'avait proposé de venir à la télé. Trois mois après, Jacqueline Baudrier me téléphone et me demande si je voulais entrer comme reporter sur la 2. J'ai accepté et quitté RTL au bout de quatorze ans de bons et loyaux services. Elle me l'avait prédit, cela, trois mois à l'avance, sans aucun indice. Ça n'était peut-être pas extraordinaire, mais elle a poussé plus avant, toujours à travers les cartes, elle m'a dit : « Vous allez certainement continuer à faire des reportages sur les guerres, les révolutions, sur des choses dures baignant dans la violence. » (Ce qui était ma vie depuis trente ans.) « Mais vous allez surtout prendre d'autres directions, sur de gros coups marginaux qui vont toucher à des expéditions, plutôt que des reportages sur des actualités brûlantes. Je vous vois, me dit-elle, avec une équipe de cameramen, de preneurs de son; je vous vois, par exemple, sur un immense sommet, peut-être le plus haut du monde. » Moi qui ne suis pas alpiniste, qui vais à la montagne comme tout le monde, quinze jours par an! Elle a ajouté : « Je vous vois non seulement dans cette expédition, mais vous allez en tirer un film dont on parlera beaucoup. Vous irez même deux fois dans des régions, non pas les Alpes, mais peut-être les régions himalayennes, là où il n'y a personne. »

Je rigolais un peu car je n'avais aucune raison d'aller dans l'Himalaya. Elle continua : « Il se passera beaucoup d'années entre ces deux aventures, et, dans l'intervalle, je vous vois comme le capitaine Nemo (ce sont les termes exacts qu'elle avait employés). Vous irez au fond des mers, ça sera comme dans Jules Verne. »

Bon! J'avais fait un peu de plongée, j'aimais bien ça, mais enfin je n'avais jamais été, par exemple, dans un sous-marin. « Oui! Oui! dans un immense bâtiment sous la mer, pendant plusieurs jours, plusieurs nuits. Je vous vois sillonnant le fond des profondeurs océanes. Après, vous allez traverser certainement un océan d'un bout à l'autre, avec un marin très connu. Vous irez d'un continent à l'autre, sur une immense distance. Puis, plus tard, je vous vois dans la plus grande forêt du monde. Je ne sais pas laquelle, mais je vous vois sous des arbres, des arbres. Ah! vous allez être bouffé par les moustiques, vous aurez des problèmes avec des Indiens. »

G. G.-T. – Elle a dit « Indiens » ?

C. B. – Elle a dit « Indiens », mais elle ne savait pas où! « Je vous vois avec des hommes nus, dans une forêt et, plus tard, vous vous enfoncerez sous terre. Vous aurez un gros problème. Vous allez risquer d'y laisser votre peau. »

Elle me fit tirer plusieurs fois les cartes à ce propos : « Vous allez faire tout cela pour la télévision. Vous irez très profondément sous terre, là où il fait chaud et humide; des milliers de pierres autour de vous, vous serez comme écrasé, faites attention! » Quand je fais le bilan de tout cela après quinze ans :

Premièrement, en 1975, c'est-à-dire environ un an après cette voyance, après être entré à la télévision, je fais l'expédition de la Nanda Devi, qui est le plus haut sommet himalayen en territoire indien, où j'accompagne une équipe de guides de Chamonix qui me proposent de filmer l'expédition pour montrer, pas comme à Pleyel, pour « Connaissance du monde », comment vit vraiment une expédition. Je pars pendant deux mois avec mon cameraman filmer ces gens.

Deuxièmement, je fais une opération « survie » en Amazonie, où je reste un mois et demi avec les gendarmes de Guyane à la frontière du Brésil. Nous y vivons, faisons une marche forcée sous les arbres avec des Indiens. Pendant près d'un mois et demi nous avons vécu dans des conditions extrêmement pénibles et difficiles, dans la moisissure, la pourriture, en remontant des fleuves, des torrents, des cascades au cœur de l'Amazonie.

Troisièmement je reviens et je trouve un ordre de mission de mon président qui me dit : « Essaye de prendre contact avec la Marine nationale, parce qu'on voudrait faire quelque chose sur les sous-marins nucléaires; on aimerait bien que tu voies ce que cela donne; aucune des quatre puissances qui possèdent la force de dissuasion n'a encore accepté à ce jour la présence d'une équipe de télévision à bord d'un sous-marin. Essaye de voir. » Sans illusion, je pose la question à l'état-major de la Marine de l'époque et, à ma stupeur, vraiment à ma stupeur, huit jours plus tard, je reçois le feu vert du ministre. Ils nous acceptent à bord du *Redoutable,* premier sous-marin nucléaire français, et j'embarque pour trois semaines. Nous faisons un film qui marche très fort (42 pour cent d'audience à l'époque, il n'y avait que trois chaînes).

Quatrièmement je sors de là et je rencontre Tabarly, que je ne connais pas vraiment, à Chamonix. Nous nous sommes réunis autour d'une bouffe chez un copain commun qui m'annonce qu'il va traverser le Pacifique sur *Pen Duick* et je lui dis : « Quelle bonne idée ce serait de faire un film sur vous » et il me répond « Pourquoi pas! »

G. G.-T. – Quelles sont les dates de ces « reportages »?

C. B. – Nanda Devi : 1975; le sous-marin nucléaire : 1976; l'Amazonie : 1977 et Tabarly en 1977 également, à peu près à cheval sur une année. J'ai accepté. Je le rejoins avec mon équipe à Los Angeles, sur *Pen Duick VI* et on se fait quarante jours du Pacifique Sud avec les Marquises. Ah! oui, chose incroyable, Yaguel m'avait dit : « Il y aura une escale au cours de ce voyage, avec quelqu'un de connu, au-delà des mers, où vous allez rencontrer quelqu'un d'autre qui n'a rien à voir avec la navigation, mais qui lui aussi est très connu. » On met le cap sur les Marquises. Nous débarquons et faisons signe à une voiture de s'arrêter. Nous tombons sur Jacques Brel, ce qui est tout de même assez troublant. Il n'accepte pas que je le filme, ni que je l'interviewe; il était déjà malade, fatigué; je le connaissais un peu. J'ai passé trois heures avec lui.

La fin de cette série, c'est que l'on me propose un jour, en 1977 également, de monter un coup avec les gendarmes dans le gouffre de la Pierre-Saint-Martin, qui est le plus grand gouffre du monde; il fait 1 320 m de profondeur. J'ai l'idée de filmer l'entraînement des gendarmes spéléologues qui sont formés pour secourir des « spéléos » en difficulté. Et je me lance dans cette aventure, complètement dingue. Pour huit millions de dollars, je ne le referais jamais. On se fait coincer entre deux siphons, à – 1 053 m et l'on est restés coincés cinquante-sept heures dans l'eau glacée, jusqu'au menton. Je dois dire que c'est un souvenir que je ne suis pas près d'oublier. Finalement, nous avons été secourus après être restés bloqués huit jours dans le gouffre.

Tout ça pour vous dire que tout ce que Yaguel m'avait annoncé, quinze ans avant, est arrivé.

G. G.-T. – Que pouvait-il y avoir de volontaire dans ces événements? Ne pouviez-vous pas, par exemple, chercher le navigateur le plus célèbre du moment pour faire un scoop avec lui?

C. B. – Ah! non, non, non! Je n'ai rien recherché, pas du tout!

G. G.-T. – Les choses sont arrivées.

C. B. – Oui, les choses sont arrivées.

G. G.-T. – C'est différent du divorce qui était une décision dépendant de vous et de votre femme.

C. B. – Il y a certains reportages que j'ai proposés. Prenons l'histoire de Tabarly : quand je l'ai rencontré à Chamonix chez des copains, j'ai eu cette idée de film, mais je vous assure que je n'ai pas pensé une seconde à Yaguel. J'avais oublié! Enfin, prenons un dernier gros truc. En 1978, Pierre Mazeaud, ancien ministre, me demande si TF1 est intéressé par l'ascension de l'Everest, 8 887 m, la plus haute montagne du monde comme vous le savez, où les Français n'avaient jamais mis les pieds, jamais planté de drapeau au sommet.

Nouvelle aventure. On dresse un budget, et je m'embarque dans cette affaire, toujours avec la même équipe, avec Jean-Claude Odin qui est le cameraman de toutes mes expéditions. Je suis parti trois mois et demi sur l'Everest, et Pierre Mazeaud et ses coéquipiers ont planté le fanion de TF1 et le drapeau français sur l'Everest.

Bon, tout ça pour vous dire que quinze ans auparavant, j'étais un reporter de radio qui ne montait, ni ne participait à aucune expédition. Je faisais ce que font tous les reporters : quand il y avait un problème quelque part, j'allais sur le terrain, je couvrais, je transmettais, mais les grandes expéditions, qui sont d'importantes opérations donnent lieu à des émissions de prestige, qui passent à vingt heures trente, durent cinquante-deux minutes, voire une heure trente (pour l'Everest) ! Elles ont connu un très gros succès, et lorsqu'un éditeur m'a dit « Pourquoi ne raconterais-tu pas tes reportages, dans un bouquin, cela ferait cinq chapitres? » c'est en l'écrivant que j'ai repensé à Yaguel. « Il y a bien un jour une voyante qui m'a prédit deux expéditions dans l'Himalaya, le sous-marin comme Nemo, sous les mers. » Elle m'avait annoncé vraiment les cinq événements. Elle n'a jamais dit « Amazonie », ni *Redoutable*, ni « Everest »; c'était dilué dans ses visions et cela donnait : « La plus haute montagne du monde » ou « un marin très connu ».

G. G.-T. – Elle avait eu la prescience du danger pour le gouffre.

C. B. – Oui, elle avait précisé : « Faites attention à ce reportage. » Elle m'a tiré plusieurs fois les cartes à ce sujet. Je me souviens, elle m'avait dit « C'est dans les entrailles de la planète, cela sera difficile. »

G. G.-T. – Mais avant de descendre vous n'avez pas pensé à cette prédiction?

C. B. – Pas du tout.

G. G.-T. – Vous n'avez pris aucune précaution, vous n'avez eu aucune appréhension?

C. B. – Aucune.

G. G.-T. – Quand a eu lieu la dernière expédition?

C. B. – Il y en a eu beaucoup d'autres, mais je ne vous parle que de ce que Yaguel m'avait prédit.

G. G.-T. – L'avez-vous revue depuis?

C. B. – Je l'ai revue bien longtemps après. La vérité c'est que je ne l'ai pas consultée volontairement, parce que je me suis dit « Je vais encore lui demander de me tirer les cartes et elle va me faire peur. »

En fait, j'avais une espèce d'appréhension. Je trouve la femme tellement charmante, cela n'a donc rien à voir avec elle, mais au plan de la voyance, je passais carrément de l'autre côté du miroir, parce qu'elle m'avait quand même annoncé des choses que personne ne pouvait imaginer.

G. G.-T. – Vous craigniez qu'elle vous annonce quelque chose de difficile, de pénible ou de désagréable, ce qu'elle fait quelquefois quand ça lui paraît nécessaire, ou vous pouviez craindre qu'elle vous trace votre destin et que vous vous sentiez tenu de réaliser ses prédictions. Avez-vous eu cette appréhension?

C. B. – Non jamais! Je suis formel cent pour cent, ses visions n'ont eu aucune influence sur la réalisation des sujets, parce que, vous savez, l'Everest, ça représentait un million deux cent mille francs d'investissement. Ça n'est pas un petit truc, c'est une expédition qui implique des moyens considérables, des billets d'avion, du matériel, deux ans de préparation. Ce n'est pas une voyante qui m'a dit d'organiser l'expédition. C'est Mazeaud qui l'a montée.

G. G.-T. – C'est comme pour Tabarly, étant donné le caractère très indépendant du personnage, on ne pouvait pas prévoir sa réaction.

C. B. – C'est arrivé par hasard, je vous assure. Je peux vous dire le nom du garçon chez qui ça s'est passé, il pourrait en témoigner. J'insiste sur les conditions de cette rencontre. Je ne connaissais pas Tabarly et mon copain lui a demandé : « As-tu des projets? » J'ai proposé : « Mais pourquoi ne ferait-on pas un film sur vous? Nous ne vous embêterons pas, nous serons trois; puisque vous n'êtes pas en course, cela ne va pas vous gêner. » Tabarly m'a répondu : « C'est une idée, on ne l'a jamais fait, pourquoi pas! » Et c'est arrivé comme ça.

G. G.-T. – Les expéditions vous ont-elles été données dans l'ordre?

C. B. – Non, en vrac. Ce qui me frappe, c'est que Yaguel m'a prédit deux expéditions dans l'Himalaya; elle n'aurait pu en prévoir qu'une, or elle en a prévu deux. L'Himalaya, excusez-moi, on n'y va pas tous les week-ends. Ce n'est pas Chamonix! Y aller une fois, c'était déjà extraordinaire, mais deux fois!!

G. G.-T. – Pour les prédictions du gouffre de la Pierre-Saint-Martin, elle ne vous a pas parlé de votre séjour forcé dans l'eau?

C. B. – Non, elle n'a pas parlé d'eau, mais de danger. C'est étrange, elle m'a toujours plutôt mis en garde contre le feu. J'ai vu des maisons incendiées autour de moi. J'ai vécu des chocs. J'ai été confronté à des tas d'armes à feu au Viêt-nam, au Katanga, pendant la guerre des Six Jours, mais je n'ai jamais été menacé directement par le feu, en tant qu'incendie.

G. G.-T. – Elle vous met donc en garde et vous demande d'être prudent...

C. B. – Oui, à propos du feu.

G. G.-T. – Vous l'avez revue plus tard, par hasard? En quelle année?

C. B. – Quinze ans après ces prédictions, alors que toutes les « expés » s'étaient déroulées. Au cours d'un dîner chez un ami journaliste. J'étais assis à côté d'elle, et je lui ai rappelé, en la tutoyant, ses voyances. C'est curieux, elle avait tout oublié et m'a dit : « Je t'ai dit tout ça? Mais c'est fabuleux! » Je l'ai consultée récemment, mais elle ne m'a pas annoncé de choses importantes. Oui, de nouveaux voyages, mais ça, c'est ma vie, deux ou trois petites choses personnelles. Sans grand intérêt à côté de cette grande réussite, de cette prédiction qui m'a complètement ahuri, parce que Dieu sait que je n'y croyais pas. Je me pose encore aujourd'hui des questions, mais je n'ai rien préparé en fonction de ce qu'elle m'avait annoncé. Pour moi, c'est déterminant. Maintenant que je l'ai revue, je ne vais pas pousser trop loin. C'est une curieuse impression, car je suis un homme tout à fait lucide. Par mon métier je suis confronté à la réalité des choses, depuis trente ans, sans arrêt; nous marchons sur les dépêches qui dégringolent : on regarde, on témoigne, on raconte. Donc je ne devrais pas être debout sur les freins, comme ça, mais cette histoire m'a tellement impressionné; j'étais si peu préparé à ce genre d'expérience. Je suis allé chez elle par amitié pour Brigitte, et puis parce que j'étais dans le coin, je tournais au Pecq. Sinon je ne l'aurais jamais vue. J'aurais pu mettre d'ailleurs dix lignes dans mon bouquin pour raconter cette histoire, mais je ne l'ai pas fait; j'en ai parlé à deux ou trois copains de métier, qui sont aussi sceptiques que moi. Enfin, Yaguel a un charisme formidable; elle est gentille et chaleureuse.

G. G.-T. – Est-ce que cela a eu des conséquences sur votre manière de penser et sur certains aspects de votre vie?

C. B. – Ça n'a rien modifié dans ma vie quotidienne, en revanche j'ai été forcé, dans la réalité des faits de me dire : « Oui, ça existe. » Elle aurait pu me raconter des tas de choses sur ma vie privée, me dire que j'allais me retrouver sur un champ de bataille. Bon! D'accord! C'était mon boulot. Ou m'annoncer qu'un petit enfant allait être enlevé et que j'allais m'occuper de l'affaire. Bien sûr, des enlèvements de gosses, j'en ai couvert onze! Mais dans notre profession, vous savez, envoyer une équipe pendant trois mois sur l'Everest, cela reste exceptionnel.

G. G.-T. – Je vous comprends très bien dans votre hésitation à consulter, ou dans votre volonté de limiter les consultations, même de ne pas les enregistrer, mais c'est étonnant, après ce que vous avez constaté, que vous ne soyez pas tenté.

C. B. – Cela m'a tenté. J'ai eu des périodes difficiles comme tout le monde, et je me suis dit « Tiens, si je passais un coup de fil à Yaguel! » Mais je ne l'ai pas fait jusqu'à ces derniers temps. J'aurais également pu me dire : « Quel phénomène extraordinaire. Je vais acheter un bouquin sur la voyance! » Pourquoi n'aurais-je pas fait un sujet sur la voyance? J'aurais pu. Ça m'a passionné et ça m'a effrayé en même temps. Ça m'a troublé. C'est exactement le mot.

G. G.-T. – Lorsque vous faites état de cinq prédictions réalisées, les gens vous écoutent d'un air narquois?

C. B. – Non, pas du tout. Ils sont troublés et certains m'ont demandé le numéro de téléphone de Yaguel. Il est vrai que, dans mon travail, j'ai approché de très près le spiritisme, par exemple.

G. G.-T. – Comme un phénomène sociologique?

C. B. – J'ai fait trois reportages importants sur le spiritisme au Brésil, sur la Macumba, mais c'est surtout le reportage sur ce médecin, le gynéco de San Salvador, à Recife, le fameux Dr Queroz qui opère l'après-midi dans sa clinique et qui pratique le spiritisme tous les matins. Il se réincarne en un certain Dr Adolphe Fritz, mort dans les tranchées en Europe, pendant la Première Guerre mondiale, à qui il a pris ses pouvoirs de spirite, donc de médium. Il opère sans anesthésie et sans asepsie les pauvres des *favelas*, et cela gratuitement. Et nous avons filmé ces opérations. Cela m'a foutu par terre, mais je ne nie rien. Je constate. J'ai vu ce fameux Dr Queroz [1] à cinq heures du matin, ouvrir le sein d'une femme avec un cutter, extraire avec deux doigts enfoncés jusqu'à la phalange, sans la moindre anesthésie, avec un ventilateur au plafond et des mouches volant dans tous les sens, et sortir une tumeur cancéreuse. Après quoi, il prit ma main, plongea

1. René Louis fait état d'un médecin brésilien, nommé Zé Arigo, mort en 1971, qui, muni d'instruments sommaires, procédait à des opérations délicates avec une rapidité et une dextérité extraordinaires. Il agissait en état de transe, habité, disait-il, par l'esprit d'un certain Dr Fritz, que nous retrouvons donc ici, comme dans le récit de Christian Brincourt. Mais le médecin allemand, mort dans les tranchées pendant la guerre de 1914-1918, devient un médecin nazi probablement décédé en 1945, soucieux dans l'au-delà, selon Zé Arigo, de racheter ses fautes... On va jusqu'à penser qu'il a émigré au Brésil et initié secrètement Zé Arigo à la chirurgie. Le plus important demeure le phénomène opératoire sans anesthésie, sans hygiène, sans douleur, dont Brincourt a été le témoin incrédule et émerveillé et sur lequel il a rapporté un film. Les deux médecins-médiums, Queroz et Zé Arigo, sont-ils des personnes différentes, comme pouvait le laisser supposer le relais médiumnique auquel fait allusion Ch. Brincourt? Le Dr Fritz a-t-il existé? La comparaison des dates semblerait indiquer qu'il serait mort pendant la Seconde Guerre mondiale et non pendant la première. L'auteur de *l'Ère des Médiums* considère que « exciser une tumeur superficielle, ôter un cristallin, ne nécessitent pas un protocole opératoire complexe » et que l'on sait ce dont sont capables les individus qui agissent en état second.

Il serait en tout cas incorrect de faire un amalgame entre cette affaire Queroz, qui pose un problème, et les escroqueries des médecins philippins qui ont été démasquées par cette même télévision dont Christian Brincourt se sert pour asseoir son témoignage.

mes doigts dans la plaie de cette femme, et montra la tumeur à la caméra. Ce n'était pas un de ces charlatans philippins, qui ont des foies de poulet planqués dans les manches. A la télé, comme nous avons la technique pour le faire, nous avons passé l'image au super, super ralenti. Ce docteur obtient plus de soixante-quinze pour cent de réussite. Quand je suis ressorti de ce reportage, j'ai pensé à Yaguel. Mon cameraman, qui avait lui aussi tout vu, m'a dit : « Avant qu'on développe, je ne suis pas sûr! »

G. G.-T. – Il y a deux choses dans ce reportage : une incorporation spirite d'un médecin, qui était sans doute censé avoir un assez grand talent, et l'absence de douleur. Comment se fait-il que ce phénomène d'incorporation aboutisse à ce que les patients ne souffrent pas?

C. B. – J'ai fait venir un de mes copains, chirurgien, à la table de montage. Il m'a dit : « Ce que tu viens de me montrer, c'est la négation de douze ans d'études. Je ne comprends pas. Je n'ai pas d'explication. »

Ensuite, je suis passé à « 7 sur 7 » et nous avons reçu un courrier énorme. D'après la fondation spirite de Recife, le pouvoir de ce Dr Fritz lui a été transmis par un autre médium brésilien qui, lui, l'avait recueilli directement auprès de Fritz, cinq ans plus tôt. Il y avait eu un relais entre les deux.

G. G.-T. – C'est un phénomène plutôt complexe, qu'il faudrait étudier plus avant, et que l'on voudrait comprendre. Un beau sujet pour un livre!

Le 17 mai 1988.

ÉLISABETH DE CHIMAY

La princesse Élisabeth de Caraman-Chimay administre le château et le domaine de Chimay; elle préside des œuvres caritatives.

Gérald Gassiot-Talabot. – Ce qu'il y a d'important dans votre cas, c'est la longue relation que vous avez avec Yaguel. Vous la connaissez depuis combien d'années?

Élisabeth de Chimay. – Depuis au moins dix ans. Je n'étais pas du tout fascinée par les pratiques médiumniques, et c'est par hasard que j'ai rencontré Yaguel. Nous avons tout de suite sympathisé. Nous nous sommes rendu compte que, dans la conversation, lors de propos tout à fait anodins, elle pouvait découvrir à travers moi des choses qui la concernaient, elle. Je me suis dit : ça doit être aussi simple à expliquer que la télévision et, un jour, on le comprendra. Cela doit relever d'un phénomène ondulatoire.

G. G.-T. – *Il y a évidemment, entre vous, un courant d'affinités, mais il est étrange que vous puissiez servir de « support » en répondant à certaines questions qui peuvent la concerner dans sa vie personnelle, dans ses rapports avec son travail ou encore à des questions plus globales, touchant aux prédictions mondiales par exemple. Vous connaissez la difficulté que le médium éprouve à voir sur lui-même. Très souvent un rideau tombe. Sans avoir d'inclination particulière pour ce genre de problème, vous étiez tout de même « ouverte » et quand vous avez connu Yaguel et que vous avez sympathisé avec elle, vos relations, d'amicales et mondaines, sont devenues rapidement intimes.*

É. de C. - Je suis allée chez elle pour accompagner ma fille qui avait dix-huit ans et, comme toutes les jeunes filles, elle était très intéressée par son avenir mais craignait un peu cette visite; elle s'est enfermée avec Yaguel dans son bureau et moi j'attendais dans le salon. Yaguel est sortie et, tout d'un coup, elle m'a regardée et a commencé à me décrire tous les gens de ma famille. Elle m'a dit : « Je n'ai jamais vu quelqu'un entouré d'autant de personnes. » Elle me les a tous dépeints avec un raffinement de détails absolument extraordinaire. J'ai eu une réaction étonnante : je me suis mise à pleurer, parce qu'elle ne pouvait pas deviner, savoir tout cela; elle ne m'avait jamais vue; elle ne me connaissait pas.

G. G.-T. – *C'était une consultation directe?*

É. de C. – Non, je ne la consultais pas, j'attendais...

G. G.-T. – *Mais elle s'est adressée à vous directement, sans vous prendre la main, sans support de cartes. Elle a vu d'emblée un certain nombre de choses... comme s'il y avait une prédestination, comme si vous étiez destinée à la rencontrer et à avoir avec elle des relations privilégiées. Parce que quand ce phénomène se passe – ce qui n'est tout de même pas fréquent – elle a, certes, des clichés, mais dans votre cas ça allait tout de même très loin! Vous n'étiez même pas venue pour la voir : c'est elle qui vous a choisie, en quelque sorte, qui vous a sollicitée. Donc, à partir de ce moment-là, vous avez été touchée par le comportement de Yaguel et vous avez senti qu'elle avait un don. Mais quand on examine les cassettes que vous avez faites avec elle, on trouve des éléments qui concernent votre vie, votre entourage et votre famille; il y a des communications de voyance spirite pour un certain nombre d'événements qui se sont passés à Chimay ou ailleurs, notamment avec des manifestations d'entités.*

É. de C. – Elle est venue un jour à Chimay pour passer un week-end, et elle a vu sur la scène du théâtre quelque chose d'extrêmement intéressant.

G. G.-T. – Elle vous a décrit sa vision et vous avez reconnu des entités familières, des parentes, des tantes, je crois.

É. de C. – Elle m'a décrit surtout un militaire qui était là et qui dormait. Or, c'était très curieux, nous entendions toujours cette respiration dans la maison...

G. G.-T. – C'était le fameux fantôme de Chimay!

É. de C. – Oui! Vous savez les uns rient de ces choses-là, les autres les acceptent mais disent simplement que c'est amusant... Et puis ça fait très bien dans un château d'avoir un fantôme! Alors nous prenions ce phénomène un peu à la légère. Mais là où elle m'a beaucoup intéressée, c'est lorsqu'elle m'a décrit le personnage : j'ai fait une recherche dans les archives. Tout ce qu'elle m'avait dit correspondait. Donc, ça m'a terriblement intriguée.

G. G.-T. – Elle vous a fait une description physique, et, par le type d'uniforme qu'il portait, on est arrivé à préciser l'époque et à l'identifier.

É. de C. – Elle m'a précisé la façon dont il était mort à la guerre. Elle m'a parlé de son caractère. Elle m'a parlé de sa femme, de son enfant. Elle m'a raconté la vie de ce personnage que j'ignorais! Car, je le répète, ce n'est qu'à la suite de ses affirmations que j'ai fait mes recherches.

G. G.-T. – Il s'agissait de qui?

É. de C. – Il s'agissait d'un prince de Chimay qui avait été tué à la bataille de Minden.

G. G.-T. – Cela pose le problème, incompréhensible pour beaucoup d'entre nous, des âmes errantes. Est-ce que c'était lui?... Un double?... Une illusion? Ces manifestations ont-elles continué ou bien est-ce qu'elles ont cessé?

É. de C. – Ça a continué. Mais j'ai fait dire des messes. Je suis très pieuse. J'ai fait dire des messes dans toute la maison et j'ai pensé que, peut-être, il se manifestait parce qu'il voulait reposer en paix.

G. G.-T. – N'y a-t-il eu, à aucun moment, une intervention ou une recherche qui a pu être faite, par l'intermédiaire de Yaguel, à la demande de ce personnage?

É. de C. – Oui! J'ai fait des recherches pour trouver sa sépulture et je n'y suis pas parvenue. Or Yaguel, un jour, m'a dit : « Tiens, Marc te fait dire que c'est inutile de le chercher; il a été jeté dans une fosse commune et personne ne le retrouvera... »

G. G.-T. – Est-ce qu'elle vous a dit s'il se présentait comme une âme souffrante, et si sa présence à Chimay avait une signification? Tout cela est très mystérieux.

É. de C. – Je n'ai rien demandé.

G. G.-T. – Mais est-ce qu'on vous a dit quelque chose sans que vous n'ayez rien demandé?

É. de C. – Non! Il s'est seulement contenté d'être là. Et il a dit cela. Mais vous savez, avec Yaguel, ma position est relativement passive. J'écoute et c'est absolument fantastique. Elle me révèle des choses extravagantes, alors que j'essaie, justement, de ne penser à rien, de façon qu'il n'y ait pas de télépathie. Par ailleurs, j'essaie toujours de ne pas me laisser influencer et de continuer à agir comme je l'entends. Mais il se produit parfois des interférences curieuses. Elle m'avait dit, par exemple : « Nous allons nous retrouver dans Paris, dans un appartement à deux pas d'ici, au bout de la rue. C'est un rez-de-chaussée. Il y a une pièce ronde, j'ai vu la chambre qui fait un angle de rue. Une partie de la maison est fermée parce que quelqu'un s'en va et laisse des affaires dedans. » J'ai pensé : « C'est curieux... Je croyais que je partais pour la campagne pour de bon. » En arrivant ici, dans son nouvel appartement, j'ai été ahurie, car il correspondait exactement à la description qu'elle m'avait faite, jusqu'à la coupure en deux parties.

G. G.-T. – C'est donc là encore un phénomène de permutation. La prédiction concernait Yaguel, mais elle vous l'a faite comme si elle s'adressait à vous.

É. de C. – Oui! Elle m'avait décrit son futur appartement : en long, en large et en travers!

G. G.-T. – Dans un document qui date de 1981 et où il est question de prédictions collectives, elle parle également de ce logement, situé près du bois.

É. de C. – En tout cas je suis chez elle et, curieusement, elle nous voyait ensemble, moi en train d'écrire dans sa chambre. Je ne sais pas comment ni pour quelles raisons j'irais écrire dans sa chambre. Elle m'a dit : « A un moment je serai malade, couchée, et tu seras là, en train d'écrire... »

G. G.-T. – C'est un événement qui n'est pas arrivé, pas encore... Je m'intéresse particulièrement à ce parasitage de la médiumnie qu'est l'interférence. Une anecdote m'a beaucoup amusé. Un jour elle égrène une série de numéros en vous disant qu'elle voit un gain d'argent qui s'y attache : vous jouez ces chiffres au loto sans résultat, vous vous en lassez et oubliez. Plus tard, une de vos relations, à qui vous aviez fait un prêt, vous téléphone en vous proposant de vous restituer la somme qui a dégagé des intérêts entre-temps. On vous donne le code du coffre où se trouvent ces liquidités et c'est exactement la suite de chiffres qu'elle vous avait indiquée. Donc, prédiction exacte quant au gain, mais pas dans le secteur attendu.

É. de C. – Vous savez, ce genre de permutation m'arrive souvent, à moi aussi. J'avais été invitée au mariage du fils d'un ami. J'avais l'impression que ce mariage n'allait pas se faire, qu'il allait être annulé. Jusqu'au bout j'ai hésité pour choisir le cadeau en me disant : « Ce n'est pas la peine que je me fatigue si ça ne doit pas avoir lieu! » Je vais au mariage. Ça se passe très bien. Je me dis : « Tu es une imbécile avec tes impressions! » Le jour même, je reçois une lettre m'annonçant que le mariage du fils d'autres amis était annulé.

G. G.-T. – Mais ce n'était pas le mariage où vous deviez aller. Vous avez eu une sorte de pressentiment confus. Ça s'apparente, en effet, au phénomène dont nous parlons, bien qu'il ne s'agisse que d'une intuition et non d'une voyance.

É. de C. – Je crois que nous avons tous eu cette expérience et dans mon enfance, cela m'arrivait souvent.

G. G.-T. – Au fond, le phénomène Yaguel ne vous a, à aucun moment, incommodée? Je veux dire que la flagrance de la médiumnie peut troubler mais que ça vous a paru la chose la plus naturelle du monde et vous êtes entrée sans problème dans cet univers.

É. de C. – On se rend compte qu'on ne sait rien.

G. G.-T. – Pour revenir aux exemples les plus précis, est-ce que c'est vous qui aviez assisté aux interrogations qui s'étaient produites au sujet d'Anastasia, dans certains épisodes de Leur vrai destin*?*

É. de C. – Nous étions à New York. Nous avions été invitées à dîner par Michel de Grèce et, après le dîner, elle lui avait raconté le livre qu'il était en train d'écrire.

G. G.-T. – Mais il n'écrivait pas un livre sur Anastasia?

É. de C. – Non! Elle ne parlait pas d'Anastasia mais du livre qu'il avait en train.

G. G.-T. – C'est Michel de Grèce qui a eu l'idée de faire Leur vrai destin *et en a été l'instigateur. Si je vous pose cette question sur Anastasia, c'est que j'ai eu le manuscrit brut entre les mains et qu'il y a eu une interruption provoquée par une entité qui s'est mise à faire des prédictions mondiales concernant tous les mythes nostradamiens : Le grand monarque, l'Antéchrist, etc. Or, Yaguel paraît avoir complètement oublié ces intrusions. Elle n'oublie pas toutes ses prédictions, mais pourquoi celle-là? C'est tout de même une chose qui a dû vous frapper.*

É. de C. – Quand des prédictions me frappent je m'en souviens et il m'arrive de lui rappeler des épisodes qu'elle a décrits, puisque j'ai tout noté dans mon « fameux » carnet. Généralement, elle tombe des nues, elle ne se souvient plus. Alors, à ce moment-là, je lui remets en mémoire des faits qu'elle fixe.

G. G.-T. – Excusez-moi de vous poser ces questions de façon très abrupte, mais cette convergence avec certaines interprétations des Centuries *m'avait intrigué : s'agissait-il de prédictions originales ou influencées? Elle-même a employé le mot : « Je crains d'être influencée par une sorte d'ambiance de prédictions. » Or, plusieurs ouvrages récents abordent ces problèmes, le* Louis XX *de Thierry Ardisson, comme* Le Retour du lys *de M. Morin et Ch. Perrot.*

É. de C. – Je sais qu'elle a fait allusion à de grandes menaces quand nous étions ensemble, et à certains personnages encore non révélés.

G. G.-T. – Je pensais que vous seriez particulièrement à l'écoute.

É. de C. – Non, pas particulièrement.

G. G.-T. – Parmi toutes ces prédictions qui ont été faites, est-ce que vous avez été frappée par des voyances péremptoires? Car, au contraire, vous venez d'évoquer les ambiguïtés de la médiumnie, les lectures à double sens.

É. de C. – Au fond, nous n'avons pas le droit de connaître l'avenir... On a l'impression qu'on soulève un petit morceau du voile, qu'on vous donne un petit signe, que vous interprétez.

G. G.-T. – Pourquoi cette interdiction?

É. de C. – Parce que nous deviendrions fous. Il y a des perspectives qui seraient insupportables.

G. G.-T. – Il y a une autre explication. Ce n'est pas que nous n'ayons pas le droit de savoir mais dans leur sagesse, très souvent, les médiums ou leurs inspirateurs interposent un voile noir. La parole se tarit, une nausée interrompt la voyance, et cela arrive également pour des voyances personnelles.

É. de C. – Le danger c'est de se laisser influencer, car il ne s'agit toujours que d'une vision. Or c'est l'interprétation qui ensuite est très difficile.

G. G.-T. – Et pourtant il y a eu des visions fulgurantes, sur un événement proche contre lequel personne n'a pu agir.

É. de C. – Elle m'a, par exemple, dit que Sadate allait être assassiné.

G. G.-T. – Oui, elle s'en souvient. Et vous étiez là. Elle l'a dit à plusieurs personnes, notamment à un diplomate arabe qui en a été très troublé mais n'a pas osé agir.

É. de C. – Elle avait pourtant été très précise. Elle me l'a dit, comme ça, au milieu d'un tas d'autres choses. Elle m'annonçait divers décès qui sont intervenus. Elle m'avait parlé de la mort du roi Léopold suivie de peu par celle du Régent. Mais il y a eu cinquante autres choses qui se sont réalisées.

G. G.-T. – Parmi les prédictions d'avenir auxquelles vous faisiez allusion, y en a-t-il qui ne se soient pas encore réalisées?

É. de C. – Elle m'a prédit et décrit un mariage qui toucherait un membre de ma famille dont nous reparlerons. Elle m'a dit qu'il y aurait des problèmes en Belgique et que ma maison serait protégée. Je me suis battue pour cette maison.

G. G.-T. – Quand vous dites « cette maison », c'est une façon aristocratique de parler du château de Chimay.

É. de C. – Mon mari y est mort, mes enfants y sont nés. Elle a brûlé huit fois et a été pillée à chaque fois.

G. G.-T. – Revenons au phénomène particulier qui vous concerne et qui rend votre témoignage singulier et précieux. Vous jouez un rôle spécifique dans vos relations avec Yaguel. Comme on l'a dit, vous servez de « caisse de résonance », c'est-à-dire, quelquefois, de lien entre elle et elle-même. Comme elle ne peut pas faire de voyances la concernant, il lui arrive, répétons-le, d'inclure dans les communications qu'elle vous fait des éléments qui se rapportent à elle ou de donner des messages d'entités qui s'adressent à elle.

É. de C. – Oui. Elle m'a dit des choses concernant sa vie personnelle, son mariage, le livre que vous êtes en train d'écrire, mais il m'arrive moi-même de lui dire des choses que je ne comprends pas clairement et d'avoir donc avec elle une connexion médiumnique. Je me mets à lui parler, tout d'un coup, et le plus surprenant, c'est que mes « boniments » se réalisent ! Par exemple, je ne lui ai rien dit d'important concernant son fils, sauf pour ce qui touche à la musique, mais cela elle en a elle-même parlé.

G. G.-T. – Lorsque ces communications se produisent, vous avez le sentiment d'être poussée par une force, habitée par une volonté provoquée ; souvent, dites-vous, le sens et le contenu de vos paroles vous échappent.

É. de C. – Oui, c'est cela !

G. G.-T. – Vous jouez également un rôle important dans la conservation des documents concernant Yaguel : cassettes, films, vidéo, etc., et vous menez une opération de mise en archives qui vous a été demandée, je crois, par des entités intervenant au cours de consultations données par Yaguel.

É. de C. – Oui ! Dans cette continuité d'interventions spirites certaines personnes de ma famille et mon mari, le prince de Chimay, recommandent cette mise en ordre et vont même jusqu'à donner des conseils de conservation, de protection des pièces.

G. G.-T. – Sur ce plan d'échange avec Yaguel, avez-vous été amenée à évoquer les problèmes de réincarnation et des vies antérieures ?

É. de C. – Oui, mais sur ce point, tout en observant une grande tolérance philosophique, je reste soumise à ma foi et à l'enseignement de l'Église.

G. G.-T. – Il aurait été important, cependant, à l'occasion de ces évocations, de savoir si elle avait eu, antérieurement, des dons médiumniques et, par là même, de se poser la question de la raison de ce don et de la responsabilité qu'il entraîne.

É. de C. – Il faut nous référer, à mon avis, à la parabole des talents où celui qui a reçu doit justifier ce qu'il a fait fructifier. Elle vit cette responsabilité et, ce qui est étonnant, avec une extrême bonté et une grande générosité.

G. G.-T. – Il est vrai qu'elle peut avoir des éclats d'irritation ou de colère mais jamais de rancune tenace ni d'expression d'aversion profonde, même lorsqu'on s'est montré particulièrement défaillant ou malveillant à son endroit, notamment dans les médias, les bavardages mondains et les relations professionnelles. Avez-vous eu, à titre personnel, des prémonitions médiumniques?

É. de C. – Surtout dans mon enfance où je faisais un rêve qui m'obsédait et qui revenait régulièrement : je voyais des trains fermés. J'étais sur un quai de gare et je me disais : « Il ne faut absolument pas monter dans ces wagons où se trouvent des gens qui souffrent, qui sont très mal, qui vont mourir... » Et quand les trains pour les camps de concentration sont partis, je les ai vus, et ce rêve terrible a cessé. J'ai eu également la vision d'un accident de voiture très grave qui est arrivé à mon frère et dont j'avais parlé à ma mère. Il y a eu des suites douloureuses avec des opérations de chirurgie faciale.

G. G.-T. – Ne revenons pas trop longuement sur le cas du « fantôme de Chimay ». Il s'agissait d'un jeune homme, mort à vingt-cinq ans au XVIIIe siècle, dont vous avez su qu'il avait servi sous les ordres du maréchal de Contade. Il se manifestait par le fait que l'on avait le sentiment d'une présence, mais l'explication d'une telle manifestation me reste mystérieuse.

É. de C. – Les choses sont passées à la suite d'interventions spirituelles que nous avons faites à son sujet. Nous avons dit des prières pour le dégagement de son âme, mais j'ai le sentiment constant de vivre avec des personnes défuntes de ma famille que je sens autour de moi, sans avoir eu de visions au sens littéral du terme.

G. G.-T. – On est donc obligé, à votre propos, d'évoquer le problème de la médiumnie spirite chez Yaguel. On en a des exemples nombreux avec son livre : Leur vrai destin, *mais il est amusant qu'elle affirme souvent : « Lorsque je vois le prince de Chimay, c'est d'une façon extrêmement concrète, cela va jusqu'à des détails de son habillement. »*

É. de C. – Oui! J'avais l'habitude de lui tricoter des bas de chasse qu'il portait constamment, même en tenue de soirée avec des souliers vernis ce qui, évidemment, provoquait ma colère. Or Yaguel, sans pouvoir comprendre, me disait : « C'est étrange, il porte des chaussettes bizarres de trois couleurs... » Évidemment, elle ne pouvait pas connaître cette particularité et il a fallu que je la lui explique.

G. G.-T. – Dans le cas de Gabrielle, la grande amie de Yaguel, son inspiratrice, dont j'évoque la mémoire dans ce livre, lorsqu'elle était venue à Chimay il lui avait été prédit qu'elle accéderait prochaine-

ment au bonheur. Or, comme vous le savez, ce fut sa mort et Yaguel avait vu la cérémonie funéraire.

Restent tous les cas de visions déviées qui obligent à des interprétations extrêmement prudentes.

É. de C. – Oui. Lorsque j'étais enfant j'ai été très malade, une voyante avait prédit qu'elle voyait la mort lorsque j'aurais treize ans. On avait pensé que c'était de moi qu'il s'agissait. Or, c'est ma mère qui est morte lorsque j'ai eu cet âge. C'est pour cela qu'il faut être si circonspect, ne pas y penser, vivre comme si rien n'avait été prédit et prendre les choses lorsqu'elles arrivent. Yaguel m'a prédit un mariage qui touche quelqu'un qui m'est proche, sans que je puisse avoir un repère temporel, mais avec un grand luxe de précisions physiques concernant le futur époux, des initiales, la dominante de certaines couleurs (des uniformes rouges), et l'enfant à naître. Il n'y a rien à faire qu'à attendre et à espérer!

G. G.-T. – Cela entre dans ce que l'on pourrait appeler en souriant : « les prévisions têtues » qui reviennent inlassablement, quelquefois pendant des années, qui sont l'objet de plaisanteries avec le médium et se réalisent quand on n'y pense plus.

É. de C. – Lorsque j'habitais Paris, il y a dix ans, Yaguel m'avait dit de façon très nette que je quitterais mon appartement et retournerais vivre à Chimay où j'aurais une grande activité, à propos du château, non seulement en ce qui concerne son entretien, les recherches historiques, les fouilles, mais également pour ce qui touche à son animation, à la rentabilisation de certaines activités, et c'est exactement ma vie actuellement.

G. G.-T. – Depuis le temps que vous connaissez Yaguel, avez-vous noté une évolution sensible chez elle?

É. de C. – Oui! Beaucoup de choses ont changé, se sont affinées, notamment son niveau spirituel, ses préoccupations, et ce n'est pas fini. Je pressens des ouvertures encore plus grandes, car ce qui peut être chez elle bonté, altruisme, écoute des autres vient d'une véritable expérience spirituelle. Je ne peux aller plus loin car j'aurais trop à dire sur certaines visions qui touchent à un domaine trop élevé et, par là même, trop intimement lié à la vie de l'âme.

*G. G.-T. – Reste le mystère de la médiumnie. A travers toute l'histoire de l'humanité, des êtres ont été chargés de ces dons, mais nous avons souvent énormément de peine à décrypter les messages qui nous sont adressés et nous n'en comprenons le sens qu'*a posteriori.

É. de C. – J'ai l'exemple d'un ami à qui l'on avait annoncé qu'il aurait un enfant extrêmement intelligent, d'une grande élévation de pensée et qui serait un porteur de lumière. Il avait été élevé dans la perspective d'une carrière de haut niveau, mais on n'a compris le sens de cette prédiction que lorsqu'à dix-huit ans il a décidé d'entrer dans les ordres et d'avoir une vie monastique.

G. G.-T. – Je suis frappé par le fait qu'un grand nombre de visions, notamment dans Leur vrai destin, *sont partielles, codées, incomplètes. Elles exigent une recherche, une interprétation, comme si les entités ne pouvaient s'exprimer clairement en nommant les lieux, en désignant les gens.*

É. de C. – Peut-être parce que le moment n'est pas venu de révéler totalement telle ou telle énigme. En tout cas, je connais bien ce problème à Chimay où des entités (Mme Tallien) m'ont donné des indications sur les lieux qui se trouvent dans les soubassements du château : chapelle, salle de l'Inquisition, etc., en m'assurant que des fouilles aboutiraient à la découverte de ce qui, actuellement, est muré et clos. Mais je ne pourrais prétendre qu'un plan de travail ou de recherche m'a été communiqué, que je puisse soumettre aux inspecteurs des Monuments historiques qui sont très intéressés par ces recherches.

G. G.-T. – Au cours des nombreuses communications en médiumnie spirite que vous a données Yaguel, y a-t-il d'autres prédictions la concernant dont vous puissiez parler?

É. de C. – Oui! Une certaine communication de Gabrielle nous dit : « Vous êtes proches, Yaguel surtout, d'une grande révélation. Tu approches d'un grand moment, d'une nouvelle dimension au niveau de la voyance. Ta mise à l'épreuve sera une notoriété qu'il faudra accueillir avec humilité car il faudra passer par là pour casser ton ego. »

Dans ce même message, Gabrielle me dit que je finirai ma vie à Chimay entourée de mes enfants. Ce sera très gai et très lumineux. Un jour Chimay sera transformé en musée.

G. G.-T. – Dans certaines cassettes que vous m'avez fait entendre, on est frappé par le fait que se mêlent des prédictions concernant Chimay, les fouilles que vous entreprenez dans des caves qui ont eu un rôle historique avec les Templiers, sous l'Inquisition et, brusquement, des prédictions à caractère mondial, comme cette mise en garde au sujet d'Israël qui, personnellement, me trouble et me heurte. Avec cette promesse rédemptrice à la fin : « Tout sera à nouveau verdoyant, les sources seront à nouveau pures, le soleil chauffera à nouveau, les hommes discuteront à nouveau, et je vois les Juifs et les Arabes échangeant de grands feuillets, une colombe fera le lien entre les deux peuples. » Ces messages sont pleins de prédictions, notamment sur la famille royale britannique. A cela s'ajoutent des visions sur l'Europe, sur les puissances occidentales, le retour à la terre et sur des catastrophes naturelles. Nous ne pouvons faire état de toutes ces prédictions qui s'entrecroisent, qui sont souvent répétées dans d'autres voyances quelque temps plus tard, et qui sont souvent difficiles à situer dans le temps.

É. de C. – Oui, mais il y a également une remarque sur la réincarnation où on nous dit : « Tout n'est pas aussi simple. Il y a de cela, mais ce n'est pas ce que vous pensez. » On trouve beaucoup de conseils concernant notre comportement, notre réaction à l'égard des pressions venues de l'extérieur, des flatteries. Des messages se veulent rassurants concernant notamment Yaguel, son entourage, ses conditions de travail, certains détails matériels importants. Et encore des conseils pour la conservation des documents et des cassettes.

G. G.-T. – Vous expliquez-vous l'affection et la confiance qui vous unissent à Yaguel? D'après ce qui lui a été dit, il y aurait des raisons karmiques; elle pense que vous avez eu des rapports familiaux dans une autre vie.

É. de C. – Disons tout au plus que nous avons des atomes crochus inexplicables et pourtant des existences très différentes l'une de l'autre, mais nous nous voyons autant que possible, nous nous téléphonons souvent.

G. G.-T. – Yaguel parle constamment de vous. Et puis, je le rappelle, en médiumnie vous jouez ce rôle d'intermédiaire, qui est tout à fait particulier. Vous êtes celle par laquelle Yaguel peut prédire sur elle-même.

É. de C. – Oui, je suis là pour lui éviter des faux pas et elle pour me redonner du courage et de l'énergie.

G. G.-T. – Vous me racontez une curieuse histoire d'aiguière offerte par Charles Quint à votre famille, perdue au cours de pillages et retrouvée dans une vente publique à laquelle vous avez pu assister grâce à de mystérieux concours de circonstances, d'interruptions, de retards, d'obstructions, toutes choses qui vous ont permis d'arriver à temps et de racheter cet objet auquel vous teniez.

É. de C. – Oui. C'est un étrange itinéraire au cours duquel je pense que l'objet a été protégé parce qu'on ignorait d'où il venait, ce qu'il représentait, quelle était sa valeur. Les armoiries qui l'ornent n'ont, elles-mêmes, pas été comprises.

G. G.-T. – Les mises en garde sont cependant très fréquentes et Gabrielle dit à Yaguel : « Les pressions vont se faire de plus en plus obsédantes et pernicieuses. » Comment comprenez-vous ce mot : pressions?

É. de C. – Je pense qu'on lui rappelle sa mission de façon à ce que les interférences matérielles ne la perturbent pas. Je le rabâche à chaque occasion. Je suis peut-être là pour ça.

G. G.-T. – Il y a comme une petite contradiction, car on vous reproche gentiment d'être trop modestes, l'une et l'autre et, en même temps, on la met en garde contre les tentations du monde, et le succès est présenté comme un passage obligé.

É. de C. – Oui. Mais on lui demande de garder la tête froide.

G. G.-T. – C'est un point très important qui touche aux rapports du médium et du monde. Doit-il prendre son don comme une charge ou l'accepter joyeusement? Or, pour Yaguel, il n'apparaît nulle part qu'elle doive payer son don.

É. de C. – Non! On lui redit qu'elle doit se comporter comme un enfant, être émerveillée.

G. G.-T. – Oui, l'esprit d'enfance, presque dans le sens bernanosien. On trouve dans ces messages des allusions au travail que j'effectue.

É. de C. – Certainement, car on lui dit que le moment est venu de mettre au jour et d'utiliser les nombreuses cassettes qui ont été engrangées, et les expériences qui ont été faites, notamment au cours de consultations scientifiques.

G. G.-T. – On trouve la communication d'une de vos parentes qui, entre différents détails concernant les membres de votre famille, leur vie, vous met brusquement en garde contre le danger d'être blessée à la tête au cours d'un accident de voiture. Est-ce arrivé?

É. de C. – Oui. Exactement. Ma voiture a été pulvérisée.

G. G.-T. – Dans une prédiction collective on trouve, entre autres, un portrait très exact de Jean-Paul II, une notation sur le caractère du précédent président de la République et sur la montée de la gauche, également sur les tribulations de l'Église et les épisodes qui marqueront son histoire prochaine. Ce qui me frappe dans les interventions du prince de Chimay c'est le souci constant qu'il a des petits détails quotidiens, d'épisodes en apparence mineurs, des faits qui concernent la vie des différents membres de votre famille, comme si une affection vigilante et protectrice continuait à se manifester.

É. de C. – Oui! Mais je remarque que depuis qu'il a évolué il est moins attaché aux choses de la terre, mais on le joint toujours aussi facilement.

G. G.-T. – Vous savez sans doute que, dans une autre cassette, on dit à Yaguel que son guide actuel a été son père dans une existence précédente et qu'elle s'était révoltée contre son autorité impérieuse. Un lien est fait entre ses dons de voyance dans cette vie et sa résistance à certaines règles dans une autre. Je suis très étonné par la façon dont les événements sont imbriqués dans ces cassettes. On trouve constamment des indications sur Chimay, des détails sur sa restauration, sur l'effondrement de tel plafond, sur la gestion du domaine, des papiers d'affaires, etc. Vous semblez avoir une conversation ininterrompue avec les vôtres. Vous vous souvenez que la première fois que Yaguel vous a vue elle s'est écriée : « Je n'ai jamais rencontré quelqu'un qui soit entouré d'autant de personnes! » C'est une des plus étranges remarques spirites que j'aie entendues.

Les cahiers d'Élisabeth de Chimay contiennent des pages extrêmement intéressantes et émouvantes sur Mme Tallien, sur sa vie et la fin de son existence comme princesse de Chimay. Les traits de son caractère sont redressés. Sa générosité apparaît et Élisabeth de Chimay ne cache pas l'affection et l'estime qu'elle porte à ce personnage que l'histoire a souvent maltraité et dont les dernières années furent marquées par la tristesse et la solitude.

É. de C. – Vous avez insisté, et vous vous en êtes étonné, sur l'abondance des petits détails qui montrent le souci qu'un être qui vient de se désincarner porte à ses proches. Mais ces petits détails sont donnés comme pour vous dire : « Je suis toujours là, à côté de toi. »

G. G.-T. – Pour conclure, on aura constaté, c'est le moins qu'on puisse dire, qu'il a été largement fait appel dans notre entretien à la médiumnie spirite, car l'essentiel de votre témoignage, même s'il comprend des prédictions péremptoires et temporelles, repose sur la communion des vivants et des morts, sur une expérience très décisive de communication avec les entités dont vous vous sentez entourée. Le nom que vous portez appelle et charrie tout un ensemble de faits et de personnages qui, d'habitude, demeurent enfouis dans les livres, mais qui, avec vous, deviennent des êtres présents et vivants.

25 avril, 10 et 12 mai 1988,
24 octobre 1989.

ALEXANDRA DE CHIMAY

Fille d'Élisabeth de Chimay; publicitaire.
Cette conversation avec Alexandra de Chimay complète et précise celle que nous avons eue avec sa mère.

Gérald Gassiot-Talabot. – Dans le témoignage de votre mère on est constamment en relation entre ce monde et l'au-delà. Elle était, elle est toujours, en rapport avec votre père.

Alexandra de Chimay. – Ce qui est très curieux c'est que mon père n'y croyait pas. Il aimait beaucoup Yaguel, mais il la détestait en tant que voyante. Elle lui prédisait des choses qui arrivaient à chaque fois, et il en était piqué au vif. Il est mort sans être persuadé que Yaguel avait un don.

G. G.-T. – Étrangement, il revient souvent sur des détails concrets.

A. de C. – Ce qui m'a beaucoup impressionnée, juste avant de mourir il m'avait donné une épingle de cravate qui est assez jolie, qui était celle de son père et de son grand-père; tous les hommes de la famille se sont mariés en portant cette épingle dans leur cravate. « Si tu te maries, en mettant cette épingle dans la cravate de l'homme que tu épouseras, tu sauras que je suis là. » Et au cours de la première voyance que Yaguel m'a faite après la mort de mon père elle m'a dit : « Je vois ton père, il est là, je ne comprends pas ce qu'il dit, j'entends : " Tu sais bébé (il m'appelait ainsi!) je serai là le jour où tu te marieras ". » Moi j'en suis restée assise!

G. G.-T. – Elle n'a pas parlé de l'épingle.

A. de C. – Non! Il a dit : « Tu sais, je serai là » et il montrait quelque chose. Parfois nous interprétons très mal les prédictions. Un jour elle me dit : « Écoute, je crois que tu vas te marier parce que je te vois couverte de bijoux, tu portes au doigt une bague tout en hauteur, tu es ravie, tu la montres, en disant : " regardez... " » Or, j'ai reçu d'une tante ses bijoux, mais ça n'a jamais été lié à un événement quelconque. On a mal interprété. Il y a quelques années, elle m'a dit : « Je te vois travailler dans des savons. » A ce moment-là je travaillais dans l'art, j'étais très étonnée. Et puis, cinq ans après, par le hasard des circonstances, je me suis retrouvée chez l'Oréal.

G. G.-T. : Où êtes-vous maintenant?

A. de C. – Je suis dans une agence de publicité. Et là elle m'a tout décrit : « Tu vas travailler avec un homme, ça va très bien marcher, tu t'engueuleras toute la journée avec lui (c'est exactement ce qui se passe!). Tu pourras faire des voyages » (et c'est vrai, je pars avec lui en Thaïlande), tout ça est en train d'arriver. Ce sont des choses qu'elle me dit depuis huit ans.

G. G.-T. – Elle m'a dit qu'elle vous avait prédit des événements importants.

A. de C. – Elle a aussi fait avec moi des « trucs » avec l'au-delà. On a vu revenir une grand-tante et elle nous l'a très bien décrite. C'était ma grand-tante Marthe Bibesco, qui était écrivain, et elle me l'a nommée en disant : « Mais qui est cette Lucille? » Moi, au début, je ne comprenais pas, jusqu'au moment où je me suis souvenue qu'elle avait écrit plusieurs romans sous le nom de Lucille Decau. Elle prenait même le ton de sa voix, un peu traînante, un peu grave et elle m'a dit que peut-être j'écrirais un jour; « Je n'en sais rien, mais elle te tend un flambeau et te demande de le reprendre. » Est-ce que j'écrirai...?

G. G.-T. – C'est une tentation?

A. de C. – Oui. J'ai rédigé des articles dans *Maison et Jardin,* dans d'autres journaux; ça m'amuse beaucoup et j'ai très envie d'écrire.

J'ai un témoignage important que Yaguel nous autorise à reproduire. Maman n'étant pas à Paris, elle m'avait demandé de faire une séance avec elle au sujet du baron Empain au moment de son enlèvement. J'avais sur les genoux le chandail d'Empain, un cachemire bleu clair, je ne sais plus qui nous l'avait confié. On a dit que cette communication aurait été soumise à la police, mais Yaguel, elle-même, n'en sait rien.

G. G.-T. – Elle n'arrête pas de faire des voyances sur des faits divers et la police elle-même, de son côté, n'arrête pas de consulter des radiesthésistes, des voyants. Donc qu'est-ce qui s'est passé pour Empain?

A. de C. – Elle avait dit : « Je le vois. Il est à une demi-heure au sud de Paris dans un endroit qui s'appelle Origny, Juvigny... Je n'arrive pas à trouver le nom, mais c'est un endroit où il y a quelqu'un que je connais. » Et elle avait commencé à décrire la maison : blanche avec des volets bleus et puis, à l'intérieur, une cuisine où il y avait des carreaux en faïence; elle le voyait dans une cave, en bras de chemise, et elle disait : « Je ne comprends pas, il a très mal et il suce sa main (ce qui est quand même assez extraordinaire). J'entends un chien qui aboie et je vois un couple avec un enfant. Il doit être dans une maison, dans cet endroit. » Deux jours après, la police a reçu son doigt. Elle a ajouté qu'il y avait quelqu'un de son bureau qui était impliqué et que c'était un homme qui allait mourir peu de temps après d'un cancer. On n'a jamais pu le vérifier.

G. G.-T. – Vous l'aviez interrogée à ce sujet, comme ça?

A. de C. – Non. C'est parce qu'on était venu voir Yaguel; elle n'arrivait pas à se concentrer et elle avait répondu : « Je vais faire venir une amie, nous ferons une voyance ensemble. »

G. G.-T. – Donc c'est bien à vous qu'elle a dit ce que vous me répétez. C'est un témoignage direct, qui a été enregistré sur cassette?

A. de C. – Oui. Je ne sais pas ce qu'est devenue la cassette, mais je me souviens parfaitement de ses paroles. Elle avait ajouté à la personne qui l'avait consultée : « De toute façon, ne vous inquiétez pas, la rançon ne sera pas payée, mais il y aura un mort. »

G. G.-T. – C'est ce qui s'est passé. La police a-t-elle reconnu que ces indications l'avaient aidée?

A. de C. – Je ne sais pas; je ne sais même pas si elle en a eu connaissance.

G. G.-T. – Il y a des éléments dans ce que vous venez de dire qui pouvaient effectivement permettre de localiser un lieu et de repérer une maison.

A. de C. – Absolument. En fait, il était exactement à dix-huit kilomètres de Paris, ce qu'elle avait dit : il était enfermé à Savigny-sur-Orge, et elle disait Juvigny. C'était effectivement au sud et il suffisait de prendre un compas, de faire un cercle et l'on arrivait pile à l'endroit. Et quand elle a vérifié le lieu, il y avait effectivement quelqu'un qu'elle connaissait qui habitait là, mais elle ne se souvenait plus du nom du village.

G. G.-T. – Ce que je retiens ce n'est pas le détail de cette connaissance qui a peu d'importance en soi, mais le fait qu'elle précise souvent une donnée ou quelquefois un événement, par une indication mineure qui n'a rien à voir avec le principe mais qui permet, ultérieurement, un repérage ou une vérification. Or, il s'agissait ici d'un événement douloureux et cette voyance est capitale.

A. de C. – Elle a fait la description complète de la maison. Elle a dit, je l'affirme, qu'il avait froid et qu'il était en bras de chemise, dans une cave.

G. G.-T. – Et c'était tout à fait ça.

A. de C. – Elle entendait des aboiements, je m'en souviens, et puis il y avait un couple avec un enfant qu'elle a décrit.

G. G.-T. – Elle a fait des voyances sur toutes sortes de faits divers.

A. de C. – Elle m'avait raconté, il y a quinze ans, quelque chose que j'avais trouvé fabuleux : elle avait à l'époque une amie roumaine, qui était venue la voir en consultation. Elle s'était mise tout d'un coup à parler en roumain, car le père de son amie était revenu en lui disant : « Te souviens-tu quand nous nous promenions dans les bois ? etc. » Yaguel lui avait dit cela en roumain et l'autre s'était mise à sangloter.

G. G.-T. – Elle était en transe ou complètement lucide ?

A. de C. – Non. Tout d'un coup, elle s'était mise à parler une langue étrangère.

G. G.-T. – Ce qui est tout de même extraordinaire, parce qu'elle est toujours apparemment très lucide, même à certains moments quand elle commence à décrocher et qu'elle a cette voix qui arrive et qui parle avec des tournures archaïques. Une personne de votre entourage a fait état de relations karmiques qu'elle aurait eues dans des vies antérieures avec elle.

A. de C. – Oui, quand cette personne était religieuse et elle une petite fille abandonnée arrivant d'Italie. Elle se trouve dans un couvent et tout d'un coup elle voit la religieuse morte sur un lit et elle se met à sangloter. Et Yaguel sanglotait tellement, avec une voix d'enfant : « Je ne veux pas que tu meures, je ne veux pas que tu me quittes... » Je disais aux assistants : « Il faut la réveiller, il faut faire quelque chose, ce n'est pas possible ! » Exceptionnellement, elle était complètement en transe, elle avait de grosses larmes qui coulaient et elle parlait avec une voix d'enfant de cinq ans, à moitié en italien, à moitié en français... C'était extraordinaire.

G. G.-T. – Vous assistiez à cela?

A. de C. – Oui, et la cassette a dû être conservée.

G. G.-T. – Vous dites que vous ne l'avez pas revue depuis longtemps en médiumnie.

A. de C. – Je l'ai retrouvée chez des amis il y a huit jours mais, en voyance, je ne l'ai pas consultée depuis cinq ou six ans.

G. G.-T. – Pourquoi?

A. de C. – Vous savez, il y a quinze ans que je la connais. Or depuis six ans, elle me rabâche les mêmes choses avec, de temps en temps, un petit truc qui m'arrive, qui est généralement dramatique, parce que jusqu'à présent il n'y a que les choses assommantes qui se sont réalisées! Pour l'instant on se connaît tellement bien que je n'ai plus envie de faire de voyances personnelles. A propos du fantôme de Chimay, quand Yaguel est arrivée, on l'a accrochée : « Il faut que tu nous dises avec qui nous dormons depuis tant d'années! » Elle a commencé à faire une description : « Je le vois; il a des cheveux un peu dégarnis comme ça, ici, là, il porte une perruque blanche avec un gros nœud noir; il a un costume bleu avec quelque chose de rouge et son prénom commence par un M; il a eu un ennui aux jambes, je vois, il souffre atrocement. » On lui demande : « Est-ce qu'il a été marié? » – « Oui, mais ça n'a pas compté » – « Est-ce qu'il a eu des enfants? » – « Oui, mais ça n'a pas compté. Il aime deux choses : Chimay et la guerre et, entre chaque bataille, il se couche, il dort. Il se retourne comme ça, et je le vois très bien. »

Bon! Nous nous sommes précipités sur un bouquin pour vérifier : nous avons trouvé un homme qui s'appelait Thomas-Alexandre de Chimay, qui avait été tué à la bataille de Minden. Ses deux jambes avaient été arrachées par un boulet (d'où « l'ennui » aux jambes!). Il avait été marié, mais sa femme attendait un enfant quand il est mort; l'enfant est né après. Donc, effectivement, tout cela n'avait pas compté pour lui. Mais on se disait : il y a une chose qui ne correspond pas et c'est le M. Seulement, ce qu'on ne savait pas, ou qu'on avait oublié, c'est qu'au XVIIIe siècle, on appelait les personnes du prénom du grand-père, Thomas, du père, Alexandre, et prénom usuel, Marc (parce qu'il avait une mère Beauvau). Ce qui est assez drôle c'est qu'à ce moment-là on a dit à Yaguel : « Tu sais, il y a son portrait dans la maison, il faut que tu le retrouves »; elle s'est précipitée, elle a regardé tous les portraits et elle a dit : « C'est celui-là. » Et c'était bien ça!

G. G.-T. – Le mystère, comme toujours dans ces cas-là, c'est « pourquoi revenait-il hanter Chimay? » C'était en quel siècle?

A. de C. – C'était au XVIIIe siècle; ça devait être sous Louis XV.

G. G.-T. – C'était une âme souffrante, pourquoi?

A. de C. – Parce qu'il est mort de mort violente et que son corps est parti à la fosse commune.

G. G.-T. – Croyez-vous que cela suffise? Le fait de revenir à Chimay, pourquoi? Ce n'était pas un fantôme malveillant. Allait-il dans une chambre particulière?

A. de C. – Non, il se promenait partout.

G. G.-T. – Donc, on entendait sa respiration. Maintenant, c'est fini puisque « des messes ont été dites... »

A. de C. – Celles qui sont revenues, ce sont les grand-tantes. Elle ne vous a pas raconté l'histoire qui est arrivée à un oncle, un mécréant terrible, qui couche une nuit dans sa chambre et, tout d'un coup, entend comme une armée qui monte l'escalier. Il ne fait rien et se dit : « Tiens, c'est bizarre, j'ai fait un cauchemar » et puis, au moment où la foule arrive près de la porte, la porte s'ouvre et il voit une femme entrer dans sa chambre (il a dit : « J'ai rêvé que j'étais réveillé »), une femme avec des cheveux gris, une robe de bure, un peu dégoûtante et couverte de poussière qui s'est approchée de son lit, qui s'est mise à genoux, qui lui a pris les mains et qui les a léchées. Terrifié, il a poussé un hurlement et sa femme l'a trouvé trempé de sueur et tremblant. Yaguel, une nuit, était dans la même chambre et le matin elle a dit : « Tiens, c'est drôle, j'ai entendu une armée de morts monter l'escalier; j'ai eu tellement peur que je me suis mise sous mes draps et j'ai prié, prié et ça s'est éloigné. »

G. G.-T. – Ces gens-là avaient été emprisonnés dans les souterrains, dans les caves?

A. de C. – Oui, probablement, puisque c'était une forteresse où il y avait des hommes d'armes. Le couloir qui correspond à cette chambre était autrefois un chemin de ronde. Donc, ça s'explique.

G. G.-T. – On a retrouvé des documents précis sur des gens qui ont été soumis à l'Inquisition?

A. de C. – Il y a eu un procès de sorcières. Il y a des documents à la maison. Les princes de Chimay avaient droit de haute et basse justice, donc des choses terribles se passaient là.

G. G.-T. – Avez-vous d'autres prédictions personnelles?

A. de C. – J'avais vingt ans, je venais d'acheter ma première voiture qui était rouge. Yaguel arrive et me dit : « Attention, tu vas avoir un accident avec une voiture rouge. » Je lui réponds : « C'est malin, je viens d'en acheter une! » Ma mère se promenait presque avec de l'eau bénite chaque fois que je partais en voyage, et puis, un jour, j'assiste à un mariage en Belgique, près de la maison. A huit heures du soir nous rentrons. Je monte dans la voiture d'un garçon et je dis : « On rentre à Chimay, je suis en retard. » Il a loupé un virage, a percuté un arbre, s'est cassé un doigt, et moi une côte. Un camion nous a ramassés. Au premier village j'appelle maman en lui disant : « Envoie-nous une voiture parce que celle qu'on occupait est inutilisable. » « De quelle couleur est la voiture? » demande maman. Je sors, j'interroge mon copain qui me répond : « Rouge ! » Maman hurle de joie. Ce n'était pas la mienne et l'accident n'avait aucune gravité.

G. G.-T. – Vous ne vous étiez pas aperçue que vous étiez montée dans une voiture rouge?

A. de C. – Non. D'ailleurs je montais dans n'importe quelle voiture rouge, j'étais bien décidée à ne pas changer mon existence. Lui, m'a engueulée : « Tu aurais pu m'informer de cette prédiction, je te jure que tu ne serais pas montée dans ma voiture ! » Ce qui m'avait beaucoup impressionnée également c'est que, avant que mon père ne tombe malade (on ne savait pas encore ce qu'il avait), elle nous décrivait toujours un enterrement officiel avec tout un décorum, nous tous en noir. Nous, nous étions à mille lieues de penser à mon père. Yaguel avait terminé cette voyance en disant : « Je vois trois croix qui se dressent dans le ciel après cet enterrement. » Et quand mon père est mort il y avait toutes les confréries, et c'est en arrivant dans le cimetière que j'ai réalisé cette chose extraordinaire : il y a un mausolée avec trois croix qui se dressent dans le ciel. Ce qu'elle avait vu, c'était cela.

G. G.-T. – Vous n'aviez à aucun moment pensé que cette vision pouvait concerner votre père !

A. de C. – Pas une seconde ! Nous n'avions jamais pensé à un enterrement aussi officiel que celui qu'elle décrivait.

G. G.-T. – Qu'est-ce qui a déclenché l'officialité?

A. de C. – Il paraît que c'est toujours comme cela pour l'enterrement d'un Chimay. C'est ça qui est extraordinaire : elle raconte des faits, on les interprète forcément mal et c'est quand l'événement est arrivé qu'on se dit : « Mon Dieu, mais c'était ce qu'elle voulait dire ! »

G. G.-T. – Est-ce qu'il y a eu des voyances sur lesquelles vous avez pu agir?

A. de C. – Non. Il y a une chose que j'ai réalisée il y a deux jours en pensant que c'était arrivé. J'habitais un appartement rue de Sèvres qui était minuscule et c'était l'époque où maman se demandait si elle allait reprendre un appartement à Paris. Tout d'un coup Yaguel me regarde et me dit : « Toi, tu vas déménager. Je te vois habiter un logement que tu adoreras et, tu vas voir, ce sera arrondi. » Or, cela fait quinze jours que j'habite ici.

G. G.-T. – Et ça fait combien de temps qu'elle vous en a parlé?

A. de C. – En 1980. Et je vous assure que je n'ai pas cherché quelque chose de spécialement arrondi ; je suis tombée par hasard sur cet appartement dont les pièces n'ont pas de murs incurvés mais un plafond mansardé effectivement en arrondi.

G. G.-T. – Encore un décalage considérable : neuf ans !

A. de C. – Je l'ai vue, une fois, soigner quelqu'un qu'elle n'avait jamais vu au téléphone. Elle ne fait évidemment aucune pratique illégale de la médecine, mais ce cas était exceptionnel et urgent. La secrétaire d'un festival ne pouvait plus marcher tellement elle souffrait des jambes. Elle était désespérée; c'est alors que Yaguel m'a téléphoné et que j'ai dit à cette personne : « Yaguel va vous soigner! » Effectivement, elle lui a dit : « On vous traite pour une maladie que vous n'avez pas. Faites-vous donner des pilules pour... (je ne sais plus quoi, mais c'était quelque chose d'assez inattendu). » La femme l'a fait et huit jours après elle n'avait plus mal. Je crois que c'était quelque chose de circulatoire.

G. G.-T. – Là, il peut y avoir coïncidence.

A. de C. – Avec nous, elle a retrouvé des tas d'objets que nous avions perdus. On lui téléphonait : « Yaguel, où est-ce que j'ai mis ça? » Et elle le disait. Nous avions vingt ans et on venait de cambrioler un ami dans sa maison. On lui avait volé un Picasso et trois autres tableaux. J'avais recommandé à son beau-fils (un descendant de Talleyrand) de faire venir Yaguel en pensant que dans l'ambiance du lieu concerné, elle allait voir. C'était très drôle parce que Yaguel a commencé à prendre son air dans le vague et elle a décrit la femme de chambre et son copain qui était un ancien légionnaire allemand, en disant que c'était de ce côté-là qu'il fallait chercher. Mais on essayait de l'interroger plus avant : « Est-ce qu'on va retrouver ces tableaux? ». Je crois qu'on n'a rien retrouvé parce qu'ils n'ont jamais eu les preuves que c'était ces gens-là. Mais ce qui a été très drôle c'est qu'au milieu de la voyance, alors qu'elle ne savait pas dans quelle famille elle était, Yaguel a regardé mon ami et lui a dit : « Qui est cet homme que je vois, qui traverse la pièce et qui boite? » Moi j'aurais voulu qu'elle pousse plus avant cette vision alors que, ne pensant qu'au vol, on est revenu sur ce sujet, au moment où Yaguel nous donnait le cliché de Talleyrand!

G. G.-T. – Vous, est-ce que vous avez eu des intuitions médiumniques?

A. de C. – J'ai eu des rêves prémonitoires. Une fois chez des amis, en Vendée, je suis arrivée très fatiguée, il était minuit et j'ai vu une femme traverser une pièce avec un enfant et un flambeau. J'ai fait la description.

G. G.-T. – Et vous êtes sûre qu'il ne s'agissait pas de quelqu'un parfaitement en vie?

A. de C. – Oui, parce que c'était trop rapide.

G. G.-T. – Comme c'était la première fois que ça vous arrivait, ça vous a fait peur?

A. de C. – Non, pas du tout. A Chimay, je n'ai jamais eu peur, j'ai toujours senti cette respiration, senti qu'on était accompagnés partout. J'ai eu également des rêves prémonitoires impressionnants.

Yaguel a vu également la rencontre de Sadate et de Begin. Après la mort de Paul VI, elle nous a dit : « Oui, je vois un pape qui arrive, c'est un pape « de gauche ». Mais c'est drôle, j'en vois un autre et je vois sa robe tachée de sang. Il parle toutes les langues, et puis il a été élevé entouré de femmes. » Elle a mixé les deux Jean-Paul et le « pape de gauche » était un pape de l'Est, simplement. Elle avait une opinion sur la mort de Jean-Paul Ier.

Je me suis cassé la jambe plusieurs fois. Elle me dit un jour : « Tu vas te casser la jambe aux sports d'hiver. » Je lui réponds : « Je déteste les sports d'hiver, je n'y vais jamais. » Elle insiste. Là-dessus, un ami, qui est un grand collectionneur, me dit : « Viens donc pour parler de ça avec moi, chez moi aux sports d'hiver. » J'y suis allée et le premier jour il m'a demandé : « Fais-tu du ski ? – Non. J'ai horreur de ça – Tant pis, tu as un moniteur qui t'attend au pied de l'hôtel, tu vas faire du ski ! ». Je pars, première descente, je me casse la jambe ! Quatre ans se passent et un soir elle me dit : « Attention, tu risques de te casser une jambe. » J'explose : « Écoute, tu me l'as déjà dit autrefois, c'est arrivé, ne commence pas à faire des voyances sur le passé ! » Elle insiste à nouveau. Au 14 juillet, je vais à la campagne chez une tante qui me dit : « J'ai beaucoup de choses pour ta mère au premier étage, viens les prendre. » Je les prends, je loupe une marche et je me casse la jambe dans l'escalier ! Elle me l'avait prédit un mois avant.

G. G.-T. – Elle vous a parlé de troubles civils à Paris ?

A. de C. – Elle refuse d'en parler publiquement.

18 février 1989.

OLIVIER DASSAULT

Ingénieur de l'École de l'air, docteur en informatique de gestion. Pilote professionnel. Directeur de départements et filiales au groupe Dassault. Maître de conférence à HEC. Peintre, photographe et compositeur. Député de l'Oise.

Gérald Gassiot-Talabot. – Comment s'est produite votre rencontre avec Yaguel Didier ?

Olivier Dassault. – J'ai toujours été passionné par tout ce qui touche à la caractérologie. Déjà, jeune, j'avais lu pas mal de livres sur la graphologie, la chiromancie, l'astrologie, avant de me mettre à la morphopsychologie. Mais en dehors de la chiromancie et de l'astrologie, qui m'intéressent toujours (car pour moi l'astrologie est une voie pour l'étude des caractères) je reste surtout attaché à la graphologie et à la morphopsychologie, qui me sont encore utiles. Je suis convaincu qu'elles permettent, à partir des fondements de la personnalité les mieux installés, de l'analyser avec davantage d'acuité, bien souvent de mieux connaître un caractère que le sujet lui-même, pour donner un sens et une direction à sa vie. Mais, bien entendu, il ne faut pas négliger la part du libre arbitre.

Pour ce qui est de l'astrologie, j'ai le sentiment que les astres interviennent dans notre vie, par des phénomènes mystérieux, que je n'arrive pas à m'expliquer. Mais je me refuse à y voir comme une mécanique céleste, car il suffit de considérer les destins différents de gens nés au même instant et dans un même lieu. Il reste qu'il semble bien y avoir une influence des signes, des ascendants et des maisons. Plusieurs astrologues ont pu avancer devant moi des analyses touchant non seulement au caractère des personnes, mais aussi à leur avenir, qui se sont confirmées.

J'ai toujours été fasciné par cet ensemble de disciplines, ce qui m'a amené à les utiliser à mon modeste niveau, en particulier la morphopsychologie, pour mieux approcher la personnalité des gens que je voulais connaître. A quinze ans, je le faisais volontiers avec les jeunes filles que, par timidité, je ne savais trop comment aborder autrement. Cela m'a permis de constater que j'étais avant tout un intuitif et un instinctif. Mes intuitions se révélaient exactes, même quand je ne les avais pas suivies. Selon Yaguel, c'est la manifestation non pas d'un don de voyance, mais d'une légère médiumnie, que j'aurais pu travailler.

G. G.-T. –Avez-vous eu des rêves qui se sont révélés prémonitoires ou des intuitions qui se sont imposées à vous de manière absolue?

O. D. – Oui, parfois. Mais il s'agissait d'intuitions touchant les caractères plutôt que des événements.

G. G.-T. – Mais quelle est la raison de cette volonté de connaître les caractères? Est-ce simplement une affaire de circonstances, comme pour ces jeunes filles dont vous parlez, ou bien cela va-t-il plus loin, jusqu'à devenir une méthode pour connaître les autres? Cela dans la perspective d'une existence qui vous amènerait à rencontrer beaucoup de gens dont il vous serait nécessaire d'avoir une juste perception. Y avez-vous pensé dès le départ?

O. D. – Je n'y pensais pas du tout. Au début, il s'agissait tout simplement, comme je viens de le reconnaître, d'avoir quelque chose à dire, car ma personnalité n'était pas encore formée. Mais très jeune aussi, je me suis rendu compte que nos interlocuteurs s'intéressent beaucoup à eux-mêmes et ne détestent pas qu'on leur parle d'eux! Ils n'hésitent pas d'ailleurs à prendre les devants. J'appliquais donc cette règle, qui rencontre la faiblesse humaine d'une manière très efficace.

Plus tard, bien entendu, quand j'ai abordé des milieux très différents et traité des affaires très diverses, mes intuitions se sont révélées plus directement utiles, en particulier pendant les six années (de 1978 à 1984) où je me suis occupé de communication, de marketing, de publicité et de relations de presse ou publiques. C'est un secteur où l'intuition est primordiale, que ce soit pour le choix des associés, des collaborateurs ou des campagnes. Quand je suivais mon intuition c'était positif neuf fois sur dix, en revanche quand je rejetais cette précognition pour adopter un raisonnement stratégique, fondé sur les chiffres ou la logique, j'avais le plus souvent de mauvaises surprises. A cette époque, un ami qui la connaissait m'a dirigé sur Yaguel, car je me posais des questions sur le devenir d'un groupe dont j'avais pris la responsabilité. Il ne s'agissait pas, encore une fois, de tracer un plan de carrière, mais de situer mon activité par rapport à l'attente de ma famille. Je me suis dit : « Pourquoi ne pas consulter un médium? » Je n'avais aucun blocage en la matière et ne l'avais jamais fait avec quelqu'un que je prenne vraiment au sérieux. Certes, j'avais vu au cours d'un voyage en Inde un spirite qui m'avait ensuite écrit des choses intéressantes, mais si certains de ses avis se révélaient exacts, d'autres ne correspondaient pas du tout à la réalité. Je suis donc allé voir Yaguel, en 1982 si je me souviens bien et elle a avancé des éléments tout à fait étonnants et précis concernant le comportement de certaines personnes. C'est d'ailleurs ce qui m'intéressait, plutôt que des prédictions anecdotiques, bien qu'elle m'ait aussi parlé de certains événements et en particulier d'un fait dramatique qui ne s'est pas produit, me disant : « Je vois du feu sur les Champs-Élysées. » Il pouvait bien s'agir de l'attentat de la galerie marchande, mais, sur le moment, j'ai bien entendu pensé à nous qui sommes installés en bas des Champs-Élysées.

G. G.-T. – Elle se souvient parfaitement de cette voyance, car elle l'a faite pour plusieurs personnes et pense toujours qu'il y aura des événements violents sur les Champs-Élysées.

O. D. – Je me suis contenté de citer la chose en passant. Car je suis surtout fasciné par ce qu'elle peut dire sur nos caractères et ceux des gens qui nous entourent. Quand elle me dit : « Pensez à cette personne » ou : « Montrez-moi sa photo » et qu'elle révèle des traits confidentiels, c'est tout à fait étonnant. Certes, quand on est un peu connu, on pourrait penser qu'elle aurait pris ses renseignements, mais je vois mal comment cela pourrait être le cas dans un instant précis, sur un individu précis, qu'il soit de votre famille ou de vos relations.

Avant de la rencontrer, je m'étais dit : « Je ne veux pas être influencé, mais je prendrai les bonnes choses et refuserai les mauvaises et s'il y a des éléments qui me confirment dans la voie que je veux suivre, je fonce. »

G. G.-T. – C'est une attitude très saine.

O. D. – Je me souviens qu'elle a confirmé les impressions que j'avais sur certaines personnes, justifiant la confiance que je leur témoignais et m'a mis en garde vis-à-vis de certaines autres, pour que je n'aille pas trop loin. Tout cela s'est révélé justifié. Elle a su voir également des déménagements et des voyages qui se sont bel et bien produits. Il est surtout surprenant qu'elle puisse voir des événements qui, à la limite, ne se produisent pas, non par le fait du hasard, mais parce qu'on a refusé qu'ils arrivent. A un moment, mon père voulait absolument que j'aille passer deux ans aux États-Unis pour m'occuper des affaires que nous avons là-bas et aussi parce qu'il souhaitait me couper d'autres activités qu'il ne voulait pas que je poursuive. J'ai résisté à cette décision, avec diplomatie, en créant d'autres pôles d'attraction. Yaguel avait vu ce départ pour les États-Unis, car d'après le contexte, si je m'étais laissé convaincre, j'y aurais été envoyé du jour au lendemain.

G. G.-T. – Cet exemple touche au problème de la liberté, au pouvoir que l'on a de modifier ou d'aller contre une prédiction. Votre témoignage est important, car il démontre cette possibilité, alors que la plupart des gens se soumettent à la voyance sans protester. Vous, vous avez su faire opposition, alors même qu'il s'agissait de la volonté de votre père.

O. D. – Disons qu'il s'agissait plutôt d'un désaccord provisoire, ce qui n'enlève rien à la vision de Yaguel. Quand elle a vu l'événement, il était sur le point de se produire, mais la situation s'est modifiée au cours des semaines suivantes. L'ami qui m'a conseillé d'aller la voir est un associé. Nous avons donc pu faire des recoupements pour les activités qui nous concernent tous les deux et ils se sont révélés tout à fait justes. Il s'agissait de faits précis, comme des signatures de contrats. Je consulte Yaguel assez souvent, car elle est devenue une amie. Je la trouve formidable.

Peu après cette affaire, je suis allé la voir pour un sujet qui me préoccupait particulièrement à ce moment-là : la politique. Je lui ai montré la photo de deux personnes, en lui donnant quelques explications succinctes sur le contexte électoral, car je sais bien qu'elle ne peut connaître parfaitement ce domaine et tous les types de scrutins. En considérant les photos – et là elle a, peut-être, fait un peu de morphopsychologie sans le savoir – elle m'a dit : « Celui-ci t'aime bien et te soutiendra, celui-là ne va pas bien. » La personne dont elle disait qu'elle avait des problèmes voulait effectivement retirer sa candidature à une élection, dans la circonscription dont mon grand-père avait été le député pendant trente ans. Je rêvais pour ma part de reprendre un jour ce siège, ce qui n'enthousiasmait pas ma famille. Le résultat était d'ailleurs loin d'être acquis, mais il est vrai que j'étais, me disait-on, le seul capable d'emporter l'élection dans la circonstance. Mais ce vieux projet m'était en fait sorti de la tête quand on a annoncé que l'élection précédente était annulée et que le candidat se désistait.

G. G.-T. – C'est à ce moment-là que vous avez décidé de vous présenter?

O. D. – Quand je suis allé voir Yaguel, ma décision n'était pas encore prise, mais je ne dirais pas non plus qu'elle tenait à son avis. J'avais très envie d'y aller, mes amis me le conseillaient et comme je vous l'ai dit, je suis très intuitif, j'exprime une volonté et puis je réfléchis encore et finalement, je me lance. Il en a été ainsi quand j'ai vendu mon groupe de communication. Cela s'est décidé en une nuit : j'ai mis sur le papier la procédure que je voulais suivre. J'avais été, quand je travaillais auprès de lui, très impressionné par la rapidité et l'intangibilité des prises de décision de mon grand-père. Il avait une manière péremptoire de faire ses choix et de juger les gens et on ne pouvait absolument pas revenir là-dessus. La plupart du temps, d'ailleurs, il avait raison. Il avait une vision de l'avenir dans tous les domaines. Je l'ai entendu plusieurs fois s'exprimer sur la politique, l'industrie, le commerce dans des secteurs qui sortaient absolument de sa spécialité, avec une vérité tout à fait étonnante. En ce qui concerne les individus, c'était encore plus extraordinaire. Vous pensez bien que j'ai été influencé par sa personnalité. Il était industriel et ingénieur, mais cela ne l'empêchait pas d'être en même temps un homme d'instinct. Il était très rationnel, mais cela ne l'a pas retenu, quand il a écrit un livre de l'appeler *Le Talisman* et de garder toute sa vie dans son portefeuille un trèfle à quatre feuilles. J'espère avoir hérité d'une partie de ses talents.

G. G.-T. – Votre grand-père avait-il une idée de votre propre destin?

O. D. – C'est le contraire qui serait étonnant et je pense que c'est vrai pour tous ses petits-enfants, tant par affection que par lucidité. Mais ce n'était pas du tout son genre de vouloir changer l'ordre des choses. Un jour il a dit de moi : « Il a l'esprit Dassault. » Je n'ai jamais reçu plus beau compliment. A moi de le justifier.

G. G.-T. – Certes, mais pour cela il faut avoir comme on dit « un caractère ».

O. D. – Il faut sans doute de la personnalité, mais il faut aussi savoir s'en servir. J'appartiens à une famille dont la notoriété donne accès aux médias. Très jeune j'ai appris à les utiliser, par souci d'efficacité, car ce qu'ils apportent et amplifient a plus de poids que ce qui peut être annoncé directement. C'est sur ce principe d'ailleurs que j'avais fondé mon groupe de communication, puisque la première firme que j'ai créée était une société de relation de presse. J'expliquais aux chefs d'entreprises, mes clients, que plutôt que de rédiger un communiqué pour l'afficher au tableau interne, il valait mieux donner une interview dont on mettrait la photocopie sur ce même tableau. Elle sera davantage lue, car étant supposée avoir plus d'autorité.

Tout cela pour dire que l'intuition, l'instinct n'ont de sens qu'en tant que superstructure, à partir d'une situation donnée, construite progressivement. La décision finale de me présenter aux élections était déjà largement déterminée, par une série de messages que j'avais lancés à ma famille et même à mon grand-père. Je lui avais dit que je voulais entrer à l'Assemblée nationale et que mon rêve était même d'en être le benjamin, alors qu'il en aurait été le doyen. Il n'était pas question à l'époque de sa circonscription. Mais la communication était établie et j'ai pu commencer ma carrière politique comme conseiller de Paris, ce qui n'était déjà pas si mal.

Cela remonte même encore plus loin. En 1974, après l'École de l'air, j'ai commencé à travailler avec lui et il m'a emmené dans sa circonscription de l'Oise, pour des kermesses ou des inaugurations. J'avais une bonne cote, comme un petit-fils peut l'avoir, quand il accompagne son grand-père dans ces conditions... Cela avait un côté sentimental que j'appréciais beaucoup et puis j'ai toujours eu de bonnes relations avec les gens, dans tous les milieux, mais surtout avec les gens simples. On commençait à parler de moi et c'est revenu aux oreilles de mon grand-père, qui n'avait pas du tout l'intention d'abandonner son siège et qui m'a mis en piste pour le Conseil de Paris. Tout cela n'est pas une digression, mais une manière de faire comprendre que l'avis de Yaguel s'inscrivait dans une ligne constante.

G. G.-T.– Mais pour cette élection que vous allez affronter, que vous a-t-elle dit?

O. D. – Elle a paru hésiter. Puis elle m'a dit : « Pas tout de suite, il faut attendre. » Je ne répondais rien. Alors elle s'est reprise et m'a jeté : « Il faut y aller, tu réussiras. Tu auras des problèmes avec ta famille, mais ils finiront par être fiers de toi. » Il faut dire que j'ai un peu l'habitude de voir mes initiatives mal reçues. Mon besoin de création artistique, le goût que j'ai pour les arts plastiques et la musique surprennent dans mon entourage, qui considère souvent que ma vie devrait être toute tracée et exclusivement dans l'industrie. Mais pour ma part, et sans prétention, je considère que le goût et les capacités que l'on peut avoir doivent être exploités jusqu'au bout, en associant à ses projets les gens les plus brillants que l'on puisse trouver. A ce propos, Yaguel m'a toujours dit : « Ce sera une constante dans ta vie, il ne faut pas renoncer. »

Mais là encore, j'ai le sentiment de marcher sur les traces de mon grand-père qui, s'il n'avait pas de dispositions artistiques – encore qu'il écrivait et dessinait fort bien – a eu, jusqu'à la fin de sa vie, le sens et l'instinct de la diversification. Il ne s'est pas borné à son activité principale, qui était de concevoir et construire des avions. Il se comportait un peu comme les Japonais ont appris à le faire, en refusant de se ligoter dans un domaine défini, et en étant prêt, en cas de problème, à compenser par d'autres activités, alors que les Américains ou les Français ont plutôt tendance à rechercher leur expansion dans un secteur déterminé. Là encore, c'est une question de tempérament et d'instinct, on crée une synergie en intervenant dans l'assurance, la banque, la presse, la communication, l'industrie, le cinéma. Mon grand-père l'a fait avec des participations souvent minoritaires et laissant les autres agir. Encore une fois, c'est affaire de personnalité et mon père, par exemple, s'est dédié aux avions et il a très bien fait. Ma vision et ma pratique sont plus diversifiées.

G. G.-T. – C'est Yaguel qui vous pousse à cela?

O. D. – Oui et non! Cela ne servirait à rien si je n'étais fait ainsi. Il m'est arrivé par exemple, il y a quelques mois, quelque chose de curieux. Il y a une émission de radio dont le principe est de suivre toute la journée un homme dans ses activités. J'ai accepté d'entrer dans le système et nous avons commencé dès le matin à la direction des ventes des avions civils, dont je m'occupais alors. C'est un métier que l'on fait avec un attaché-case et une brosse à dents, inutile de traîner au bureau. De-là je suis parti pour une séance au Conseil de Paris et comme je n'étais pas loin du XIIe, l'arrondissement dont je suis l'élu, j'en ai profité pour faire une réunion de commerçants et prendre un verre dans un bistrot près de la gare de Lyon. J'ai rencontré ainsi des gens qui désiraient me voir depuis un certain temps et visité des magasins que l'on voulait me montrer. Ensuite j'avais un déjeuner avec un banquier pour une affaire aéronautique et un rendez-vous avec un producteur de cinéma, sur des problèmes de droits de télévision. Après quoi, direction Le Bourget pour une démonstration en vol. Le journaliste me suivait toujours. En principe, à partir de dix-huit heures, je me consacre à mes activités de création artistique. J'avais donc rendez-vous chez moi avec un couple pour des photos de leurs enfants et ensuite avec des musiciens. Bien entendu, ce n'est pas tous les jours pareil, mais cela vous donne une idée de mes activités et fait de ma rencontre avec Yaguel quelque chose d'exceptionnel qui m'a tout de suite saisi. Il doit être relativement facile de comprendre et d'anticiper un personnage linéaire, mais particulièrement ardu d'avoir à faire à quelqu'un comme moi. C'est là qu'est tout son talent. Pour ma part, si je me limitais, je me mutilerais. En revanche quand mon père a entendu cette émission, son réflexe de bon sens – à son point de vue – a été de me dire : « Tu n'es pas assez bien employé dans l'entreprise, tu as trop de temps de libre. Il faut que tu diriges une usine, ce n'est que comme cela que tu apprendras ton métier. »

G. G.-T. – Yaguel a su percevoir tout cela?

O. D. – Bien entendu. Elle a compris que ce n'était pas facile pour moi. Elle a vu les chamboulements.

G. G.-T. – Elle se rend compte de l'importance de votre père dans votre vie? Qu'en dit-elle?

O. D. – Elle trouve cela très positif et pense que c'est la meilleure manière que nous ayons de nous connaître et de nous apprécier, quitte à nous affronter de temps à autre. Pour l'heure nos rapports sont bons et il n'y a pas de raison pour que cela change, car mon père a le sentiment que je suis d'une certaine manière rentré dans le rang, et ce n'est pas faux car je sais mon devoir à l'égard de la famille et de ce qu'elle représente. Il reste que son idée est plutôt qu'il faut parcourir tous les circuits de l'entreprise, alors que j'estime que cela dépend de l'âge et de l'expérience que l'on a et aussi de l'époque où l'on vit. Ce n'est pas parce qu'on aura dirigé tel établissement que l'on aura la capacité globale de le faire le jour venu pour le groupe tout entier.

G. G.-T. – Comment a-t-il accepté votre volonté de vous présenter au Parlement?

O. D. – Je ne lui en parlerai, bien entendu, que lorsque toutes les questions secondaires auront été résolues. J'ai besoin de son soutien moral, pas de son soutien financier car j'ai des amis qui croient en moi. Mais quand on s'engage dans une entreprise aussi lourde de conséquences, on a besoin de sérénité et toute réserve de ma famille m'empêcherait d'aborder l'épreuve dans les meilleures conditions.

G. G.-T. – Quand vous rencontrez Yaguel, lui posez-vous des questions précises?

O. D. – Je la vois deux fois par an je crois, ce qui n'est pas assez. En général, je la laisse faire, alors qu'il faudrait peut être justement être plus net dans mes interrogations. Je l'ai fait exceptionnellement sur ces affaires politiques et l'avenir dira si j'ai eu raison d'être aussi directif. Elle m'a dit que ce serait dur, ce qui n'est pas pour me surprendre, ni me faire hésiter non plus. J'ai un avantage moral, en voulant prendre la succession de mon grand-père et j'ai intérêt à être élu, car si je ne l'étais pas, on pourrait me reprocher d'avoir nui à l'image de la famille par ma présomption. Alors qu'au contraire, j'essaie à toute occasion de la servir, en battant des records du monde sur nos avions par exemple. En fait je n'étais que copilote, avec le pilote d'essai de l'usine, mais la presse ne fait pas attention à ces choses et me mentionne le plus souvent. Certes cela déplaît à mon père, mais le pilote, lui, comprend très bien et il est fier que le fils de la maison s'intéresse autant au travail de l'équipe qu'il dirige.

G. G.-T. – Yaguel voit-elle une fin heureuse à ce conflit familial?

O. D. – Oui, car elle est convaincue qu'il finira même par être fier de moi. Elle a raison car c'est un homme très bon et qui aime rire. S'il est dur, c'est que pour lui non plus les choses n'ont pas été faciles. Il était dur de vivre à l'ombre du génie qu'était Marcel Dassault.

G. G.-T. – Parlez-vous avec Yaguel de votre vie privée?

O. D. – Elle me voit avec deux enfants, mais je n'en ai pas encore. Un jour j'étais exprès venu à un dîner avec une jeune femme, pour tester sa voyance, car, pour ma part, je savais ce qu'il en était. A juste titre, elle m'a dit : « Ce n'est pas elle. » Maintenant j'ai trouvé la mère de mes futurs enfants, tout seul, je précise. Yaguel a la même vision de mon avenir cependant.

G. G.-T. – Vous est-il arrivé d'aller contre son avis?

O. D. – Non, mais mon libre arbitre était absolu. Par exemple, au moment où j'ai cédé mon affaire de communication, j'avais le choix entre deux acheteurs. Tout était arrangé pour que l'affaire se fasse avec l'un et pourtant j'avais envie de conclure avec l'autre. Elle m'avait dit : « Cela va être terrible » et avait désigné ce dernier. En fin de compte, je me suis rendu compte que mes raisons premières n'étaient pas les bonnes et que l'important, en revenant dans le groupe familial était d'affirmer mon indépendance, tout comme je l'avais fait en créant ma société. Quitte à laisser dans l'affaire des avantages personnels immédiats. Je vous passe les détails, mais c'est ainsi que la chose se présentait. De sorte que je suis arrivé le soir même à dîner chez mon grand-père, en mettant le chèque sur la table. Certes, tout cela allait dans le sens de la prédiction de Yaguel, certes, j'avais changé d'avis, mais au moment où j'ai pris ma décision j'étais seul. Qu'elle ait été bonne ou mauvaise n'importe plus à présent; l'essentiel est que je voulais montrer à mon grand-père et à toute la famille que j'étais capable de prendre le parti qui préserve le mieux ma dignité. Yaguel avait raison cependant, sur toute la ligne, en m'annonçant à propos de l'acheteur : « Il va t'en faire baver, ce sera très pénible, mais tu gagneras. » En effet, j'ai gagné.

3 juillet 1988.

Olivier Dassault a été élu au siège de son grand-père, Marcel Dassault, dans la première circonscription de l'Oise en septembre 1988, quelques semaines après cette interview.

VIRGINIE FERRY

Propriétaire de *L'Orangerie* à Los Angeles, avec Gérard Ferry.

Gérald Gassiot-Talabot. – Vous avez été l'objet d'une voyance péremptoire; elle vous a conduit à un acte à portée, sans doute limitée, qui ne mettait pas en question votre vie ni celle de vos proches, mais qui débouchait sur une réorganisation importante de vos affaires. Cela impliquait que vous alliez prendre ou attendre des décisions d'une réelle ampleur. En dehors de la réputation de vos entreprises et de l'intérêt d'obtenir un témoignage de vous, votre cas est particulièrement intéressant car il a suscité une de ces voyances « rondes », bien cerclées, sans bavure, qui sont ce que j'appelle des voyances péremptoires. Vous avez rencontré Yaguel pour la première fois il y a combien de temps?

Virginie Ferry. – J'ai rencontré Yaguel il doit y avoir dix-sept ans.

G. G.-T. – A cette époque-là vous habitiez en France?

V. F. – J'habitais à Paris, dans l'île Saint-Louis. Mon mari était propriétaire de *L'Orangerie,* avec Jean-Claude Brialy.

G. G.-T. – Vous l'avez connue dans le cadre de relations mondaines?

V. F. – Non. Je travaillais dans la couture avec un ami qui, un jour, m'a dit : « Si tu veux voir une voyante fabuleuse, j'en reviens, il faut absolument que tu ailles consulter Yaguel Didier. » Je lui ai répondu : « J'aimerais bien la voir aussi, un jour je te demanderai son adresse. » Ce n'est qu'un an après que mon ami m'a pris un rendez-vous.

G. G.-T. – Est-ce qu'à ce moment-là vous avez eu une voyance intéressante, y a-t-il eu immédiatement un flash?

V. F. – Elle m'a tout sorti! Sur ma vie passée, sur ma vie actuelle qui concernait la restauration, avec mon mari. Elle ne me voyait pas dans le restaurant en particulier, mais elle me l'a décrit, m'a dit qu'il était géré avec une personne notoire. Je ne sais pas si vous connaissez *L'Orangerie,* mais il y a un énorme bouquet. Elle m'a dit : « C'est drôle, je vous vois faire un énorme bouquet, tout le temps, un très beau bouquet de fleurs... »

G. G.-T. – Votre mari a eu ce restaurant pendant combien de temps?

V. F. – Il l'a, en tout, gardé treize ans.

G. G.-T. – Elle vous a parlé de vous, de votre vie?

V. F. – Elle a évoqué ma jeunesse et m'a d'ailleurs dit qu'elle ne voulait pas trop insister parce que c'était vraiment assez angoissant, ce qui était vrai. Elle m'a entretenu d'un fait bien précis qui était la mort de quelqu'un avec qui j'avais vécu auparavant. Ensuite elle m'a parlé de *L'Orangerie*, elle me l'a décrite. Elle m'a dépeint mon mari, son caractère. Mais je n'avais rien à voir dans ce restaurant. Je ne m'occupais que des fleurs...

G. G.-T. – Ensuite, vous avez été amenée à la voir régulièrement, plusieurs fois?

V. F. – Non. Mais c'est au cours de cette première rencontre qu'elle m'a parlé d'un fait très précis qui est arrivé beaucoup plus tard : de mon déménagement, avec mon mari, à Los Angeles.

G. G.-T. – Donc, des années se sont passées avant...

V. F. – Il a dû se passer six à huit ans.

G. G.-T. – Je croyais que cette voyance avait été beaucoup plus rapprochée de l'événement. Parlez-m'en.

V. F. – Entre autres choses, elle m'a dit : « Votre mari vit dans un milieu où il voit beaucoup de monde, des acteurs... Il est dans la restauration. » Elle découvrait tout cela en me disant : « J'ai l'impression que vous n'allez pas rester en France. Vous allez traverser l'Atlantique. – Vous voulez dire que je vais aller en Amérique? – Oui! – Mais l'Amérique c'est grand... » Elle s'est concentrée et m'a dit : « Ce n'est pas un pays plat, je vois des collines, des montagnes, il y a des palmiers, beaucoup de palmiers, un ciel bleu... évidemment il y a des Noirs, mais je vois une autre race à peau foncée, je pense que ce sont des Mexicains. J'ai l'impression que vous partez pour la Californie. Vous allez créer un restaurant... ça va être fabuleux! Vous allez construire (alors que, jusqu'à la dernière minute, on ne voulait pas construire), ça va être beau, ça va être très clair, du verre partout... Mais quand vous signerez les papiers, faites attention, il y a un problème à propos du terrain, très particulier. Je ne peux pas voir exactement ce que c'est, mais méfiez-vous lorsque vous signerez. Ce n'est pas sur la totalité du terrain que vous aurez des problèmes, mais sur une partie. Je ne comprends pas... Je n'arrive pas à voir ce que c'est. » Alors je lui ai dit : « Mais de quel terrain me parlez-vous? » Elle me répond : « Vous allez trouver un terrain qui appartient à une vieille dame, très âgée, très américaine, toute petite, très maquillée, les joues rouges, pleine de couleurs, les yeux fardés, les cheveux blonds, et très dure en affaires mais, avec votre charme, vous allez l'emballer! D'ailleurs, je la vois très bien, elle a deux petits chiens blancs autour d'elle. »

G. G.-T. – Elle vous a parlé d'une voiture aussi?

V. F. – Ah oui! Je lui dis : « Mais vous êtes sûre, vous pensez que je vais aller en Amérique? – Oui, je vous vois traverser l'Atlantique, c'est sûr! Je vous vois sur un ferry en train de conduire une grande voiture blanche – Alors ça, ça m'étonnerait, je ne conduis pas! – Je suis désolée, vous allez conduire parce que je vous vois au volant de cette grande voiture blanche. » Bon, j'emmagasine tout cela. Elle insiste : « Faites bien attention quand vous signerez pour ce terrain parce qu'il y a un problème qui me dérange. »

G. G.-T. – Quand vous l'aviez rencontrée à ce moment-là et qu'elle vous avait parlé de ce voyage en Californie, est-ce que vous ou votre mari vous aviez pensé à traverser l'Atlantique et aller aux États-Unis?

V. F. – Oui, moi! Mon mari, surtout pas!

G. G.-T. – Et vous aviez pensé à la Californie?

V. F. – Oui! Parce que j'y étais allée auparavant et que j'avais beaucoup aimé. J'avais dit à mon mari : « Si un jour tu veux partir de Paris... »

G. G.-T. – Bien, puisqu'on fait un travail critique, on peut penser qu'elle a pu capter votre souhait, cependant elle n'a pas pu lire dans votre pensée un terrain et une dame qui existaient mais que vous ne connaissiez pas.

V. F. – Non! Le problème du terrain était insensé! Parce que, je vous prie de le croire, je l'ai eu, ce problème.

G. G.-T. – Donc, à ce moment-là, vous avez décidé de construire. Vous aviez pris cette décision en allant là-bas?

V. F. – Non, mais seulement en trouvant le terrain, soudainement. Nous cherchions des endroits déjà construits, qu'on voulait modifier, transformer. Jamais il n'avait été question de bâtir. Je vais même vous dire mieux : pendant toutes ces années mon mari a cherché quelque chose dans le Midi. Il ne voulait pas aller en Californie. Il n'a jamais aimé la Californie. Il y était allé bien avant moi, il y a vingt-cinq ans, dans une espèce d'endroit sans vie qui ne l'avait pas du tout enchanté. Tout cela n'avait finalement rien à voir avec Yaguel. Toujours est-il qu'un beau matin nous décidons de partir en Californie et Gérard me dit : « Finalement ce serait une bonne idée de faire un restaurant là-bas. J'ai envie de changer de pays. Pour ma santé ce serait préférable, le climat est plus sec. Donnons-nous un mois pour trouver quelque chose. » Nous partons et passons beaucoup d'annonces dans les journaux indiquant que *L'Orangerie* de Paris cherche un endroit pour faire un restaurant. Arrivés là-bas, nous recevons quantité de coups de téléphone. Nous visitons sans succès de nombreux endroits existants et, une semaine avant notre retour à Paris, nous n'avions rien trouvé! J'étais complètement affolée. Un soir nous avons dîné dans un restaurant, en changeant complètement de quartier : on dit que Beverley Hills est affreux, que c'est le bout du monde, mais le soir après quatre heures il n'y a plus un chat. Nous sommes donc allés à un autre endroit de la ville, dans un restaurant qui est très sympathique et le soir, après le dîner, nous nous sommes promenés.

Soudain nous nous sommes dit : « Ce serait bien ce quartier, revenons demain matin. » Et le lendemain nous y sommes retournés pour nous renseigner dans différents endroits, très beaux en apparence, en cherchant une location ou une reprise. Nous avons parcouru un certain périmètre (donc cela n'avait rien à voir avec Yaguel, parce que Los Angeles c'est tellement grand !)

G. G.-T. – Vous n'agissiez pas sur des indices précis de Yaguel ?

V. F. – Aucun indice ! Finalement, trois jours avant de partir, nous sommes retournés dans ce quartier pour revisiter un lieu parce qu'on nous avait dit : « Revenez à cinq heures, le propriétaire sera là. » Nous sommes revenus le lendemain à cinq heures, mais l'affaire ne nous convenait pas. Or, c'était le local situé à côté de l'endroit où se trouve *L'Orangerie* aujourd'hui ! A côté ! Donc, en sortant, grâce à ce rendez-vous de cinq heures, le parking qui était plein toute la journée se trouvait vide, l'espace s'était dégagé et une petite pancarte nous est apparue en repartant en voiture ; je ne sais pas pourquoi j'ai tourné la tête à droite et j'ai dit à Gérard, après avoir lu cette pancarte qui portait une adresse : « Dépêchons-nous de rentrer à l'hôtel, nous allons téléphoner à la « dame ». J'ai sorti ça comme ça ! Lui s'est mis en colère en me disant : « Mais tu m'ennuies avec cette " dame ", qui te dit, d'abord, que c'est une femme ? »

J'avais l'impression que c'était une femme, et, tout d'un coup, j'ai eu un flash !

G. G.-T. – Un flash et un souvenir de la prédiction de Yaguel.

V. F. – Oui, bien sûr ! Effectivement c'était une dame qui pouvait nous recevoir le lendemain. En allant à notre rendez-vous, j'ai dit à Gérard : « Écoute, si cette personne est petite, âgée, très maquillée, les cheveux blonds... ça me semblera très bon ! » Alors il a commencé à ouvrir les oreilles tout en étant toujours contre cette démarche.

G. G.-T. – Petite et maquillée ! Y avait-il des détails sur ses vêtements, pendant que vous y êtes ?

V. F. – Non, pas sur ses vêtements ! Mais très petite, très âgée, très, très maquillée, très dure en affaires, et dans une grande voiture blanche. On arrive sur le terrain et qui voit-on sortir d'une grande voiture américaine ? La petite dame, exactement telle que Yaguel me l'avait décrite et qui nous dit : « Au téléphone c'est très difficile de communiquer. Si je vous avais vus, je vous aurais invités chez moi. Est-ce que ça vous ennuie d'y venir ? C'est dans la vallée. » Évidemment, nous acceptons (je voulais voir s'il y avait les chiens !) Lorsque nous sommes arrivés, j'ai murmuré à mon mari : « Si nous voyons deux petits chiens, tu ne pourras pas prétendre que le cliché de Yaguel n'était pas exact ! » Et moi de lui dire avec l'air de ne pas y toucher : « Vous vivez toute seule, dans cette grande maison ? – Oui, je vis toute seule. » Je m'aperçois alors qu'elle a une paralysie par tielle de la face et du mal à parler. A ce moment elle m'appelle : « Venez, je vais vous montrer quelque chose » (A moi, pas à mon mari). Je me dis : « Ça y est, elle va me montrer ses chiens! » J'arrive dans la salle de bains, elle me désigne un bidet! Ce truc tellement français, tellement extraordinaire qu'il fallait me le montrer. Vous imaginez ma tête! Cette histoire de chiens tournait à l'idée fixe. En revenant de la salle de bains, je lui redis : « Quand on vit dans une maison comme celle-là... on devrait avoir des chiens! » Elle change d'expression et me répond alors : « Ne m'en parlez pas... Je suis tellement triste : je suis entrée à l'hôpital il y a un an, j'ai eu une paralysie, une embolie, et j'ai dû me séparer de mes deux chiens... » Elle me sort la photo de deux chows-chows blancs! Je vous rappelle qu'avant d'entrer, j'avais dit à Gérard : « Écoute, maintenant, si elle a deux chiens blancs... » et il m'avait répliqué avec vivacité : « Mais tais-toi donc, je ne veux pas construire, tu es complètement folle... Mais tu ne te rends pas compte dans quoi on se lance, ça va coûter une fortune... tu es malade, ma pauvre fille », etc. On a commencé à parler avec elle; il s'est laissé aller et l'on a signé le contrat en trois heures, alors qu'il y avait des gens qui essayaient d'avoir le terrain depuis trois ou quatre ans. Peut-être parce que j'étais française et que, tout d'un coup, quelque chose lui a plu. Enfin c'était décidé quelque part... ça nous était destiné!

G. G.-T. – Ces chiens, au moment où elle vous en a parlé, elle s'en était donc séparée?

V. F. – Elle m'a dit qu'elle les avait donnés à quelqu'un de sa famille.

G. G.-T. – Ce qu'il y a d'étrange c'est qu'il y ait eu une vision de Yaguel portant sur ces chiens qui n'étaient plus avec elle.

V. F. – Oui, mais la vision avait eu lieu plusieurs années avant.

G. G.-T. – Donc, au moment où elle a eu un cliché de cette femme, qui était déjà petite et fardée, elle avait ses chiens avec elle, mais au moment où vous l'avez rencontrée elle ne les avait plus. Quelle était la difficulté concernant une partie du terrain?

V. F. – Ainsi nous avons signé, trouvé un architecte qui a accepté de nous faire des plans. Mais pour avoir le permis, en Amérique, il faut faire une annonce dans le quartier pour savoir si les gens sont d'accord. Or, il y avait derrière le terrain, un monsieur, qui vit toujours là, qui a une maison privée avec un grand jardin et qui s'y est opposé. C'est que le terrain (et c'est ce qu'elle n'arrivait pas à voir) est situé sur deux territoires administratifs différents : Los Angeles City et Los Angeles County. L'administration du county pouvait nous empêcher de construire. Alors nous avons bien cru que tout s'écroulait. Nous avions déjà dépensé une fortune pour les plans.

G. G.-T. – Si vous aviez renoncé à construire sur le county, vous auriez pu quand même édifier le restaurant?

V. F. – Non, parce qu'il nous aurait manqué une bonne partie et les métrages n'étaient plus exacts. Nous avons négocié avec l'avocat. Yaguel m'avait dit : « Il n'y aura pas de problème (car, entre-temps, je lui en avais parlé) ça va se faire. C'est juste retardé. Effectivement, le monsieur voulait qu'on fasse un jardin et planter des légumes. Nous avons eu gain de cause parce qu'une partie de ce terrain était à usage commercial et, finalement, nous avons eu l'autorisation de construire. On a gardé le nom de *L'Orangerie.*

G. G.-T. – Vous avez ouvert en quelle année exactement?

V. F. – Le 3 février 1978.

G. G.-T. – Vous a-t-elle fait des prédictions sur le succès de cette entreprise?

V. F. – Ah! oui, elle a vu un grand succès, la fréquentation de beaucoup d'artistes, de grands mariages; elle m'a dit que cet établissement allait être connu mondialement.

G. G.-T. – Avez-vous continué à la consulter?

V. F. – Oui. Six mois après l'ouverture de *L'Orangerie,* je lui ai téléphoné au sujet d'une maison : « Trouvez-vous qu'il est raisonnable pour moi d'acheter une habitation qui est un peu au-dessus de mes moyens? » Elle m'a répondu : « Je travaille sur cette question et je vous écris. » Dans sa lettre, il y avait la description de la maison : « Je vous vois monter beaucoup d'escaliers, le long d'un mur, pour arriver à la maison. Celle-ci est blanche, de plain-pied, vous avez une vue sur la mer et les collines, il y a une grande bougainvillée devant, une piscine dans un autre coin, de grandes baies. » C'était exactement conforme à cette description. « C'est une affaire formidable. Achetez-la, vous n'aurez aucun problème. » Avec Yaguel il y a mille choses comme cela. Elle m'écrit : « Comment vas-tu, Virginie? Fais attention, je crois qu'on va vous voler une voiture sur un parking. » Je lis la lettre et, le lendemain, mon beau-père m'appelle et me demande de venir le chercher parce qu'il a perdu le double de ses clés. Je l'emmène et pendant ce temps on lui vole sa voiture sur le parking.

G. G.-T. – La prédiction était : « On va voler une voiture sur le parking? »

V. F. – Elle a dit : « une voiture », c'était quelque chose qui me touchait.

G. G.-T. – Ce qui est extraordinaire et souvent déconcertant c'est qu'il peut y avoir dans ses prédictions des choses d'importance très diverse. Nous avons d'un côté une décision qui a mis en question toute l'orientation de votre vie, et de l'autre un petit incident.

V. F. – *L'Orangerie* mettait en jeu vingt ans de travail de mon mari! Disons que nous n'avons pas été poussés par elle une seconde. Parce que le terrain et sa propriétaire sont arrivés comme cela.

G. G.-T. – Et puis il y avait la résistance constante de votre mari

Deux figurations différentes entre certaines lames du jeu d'Alain Le Foll *(en bas)* dont se sert encore Yaguel Didier et du Jeu Divinatoire de Yaguel Didier et de Marina Karella *(ci-contre)*.

L'arbre (symbole de vie, de santé et de force).

L'Homme et *la Femme* (consultant - consultante)

Le Travail (activité, action)
et *Le Renard* (symbole de prudence et d'attente)

L'Oiseau ne figure que dans le jeu d'Alain Le Foll.
Yaguel Didier en a fait le symbole de toutes les difficultés.

qui n'avait pas envie de construire. L'enchaînement des faits a eu lieu dans les tout derniers jours de votre séjour.

V. F. – Pendant trois ans, j'ai cherché une propriété dans le Midi, parce qu'il voulait qu'on y vive et qu'on y ouvre un restaurant. J'ai cherché comme une malade et je n'ai rien trouvé. Il y avait une affaire qui lui plaisait mais la propriétaire a changé trois fois d'avis. Si elle avait accepté nous ne serions jamais allés en Californie.

G. G.-T. – Oui, bien sûr. Et même quand vous avez visité ce lieu à Los Angeles qui était à côté d'une construction au sujet de laquelle les transactions n'avaient pas abouti, vous pouviez vous engager dans une autre affaire et ne pas penser à construire, surtout sur un parking; il a fallu que vous passiez à une heure où les voitures étaient parties, car on n'a pas l'idée de construire sur un terrain bourré de voitures.

V. F. – Non, absolument.

G. G.-T. – Il y a eu un ensemble de faits tout à fait fortuits, imprévisibles, une belle voyance péremptoire.

V. F. – Oui, fabuleuse!

G. G.-T. – Enregistrez-vous vos conversations avec elle? C'est extrêmement important d'avoir non seulement l'exactitude des termes employés, l'exactitude des images, mais aussi les inflexions de la voix. D'ailleurs Yaguel le demande.

V. F. – Peut-être. Mais comme je ne veux pas être influencée, j'écoute et c'est terminé.

G. G.-T. – A moins que vous n'ayez une mémoire absolument extraordinaire et que vous puissiez vous souvenir d'une façon parfaite d'un discours qu'on vous a fait, je crains toujours l'embellissement a posteriori *de la voyance par le consultant.*

V. F. – Non, parce que nous sommes au moins deux à nous souvenir, parfois plusieurs. Par exemple elle m'a dit : « Vous avez un beau-frère dans la musique? – Oui – Je le vois jouer de la guitare. Il est très connu. Il va travailler en Amérique. Il aura du mal, mais il y a une chose très heureuse : sa femme et lui ont hésité à avoir un enfant, mais finalement ils auront une petite fille merveilleuse. » Moi j'ai cru que la petite fille arriverait rapidement. Or, elle est née dix ans après! Blonde, comme Yaguel me l'avait décrite... Quant à ma sœur, qui avait quarante-cinq ans, on pensait qu'elle ne pouvait plus avoir d'enfants; elle a été enceinte deux fois. Yaguel est arrivée de Paris, elle ne savait pas que ma sœur était enceinte; elle l'a regardée brusquement et lui a dit : « Mais tu attends un enfant? – Oui! – Tu vas faire une fausse couche (huit jours après, cela avait lieu), ne t'inquiète pas, la prochaine fois une petite fille naîtra. Elle sera superbe, gentille, douce... » Exactement ce qu'elle est. Mais sur une vision datant de dix ans!

G. G.-T. – L'objection que l'on peut faire c'est qu'elle était impressionnée par le propos de Yaguel et que la fausse couche a pu être liée à l'émotion.

V. F. – Non, j'ai obtenu un diagnostic : c'était un problème de chromosomes. Ça n'a rien à voir avec un choc émotionnel.

G. G.-T. – Et le problème ne s'est pas reposé pour l'autre enfant?

V. F. – Pas du tout. La seconde fois ça a « fonctionné ».

G. G.-T. – Ces prédictions se font essentiellement autour de vous. Se font-elles par le canal de votre mari ou pas?

V. F. – Oui. Depuis l'Amérique, il va la voir également. Un jour nous étions à Tahiti au mois de mai. Elle voit Paul-Émile Victor et sa femme. Elle leur fait une voyance. Nous étions tous les trois : Gérard, Yaguel et moi. J'étais en train de parler avec Paul-Émile Victor, avec Gérard, et elle était avec la femme de Paul-Émile. Soudain, je vois Yaguel sortir avec une mine de déterrée et elle déclare : « On va avoir un cyclone. » C'était impossible. Il n'y a jamais eu de cyclone au mois de mai à Tahiti, jamais! Tout le monde le lui dit : « Vous êtes complètement folle, ce n'est pas possible! Il y en a déjà eu un en avril mais en mai, en juin, jamais! » Elle insiste : « Tu vas voir, nous allons avoir un cyclone. » A peine était-on arrivé dans une autre île, que nous sentons quelque chose de bizarre dans l'air. Moi je flaire, je connais Tahiti, et je dis : « Il y a un vent bizarre... Ne me dites pas qu'elle va avoir raison, la Yaguel! » Le lendemain, les cocotiers étaient secoués, il y avait un vent terrible et le cyclone arrivait. Sur toutes les radios on commençait à le dire. Nous avons dû être évacués de l'île. Ce n'est tout de même pas un truc que nous lui avions mis, nous, dans la tête!

G. G.-T. – Au contraire, vous lui avez opposé des objections.

V. F. – Elle avait donc dit qu'il y aurait un cyclone mais, pour nous, aucun problème, simplement un retard. Nous avions réservé un bateau dans les Tuamotu sur lequel nous devions partir. Effectivement, après le cyclone, le bateau ayant été épargné, nous avons pu y aller.

G. G.-T. – Vous avez dû être très troublée par le laps de temps qui se passe très souvent entre la prédiction et sa réalisation?

V. F. – Dans ce que je viens de vous dire nous avons des écarts de dix ans (pour la naissance), de six ans (pour *L'Orangerie*) et de vingt-quatre heures (pour le cyclone).

G. G.-T. – Très souvent elle donne des indications de temps qui ne se révèlent pas exactes et, dans d'autres cas, c'est d'une précision absolue.

V. F. – Oui, elle le dit, d'ailleurs. Elle nous a prédit pêle-mêle de petits incidents : une blessure au pied pour mon mari, qui s'est coupé sur un récif de corail; un petit incendie sans gravité et beaucoup d'autres faits mineurs, mais, également, des événements très graves :

que mon père, que j'aime beaucoup, allait mourir d'un cancer du poumon, et cela avant que le diagnostic ne soit porté. Un jour, nous étions encore à Paris et l'on partait dans le Midi, elle nous a dit : « Faites attention, vous allez avoir un accident de voiture. Ce ne sera pas grave. » Et, effectivement, nous prenons la voiture de mes parents, je recommande à Gérard de faire très attention, et quand nous sommes arrivés dans Cannes une auto nous est complètement rentrée dedans.

G. G.-T. – On peut toujours craindre que la prédiction engendre une anxiété propice à l'accident. Est-ce que c'était un grave accrochage?

V. F. – Non, mais ça aurait pu être assez sérieux et ce n'était pas de notre fait.

G. G.-T. – Elle a tendance à diminuer la gravité des choses. Vous allez la voir bientôt, elle va certainement faire des prédictions.

V. F. – Non, plus maintenant. Nous la connaissons trop bien.

G. G.-T. – Comment! Vous avez le sentiment qu'il peut y avoir une déperdition de la nécessité et de l'acuité médiumniques?

V. F. – Non, il n'y en a pas. Mais c'est elle qui éprouve une crainte, qui ne veut pas nous influencer. Je trouve qu'elle a de grandes qualités de voyance, de tact et d'humanité. Je ne le dirai jamais assez... J'ai vu d'autres voyants, en Californie, parce que j'aime bien ça, ça me plaît...

G. G.-T. – Vous n'avez pas d'angoisse sur le climat qui règne à Los Angeles actuellement? Les tremblements de terre, ces prédictions, cette espèce de marasme qu'il y a dans la tête des gens, cette angoisse qui fait que certains sont partis...

V. F. – Non, moi je n'y crois pas. D'ailleurs elle m'a dit : « Ne pars pas maintenant, ne t'inquiète pas. » J'ai une très bonne astrologue à Los Angeles qui me dit également : « Il va y avoir de petits séismes mais, entre-temps, il y en aura un gros au Japon, un gros en Italie ou dans les endroits où ça bouge toujours. Pour l'instant ce n'est pas encore le tour de la Californie. » Je n'ai pas quitté la ville. Je crois que ça ne sert à rien de vouloir éviter ce genre de cataclysme... Je n'ai pas peur de mon destin. Je suis fataliste!

G. G.-T. – Êtes-vous de ceux qui, en face d'un événement dramatique, préféreraient savoir, de façon à aménager leur temps, à faire face ou peut-être même à louvoyer, ou bien préféreriez-vous ne pas savoir?

V. F. – Je préfère ne pas savoir.

G. G.-T. – Croyez-vous au libre arbitre? Ou pensez-vous que les choses sont assez précisément écrites?

V. F. – Je pense qu'elles sont précisément écrites.

G. G.-T. – Donc, il n'y a pas de jeu?

V. F. – Non, je ne crois pas. Il y a trop de choses dans ma vie, au long des années et jusqu'à maintenant, qui m'ont prouvé que j'ai raison. Je vivais avant de me marier avec un homme qui s'est tué en voiture. C'était un jeune homme à l'époque. Le destin était là. J'ai tout fait pour qu'il ne parte pas. Je lui ai interdit de prendre la voiture. Il m'avait promis qu'il voyagerait en train...

G. G.-T. – Vous aviez eu une intuition, une appréhension?

V. F. – Certainement.

G. G.-T. – Qui était explicite ou vague?

V. F. – Non. Je sentais un danger, et les faits m'ont, hélas! donné raison. Nous avions prévu de partir, lui dans sa famille, moi dans la mienne, mais seulement pour le week-end suivant. Et, tout à coup, il est arrivé à mon bureau et m'a dit : « Je pars pour Mulhouse, j'ai promis à des amis qui veulent un catalogue que mon père, imprimeur, leur ferait un bon prix; alors j'y vais cette semaine. – Écoute, Éric, tu ne vas pas partir cette semaine, nous irons la semaine prochaine. » Il n'allait jamais chez ses parents. C'est moi qui le poussais. Donc ce n'était pas parce que je ne voulais pas qu'il parte les voir. Je sentais un danger. Il m'avait juré qu'il ne prendrait pas sa voiture. Il l'a utilisée parce qu'il avait tourné pendant deux heures sans pouvoir se garer. Il n'a donc pas pris le train. Il est bien arrivé, m'a téléphoné : « Je rentre demain », et le samedi matin m'a confirmé : « Je pars. Je serai à telle heure à Paris. Attends-moi. » Il m'a rappelé une heure plus tard : « J'ai perdu beaucoup de temps : le chien a couru derrière la voiture pendant une heure. Il hurle à la mort, je ne sais pas ce qu'il a. » A minuit, toujours rien. La police est finalement arrivée : il s'était tué.

G. G.-T. – On est vraiment en face d'un événement contre lequel tout le monde a essayé de lutter, même le chien. C'est la prédiction classique, la prédiction de la mort de César. On se demande, dans ces cas-là, à quoi sert la prémonition, la prescience de tous ceux qui essaient de prévenir l'événement et qui n'y arrivent pas.

V. F. – Ça ne sert à rien.

G. G.-T. – En revanche, il y a des cas où une intervention de la dernière minute empêche de prendre un avion qui va s'écraser.

V. F. – C'est que ce n'était pas l'heure...

G. G.-T. – Votre dernier mot sur Yaguel?

V. F. – Yaguel est totalement positive et, ce qui me plaît quand on va la voir, c'est qu'on en ressort heureux, ragaillardi. Et puis, il y a une chose importante. D'habitude, quand on va voir une voyante, on est reçu trop souvent dans une cuisine, sur une toile cirée, ça sent mauvais, ça sent le ragoût de la veille, elle est laide, un peu mégère, l'atmosphère est très confinée; quand vous arrivez chez elle, on trouve une jolie femme, sympathique, gaie, moderne et tout ce qu'elle vous dit est fantastique, vous donne un coup de fouet. Et tout cela n'est ni de la télépathie, ni du recoupement des indices, nous sommes en face d'un être positif et d'un grand médium.

27 juin 1988.

JEAN-PIERRE FOUCAULT.

Journaliste, présentateur et animateur à TF1.

Jean-Pierre Foucault – Ma rencontre avec Yaguel s'est passée très simplement. Je présentais une émission sur A2 qui s'appelait « L'Académie des 9 », j'avais donc neuf invités par jour et, cette fois-là, Yaguel Didier était venue pour présenter un ouvrage qui portait sa signature : *Leur vrai destin.*

Je ne connaissais absolument pas Yaguel, si ce n'est de réputation; je n'avais pas pour habitude d'aller consulter, cela ne m'était jamais arrivé. J'enregistrais donc cette émission « L'Académie des 9 » au Théâtre de l'Empire. Notre décor était au fond de la grande salle. Lorsque je me suis dirigé vers Yaguel Didier pour l'enregistrement à l'image, au moment précis où je l'ai saluée, avant qu'elle ne me parle de son ouvrage, une colombe s'est posée sur son bureau et n'en a pas bougé pendant de longues secondes, alors que je commençais l'interview. C'est un fait surprenant car le décor est au fond de la salle. Il a donc fallu que cette brave colombe, d'abord franchisse les premières portes de l'Empire, ensuite aille tout en haut et franchisse encore les deux portes battantes d'un théâtre traditionnel (ce qui fait trois portes), traverse toute la salle, vienne sur scène et se pose, au moment précis de mon interview avec Yaguel Didier, sur son bureau. Je ne sais pas si c'était un signe, en tout cas, cela m'a impressionné.

Gérald Gassiot-Talabot. – C'est hautement symbolique, une colombe, un pigeon! Mais ne pensez-vous pas que quelqu'un avait pu introduire cet oiseau dans la salle?

J.-P. F. – Et puis même! On ne pouvait pas le faire s'envoler et se poser à un endroit précis. Ce pigeon était entré malgré lui. Cela m'a impressionné, je le répète, et comme je suis curieux de nature, avant la fin de l'émission, sachant que quarante-huit heures après je commencerais une nouvelle aventure à la télévision, qui était un jeu à dix-neuf heures quarante, où j'étais opposé, dans le même créneau horaire, à Philippe Bouvard sur une autre chaîne, je n'ai pas pu m'empêcher de demander à Yaguel si mon jeu allait marcher, pourquoi pas? Elle m'a dit de venir la voir et, deux jours plus tard, je suis allé chez elle. J'ai pris des notes, que j'ai encore dans mon agenda, parce que je voulais voir si ce qu'elle allait me dire se réaliserait. En ce qui concerne mon jeu, objet de ma visite, elle m'avait dit : « Oui ! Ça va marcher, comme cela..., mais vous aurez, dans les mois qui viennent, une émission importante à vingt heures trente qui sera très regardée. » Et elle ne s'est pas trompée puisque « Sacrée Soirée » est, pour l'instant, l'émission la plus regardée. Ça, c'est une chose. Si l'on veut ergoter on dira qu'on aurait pu inventer cette histoire sachant que je traînais à la télévision depuis une quinzaine d'années, ce n'était pas prendre beaucoup de risques que de dire que je ferais un jour une émission à vingt heures trente ! Bien !

Ce qui m'a surtout impressionné c'est que, alors qu'elle parlait, en me disant : « Prenez des notes » ; elle me déclare incidemment : « Vous avez une amie, blonde. » En effet, ma compagne est blonde ; elle ajoute : « Elle va avoir un petit problème au ventre. » La semaine suivante, mon amie est entrée à l'hôpital pour se faire opérer d'une salpingite. La semaine d'après ! C'était pour moi mon premier choc, je dis « choc », ce n'est pas un mot exagéré. Que quelqu'un, comme ça, à Chatou, en regardant des cartes, grâce à son don, ait pu me dire, d'abord que je vivais avec une femme blonde, ensuite qu'elle allait avoir un problème au ventre alors que rien ne le laissait prévoir, ça m'a vraiment frappé !

G. G.-T. – Qu'elle vous ait dit qu'elle était blonde, il a pu y avoir une lecture de pensée, mais pour l'opération abdominale, il y a eu une vision nette sur un fait que vous ne pouviez pas avoir dans la tête à ce moment précis. Il s'agit d'une vision péremptoire qui vous est tombée dessus.

Si l'on veut pousser la critique encore plus loin, on pourra dire que l'état de votre amie, lu par le médium, indiquait l'opération imminente, et qu'il ne s'agissait pas de prémonition, mais de la vision d'un fait déjà programmé. Mais même dans ce cas ce ne serait pas mal non plus !

J.-P. F. – J'ai gardé ces notes. Voilà : « Intervention, petite, dans le ventre. » Suivent les initiales de mon amie (je ne lui avais pas donné son nom). J'ai noté ensuite : « Départ dans le travail de quelqu'un d'important, à la tête. » Le président d'A2 a changé peu de temps après. Disons que ça change souvent ! Et puis, deuxième vision importante qui m'a ébranlé, elle m'a dit : « Un ami proche, un copain, va avoir un accident, un grave accident. » Après l'intervention qu'avait subie Évelyne, mon amie, nous nous rendions aux Buttes-Chaumont pour enregistrer le jeu dont je viens de parler, lorsqu'un comédien, Bernard Menez, est sorti de sa loge pour me dire : « Dis donc, Daniel a eu un grave accident en Égypte ! » Daniel, c'est Daniel Franceschi, le fils de Joseph Franceschi, qui participait au rallye des Pharaons et qui s'est cassé en mille morceaux en faisant de la moto. Là encore, j'ai été vraiment ébranlé, parce que cela venait après la petite intervention de mon amie, et pratiquement tout de suite après s'enchaînait l'accident de Daniel. Pour moi ce sont deux choses vraiment fortes.

G. G.-T. – Vous avait-elle donné d'autres précisions sur cet accident? Elle n'avait pas prononcé le mot « motocyclette » ni le mot « étranger »?

J.-P. F. – Je vais vous répondre. (Jean-Pierre Foucault consulte son agenda.) Voilà, elle avait dit : « Je vois des membres cassés. Il y a un accident. » Mais elle n'avait précisé ni le véhicule, ni le pays, ni donné de précision sur l'identité de cet ami. En dehors de cela elle m'a parlé de ma famille, de ma mère (problèmes de locomotion et oculaires). Elle m'a dit également, sans savoir, que j'aurais des perturbations dans ma vie sentimentale; elle a vu un déménagement. Ce qui s'est réalisé puisque j'ai divorcé depuis et j'ai quitté Marseille pour venir m'installer à Paris. Elle m'a beaucoup parlé de la tour Eiffel, mais je n'ai pas encore compris ce que cela signifiait. Est-ce un symbole, un lieu de tournage? Pour les deux faits importants que je viens de citer, il était impensable que je puisse les imaginer ni avoir un rôle quelconque dans leur réalisation.

G. G.-T. – Et sur votre carrière professionnelle?

J.-P. F. – J'avais noté en grand le mot « Show »! Elle m'a parlé aussi de ma fille en disant que c'était une enfant « coup de poing », qu'elle allait réussir, qu'elle avait des problèmes d'hyperglycémie. C'est vrai, elle mange beaucoup de sucre, voilà donc des problèmes de poids. Yaguel m'a dit qu'elle ferait des études de langues étrangères et que les âges de 18, 26, 32 ans ressortaient...

C'est la première fois que j'allais consulter une personne de ce genre. J'ai été très impressionné.

G. G.-T. – La réalisation de ce qu'elle vous a dit a-t-elle modifié quelque chose dans votre vie?

J.-P. F. – Non! Je me borne au constat sans extrapolation. Mais cela a remis les pendules à l'heure en ce qui me concerne! Parce qu'il faut bien reconnaître que dans cette profession, chez les voyantes, il y a beaucoup de charlatanisme, c'est la plaie. J'avais plutôt tendance à croire que c'étaient toutes des charlatans. Et je dois dire que Yaguel Didier m'a « réconcilié » avec ce don parce que j'ai pu, du doigt, toucher la réalité. J'y suis allé avec un petit sourire en coin, mais elle m'a vraiment soufflé. Je ne m'attendais pas à cela.

G. G.-T. – Je compte tout de même la prédiction sur votre émission comme une voyance péremptoire parce qu'il s'agit d'une grosse machine par rapport même aux émissions que vous aviez à la radio ou à Antenne 2. « Sacrée Soirée » est une énorme entreprise et l'on ne peut pas dire que votre présence à la télévision permettait de déduire que vous auriez un jour une telle affaire sur les bras. Je me souviens qu'il y avait eu alors une stratégie, une lutte entre les chaînes à une heure d'écoute importante. On vous a choisi plutôt qu'un autre, en se disant : « Il va peut-être faire l'affaire parce qu'il est sympathique, qu'il passe bien », mais on ne savait pas du tout, au début, si ça marcherait. Certains articles, tout en vous témoignant de la cordialité, ne cachaient pas que TF1 courait des risques. Donc ce succès a été naturel parce que vous êtes un bon professionnel, mais il y avait tout de même une part d'inattendu.

J.-P. F. – Elle a été très claire, en parlant de « grand show »!

G. G.-T. – L'ampleur du succès a été plus grande que ce que vous-même aviez prévu.

J.-P. F. – Exactement! Oh, oui! Je suis ravi, en tout cas, de pouvoir témoigner.

16 septembre 1988.

MICHEL DE GRÈCE

Historien (*La Crète, épave de l'Atlantide,* 1971, Julliard; *La Nuit du Sérail,* 1982; *La Femme Sacrée,* 1984; *L'Envers du Soleil,* 1980; *Le Palais des Larmes,* 1988, Olivier Orban), etc.

Gérald Gassiot-Talabot. – Vous avez joué, sans flagornerie de ma part, un rôle capital pour tout un aspect de la carrière de Yaguel, et de la prise de conscience de son don médiumnique. Avant d'arriver aux expériences qui ont abouti à Leur vrai destin, *dites-moi comment vous avez rencontré Yaguel.*

Michel de Grèce – A travers des amis, au cours d'un mariage, il y a à peu près dix ans, plus même. Après la cérémonie des gens sont venus chez moi et ont amené, évidemment, leurs amis. Il y avait une dame dont on disait qu'elle était « voyante ». C'était Yaguel. Elle portait du Courrèges. Je me rappelle de hautes bottes blanches, un ensemble blanc. Alors, comme l'idée de voyance m'amusait, je suis allé chercher dans un tiroir une petite lettre en anglais, signée Alix, tout à fait banale, et je lui ait dit : « Tenez, si ça vous amuse, qu'avez-vous à me dire sur cette dame? »

Elle m'a décrit à la perfection le caractère, la vie, le destin de la dernière tzarine, car c'était d'elle qu'il s'agissait. Elle ne pouvait rien savoir puisque le texte était en anglais et signé « Alix ». Je me suis dit : « Tout de même, c'est assez extraordinaire! » Nous nous sommes perdus de vue, et retrouvés au moins quatre à cinq ans plus tard, par une amie. Yaguel est venue et a commencé à me faire des voyances personnelles, avec les cartes. J'ai trouvé qu'elle était très forte et surtout, j'ai beaucoup aimé sa personnalité, avant même d'apprécier la voyante. Elle éclate de vie et surtout est extrêmement bonne, toujours gaie et heureuse ; même dans les pires moments, elle vous fait rire.

G. G.-T. – Quand elle a assisté à ce mariage, dont le personnage principal allait avoir un destin tragique (une horrible mutilation au visage), n'a-t-elle rien dit à son sujet?

M. de G. – C'était la première fois que je la voyais ; elle ne me l'aurait certainement pas dit ! Elle est très réticente à décrire des tragédies et elle m'a dit souvent : « Une fois sur mille je peux me tromper. Je n'ai pas envie de plonger tout le monde dans l'affliction et l'angoisse, si, une fois sur mille, ce n'est pas vrai. » Dans son for intérieur elle sait très bien ce qui va arriver, mais elle ne veut pas créer un climat désagréable. Beaucoup de voyantes, ne l'oubliez pas, et c'est là un hommage qu'on peut lui rendre, vous annoncent des drames pour avoir une emprise sur vous ! Avec elle, c'est le contraire !

G. G.-T. – Elle peut annoncer des événements tragiques mais en préparant la personne et quand elle sent que celle-ci est prête à recevoir un tel message. Elle agit avec beaucoup de prudence, de tact, de psychologie.

M. de G. – Oui. Voilà !

G. G.-T. – Au premier contact que j'ai eu avec elle, en 1979, elle m'a annoncé que mon beau-fils se suiciderait ! Elle s'est écriée : « Mon Dieu, que ce garçon est suicidaire ! » J'ai eu alors un mauvais réflexe, j'ai dégagé une énorme pulsion d'angoisse et de refus en lui répondant : « En effet, il a déjà fait deux tentatives de suicide, dont une qui aurait dû être définitive, mais il est suivi en antipsychiatrie et il va mieux. » Elle m'a alors regardé calmement et m'a dit : « Il y aura une troisième tentative qui, celle-là, sera fatale. » Devant mon trouble grandissant elle a ajouté : « Je vois un chiffre 3, c'est peut-être le signe d'une rémission, trois mois, trois ans. Agissez d'ici là. » Je me suis absenté pour rejoindre ma femme qui était à l'étranger et, à notre retour, trois semaines *plus tard, notre fils s'était tué. Les précautions que j'avais prises avant de m'absenter n'avaient servi à rien et j'étais anesthésié par cette remise de prédiction à au moins trois mois. Cet événement nous a beaucoup troublés, Yaguel et moi. Pourquoi n'avait-elle pas souligné l'imminence du drame? Sans doute à cause de mon rejet, de mon angoisse qui faisaient brutalement écran. Pourquoi annoncer un acte contre lequel on devrait pouvoir se battre et qui, en fait, se réalise malicieusement? Quelle est la perception du temps en voyance? Ces questions et cet événement sont une des raisons de notre amitié, à Yaguel et à moi, et l'une des motivations de ce livre.*

Pour revenir à cette première vision à partir de la lettre d'Alix, avait-elle conclu à la mort de la tzarine et de sa descendance?

M. de G. – Je lui avais demandé si certains des enfants de cette dame étaient encore vivants. Elle m'avait répondu : « Oui et non! C'est drôle, elle n'a pas d'enfants et, en même temps, il y a une enfant... Je ne vois pas. Y a-t-il un enfant adopté? Non! C'est quelqu'un qui se prétend sa fille. » Elle n'avait pas la moindre idée de qui elle parlait, évidemment.

G. G.-T. – Elle n'est pas du tout entrée dans la thèse de l'arrangement avec le gouvernement soviétique, de la fin de la tzarine dans un couvent?

M. de G. – Cette « consultation » a été faite devant la cheminée de la pièce où nous sommes, au milieu d'une trentaine de personnes qui bavardaient et mangeaient. Ce n'était pas ce que je considère comme du travail sérieux, tel que nous l'avons fait bien après! C'était juste une tentative, car cela m'amusait de savoir qui était cette dame que je ne connaissais pas, quelles étaient ses possibilités...

G. G.-T. – Ensuite, vous ne l'avez pas revue pendant quatre à cinq ans!

M. de G. – Je l'ai revue, chez moi, elle accompagnait une amie.

G. G.-T. – L'avez-vous alors consultée à titre personnel?

M. de G. – Oui. Mais toujours amicalement. Je n'ai jamais été chez elle. De temps en temps, lorsqu'un problème m'angoisse un peu, je lui demande des précisions, souvent d'ailleurs je téléphone depuis les États-Unis, mais je ne devrais pas agir ainsi, car je trouve qu'elle est bien meilleure quand elle fait ce que j'appelle des voyances tous azimuts et qu'on bavarde de choses et d'autres, de potins, de soirées, on rigole et soudain, elle se tourne vers moi et me dit, par exemple : « Tiens, vous n'avez pas une maison avec des colonnes blanches? Vous allez la vendre très vite » et la voilà qui décrit la maison, l'acheteur, le vendeur, tout, or je n'ai rien demandé.

G. G.-T. – Je pense qu'on peut troubler le médium par des projections de désirs, par des projections d'angoisse (nous l'avons vu), par des questions trop précises, trop rationnelles.

M. de G. – Vous comprenez, elle nous connaît trop bien, Marina et moi. Non seulement nos caractères, mais elle sait tout de notre vie, parce que je la raconte, comme moi je sais tout de la sienne. C'est très difficile pour elle de faire maintenant de la voyance sur nous. Mais quand je ne lui demande rien, on ne peut pas dire qu'elle est influencée. Elle ne cherche pas à savoir; ça arrive comme un flash.

G. G.-T. – Moi je l'ai questionnée et littéralement torturée avec mes problèmes, en ce sens que, surtout depuis 1981, j'ai des montages qui sont d'une extrême complexité dans ma vie professionnelle. Il y a toujours des solutions A, B et C. Elle arrivait à me dire : « Je ne m'y retrouve plus dans vos histoires, c'est tellement compliqué ! Mais si vous choisissez la solution A, ça sera très bien; ça sera également pas mal non plus si vous prenez la solution B. Voilà ce que je vois dans l'un ou l'autre cas, ou dans la troisième hypothèse. » Ce qui me mettait presque en colère, car je m'écriais : « Mais je vous demande si ce sera de préférence A ou B; je n'ai pas besoin de vous pour savoir que j'ai une alternative ! » Alors elle me disait en riant : « Écoutez, Gérald, votre volonté sera prédominante. » Et c'est très souvent a posteriori *qu'elle me confortait dans la décision que j'avais prise, me décrivant les rapports que j'allais avoir souvent avec des personnages importants, et l'évolution de mon expérience. Actuellement, je vis encore des problèmes compliqués, je sens qu'elle hésite, bien que je sois un familier, à ce que je la consulte. Il est arrivé trois ou quatre fois en dix ans qu'un rideau tombe en cours de voyance et qu'elle me dise : « Je ne vois plus rien. Il faut remettre notre séance à une autre fois. » Et, dix jours plus tard, la voyance passait, « glissait », comme elle dit.*

M. de G. – Cela ne s'est jamais produit personnellement, en ce qui me concerne.

G. G.-T. – Parce que vous ne sollicitez pas de voyance dirigée, et que vous ne l'enfermez pas dans un système de questions.

M. de G. – Si, parfois, mais jamais pour des questions très importantes. Je peux lui demander : « Est-ce que je vais vendre tel appartement? Est-ce que mon livre va avoir du succès? »

G. G.-T. – Mais vous ne lui avez jamais demandé conseil sur le montage d'une affaire, sur un accord avec tel ou tel associé?

M. de G. – Non, pas précisément. Car c'est ma conviction personnelle, et la sienne également, que la voyance peut vous aider, mais pas en tout; elle ne peut pas diriger entièrement votre vie.

G. G.-T. – Mais c'est bien mon avis, je suis contre la « dépendance médiumnique », mais lorsqu'on la consulte sur une situation sérieuse, voire grave, on peut attendre une réponse et agir ensuite selon sa conviction intime. C'est tout le problème de la déviation de la voyance, du libre arbitre ou de l'inéluctabilité de la vision.

M. de G. – Nous avons une espèce de pacte avec Yaguel. C'est très curieux comment les choses fonctionnent entre nous. En ce qui concerne les « sujets personnels », elle me parle d'autant plus librement et abondamment, qu'elle sait que je n'en tiendrai pas compte. C'est ce qu'elle veut! Je ne dois pas fonder mes décisions sur sa voyance.

G. G.-T. – Évidemment, c'est un danger de la voyance que l'on souligne ici et là. On s'applique, quand la voyance est bonne, à utiliser tous les moyens rationnels et volontaristes pour réaliser un destin qui était prédit. On ne sait plus, à la fin, si c'est par la disposi-

tion de son libre arbitre, de sa volonté que l'on a abouti dans une affaire, ou bien si le résultat est le reflet d'une prédiction. En revanche, quand la voyance est mauvaise, certains sujets peuvent s'empresser de réaliser un schéma négatif pour s'en libérer. J'ai réécouté des bandes des « Nuits Magnétiques » où elle niait, en quelque sorte, le libre arbitre en disant : « Je ne pourrais pas décrire l'avenir si l'avenir n'était pas déjà inscrit ! » Cela m'a étonné venant d'elle, d'autant plus que j'avais eu des expériences qui prouvaient que l'on pouvait modifier, gauchir, arrêter une voyance.

M. de G. – Mais c'est tout à fait son opinion. Nous en avons souvent parlé. Une des qualités de la voyance, c'est de vous annoncer des choses que, peut-être, vous avez le pouvoir de modifier.

G. G.-T. – Je ne reviens pas sur cette discussion que j'ai eue, moi aussi, avec elle, et avec des conclusions différentes. Elle s'oriente vers une conception globalisante qui inclut l'erreur et le gauchissement dans la perception médiumnique du destin. Ce qui est intéressant.

M. de G. – J'ai pourtant toujours eu l'impression que, justement, elle croyait qu'on pouvait transformer les choses. J'insiste beaucoup sur le fait que ça fonctionne très bien avec elle, car elle sait que je ne m'appuierai pas dessus. Une fois, toujours sans rien lui demander, nous avons eu une voyance (malheureusement, je ne peux pas en dire le sujet) qui concernait un pays où je devais me rendre incessamment, où je vais souvent. Apparemment, Yaguel me délivrait un message qu'elle ne maîtrisait pas. C'était quelqu'un d'autre qui passait par Yaguel pour me prévenir de ne pas aller dans ce pays, car il y aurait des bouleversements terribles. Alors là, pour la première fois, je me suis un peu affolé. Malgré mon principe de ne pas tenir compte de la voyance, je trouvais que, dans ce cas, c'était tout de même un peu gros. Nous avons décidé de changer nos plans, Marina et moi, et que je n'irais pas dans ce pays. Eh bien, il ne s'est rien passé ! Mais je suis convaincu que, néanmoins, il va se passer quelque chose de sérieux. Mais les événements étaient présentés comme imminents. Vous voyez, pour une fois où j'ai tenu compte de la voyance, je me suis retrouvé un peu stupide !

G. G.-T. – On ne peut parler d'erreur dans ce cas : peut-être seulement de décalage dans le temps. Voici un exemple mineur mais plus probant : nous avions une maison de famille que nous voulions vendre. Je questionne Yaguel qui me dit : « Elle va se vendre (ce qui s'est avéré) », mais elle ajoute : « Elle sera achetée par deux couples qui l'utiliseront comme résidence secondaire. » C'était clair et net. Or elle a été vendue à un seul couple qui en a fait sa résidence principale : à moins d'une évolution ultérieure, c'est une erreur.

Un mot de vous m'avait frappé dans un article que vous aviez écrit pour Paris-Match *: « Quand je vois Yaguel, je sors requinqué. »*

M. de G. – C'est vrai! Je vous assure que très souvent je la consulte, je le répète, pour des problèmes qui ne sont pas vitaux, un livre, un appartement, une question d'argent, toutes choses que je ne considère pas comme vitales. Non pas tellement que j'aie besoin de savoir, mais quand je m'inquiète sur l'un de ces problèmes, le fait de lui en parler, je me sens beaucoup mieux, même si elle ne me prédit pas quelque chose d'étourdissant! Elle a un extraordinaire don d'encourager, de vivifier, de mettre un peu de soleil chez les gens. C'est indiscutable. Jamais je ne suis sorti déprimé d'une séance avec elle.

G. G.-T. – Mais ne l'avez-vous jamais interrogée sur des questions qui mettent en jeu des intérêts très grands, ou des affaires tout à fait intimes?

M. de G. – Non, jamais! Mais je vais vous dire pourquoi : c'est dans ma nature, ça n'a rien à voir avec Yaguel. Je ne parle à personne de mes problèmes, jamais, jamais!

Et puis je ne la consulte pas toujours en tant que voyante. Très souvent, je lui parle d'un tas de gens, mais comme à une amie, parce que je trouve qu'elle est fine, qu'elle a beaucoup d'intuition et que son jugement sur les gens est exact. Ce n'est pas en voyance!

G. G.-T. – Très souvent elle prononce une petite phrase à laquelle il faut prêter attention; elle dit : « J'ai l'intuition... Il me semble que... » A ce moment-là elle n'est pas en état de voyance, elle donne simplement une opinion avec hypersensibilité, avec un grand pouvoir de perception.

M. de G. – J'insiste surtout sur ce point sur lequel elle revient : « Ne comptez pas sur moi pour diriger votre vie, comptez sur moi pour savoir l'avenir, mais ne comptez pas sur moi pour " diriger " votre vie! C'est essentiel! » Par exemple, quelqu'un viendrait la voir en lui disant : « J'aime deux femmes, laquelle dois-je épouser? » Ce serait une catastrophe; il ne faut jamais lui poser ce genre de question.

G. G.-T. – C'est pourtant un cas de figure qui se présente fréquemment et auquel elle donne une solution. C'est au fond, peut-être, ce que je faisais en lui demandant : « Il peut y avoir des solutions A, B et C, quelle est celle qui va advenir? » Elle me répondait en construisant sur les trois solutions.

M. de G. – Monsieur X me propose une affaire; est-ce que je dois m'associer à lui? Il ne faut pas lui demander ce genre de chose.

G. G.-T. – Vous êtes terriblement restrictif, car on ne cesse de la voir pour ce genre de problème.

M. de G. – Quand je lui demande : « Mon livre va-t-il avoir du succès? » Ça ne change pas les choses; il est déjà en train. La réponse ne fera pas changer le cours d'une décision.

G. G.-T. – Ne lui avez-vous jamais demandé : « J'ai l'idée de faire un livre sur tel sujet, qu'est-ce que vous en pensez? »

M. de G. – Non! Je procède différemment. Je lui fais faire de la voyance sur le personnage, sur l'époque décrite dans le livre. Je ne pose jamais de question sur la raison d'écrire. Je peux lui demander également, assez souvent, ce qu'elle pense du cours de l'or, de la bourse ou des finances mondiales. Mes décisions sont sans doute influencées par ce qu'elle peut me répondre mais, curieusement, ce qu'elle me dit va tellement avec ce que je crois, que je ne sais pas si ma décision vient de ce que je pense ou de ce qu'elle m'a dit.

G. G.-T. – C'est un des cas de figure que j'ai évoqués.

M. de G. – Oui, mais ce n'est jamais radical. Nous ne sommes jamais arrivés à une situation où elle me disait (j'invente) : « Achetez de l'or », alors que moi je voudrais en vendre et qu'il y ait conflit entre ce que je pense et ce qu'elle me dit... Je ne sais pas ce que je ferais dans ce cas.

G. G.-T. – C'est un exemple assez trouble, car il peut y avoir vision médiumnique, simple intuition ou lecture de pensée.

M. de G. – Il m'est arrivé une chose très drôle avec elle. Un soir je devais aller interviewer Mme Thatcher, je ne lui avais rien demandé et elle m'a dit : « Ça va se passer très bien, après l'interview elle va vous retenir, vous allez dîner dans ses appartements privés, il y aura untel et untel » et elle me décrit toute la scène. Évidemment, ça ne s'est pas passé ainsi! J'ai fait mon interview et je suis parti. Mais elle m'avait décrit, mot pour mot, la scène que je m'étais inventée, comme ça, romanesquement! Donc, sans le vouloir, j'ai fait une projection, en reproduisant une scène qui m'avait été décrite par le collaborateur de Mme Thatcher, qui est un ami intime. Il m'avait raconté comment se passaient ces dîners dans l'intimité et moi je me disais que j'aurais été assez intéressé d'y participer. Je pensais à cela pendant que Yaguel me parlait. C'est une transmission de pensée pure.

G. G.-T. – C'est effectivement troublant et gênant car, dans un pareil cas, on n'a aucun moyen de distinguer une projection qui aboutit à une fausse indication, d'une vision péremptoire qui se réalisera.

M. de G. – En revanche, je me souviens qu'à propos d'une interview qui m'avait été refusée trois fois elle m'avait dit : « Je vous vois assis à côté de cette personne. » Je m'étais écrié : « La barbe! Après trois refus je ne demanderai pas une quatrième fois. » Eh bien, je l'ai obtenue, cette interview, et je me suis retrouvé assis à côté de mon interlocuteur. Et cela sans demande de ma part car une de mes relations est venue me dire : « Je sais, untel a refusé de te rencontrer, mais laisse-moi le demander à ta place, c'est si facile pour moi de le faire. » J'ai répondu : « Bien! Si tu veux intervenir, fais-le. » Et ça s'est fait.

G. G.-T. – Donc, le troisième cas est une réussite. Le dîner, chez Mme Thatcher, un effet de votre imagination avec projection, et les événements graves dans un pays où vous ne deviez pas aller, peut-être une erreur, peut-être un décalage temporel. La seule erreur serait d'avoir lié ces événements à votre déplacement. Mais il s'agira, pensez-vous, d'un autre déplacement.

Si vous voulez, nous allons aborder maintenant l'un des aspects les plus importants de la médiumnie de Yaguel qui, dans sa vie, a changé beaucoup de choses ; ce sont les voyances sous enveloppes. C'est vous qui avez suscité cette expérience.

M. de G. – Je crois. C'est-à-dire qu'au lieu de chercher dans l'avenir, ce qui est toujours rasant et lugubre, autant chercher dans le passé.

G. G.-T. – Sur des énigmes. (Il sera nécessaire de se reporter à l'ouvrage de Yaguel Didier Leur vrai destin, *paru chez Lattès en 1985, pour connaître dans le détail ces voyances, ce qui suit ne pouvant être que le commentaire du développement des séances.)*

M. de G. – Sur des énigmes, c'est-à-dire sur ce qui passionne tout le monde ! Nous avons commencé à Paris avant d'aller en Italie, en Toscane, il y a six ans. Nous avons fait un essai, « Anastasia », et ce fut étourdissant.

G. G.-T. – C'est une des expériences les plus brillantes. Elle avait des documents, des photographies ? Dans une enveloppe ?

M. de G. – Oui. Les essais ont donc commencé en Toscane, mais ce fut toute une affaire car nous ne parvenions pas à trouver un endroit convenable : près de la télévision c'était très mauvais, dans un coin du salon ça ne marchait pas non plus, alors nous avons fait la première voyance en nous baladant, jusqu'à ce que nous trouvions le coin qui convenait.

G. G.-T. – Vous aviez un pendule ?

M. de G. – Non, non. Nous avons cherché par nous-mêmes et nous avons abouti dans une chambre. Mais ce qui est très drôle, c'est ce qui s'est, paraît-il, passé après. C'était une maison construite dans les années cinquante, jolie mais banale, sans la moindre atmosphère. Après notre départ, la propriétaire, une femme charmante, nous a fait prévenir que, depuis notre séjour, les fantômes avaient envahi la maison, qu'on entendait un potin d'enfer, des objets qui rebondissaient, des fenêtres qui s'ouvraient, des portes qui claquaient, des gens qui marchaient. Elle pensait, évidemment, que c'était nous qui les avions fait venir, et nous demandait comment les faire partir. Il paraît que, maintenant, la maison est archihantée ! Nous avons déménagé tout le monde !

G. G.-T. – Vous avez sollicité combien de personnages dans cet endroit ?

M. de G. – Oh, je ne sais pas! Au moins une vingtaine.

G. G.-T. – Avec des interventions lourdes : je me souviens de celle d'un personnage « nostradamien », en pleine séance sur Anastasia, qui a donné des prédictions mondiales.

M. de G. – Il y avait le sujet central et puis, comme vous le dites, des interventions et des prédictions qui n'avaient rien à voir. Des gens ont interféré, comme mon malheureux grand-père, Louis XIV, qui est venu m'engueuler pour mon livre *L'Envers du Soleil*. La Montespan, ma grand-mère, est venue, elle, me féliciter, enfin ça n'arrêtait pas! Et, ce n'est pas pour me vanter, Yaguel m'a dit une fois : « Avec vous c'est très facile, ça grouille! » Ce n'est pas ma faute, c'est comme ça. Le nombre de gens qui veulent passer par moi un message est invraisemblable.

G. G.-T. – C'était même très cocasse. Je me souviens d'une cassette où des personnages royaux se justifiaient, se bousculaient, et puis Charles X n'arrivait pas à pousser les autres pour se faire entendre et Yaguel disait, avec ce sens des comparaisons très drôle qu'elle a quelquefois : « Ah ben! J'ai l'impression qu'ils le considèrent comme un deuxième couteau, là-haut, parce qu'il n'arrive pas à s'exprimer, il n'est pas content! » Et puis il y a eu les réprimandes très majestueuses de Louis XIV, qui a relevé un certain nombre d'assertions qu'il estimait injustes et les confidences assez croustillantes de la Montespan! Tout ça se passait en Italie?

M. de G. – Le livre a été fait en Italie et à New York, dans ma bibliothèque.

G. G.-T. – Cela paraît rocambolesque et pourtant vraiment troublant...

M. de G. – Pour ces énigmes, on pourra dire que je l'influence parce que je connais pas mal de choses sur ces sujets, mais là où je ne peux pas l'influencer, c'est que, les trois quarts du temps, elle trouve une solution à laquelle je n'avais jamais pensé.

G. G.-T. – On a souvent l'impression que c'est évident, comme l'œuf de Colomb. On se demande pourquoi on n'a pas pensé à des explications qui sont parfois un peu compliquées mais, la plupart du temps, limpides. Ce qu'elle a trouvé, par exemple, pour Anastasia est tellement plausible : une petite fille qui aurait joué avec elle quand elle était jeune, qui faisait partie des domestiques de la famille impériale, et se serait identifiée plus tard à son modèle.

M. de G. – Même pour « Jack l'Éventreur », elle avait mis le doigt sur l'un des vingt « candidats »; je vous assure que le soir où nous en avons parlé, je n'avais aucune idée de qui il s'agissait, et ce n'est que le lendemain, en consultant un livre qui traitait du sujet, que j'ai reconnu parmi les vingt suspects, celui qui correspondait mot pour mot à la description de John Druitt. Des interférences très bizarres se sont produites. Pour le saint suaire de Turin, vous souvenez-vous de ce qui s'était passé au début?

G. G.-T. – Elle a dit : « C'est curieux, on parle américain. » Or, sur la photo, le saint suaire était entouré par des spécialistes américains. C'est un exemple que je cite souvent en demandant que, dans ce genre d'expérience, on fournisse un document où le sujet est seul, afin qu'il n'y ait pas d'interférences (Voir Josette Alia et l'interconnexion des enveloppes).

M. de G. – Et puis il y a aussi des gens qu'elle trouve intéressants et d'autres pour lesquels elle n'a aucune sympathie. Par exemple, dans l'énigme de Mayerling, elle a dit des choses intéressantes, mais elle bute toujours sur le fait qu'elle ne peut pas souffrir le personnage principal. Elle déteste Rodolphe. Elle le trouve inintéressant, égoïste. Alors que pour Louis XVII, ce qu'elle a dit est un triomphe!

G. G.-T. – Louis XVII est une des énigmes les plus captivantes, parce qu'elle donne une clé, des précisions géographiques. Je crois qu'on est venu la consulter à ce sujet et qu'il y a des gens qui sont plus ou moins sur cette piste. Ce qui est tout de même très étrange, c'est que ces entités s'exprimaient sans nommer les êtres, les objets, les lieux. « Louis XVII » fait référence à une maison qui se trouve près d'une rivière, à un château où il a habité, comme s'il y avait une sorte d'opacité dans le dire, un écran entre le médium et la vérité. C'est un phénomène que je n'ai jamais compris. Par exemple, dans le cas de Louis XVII, l'entité aurait pu dire : « Oui, j'ai habité le château de X. »

M. de G. – Ah! Non! Ce serait trop facile, alors! C'est ce que je vous disais...

G. G.-T. – Expliquez-moi pourquoi c'est trop facile.

M. de G. – Parce que vous comprenez bien qu'on n'aurait qu'à se précipiter dans le château. Non, non! La voyance, je vous le répète, c'est autre chose : vous ne pouvez pas vous appuyer sur la voyance! Elle n'est pas faite pour vous fonder uniquement sur elle; elle ne répond pas à toutes les questions; elle peut seulement ouvrir des voies.

G. G.-T. – C'est un jeu de piste qui, dans ce cas, serait d'ailleurs facile à suivre : elle a dit que le château se trouvait le long de la frontière de l'Écosse.

M. de G. – Qu'il y a des armoiries dans la salle et elle les a décrites.

G. G.-T. – C'est un château qui a brûlé à moitié et qui serait aujourd'hui un lieu où l'on donne des concerts. On arrive donc dans une salle, on gravit trois marches et l'on trouve les armoiries. Il est situé près d'une ville qui porte en elle un nom d'animal (Dog, Cat?). Des papiers conservés à Londres pourraient confirmer le séjour du fils de Louis XVI. Elle donne donc un ensemble de précisions qui auraient dû attiser la curiosité d'un magazine ou de chercheurs. Une telle enquête aurait coûté trois fois rien et je ne comprends pas qu'on n'ait pas eu la volonté de prescrire cette investigation. C'est une des énigmes les plus troublantes, maintenant que tout le monde sait que Louis XVII s'est évadé du Temple, que ce n'est pas son corps qui est enterré sous son nom.

M. de G. – Une autre interférence intéressante, c'est celle du « Masque de fer ». Quand j'ai montré la photo de la cellule puisque, par définition, il n'y a pas de portrait du personnage, elle m'a décrit Fouquet de A à Z, les fêtes, le château, Louis XVI et Mazarin. Or, c'était dans la même cellule que Fouquet avait été enfermé auparavant.

G. G.-T. – Elle avait focalisé sur le lieu et non sur le personnage qui vous intéressait. Il aurait fallu lui soumettre une œuvre d'imagination, ou un livre consacré au sujet. Elle a dévié sur un autre occupant de la cellule.

M. de G. – Il faut donc faire très attention à ces interférences.

G. G.-T. – Vous me dites que la médiumnie n'est pas faite pour donner des clés, tout au moins dans le domaine de l'énigme historique, ni des réponses péremptoires. Dans votre cas personnel vous ne demandez rien et vous obtenez des indications, mais tout de même, dans une énigme comme celle des origines de Jeanne d'Arc, elle nous dit que celle-ci n'était pas une bâtarde royale, mais qu'elle était la fille d'un personnage très important de la cour de Charles VII. Mais pourquoi alors rester dans le vague? Pourquoi n'est-il pas nommé? Vous trouvez cela naturel?

M. de G. – De nouveau, parce que c'est dans le principe même de la voyance; la voyance n'a pas réponse à tout; elle vous ouvre des directions, elle vous donne des ordres de pensée, c'est essentiel!

G. G.-T. – Je trouve que le médium est bloqué, contre son gré, dans des demi-réponses alors que dans le domaine quotidien, personnel, de la consultation, il peut être extrêmement clair et directif. Dans le cas de Jeanne d'Arc, Yaguel a indiqué des solutions qui n'étaient pas évidentes.

M. de G. – Par exemple, elle a été très nette sur sa mort.

G. G.-T. – Elle dit qu'elle a brûlé sur le bûcher, mais qu'il y a eu un complot pour tenter de la sauver, qui a échoué au dernier moment.

M. de G. – Et qu'il y a eu un montage, après, pour faire croire qu'elle n'était pas morte. Ce qui est également passionnant (moins que l'identité du père véritable, car il est évident que ce n'était pas d'Arc qui l'avait procréée) c'est ce qu'elle dit sur le groupe occulte qui était derrière toute cette affaire. De nouveau, elle ne donne pas le nom, mais cela aurait été trop facile...

G. G.-T. – Vos connaissances historiques ne vous ont pas permis d'identifier cet ordre occulte, ni de trouver ce père plausible de Jeanne?

M. de G. – Je fais des recherches à ce sujet. Pourtant, Dieu sait si l'on a des informations, des indices grâce à Yaguel! Le Moyen Âge était peuplé de ces groupes secrets.

G. G.-T. – Sans doute, mais ce serait un groupe sacrément puissant pour avoir pu créer, en quelque sorte, un personnage, avoir donné une mission à Jeanne, puis l'avoir lâchée au moment où elle n'obtempérait plus. Yaguel a fait apparaître des aspects étranges : elle l'a décrite comme un personnage positif, sincère et inspiré; elle est assez déçue par son physique un peu « rural », non conforme à l'imagerie, mais, à certains moments on atteint la limite de quelque chose qui sentirait un peu le soufre...

M. de G. – Oui! La première fois que nous avons travaillé sur ce sujet, elle a dû s'arrêter parce qu'elle était oppressée, terriblement oppressée.

G. G.-T. – Était-elle oppressée comme elle l'avait été pour le suaire de Turin, lorsqu'elle a dû, là également, s'arrêter? (Cette voyance n'avait pas été retenue dans Leur vrai destin *en raison de son caractère décousu et des réticences de Yaguel. Et cela bien avant que l'on ne découvre que le suaire était un faux, ou tout au moins une simple « représentation »).*

M. de G. – Elle n'était pas oppressée pour le suaire de Turin. Elle a simplement dit : « C'est trop! » Elle sentait une pression nette pour l'empêcher de parler.

G. G.-T. – Avez-vous eu des anecdotes sur ces séances qui vous aient frappé mais qui n'auraient pas figuré dans le livre? Par exemple sur ce qui s'est passé en Italie.

M. de G. – Ce qui a été terrible, c'est lorsqu'elle s'est mise à pleurer quand elle *était* Anastasia. C'était Anastasia qui parlait; alors je dois dire que je me suis affolé, parce que, vous le savez bien, c'est dangereux. Je ne voulais pas que ce soit elle qui en souffre. On a arrêté très vite.

G. G.-T. – Il peut se produire également qu'elle décroche. Cela m'est arrivé une fois où elle disait : « Oh! Je monte, je monte; je suis tellement bien là-haut, je n'ai pas envie de redescendre... »

M. de G. – Nous avons connu cela, au cours d'une séance privée sur le Pérou. Mais elle contrôle très bien son rapport avec le « réel », même si, au début de sa carrière, elle a connu des risques de déconnexion.

Je trouve très intéressant le travail que nous avons fait par la suite sur des lieux connus.

G. G.-T. – Cela me rappelle l'expérience que nous avions faite à Gisors avec une équipe de télévision. Est-ce que cela a été exploité?

M. de G. – Non! Je ne voulais pas que ce soit exploité parce que ce n'était pas assez bien fait; c'était une bande d'essai pour voir ce que cela donnait sur un lieu chargé d'histoire, avec une caméra, et comment Yaguel réagissait en dehors de son cadre habituel et en étant filmée.

G. G.-T. – Tout avait bien marché. Elle n'avait pas été gênée par la caméra. Mais à Gisors, ce qui était compliqué, c'est qu'il y avait plusieurs époques : l'affaire des Templiers, le prisonnier qui était resté enfermé dans la tour et avait couvert les murs de dessins, et ce trou effrayant, ce cul-de-basse-fosse d'où elle voyait des grappes de mains tendues...

M. de G. – Il y avait les Romains, les ducs de Normandie; tout le monde était passé par là.

G. G.-T. – Ce qui m'avait le plus impressionné c'est la description qu'elle avait donnée de la chapelle souterraine, non trouvée encore. C'est tout de même fabuleux de se dire qu'il y a trois étages de caves, non dégagés, même s'il n'y a plus de trésor... Et puis elle avait bien senti l'espèce de rivalité qu'il y a entre le château et l'église. C'est un phénomène qui se sent presque géographiquement, quand on les voit. Avez-vous fait d'autres recherches?

M. de G. – Sur les lieux, non, mais avec des photos. Nous avons travaillé sur Rennes-le-Château, qu'elle a trouvé beaucoup moins intéressant qu'on ne le dit. Il serait bon de faire une série sur les lieux sacrés du monde. Sur la grande pyramide, elle a été étonnante!

G. G.-T. – Elle a vu des chambres sous la pyramide, pas aux endroits où l'on cherche en ce moment, en perforant les murs, et elle voit des choses prodigieuses. Y a-t-il un moyen d'intéresser des égyptologues à cela?

M. de G. – Non! Bien sûr! L'attitude générale des gens vis-à-vis de la voyance est une dérobade. Il n'y a pas un être au monde qui ne soit intéressé par l'idée que Yaguel est une voyante, et qui ne frémisse d'excitation, mais les trois quarts des gens n'ont pas le courage de l'avouer...

G. G.-T. – C'est pour cela qu'il est important que, dans ce livre, des gens notoires acceptent de baisser le masque.

M. de G. – Beaucoup de gens imaginent toujours que la voyance est quelque chose de très sombre, de très louche. Beaucoup pensent que je suis sous l'influence de Yaguel comme si elle était Raspoutine et moi Nicolas II!

G. G.-T. – D'où l'étonnement de la plupart, en constatant que Yaguel est une femme moderne, jolie et pleine de malice.

M. de G. – Je crois qu'elle aime bien travailler avec moi parce que j'y crois. Beaucoup d'investigateurs lui présentent plusieurs enveloppes parmi lesquelles elle fait un choix. Ils ne respectent peut-être pas assez son don. Ils lui tendent des pièges. Or, ce don, c'est comme la voix d'une grande cantatrice à qui on ne peut pas demander de chanter n'importe quel opéra, à n'importe quelle heure du jour! Il faut vraiment envelopper, protéger, cultiver ce don.

G. G.-T. – C'est d'ailleurs l'obstacle principal pour une saisie scientifique et rationnelle.

M. de G. – Trop de gens exercent des pressions infernales... Soit parce qu'ils veulent savoir, soit parce qu'ils attendent qu'elle leur dise ce qu'ils souhaitent entendre. C'est la meilleure manière de bousiller un don!

G. G.-T. – Je parle d'ailleurs de l'atmosphère extrêmement négative de ces expériences.

M. de G. – Je ne dis pas : « Consultez Yaguel et croyez à la voyance. » Ce n'est pas mon propos. « Mais, si vous n'y croyez pas, alors n'embêtez pas ceux qui y croient. » Je n'essaye de convaincre personne; j'ai mon intime conviction

G. G.-T. – Nous avons nos convictions, mais nous nous trouvons en face de gens qui, comme vous l'avez dit, sont chatouillés par l'idée de la voyance mais voudraient arriver à prouver que c'est du charlatanisme et coincer le sujet. Or il n'y a rien de plus facile à décontenancer et à bloquer qu'un voyant, étant donné son hypersensibilité.

M. de G. – Si vous voulez prouver qu'une cantatrice chante faux, vous arriverez à la faire chanter faux.

G. G.-T. – Les lieux où vous opérez sont en Toscane, à New York, chez vous à Paris. Après les nombreuses séances que vous avez faites avec Yaguel, chez vous, n'avez-vous pas provoqué une invasion d'entités?

M. de G. – Il y en a déjà tellement! Chaque fois que je vais dans la salle de bains, j'en ramène une; ça n'arrête pas.

G. G.-T. – Vous ne les voyez pas?

M. de G. – Non. Je les sens. Ce qui est drôle, c'est que nous faisons un *team*, Yaguel et moi. Je les sens et elle me dit qui c'est! J'ai d'ailleurs une peur épouvantable.

G. G.-T. – Peur? Vous paraissez prendre cela avec beaucoup de décontraction.

M. de G. – Parce que je suis surpris. Je n'y pense pas. Et avant que je sente s'il s'agit d'une entité bénéfique ou maléfique, j'ai très peur.

G. G.-T. – Votre maison n'est-elle pas protégée contre les larves et les élémentals?

M. de G. – Je n'ai jamais rien senti de mauvais ici. Mais on ne sait jamais. Comme ils savent que je les aime bien, que j'y crois et que je leur parle, ils me fichent la paix.

G. G.-T. – Vous vous souvenez de cette séance après la journée de Gisors? Yaguel avait donné une voyance extrêmement brillante à la demande du réalisateur de la télévision qui voulait résoudre une énigme familiale. Elle avait révélé que la mort de ses grands-parents, que l'enquête de police avait classée comme un meurtre commis par sa grand-mère sur son grand-père, malade mental, était, en fait, un double assassinat commis par un parent proche.

Description progressive de l'homme dont elle n'avait pu voir le buste et le visage qu'au bout d'un moment, voyance sur la façon dont s'était perpétrée la tuerie, sur l'orage qui avait couvert les coups de feu, sur la fuite de l'assassin avec la description exacte des lieux et des alentours, interception de papiers dans un meuble qu'elle désignait et que l'intéressé avait reconnu, détournement d'un héritage et usage abusif d'une tutelle. Tout y était pour un parfait roman policier. Le malheureux réalisateur était horrifié car ses grands-parents étaient dans le même caveau que leur meurtrier.

M. de G. – Je sais que ce garçon a vérifié pas mal de faits qui se sont confirmés entièrement vrais.

G. G.-T. – Et il aurait fait procéder à un transfert des corps pour séparer les victimes de leur assassin...

M. de G. – Je sais qu'il veut écrire un script sur cette histoire.

G. G.-T. – Que pouvez-vous ajouter sur la façon dont se déroulent les séances, sur les précautions à prendre?

M. de G. – Il faut créer une atmosphère de calme. Cependant, certaines personnes présentes peuvent provoquer, malgré elles, des perturbations. Nous avons connu cela en Toscane avec une dame charmante qui était venue assister à une séance. Il émanait sans doute d'elle des ondes qui ont tout bloqué. Rien n'a marché ce soir-là. Et moi je savais que c'était cette personne qui en était la cause; je le savais, dès la minute où elle est entrée... Nous avons eu un brouillamini d'interférences hallucinant!

G. G.-T. – Elle projetait des questions personnelles, des angoisses?

M. de G. – Peut-être. Et pourtant il s'agissait de quelqu'un de tout à fait bienveillant, qui y croyait à fond. Malgré cela, elle a tout bloqué! Par exemple, je pense que lors d'une récente expérience sur *l'Apocalypse selon saint Jean*, il y avait quelqu'un qui n'était pas très bon dans la pièce. Je me doute de qui il s'agissait. Il n'est pas souhaitable, non plus, de réunir un trop grand nombre de personnes sous prétexte d'avoir des témoins crédibles et notables. Ces séances doivent garder un caractère privé.

G. G.-T. – J'ai remarqué que vous aviez un comportement très « présent », très attentif lors des séances, comme si vous vouliez la soutenir.

M. de G. – Je peux dire que j'en sors épuisé, parce qu'il faut se concentrer terriblement sur le sujet, de façon à aider Yaguel et à la supporter. C'est un acte de foi constant mais tout à fait naturel, accompli sans effort artificiel. On peut se sentir néanmoins vidé. Je la regarde tout le temps, je ne la perds pas une seconde des yeux.

G. G.-T. – Ne risque-t-elle pas alors de procéder par lecture de pensée?

M. de G. – Non, parce que je suis intérieurement neutre. Et puis elle dit toujours des choses que j'ignore complètement et auxquelles je ne m'attendais pas, voire complètement contraires à ce que je croyais.

G. G.-T. – N'avez-vous jamais été gêné par votre position d'historien, notamment au moment de la publication de Leur vrai destin, *dont vous êtes à l'origine, et pour lequel vous êtes pourtant intervenu publiquement* a posteriori?

M. de G. – Non, pas du tout! Je n'ai pas pris une attitude réservée. Il faut bien se rendre compte que ce livre est le sien. Quelqu'un d'autre aurait pu jouer mon rôle. Je n'apparais dans une édition que lorsque j'ai le sentiment que l'opération n'aurait pas été menée à bien sans moi. Dans le cas que vous évoquez, je n'étais pas l'auteur du livre. Il fallait que ce soit elle seule qui apparaisse et avec le moins d'explications possible. On la croit, ou on ne la croit pas. Point à la ligne.

G. G.-T. – Oui, mais vous avez joué un rôle capital; vous avez tout de même eu l'idée de présenter, sous enveloppe, des sujets historiques. C'est vous qui avez finalement défini la méthode et la direction à prendre.

M. de G. – Je n'ai pas procédé selon un plan délibéré; ce fut une série de hasards...

G. G.-T. – En tout cas, cela représente un tournant dans la vie de Yaguel parce que, à partir de ce moment, elle a fait des investigations sur le passé, avec Rémy Chauvin, avec Emilia Masson, avec certains hebdomadaires, en remontant à des périodes très antérieures.

M. de G. – Il est plus intéressant d'entendre parler de Théodora que d'une dame qui pleure son chien disparu! De toute façon, comme toujours, la voyance ne donne que des directions de recherches, de détails insoupçonnés. Il n'y aura jamais, heureusement, de livre dicté par la voyance.

G. G.-T. – Lorsque l'entité elle-même intervient, comme dans le cas de Catherine Hermary-Vieille ou dans votre cas, c'est intéressant, mais l'entité ne peut-elle mentir?

M. de G. – Cela arrive souvent. Cependant ces interventions sont très limitées dans le temps : une ou deux séances et puis c'est fini.

Voyez-vous, il faut laisser aller; il ne faut pas être insistant. Il y a deux aspects dans ce travail : les supports psychologiques et les questions à poser ou à ne pas poser. Je ne pose mes questions que quand elle le permet; je lui demande toujours auparavant si c'est le moment de parler. Il faut savoir ne pas s'accrocher.

G. G.-T. – Je crois que vous avez le doigté nécessaire et la meilleure pratique possible de Yaguel. Je fais un peu d'autocritique en disant cela, parce que je suis quelquefois trop rationnel. Mais je vais dire cette lapalissade : je n'aurais pas obtenu les réponses que j'ai eues si je n'avais pas posé avec conviction certaines questions.

M. de G. – J'ai souvent pensé à ce que pouvait être la voyance. J'y pense toujours, d'ailleurs, c'est intéressant.

G. G.-T. – Avez-vous une définition?

M. de G. – Non. Nous en discutons souvent. Qu'est-ce que ce don? D'où vient-il, que peut-on faire, apporter, où doit-il se limiter, que peut-on en attendre? Je vous l'ai dit : il ne faut pas s'appuyer aveuglément sur la voyance, tout en y croyant.

G. G.-T. – Quant à l'origine du phénomène lui-même, le considérez-vous comme une particularité psychique ou comme une mission?

M. de G. – Je ne pense pas que ce soit une mission. Je crois que c'est un don que tous les êtres humains ont eu et qui s'est perdu. C'est le sixième sens.

G. G.-T. – Ne pensez-vous pas que certains êtres sont désignés pour accomplir un certain nombre de choses, au cours de leur vie, dans ce domaine très particulier? Les interventions de Yaguel ont eu de telles conséquences dans le destin de certains êtres que je ne peux pas m'empêcher de croire que cela est coordonné et prédestiné.

M. de G. – Oui, mais comme d'autres sont désignés pour être peintre ou musicien.

G. G.-T. – Ce n'est pas un don humain habituel bien qu'on puisse, en effet, le comparer à l'art.

M. de G. – Parce qu'il n'est pas reconnu comme tel, et qu'on se fait de fausses idées sur la voyance. C'est, en fait, quelque chose de beaucoup plus naturel et de moins mystérieux qu'on ne le croit. Si nous possédions la connaissance qui nous manque, nous comprendrions et la voyance serait en partie au moins, explicable scientifiquement. Il resterait évidemment des questions : pourquoi Yaguel a-t-elle un don que je n'ai pas? Je ne le sais pas. C'est un secret perdu. Et puis, si mission il y a, elle est surtout suscitée par les autres qui attendent tellement de Yaguel. C'est un apostolat, une façon de donner.

G. G.-T. – Votre position a-t-elle été modifiée par ces expériences?

M. de G. – Je suis spiritualiste, certes, mais comme disait un lord anglais à Voltaire : « J'ai une petite religion à moâ. » Je trouve qu'il est absurde d'être athée. De toute façon, on ne sait rien.

30 mai 1988.

SOPHIE DE HABSBOURG

Fille de l'archiduc Ferdinand et de l'archiduchesse Hélène de Habsbourg.

Sophie de Habsbourg. – Il y a toujours un énorme problème dans ce genre d'enquêtes. Les expériences que j'ai eues avec Yaguel, je peux les raconter à ma meilleure amie ; elle ne me croira pas au fond d'elle-même.

Gérald Gassiot-Talabot. – Peut-être votre meilleure amie... mais le public le croira. Car on ne pense pas que, étant qui vous êtes, vous puissiez dire ce que vous allez dire sans engager votre responsabilité et celle de votre famille.

S. de H. – Je crois quand même qu'il faut insister sur ce point... J'ai vu la réaction de mes parents quand je leur ai parlé des dons de Yaguel : ils m'ont dit : « Oui, oui, d'accord, très bien. » Ensuite, nous nous sommes assis ensemble et Yaguel a commencé avec une enveloppe fermée, selon la technique qu'elle utilise. Et tout a basculé.

G. G.-T. – Le premier contact a donc commencé par une sorte de scepticisme courtois, mais au fond le « phénomène » Yaguel paraissait un peu saugrenu...

S. de H. – Moi je crois énormément à ce genre de choses, et je n'ai jamais douté de Yaguel...

G. G.-T. – Vous avez cru à la médiumnie avant de la rencontrer?

S. de H. – Absolument, oui!

G. G.-T. – Et vous aviez consulté auparavant?

S. de H. – J'avais consulté, oui. Jamais très sérieusement et jamais quelqu'un de vraiment exceptionnel comme Yaguel, mais c'est un problème qui m'a toujours fascinée... Yaguel m'a montré son professionnalisme, car sa manière d'opérer est avant tout très positive. C'est sa grande force.

G. G.-T. – Oui, elle a tendance à adoucir les angles parce qu'elle a une très grande expérience humaine mais, évidemment, quand elle voit des événements vraiment graves, elle finit par les dire si elle pense que le sujet est capable de les recevoir et si ça peut l'aider.

Elle est extrêmement prudente, et agit comme pour une sorte de thérapie.

S. de H. – Dans tout ce qui peut arriver dans une vie, futur ou passé, surtout dans le passé, on remarque au bout d'un certain temps que ce qui a pu paraître mauvais pour une personne, le drame qu'elle a vécu, comportait toujours un côté positif. On ne le comprend pas sur le moment, mais plus tard. Yaguel utilise toujours cet aspect des événements pour les faire accepter.

G. G.-T. – Ainsi Yaguel a été invitée chez vous; elle est allée à Salzbourg et a été reçue par vos parents.

S. de H. – Par mes parents et par moi-même. Mes parents ne la connaissaient pas et moi, depuis deux ans seulement. Je l'avais rencontrée à un cocktail chez mon oncle, Michel de Grèce, et j'ai eu tout de suite un contact très positif avec elle car elle est très spontanée, très gentille. Trois jours plus tard, nous avons dîné ensemble et, après le dîner, elle m'a fait les cartes. Je ne pensais pas encore qu'elle était quelqu'un d'exceptionnel, mais j'étais ouverte à tout, j'écoutais, je voulais savoir. Elle m'a dit une série de choses qui étaient, à mon avis, quasi irréalisables et, qu'en tout cas, je ne voulais pas voir se réaliser.

G. G.-T. – C'étaient des choses désagréables?

S. de H. – Non, mais cela ne me convenait pas. Par exemple, que j'allais quitter la vice-présidence d'une association d'aide aux enfants dont je m'occupais en Espagne. Or, c'est une activité que j'aimais beaucoup et je ne voyais pas pourquoi je l'interromprais. Avec cela elle m'a prédit deux événements importants et tout était réalisé six mois plus tard.

G. G.-T. – Prenons l'affaire de la direction de cette association. Vous a-t-elle dit comment vous alliez vous arrêter?

S. de H. – J'avais parlé à Yaguel de mon action et elle était très fascinée par le travail que je faisais, très approbatrice. Je m'attendais à ce qu'après cette conversation, hors consultation, elle me dise : « Oui, oui, fantastique, continue... » Or je l'entends m'affirmer : « Tu vas arrêter, tout d'un coup. »

G. G.-T. – Et, effectivement, ça a été un arrêt brusque?

S. de H. – Très brusque. Mais pour une raison que je n'ai pas provoquée. Quant à ce qui touchait à un aspect privé de ma vie, elle m'a dit, sans que je lui pose aucune question : « Tu vas arrêter et là, c'est toi qui le décideras. » Et quatre mois plus tard, c'était fait.

G. G.-T. – Donc, c'est un effet de votre volonté. Êtes-vous sûre de n'avoir pas agi en fonction de la prédiction? Ne pouviez-vous pas faire autrement?

S. de H. – Absolument pas. Je n'aurais jamais cru que j'arriverais à cette échéance. Disons que l'ensemble est parvenu à un point où je devais me comporter comme je l'ai fait.

G. G.-T. – A Salzbourg comment la rencontre s'est-elle passée avec votre entourage?

S. de H. – J'avais préparé mes parents en leur disant : C'est une amie de Paris qui vient avec un ami; elle est voyante. Mes parents étaient amusés et sceptiques, mais il n'y a eu aucune objection. Là-dessus, Yaguel a appelé un jour avant son arrivée et elle est tombée sur mon père au téléphone. Elle lui a demandé : « Quel temps fait-il à Salzbourg et que dois-je emporter pour le soir, pour les dîners? » Mon père lui a répondu très aimablement, mais quand je suis rentrée je l'ai entendu me dire : « Ta voyante, elle aurait dû savoir quel temps il fait à Salzbourg! »

G. G.-T. – Oui, ça, c'est très classique...

S. de H. – Mais c'était très amusant. Mon père a un caractère sympathique et a éprouvé tout de suite une connivence avec Yaguel qui nous a promis que le soir on pourrait lui soumettre des enveloppes fermées. Ma mère et moi nous avons préparé cinq enveloppes différentes. Il y en a une dont nous ne pouvons parler car elle touche à une affaire qui a défrayé la presse et dont certains des protagonistes sont encore vivants. Il y a eu présomption de meurtre. Je peux simplement dire qu'elle a débrouillé une situation compliquée et donné une solution.

G. G.-T. – Combien de personnes savaient ce qu'il y avait dans les enveloppes?

S. de H. – Tous ceux qui étaient dans le salon, sauf Yaguel et Patrick de Bourgues.

G. G.-T. – Quelle est l'enveloppe qu'elle a sortie ensuite?

S. de H. – C'était sur le sujet le plus fascinant. Il concernait un de nos ancêtres qui s'appelait Johan Orth. C'était un Habsbourg qui avait épousé une chanteuse; d'où un scandale qui avait conduit à changer son nom en « Orth ». Elle a commencé à décrire cette personne physiquement : jambes très lourdes, arquées, dont il devait souffrir. C'était un homme intelligent et il avait beaucoup de difficultés à accepter sa condition, à continuer de vivre dans cette ambiance de réprobation. Elle l'a donc décrit et, tout à coup s'est écriée : « Mais, attendez! Brusquement, il disparaît, il part. » Et elle a ajouté : « Je le vois sur l'eau. Il n'est pas sur une île, comme je le croyais, mais sur un bateau; il s'échappe. Parce qu'il ne peut plus vivre la vie qu'il menait. Il a besoin de laver son nom, comme de nettoyer sa personne. Je vois une énorme tempête qui arrive, le bateau est très abîmé. Des gens survivent, et je l'entends très clairement dire : " Maintenant tout le monde va croire que je suis mort, mais je vis et comme cela on ne parlera plus de moi. " » Yaguel répète cela trois fois. Nous étions pétrifiés, nous avions la chair de poule, car si les livres d'histoire racontent exactement la liaison qu'il avait eue avec cette cantatrice, sa vie se termine sur le bateau où il disparaît. Et l'on ne sait plus rien.

G. G.-T. – On ne sait pas ce qu'il est devenu?

S. de H. – Yaguel continue à raconter : « Il survit, donc, et maintenant je le vois, avec beaucoup de végétation autour de lui; c'est loin, je pense à un pays d'Amérique du Sud. Je le vois dans un vêtement très long, en habit religieux, comme un moine, et je vois beaucoup de moines autour de lui... Ce doit être un couvent. »

Personne ne savait ce secret. Or, il y a deux semaines, maman va en ville, à Salzbourg, et rencontre un oncle Habsbourg qui est très intéressé par les histoires de famille. Elle lui tend un piège en le questionnant : « Est-ce que tu sais quelque chose sur ce Johan Orth? Je crois qu'il était grand et très mince? » Et mon oncle de rétorquer : « Mais non, tu te trompes! Il était petit, très lourd, il avait un corps disgracieux, mais c'est vraiment curieux que tu m'interroges sur lui, parce que, te rends-tu compte, je viens de recevoir il y a une semaine, une lettre d'Amérique du Sud m'informant que l'on a retrouvé des papiers, et que cet homme habitait et est mort dans un couvent... »

G. G.-T. – Pas mal! Est-ce que quelqu'un connaissait le physique de cet homme parmi ceux qui assistaient à la séance, ce physique lourd, avec des jambes arquées?

S. de H. – Non, personne.

G. G.-T. – Donc, elle donnait déjà une indication qu'aucun des participants ne connaissait.

S. de H. – La seule chose que l'on savait de Johan Orth, ce n'était pas son physique, c'est qu'il avait disparu un jour sur un bateau.

G. G.-T. – Oui, c'est ce que j'appelle une « voyance péremptoire », parce qu'elle révèle une histoire que personne ne connaissait. Il ne pouvait donc pas y avoir transmission de pensée. Il n'y avait aucun indice. Et la preuve est venue par la suite, par le canal d'un parent, spécialiste de l'histoire des Habsbourg, et parfaitement identifiable. Pourquoi avoir choisi ce cas?

S. de H. – Parce que personne ne connaissait le sujet : on pensait que c'était un bon test, et c'est pour cela que mes parents voulaient vérifier. Dans l'enveloppe il n'y avait qu'un papier avec un nom. Personne ne savait ce qu'il était devenu, pas même la femme avec qui il avait vécu et qui a fait des recherches.

G. G.-T. – L'enveloppe suivante?

S. de H. – Ensuite nous avons fait un choix que mon père trouvait fascinant : une photo de mon arrière-grand-père et de son frère, François-Ferdinand (celui de Sarajevo). C'était une photo où ils étaient ensemble, donc on ne voulait pas la couper. On a donc mis les deux archiducs dans la même enveloppe, en prévenant Yaguel qu'il y avait deux personnes. Ce qui nous intéressait, c'était surtout François-

Ferdinand en raison de l'attentat de Sarajevo. Yaguel a tout de suite commencé à dire : « Quelle différence entre ces deux personnes ! Ce que c'est drôle! L'un passe sa vie à s'amuser, à pêcher... Je le vois dans un château, une maison ravissante; il y a une colline qui descend d'un côté; en bas se trouve un pont d'où il pêche. Il n'arrête pas de chasser. » Mon arrière-grand-père était ainsi, il ne pensait qu'à vivre.

Et puis, tout à coup, elle change de sujet et elle s'écrie : « Oui, mais il y a l'autre. Quelle vie il a eue ! Quelle dureté dans son destin ! Je vois qu'on le prépare à un rôle qu'il devra jouer plus tard. Il y a un poids, semble-t-il sur son avenir. » Tout d'un coup elle s'arrête et dit : « Vous savez ce que je vois ? La moitié de son visage noire, complètement noire. » On ne comprenait pas. Elle ajoute : « Attendez ! Je vois sa femme, ses enfants, et l'aînée joue très bien du piano, son nom commence par un M (Marguerite). » En fait, c'est vrai, elle jouait très bien du piano, mais peu de gens le savent. Elle s'arrête et crie : « Attendez, j'entends un bruit horrible ! Bang ! Bang ! » Nous étions tous dans l'état que vous imaginez et nous lui demandons : « Mais qu'est-ce que c'est ce Bang? – Oui, attendez! Cela est en rapport avec son visage, la moitié noire... Il a reçu une balle dans la tête. Il n'est pas mort tout de suite. On l'a emmené très vite, et on a essayé de l'opérer. Mais il est mort dans cette pièce où on l'avait déposé quelques heures plus tard. »

C'est exactement ce qui s'est passé. Il a reçu plusieurs balles et surtout une dans la tête.

G. G.-T. – Si je me fais l'avocat du diable, je ferais remarquer qu'étant reçue dans la famille de Habsbourg, elle pouvait s'attendre à être interrogée sur l'un des deux drames qui l'ont ensanglantée, mais, effectivement, elle ne pouvait pas savoir à quel moment les sujets sortiraient. Quand on lui a donné cette enveloppe, elle a en tout cas décrit un personnage (votre arrière-grand-père) qui, lui, n'était pas prévisible pour elle et elle l'a décrit dans son environnement; elle s'est ensuite focalisée sur l'autre personnage et sur sa mort brutale.

S. de H. – Elle a décrit, en outre, la maison de mon arrière-grand-père très exactement, avec tous les détails. Ce qu'elle dit est tellement spontané ! Ce n'est pas réfléchi, recherché, c'est direct, affirmatif.

G. G.-T. – Comme il y a eu un grave problème politique et que la Première Guerre mondiale en est sortie, sur ce problème politique n'a-t-elle rien apporté, dans l'esprit de son livre Leur vrai destin, *qui soit une clé, l'explication d'une énigme, notamment sur le complot et les origines de l'attentat?*

S. de H. – Je crois que nous étions tellement fascinés par ce qu'elle nous disait que nous n'avons pas pensé à la pousser à aller plus loin. Nous étions stupéfaits.

G. G.-T. – Cette moitié de visage noire, est-ce symbolique, l'ombre de la mort?

S. de H. – Non, elle a dit à la fin que c'était la trace de la poudre du coup de feu.

G. G.-T. – Ensuite, quelle enveloppe avez-vous tirée?

S. de H. – Celle du duc de Reichstadt. Ce qui était frappant c'est qu'elle n'a jamais parlé d'un homme adulte mais d'un enfant. Elle disait : « Quelle chevelure... (Or, c'est la première chose que l'on connaît du duc de Reichstadt : ses cheveux blonds...) Ah ! les yeux bleus... ce qu'il est beau ! Il a les traits très fins. » Elle a commencé à parler de lui mais s'est arrêtée très vite. Nous, nous voulions en savoir plus.

G. G.-T. – A-t-elle trouvé une énigme sur sa mort, par exemple?

S. de H. – Elle a dit qu'il était décédé de mort naturelle, mais qu'il n'avait pas pu supporter la vie qu'il menait. Les gens autour de lui, une femme, notamment, l'écrasaient complètement.

G. G.-T. – On ne voit pas de qui il s'agit?

S. de H. – Probablement sa tante, l'archiduchesse Sophie. Elle n'a pas parlé de sa mère et elle a tout de suite bifurqué : « Je vois un homme, je crois que c'est son père, quelqu'un de très fort, très égoïste, très orgueilleux... Je le vois tout le temps à cheval... Est-ce que c'est possible? Je le vois en exil. Il a une maladie de foie; il est rongé par cela. »

G. G.-T. – Mais enfin, sur Napoléon, elle n'a pas vu que c'était un souverain?

S. de H. – Non, elle ne l'a pas dit, parce qu'on ne l'a pas poussée plus loin. Yaguel passe toujours très vite et c'est à celui qui questionne de l'arrêter, de lui demander des précisions.

G. G.-T. – Et personne n'a pensé à le faire!

S. de H. – Non, car, là encore, nous étions tous ahuris par la virtuosité, l'autorité de sa communication.

G. G.-T. – Donc, elle a pensé qu'il était mort de mort naturelle mais dans une profonde souffrance psychologique. Il est vrai qu'il était à la fois prince d'Autriche et fils d'usurpateur. Donc il y avait une ambiguïté dans ce personnage, qui a été soulignée de nombreuses fois... et puis on craignait toujours que les Français ne l'enlèvent pour le remettre sur le trône. Il était donc soumis à une surveillance constante.

S. de H. – Oui. Elle disait qu'il était toujours entre deux portes, qu'il n'appartenait à nulle part, qu'il voulait aller de l'avant et qu'il ne le pouvait pas.

G. G.-T. – Et sur Rodolphe, y a-t-il eu des questions?

S. de H. – Non, Rodolphe on ne l'a pas fait, parce que son cas était traité dans le livre *Leur vrai destin*, mais à propos de mon arrière-grand-père, elle a raconté exactement sa fin. Il avait eu un problème d'asthme et il est mort d'une pneumonie. Elle a décrit la difficulté qu'il éprouvait à parler; il toussait beaucoup.

G. G.-T. – Bien! Quelle était l'impression de vos parents et de votre entourage? Ça s'est terminé ainsi, elle n'a pas dit autre chose?

S. de H. – Non, mais mes parents étaient tellement impressionnés, bien sûr, qu'ils ont demandé des consultations privées. Ce qui est strictement confidentiel, mais je sais que Yaguel a annoncé à mon père la mort d'un de ses amis très chers (survenue deux semaines plus tard) et elle a débrouillé sa situation professionnelle selon un schéma qui s'est complètement réalisé depuis.

G. G.-T. – Et pour vous, a-t-elle donné des indications intéressantes concernant vos activités?

S. de H. – La seule chose que je voulais savoir c'est si je devais monter une affaire en Espagne sous mon nom. Elle m'a regardée en riant et m'a dit : « Tu es beaucoup trop paresseuse et tu n'as pas assez d'énergie pour un tel projet. Tu n'es pas une femme d'affaires. » Il aurait fallu, en effet, que je travaille jour et nuit, pendant cinq ans, pour sortir des collections trois fois par an. Et puis elle a coupé court en ajoutant : « D'ailleurs, tu vas avoir un énorme contrat. Je te vois au cinéma et à la télévision, comme actrice ». Or, si je suis mannequin, j'ai toujours affirmé que je ne serais pas capable d'être actrice; je suis trop timide pour faire ce métier.

G. G.-T. – Cela fait un certain nombre de problèmes intéressants, avec des voyances péremptoires. La mort de l'archiduc est un fait historique. C'est dommage qu'on n'ait pas poussé Yaguel plus loin; elle aurait pu dire des choses assez mal connues car il y a eu tout de même un complot. Quant à Rodolphe, c'est un personnage qu'elle sent mal.

S. de H. – On n'a pas parlé de lui mais, en revanche, on a beaucoup évoqué le cas d'Anastasia qui, en fait, est assez proche de moi parce que mon arrière-grand-mère est une grande-duchesse de Russie et ma tante, qui vit à Paris, est l'une des trois sœurs Grèce, la deuxième est Olga de Yougoslavie, la troisième avait épousé le duc de Kent. Or, Olga fut envoyée en Allemagne pour vérifier si c'était vraiment Anastasia qui avait reparu. Et moi, cela m'a toujours fascinée parce que je sais que la famille n'a jamais vraiment fait d'efforts pour rechercher la vérité. Ils ont toujours rejeté cette hypothèse. Ma mère dit souvent que si l'on avait retrouvé une de ses cousines, ou présumée telle, elle aurait tout fait pour savoir si c'était elle.

G. G.-T. – En tout cas, l'explication de Yaguel, comme toujours, est d'une simplicité et d'une évidence tout à fait plausibles (Voir Leur vrai destin*). Je vous remercie pour votre témoignage, car la* *caution que vous donnez, avec l'assentiment de votre famille, a beaucoup de valeur.*

28 octobre 1988

FANNY HERGÉ

Veuve du dessinateur Georges Hergé.

Gérald Gassiot-Talabot. – Parlons de l'importance des témoignages sur Yaguel dans cette partie de l'ouvrage.

Fanny Hergé. – Les gens ont encore un peu peur de la voyance. C'est un phénomène qui n'est pas assez reconnu.

G. G.-T. – Quel est le biais par lequel vous avez connu Yaguel? A quelle époque à peu près?

F. H. – Il y a au moins dix ans. Des amis communs nous ont parlé d'elle de façon enthousiaste et Stéphane Jansen nous a obtenu une rencontre avec elle.

G. G.-T. – Donc c'est une suite de relations depuis une dizaine d'années? Y a-t-il eu un événement très net, que vous n'aviez absolument pas à l'esprit, et qui s'est réalisé exactement comme on vous l'avait prédit?

F. H. – Nous habitions un appartement et nous voulions déménager, sans savoir très bien si nous allions en trouver un autre ou prendre une maison, aller à la campagne, rester à la ville; on ne savait pas. J'ai posé la question à Yaguel qui m'a dit : « Vous n'irez pas à la campagne, vous ne resterez pas non plus vraiment en ville, mais ce ne sera plus un appartement. » Elle nous a fait la description d'une maison. Je n'y ai pas cru parce qu'elle me décrivait un petit balcon : « Je vous vois dire bonjour, vous êtes sur un petit balcon. » Mon mari était plutôt féru de modernisme.

G. G.-T. – Vous viviez à Bruxelles?

F. H. – Oui. Dans son esprit c'était plutôt une maison moderne. Il s'est trouvé qu'un an après on a eu un flash : une petite maison dans un fond de verdure. Nous sommes tombés amoureux de cette maison. Je n'ai pas réalisé tout de suite. Ce n'est que quelque temps après que j'ai fait remarquer à mon mari que c'était exactement la maison que Yaguel nous avait décrite.

G. G.-T. – Vous avait-elle donné un délai dans sa prédiction?

F. H. – Non.

G. G.-T. – Avez-vous d'autres exemples touchant à des événements plus importants?

F. H. – Oui! La maladie de mon mari. Elle ne nous a pas donné de dates précises. Nous ne savions pas encore ce que c'était. Yaguel nous disait : « Je vois le chiffre 3, il y a quelque chose qui va se terminer, je ne peux pas vous dire si c'est dans trois mois, dans trois ans. Ce sera ou bien la guérison ou bien... Je vois beaucoup de piqûres, un long repos dans une chaise-longue. » Mon mari, en fait, avait une maladie de sang; il a dû beaucoup se reposer, il s'affaiblissait... Mon mari est mort trois ans après. Il était déjà très souffrant au moment de cette séance.

G. G.-T. – Elle ne vous a pas indiqué clairement qu'il y avait une issue fatale?

F. H. – Non. Elle a été très honnête. Elle voyait le chiffre 3 et ne savait pas comment l'interpréter. C'était une libération : cela pouvait être la guérison, ou bien autre chose. La maladie a cessé sur ce plan-là, de toute façon.

G. G.-T. – On sait très bien qu'elle évite de prédire brutalement la mort d'un être proche, sauf quand c'est nécessaire.

F. H. – Ce qui est plus bouleversant encore, c'est que, après le décès de mon mari, j'ai été voir Yaguel et j'ai eu des communications. Quelques semaines ou quelques mois; pas tout de suite après.

G. G.-T. – Est-ce que ces communications montraient des préoccupations pratiques, matérielles, comme cela arrive souvent? Des oublis, des conseils...

F. H. – Non. Pas tellement. Il me disait que la mort n'était pas ce qu'on craignait, que c'était une joie, une libération, et comme mon attitude, au moment de sa mort, m'avait conduite à ne pas dramatiser... Nous nous disions, mes amis et moi, que la mort n'existait pas, que Georges était là, présent. Il était ailleurs, mais il était toujours là, ce qui a évité, évidemment, les manifestations dramatiques. On a fait dire une belle messe avec tous ses amis, on l'a entouré, vraiment, et il m'a dit par ce message que c'était la plus belle chose que j'avais faite pour lui; il a ajouté aussi : « Cette séparation a été très dure pour toi, pour moi aussi, mais je peux te le dire : quelle libération! Quelle beauté! » Il m'a répété également qu'il était là, qu'il me protégeait, qu'il me soutiendrait toujours et enfin, surtout, cette phrase : « Tu as encore beaucoup de choses à faire, mais le moment venu, je t'apparaîtrai en rêve, trois jours à l'avance et ce n'est pas une main que je te tendrai, mais les deux mains. Tu le sauras le moment venu, et tu auras le temps de te préparer. »

G. G.-T. – C'est une belle promesse.

F. H. – Oui. C'est très beau! Je l'ai retenue, je l'ai enregistrée sur cassette, mais je la répète textuellement parce que je l'ai écoutée souvent. Autre chose encore dont je me suis souvenue tout récemment. Nous étions tous les deux très concernés par les philosophies orientales. Mon mari était tourné vers la Chine, le taoïsme et le zen. Moi, vers tout ce qui touchait à l'hindouisme. Lui, non. Nous avions souvent des conversations, des échanges, des discussions. Or il m'a dit dans ce message que c'était l'hindouisme qui disait la vérité, même s'il y avait du vrai dans le bouddhisme. « Je n'avais pas tout à fait tort non plus, ce qui est très bien ! » J'ai ri et raconté cela à Stéphane Jansen qui m'a avoué : « Oui, je sais, il m'a également laissé un message en ce sens-là. » Donc, à deux personnes différentes.

G. G.-T. – Hergé était-il intéressé par le tao ou par le bouddhisme ?

F. H. – Surtout par le bouddhisme zen. Son message me confortait dans ce que j'avais au plus profond de moi, une certitude. Mais cela a été dit également, hors de ma présence, sans que je puisse influencer le propos, puisque Stéphane habite aux États-Unis et que Yaguel a des voyances, soit à Paris, soit aux États-Unis; donc, loin de moi, il y a eu des messages qui me concernaient. Je crois qu'un esprit, dans l'autre dimension, a aussi besoin de ces balises et de ces points de repère. Il reste en contact, je pense, avec des gens qui lui sont proches, et mon mari aimait énormément Stéphane.

G. G.-T. – Y avait-il des recommandations concernant ses occupations lorsqu'il était incarné ?

F. H. – Il semblait très détaché de tout cela. Il a dit : « Je me suis réalisé, je suis en paix, je suis heureux. » Il n'a pas parlé des manifestations qui ont lieu à son sujet à Angoulême. « Je suis content de tout ce qui est fait autour de moi, pour mon œuvre. »

G. G.-T. – Ce qui s'est passé autour de lui, il n'en a pas parlé ? Et de ce Chinois, Tchang, qui a sculpté son buste et que nous avons, au ministère, accueilli à Paris ?

F. H. – Non. Pas à moi, en tout cas. Je crois qu'il était très élevé spirituellement et que la pérennité de son œuvre n'a pas fait un grand problème. Il n'a pas dû rester dans des sphères intermédiaires, il s'est dégagé, s'est élevé...

G. G.-T. – Tout le long de ces années, y a-t-il eu des indications sur vos problèmes ?

F. H. – Ce qui revenait chaque fois c'était : « Il est heureux et te protège. » C'est la protection. « Quand on arrive ici, on est nu, on n'emporte rien. »

G. G.-T. – Quand elle vous a transmis ces messages, avait-elle des visions internes de votre mari, ou bien était-ce auditif et vous transmettait-elle une parole ?

F. H. – De temps en temps elle le voyait. La plupart du temps, je pense que c'était auditif. J'ai eu aussi des manifestations chez moi, hors de la présence de Yaguel. Quelqu'un qui travaillait chez moi s'est révélé médium, sans le savoir, et l'a vu. Je ne veux pas forcer ces choses par une écriture automatique. J'ai noté des bruits, des animaux qui réagissaient. Surtout au début, j'étais beaucoup plus réceptive.

G. G.-T. – Votre témoignage est intéressant parce que c'est un cas net de voyance spirite, ce que Yaguel ne favorise pas.

F. H. – Je ne l'ai pas cherché, ni par le Ouija, ni par les tables tournantes...

G. G.-T. – Yaguel opérait librement ou avec un jeu de cartes?

F. H. – Nous avons commencé avec des cartes puis, tout d'un coup, elle a lâché son jeu et a dit : « Georges est là. Je l'entends, comme si c'était au téléphone. » Parfois elle n'entendait plus rien, parfois c'était très clair, ça se suivait. Ce n'était jamais provoqué, jamais nous ne l'appelions; il se manifestait spontanément et, moi-même, je me refuse à espérer davantage pour ne pas être déçue.

G. G.-T. – Au cours de sa vie, vous me l'avez dit, vous aviez des conversations avec lui sur des sujets religieux...

F. H. – Nous ne parlions pas de la mort, et nous avions des conceptions différentes; moi je croyais à une survie de l'esprit conscient, avec la même personnalité, mais lui optait pour une survie par un retour au grand Tout. Nos cellules retournent à la terre, certaines pensées subsistent et se diluent dans ce grand magma.

G. G.-T. – Il pensait, lui, à la dilution des cinq agrégats et croyait à une réincarnation sur le mode bouddhiste, à la transmutation d'un principe, sans maintien du moi, ni de la constitution personnelle.

F. H. – A l'époque, j'étais attirée par l'hindouisme, non sans avoir certains blocages. Maintenant j'y adhère totalement.

G. G.-T. – Le bouddhisme, quand on commence à le pénétrer, provoque une sorte de peur, de vertige, de panique.

F. H. – Oui. On éprouve le sentiment du néant, car c'est une pratique tellement différente des approches occidentales! En tout cas j'ai eu différentes expériences que je n'exposerai pas, notamment par l'intermédiaire de cette personne qui travaille chez moi et qui m'a transmis une fois une mise en garde concernant ma sécurité. J'ai eu des réponses à certaines interrogations, à certaines répulsions, par des phénomènes qui ne devaient rien au hasard ou à une explication logique. Mais je pense que je suis arrivée à la fin d'un contact avec Georges. Tout ce qui concerne son œuvre me préoccupe, évidemment, mais sans que ce soit obsessionnel. Je sens sa présence et je crois en sa promesse.

22 juin 1988.

CATHERINE HERMARY-VIEILLE

Écrivain. Auteur de : *Le Grand Vizir de la nuit* (prix Fémina 1981), *L'Épiphanie des Dieux, L'Infidèle, Le Jardin des Henderson* (Gallimard) et *La Marquise des Ombres* (Orban).

Gérald Gassiot-Talabot. – Vous avez eu, m'a-t-on dit, des témoignages péremptoires avec Yaguel sur des personnages historiques, par exemple.

Catherine Hermary-Vieille. – Mes rapports avec Yaguel ont été, au départ, professionnels. Je me souviens très bien que j'avais été la voir un jour sur rendez-vous. Je ne la connaissais absolument pas. Une amie m'avait dit : « Tu as un problème, va voir Mme Didier parce qu'elle est remarquable... » Je n'étais pas, *a priori,* tellement attirée par les voyantes. J'avais toujours peur qu'elles m'influencent et qu'ensuite j'essaie par tous les moyens de provoquer l'événement, de perdre ma liberté en me persuadant : « Si elle m'a dit, je ne sais pas, que j'allais avoir un accident de voiture la semaine prochaine, je suis sûre que je vais provoquer cet accident pour me débarrasser de cette obsession... »

G. G.-T. – Il y a l'autre face du problème : on peut vous dire des choses tellement agréables que vous utilisez tous les moyens rationnels pour réaliser la prédiction.

C. H.-V. – Moi, je voyais plutôt les côtés désagréables. J'ai été la voir au moment de la sortie de mon premier livre; elle a commencé à me dire des choses tout à fait extraordinaires, qui se sont déjà réalisées en partie, mais qui se réalisent totalement maintenant.

G. G.-T. – Le premier livre c'était?

C. H.-V. – C'était *Le Grand Vizir de la nuit*, qui a eu le prix Fémina en 1981. Elle m'a dit sur ce livre : « C'est curieux parce que toi, tu es française, tu as écrit un livre qui est français, ce sera un producteur qui n'est pas français qui va l'acheter. Ce sera un metteur en scène qui n'est pas de la nationalité du producteur qui va le tourner, et il sera tourné en langue anglaise. » A l'époque, le livre venait de paraître. Je n'avais pas eu le prix Fémina. C'était mon premier bouquin, j'avais dû en vendre deux mille exemplaires. J'étais absolument inconnue. Il n'était pas question une seconde de faire un film, et encore moins, comme elle avait l'air de le dire, un film tourné en langue anglaise, donc international... J'étais ravie, naturellement, mais je n'y croyais pas tellement. Et, petit à petit, tout s'est absolument réalisé, tout, tout, tout. Elle oublie, maintenant... Elle n'est plus capable de dire ce que je vous raconte.

G. G.-T. – C'est pour cela qu'on a absolument besoin de l'intervention des témoins.

C. H.-V. – Ce qui est passionnant, parce que vous ressuscitez une mémoire qui n'appartient pas, paradoxalement, à Yaguel, alors qu'elle vient d'elle mais elle est en dehors d'elle.

G. G.-T. – Oui. Elle est un canal.

C. H.-V. – Absolument. Ça a été mon premier contact avec elle. Ensuite on a sympathisé, on s'est vues chez des amis communs. Nous sommes devenues très amies et puis un jour, quand j'ai commencé à réunir ma documentation sur la marquise de Brinvilliers, la *Marquises des Ombres*, je ne lui ai rien demandé du tout mais je suis passée chez elle pour lui dire bonjour et je suis tombée sur une de ses amies, très célèbre, qui voulait qu'elle lui parle de Mme Tallien qui est morte princesse de Chimay. J'étais dans mon coin sur le canapé. Je lui dis : « Je suis désolée, Yaguel, je viens te voir à un mauvais moment. » A l'époque, elle habitait Chatou. Elle était dans son bureau avec cette dame et elle parlait. Et puis, tout d'un coup, elle s'est arrêtée net et elle a dit : « Mme Tallien n'est pas là, elle ne peut pas parler. Il y a quelqu'un de beaucoup plus fort qu'elle qui est en train de prendre possession de moi et qui a quelque chose à dire. Je ne sais pas du tout qui c'est. C'est une femme morte depuis longtemps. Elle est petite, elle est menue. Elle a des yeux très, très bleus, elle veut faire passer un message et j'entends : " la paix, la paix, je suis en paix ". Qui est-ce ? » Et moi, sur mon canapé, je fais un bond et je lui dis : « Tu me décris en ce moment quelqu'un sur qui je suis en train de travailler qui est la marquise de Brinvilliers, qui correspond exactement à ce que tu vois. » Je ne lui en avais absolument pas parlé. Yaguel n'était pas du tout au courant de mon projet, puisque je n'en étais qu'au début de mes recherches; je n'avais pas écrit une ligne du livre. Et puis elle m'a dit : « Oui, je ne sais pas qui c'est, mais cette femme est très forte. Elle veut faire passer un message, elle a quelque chose à dire. » Alors elle m'a dit des choses extraordinaires ! Elle m'a donné des détails sur la vie quotidienne, sur la façon dont elle rangeait ses poudres (ses poudres qui étaient de l'arsenic, des poisons, et dont elle avait en sa possession de petites quantités), comment elle s'habillait, comment elle se parfumait, comment elle cachait ses bouteilles, parce que c'était une femme tellement malheureuse, Mme de Brinvilliers, qu'elle buvait en cachette : elle dissimulait des flacons d'eau-de-vie derrière les livres de sa bibliothèque pour ne pas que ses servantes et sa famille voient qu'elle buvait. J'ai tout enregistré, donc j'ai tout gardé sur bande. J'étais très étonnée : elle parlait de la couleur de ses gants et disait qu'elle adorait les gants, les collectionnait, en avait des paires de toutes les couleurs. A l'époque, je ne savais rien, moi, sur Mme de Brinvilliers. Je n'avais pas encore fait la moindre recherche. Je commençais tout juste. J'avais lu les livres qui avaient été écrits sur elle mais qui ne donnaient pas du tout ce genre de détails. Et puis j'ai commencé mes recherches avec un documentaliste. On a écumé la Bibliothèque nationale, on a écumé l'Arsenal, et j'ai eu la chance d'entrer en contact avec des descendants de la marquise de Brinvilliers et, petit à petit, tout, tout, tout ce qu'elle avait révélé était vrai ! Et Yaguel ne connaissait pas la vie de Mme de Brinvilliers. Elle ne pouvait pas la connaître, car pour avoir les détails qu'elle m'a donnés, moi, j'ai mis six mois à fouiner dans toutes les bibliothèques pour mettre la main sur des documents d'époque qui avaient été très peu lus où l'on disait, justement, tout cela, où l'on parlait de sa passion pour les gants, du fait qu'elle buvait, qu'elle était complètement sous l'emprise d'un homme. C'est étonnant !

G. G.-T. – Vous avez eu des détails psychologiques sur son comportement, sur les actes qu'elle a commis ?

C. H.-V. – Oui. Elle a donné des détails sur tous ses comportements psychologiques. Yaguel était certainement en contact avec une force qui lui parlait. Ce n'était pas elle qui parlait. Elle avait d'ailleurs un ton monocorde, très différent du ton qu'elle a d'habitude. Donc, elle était un « canal », comme vous dites, de transmission, et ce ne sont pas des faits très connus qu'elle a racontés, parce que je suppose que la force qui était peut-être une espèce de survivance spirituelle ou d'énergie, cette énergie qui restait quelque part de Mme de Brinvilliers, parlait de choses beaucoup plus personnelles, parce que ses actes, le fait qu'elle ait empoisonné son père et ses frères, c'est tellement connu ! Toutes les trente secondes, peut-être, Yaguel s'arrêtait et disait : « Il faut que tu saches, Catherine : je suis en paix, j'ai payé... je suis en paix maintenant... qu'on me laisse... je suis en paix... qu'on ne m'accuse pas... je suis en paix. » Comme si elle voulait dire : « Ne remuez pas de boue. Ne soulevez pas un scandale parce que cette âme est en paix, il faut la laisser là où elle est. »

G. G.-T – Le message était à la première personne. Elle parlait comme si elle était la marquise, ou bien elle parlait pour la marquise ?

C. H.-V. – De temps en temps, les deux. Parfois elle disait : « Il faut bien que tu saches qu'elle avait ceci, qu'elle avait cela » et parfois elle disait : « Je range mes flacons derrière ma bibliothèque parce que je ne veux pas qu'on sache que je bois... Mais je suis si mal dans ma tête, je suis si mal dans mon cœur, qu'il le faut, j'en ai besoin... Je ne suis pas bien. Je prends un peu d'opium aussi, j'en ai besoin, de la belladone aussi, j'en ai besoin, il le faut... Mais il faut qu'on le sache : je suis en paix, je suis en paix. »

G. G.-T. – Il n'y a eu aucun commentaire sur la raison de ses actes, un essai de justification ou d'explication ?

C. H.-V. – Moi, je l'ai fait. Dans mon livre, c'est ce que j'ai essayé de faire, c'est-à-dire d'expliquer que cette femme avait eu un passé horrible puisqu'elle avait été violée à sept ans. On avait dit : « C'est une perverse » et ça m'avait semblé une injustice parce qu'une petite fille de sept ans ne peut jamais provoquer cet acte, elle ne peut que le subir. Or, on avait toujours dit que, dès l'âge de sept ans elle avait montré sa perversion et, pour moi qui ai des enfants, notamment une petite fille, je sais que c'est impensable qu'à sept ans une petite fille provoque ce genre de chose... C'est un bébé. Donc, cette petite fille a subi un acte de violence inouïe, à une époque où on n'en parlait pas, où il n'y avait pas de psychothérapie, ou c'était même un péché, où l'enfer était omniprésent, terrifiant. On avait une peur terrible de l'enfer, elle a donc été marquée et ses rapports avec les hommes aussi ont été marqués pour la vie par cet acte, et puis elle est tombée sous l'emprise d'un homme qui l'a dominée complètement. Mais ce que Yaguel m'a dit, ce n'était pas l'histoire, justement de Mme de Brinvilliers, c'était pathétique, parce que c'était à la fois quelque chose de très paisible et de profondément triste. C'est-à-dire comme une énergie qui aurait été, à un moment, mal dirigée, mais qui avait retrouvé le bon canal, qui était revenue dans une espèce d'énergie générale bienfaisante et qui n'avait plus rien à prouver, plus rien à justifier. L'énergie dévoyée, si vous voulez, était revenue dans une espèce de tout.

G. G.-T. – Elle n'a pas indiqué qu'elle avait eu des stades de réincarnation?

C. H.-V. – C'était fini. Si, elle a dit : « C'est fini, je ne reviendrai plus. »

G. G.-T. – Donc, elle est revenue entre-temps?

C. H.-V. – Peut-être, mais elle ne l'a pas précisé. Elle a dit : « Maintenant je ne reviendrai plus, j'ai fini. Je suis en paix, c'est fini pour moi. » Elle l'a dit très clairement, et à la première personne, à ce moment-là, alors que souvent elle prenait la troisième personne. Bon, ça ce sont mes rapports avec Yaguel dans ma profession, parce qu'elle a eu aussi des voyances extraordinaires, je crois, sur des faits divers (une disparition) et une autre sur le meurtre d'un enfant. J'étais là quand on a mis sa photo, une coupure de journal, dans une enveloppe fermée. Elle l'a touchée avec ses mains et elle a dit : « Il y a beaucoup d'eau et puis c'est de l'eau froide, c'est de l'eau méchante, c'est de l'eau qui tue. » Et elle était bouleversée, elle avait les larmes aux yeux. Elle répétait : « Mais c'est affreux, parce que cette eau qui tue, elle a tué un enfant, je vois un enfant qui est dans cette eau, mais pourquoi est-il dans cette eau? Il fait si froid et il n'a pas à être dans l'eau, ce n'est pas l'été, il ne se baigne pas... C'est un enfant mort. » Et puis, tout d'un coup, elle a compris.

G. G.-T. – Est-ce que vous avez d'autres exemples qui concernent votre vie personnelle?

C. H.-V. – Oui. J'habite aux États-Unis. J'aimais beaucoup ce pays. J'y avais vécu deux ans, mais enfin c'était fini. Mon mari y avait eu sa situation et puis il était rentré. Ça marchait très bien en France pour moi, j'y étais bien et ce n'est pas ça du tout qui m'a influencée pour partir. Le concours de circonstances a été totalement différent. Yaguel m'a dit : « C'est curieux, je vois ta carrière aux États-Unis. » Je lui ai répondu : « Comment, ma carrière aux États-Unis? Je suis un écrivain de langue française. Je ne parle pas assez bien l'anglais pour me lancer dans un travail aux États-Unis dans le domaine littéraire ou le journalisme ou le cinéma. » Elle m'a dit : « Tu verras, tu travailleras aux États-Unis. C'est là que t'attendent ton épanouissement de femme et ton épanouissement d'écrivain. » Elle ne m'a pas dit que je deviendrais un écrivain américain, mais, au contraire, que ma carrière française se développerait davantage. Or, un jour, une opportunité s'est présentée mais tout à fait différente, rien à voir avec l'écriture. J'ai rencontré des amis qui avaient une maison et ils me l'ont proposée. J'ai dit : « Au fond pourquoi pas, je peux partir! » C'est superbe, vous savez, en Virginie, la maison à colonnes, magnifique... Les enfants étaient ravis. Nous sommes partis et ça s'est donc complètement réalisé! Ça y est, je suis aux États-Unis, alors qu'elle me l'avait prédit, il y a cinq ans peut-être.

G. G.-T. – Comment ça se passe : vous avez des fonctions qui vous introduisent dans la vie américaine ou bien vous écrivez?

C. H.-V. – J'écris pour un éditeur français. Mais étant sur place, il est vrai que maintenant je vais prendre un agent américain qui va s'occuper de mes livres, donc avec des chances de traduction beaucoup plus grandes que si j'habitais Paris...

G. G.-T. – Mais vos livres ont-ils été traduits?

C. H.-V. – Dans toutes les langues mais un seul en anglais : *Le Grand Vizir de la nuit.* Vous savez que les Américains traduisent très peu de littérature française, mais ce sera plus facile en habitant aux États-Unis parce qu'un agent américain est mieux introduit auprès des éditeurs, c'est certain.

G. G.-T. – Vous allez être conduite à faire des travaux qui seront plus facilement adaptables et traduisibles...

C. H.-V. – Oui. J'ai écrit des nouvelles sur le Sud, parce que le sud des États-Unis où j'habite me frappe beaucoup, m'inspire beaucoup, me donne beaucoup d'émotions et de bonheur. Donc, j'ai écrit un livre de nouvelles sur le Sud, qui va paraître très vite, au mois de juin.

G. G.-T. – Et les droits vont vous être achetés par les Américains?

C. H.-V. – Peut-être, oui, parce que j'ai déjà vu un agent qui m'a dit : « C'est exactement le genre de livre qui ira dans le domaine américain. » Mais pour en revenir au *Grand Vizir*, il est effectif qu'il a été acheté par un producteur tunisien, il va être tourné, on ne sait pas encore exactement par qui, mais de toute façon ce sera soit un metteur en scène algérien qui s'appelle Lakdar Hamina (qui a eu la Palme d'Or à Cannes pour *La Chronique des années de braise*), soit un Américain; il pense aussi à Coppola ou à Scorcese. Donc, tout se réalise : il sera tourné en langue anglaise. Vous imaginez, ce livre qu'on avait vendu à deux mille exemplaires, qui était totalement inconnu...

G. G.-T. – Vos activités continuent à être une alternance entre l'écriture de fiction et les essais?

C. H.-V. – Ma carrière est une alternance entre du travail de journaliste, parce qu'on me demande encore des articles (j'ai écrit pour *Match*, pour différents journaux qui me demandent des articles ponctuels sur différents sujets) et ma carrière littéraire parce que j'écris romans, nouvelles ou adaptations. Mais, en langue française et depuis les États-Unis. D'ailleurs, si je parle bien l'anglais, je ne suis pas complètement bilingue. Donc, je ne pourrais pas me mettre à écrire un scénario en anglais pour un metteur en scène américain.

G. G.-T. – Sur ce développement particulier de votre carrière, à part le fait que vous êtes aux États-Unis, est-ce qu'il y a eu des prédictions de Yaguel qui complètent ce que vous venez de dire?

C. H.-V. – Il y en a qui sont en voie de se compléter, donc je ne peux pas vraiment en parler. Mais d'autres, faites il y a quatre ans, m'avaient sidérée à l'époque parce que je m'étais dit : « Non, je n'ai pas envie d'écrire sur ce sujet, ça ne m'inspire pas du tout. Et puis, effectivement, je crois que ce sera mon prochain livre... Et pas du tout parce qu'elle me l'a dit et que ça a fait son chemin dans ma tête en me répétant : « Si Yaguel me l'a dit, il faut que j'y aille ! » Non, cela est venu d'une proposition qui m'a été faite par quelqu'un qui ne connaissait pas Yaguel.

G. G.-T. – Et c'est?

C. H.-V. – Un roman historique. Et puis j'ai eu des prédictions sur des événements privés. Je désirais beaucoup un deuxième enfant. Elle m'a dit : « Oui, tu auras une fille, mais c'est curieux, je te vois enceinte, tu attends un enfant... Ce n'est pas bien ce que tu as... Fais attention en voiture, tu risques d'avoir un accident, fais très attention. Donc, si tu es enceinte, attention aux voitures. Mais, tu auras une fille. » J'étais ravie, une petite fille c'était mon ambition et mon bonheur. J'ai un fils mais je mourais d'envie d'avoir une petite fille. J'ai eu beaucoup de difficultés pour avoir mon fils qui a maintenant huit ans. Effectivement j'ai été enceinte. Le début de ma grossesse se passait très bien. Sur ce, j'ai été invitée au mariage d'une de mes nièces qui habitait en province et comme j'étais sa marraine, sa mère m'a dit : « Tu dois absolument venir, tu es sa marraine, elle t'adore, tu es son témoin, pas question que tu nous lâches. Tu es enceinte, tu n'es pas la première femme à l'être. En fait, tes appréhensions sont ridicules, on va t'installer dans une voiture très confortable. On viendra te chercher chez toi, on te ramènera chez toi. » La pression familiale, vous savez ce que c'est, j'ai donc accepté. Il est vrai que je me sentais très bien, je n'étais pas malade, je n'avais rien du tout. Je suis partie. La journée était fatigante : debout, le cocktail, on n'avait pas de chaise pour s'asseoir, j'étais épuisée. Au retour, de nouveau cent cinquante kilomètres de route. Arrivée chez moi, ça n'allait plus du tout : je me sentais mal, j'avais des douleurs au ventre, j'ai commencé à saigner. Quinze jours après, j'ai fait une fausse couche. Je me suis dit : « Elle s'est trompée. Pas de petite fille ! » Et pourtant je l'entendais me dire : « ... Mais tu auras une petite fille. » Quelques mois après, par des amis merveilleux du Liban (parce que je suis très liée avec ce pays), un jour quelqu'un qui est très bien placé, m'appelle et me dit : « Il y a une petite fille qui vient de naître. Elle n'a pas de parents, est-ce que tu la veux ? » J'ai répondu : « J'arrive, je vais la chercher. » Et voilà, ma petite fille je l'ai eue !

G. G.-T. – Yaguel ne vous avait pas parlé d'adoption?

C. H.-V. – Non ! Elle ne s'était pas trompée. La petite fille est bien là mais par un autre cheminement. Elle a eu raison sur les deux points. Et ce qui est bizarre avec Yaguel c'est, qu'en fait, elle prédit des événements qui arrivent (et c'est pourquoi ça ne m'influence pas et je n'ai plus peur du tout), mais pas comme on l'imagine. Finalement, ça se passe.

G. G.-T. – On s'en rend compte après.

C. H.-V. – Oui ! On se rend compte après que, effectivement, c'était ça. Tout s'est passé comme elle l'avait dit, mais de façon différente de ce qu'on avait imaginé.

G. G.-T. – Vous avez continué à agir très librement. Quand on vous a proposé ce voyage en voiture, vous ne l'avez pas refusé en pensant à Yaguel?

C. H.-V. – Je faisais de la voiture tout le temps. Quand on vit à Paris on conduit sans arrêt. Je faisais attention.

G. G.-T. – Vous n'avez pas pensé que vous aviez une vulnérabilité de ce côté-là.

C. H.-V. – Je n'y ai pas pensé une seconde, et puis je m'étais mis dans la tête que le conseil de Yaguel portait sur un accident. Je me suis dit : « Un accident de voiture? Si je ne peux plus monter dans une voiture jusqu'à mon accouchement, ce n'est pas possible. » J'étais bien, j'étais en bonne forme. Et puis la personne qui conduisait était tellement prudente ! Je n'étais pas effrayée à l'idée que la voiture risquait de s'écraser contre un arbre. Ce n'était pas cela du tout. C'est bizarre parce que les gens insinuent : « Bon ! Après, vous nous dites, ça s'est passé ainsi, mais vous avez oublié en fait les événements qui ne se sont pas réalisés et vous ne vous souvenez que de ce qui est arrivé. » Je ne suis pas du tout de cet avis parce qu'en fait, les choses ne se passent pas comme on le croit : chacun se fait son petit cinéma intérieur, d'après ce que dit Yaguel, en pensant : « Bon, puisqu'elle a dit cela, voilà exactement ce qui va se passer. » Or, pas du tout.

G. G.-T. – Il y a tout de même des cas où la vision est très péremptoire et où l'événement se passe exactement comme prédit mais, dans un grand nombre de cas, il y a comme une malice des dieux...

C. H.-V. – Oui. En fait le destin n'est pas rigide. C'est une trame souple... Il vous attend au bout du chemin, mais il n'est pas formé de deux murs complètement parallèles et rectilignes... C'est une allée qui serpente.

G. G.-T. – Est-ce que le contact avec Yaguel a pu modifier une vision spirituelle ou métaphysique que vous aviez ? Mais, dans votre cas, j'ai l'impression que tout cela s'inscrit dans un certain nombre de certitudes ou d'approches antérieures.

C. H.-V. – Oui, absolument. Cependant, autant je trouve que Yaguel est quelqu'un de fantastique parce qu'elle est une espèce de rivière qui coule et qui vous entraîne avec elle mais par des tours et des détours, autant je me méfie beaucoup des gens qui vous tirent les tarots, et qui vous disent : « Tiens je vois le pendu... Ma pauvre fille ! Ah ! mon Dieu ! Ton livre ne va pas avoir de succès... Ah ! mon Dieu... Je vois ça... Ah ! méfie-toi de ta voisine, elle te veut du mal ! »

G. G.-T. – Pourtant, elle fait ses voyances à travers les cartes...

C. H.-V. – Oui, mais pas avec les tarots. Je me méfie vraiment des gens qui vous guident d'une façon ponctuelle ; ils interprètent sûrement très honnêtement, mais selon leur propre expérience. Et dans ce cas-là je trouve que c'est presque une manipulation. Quelqu'un qui vous dit : « Ta voisine de palier te veut du mal, ne lui adresse plus la parole », je trouve cela honteux.

G. G.-T. – Et puis il y a des gens qui lisent les cartes d'une façon mécanique, alors que Yaguel a justement des visions très subjectives et variables.

C. H.-V. – Ce n'est qu'un support pour elle.

G. G.-T. – On peut sortir, par exemple, la carte de la mort qui peut être interprétée de façon tout à fait anodine.

C. H.-V. – Parce qu'elle la sentira justement, la carte de la mort, dans un contexte tel qu'elle n'aura pas du tout la même signification d'un consultant à l'autre.

G. G.-T. – Avez-vous consulté d'autres voyantes ou astrologues ?

C. H.-V. – Ça m'est arrivé, oui, de consulter une autre dame que j'avais rencontrée chez des amis communs et, justement, une dame qui tirait beaucoup les tarots. Finalement, elle m'a fait peur : elle me disait des choses qui ne se sont jamais vérifiées et qui ont été totalement négatives. Elle était persuadée que mon mari avait une aventure et elle projetait suspicion et malignité. Ce sont des gens qui ont eu des échecs personnels et qui projettent (car elle-même avait divorcé deux fois) leurs échecs sur le consultant. Devant ces gens j'ai des feux rouges qui s'allument !

Décembre 1988

ROBERT HOSSEIN

Comédien, metteur en scène, dramaturge.

CANDICE PATOU

Comédienne.

Gérald Gassiot-Talabot. – Avant de rencontrer Yaguel Didier, est-ce que vous avez eu des contacts avec la médiumnie et l'astrologie ?

Candice Patou. – Absolument pas. J'ai rencontré Yaguel parce que pendant mes années d'errance et dans mes moments d'angoisse j'avais un exutoire qui était une amie, assez merveilleuse, qui m'a fait découvrir la voyance. Elle m'a dit : « Je connais quelqu'un de formidable, Yaguel Didier, va la voir. » Elle habitait Chatou. Je suis arrivée un samedi après-midi, par un printemps divin, avec l'idée que la voyance était une pratique assez sombre, magique, enfin avec tous les tabous qui collent à ce genre de choses. Dès qu'elle m'a ouvert la porte, j'ai vu cette personne avec son côté un peu altier, des yeux assez brûlants et un magnétisme extraordinaire; nous avons pris le thé, nous avons passé un après-midi dont je me souviendrai toute ma vie. J'étais venue pour une voyance, mais nous n'en avons pas fait. Yaguel m'a parlé d'amour, du monde, des gens, des pensées positives, du bonheur; elle irradiait. Tout ce qu'elle m'a dit, sa présence et sa façon d'aborder les problèmes ont été un déclic étonnant. Elle n'avait que des pensées positives et c'était extraordinaire.

G. G.-T. – Vous étiez dans un creux ?

C. P. – C'était une période où je me cherchais. Cette amie dont je vous ai parlé me mettait des banderilles et lorsque je croyais que rien n'allait plus, tout repartait grâce à elle. Mais quand j'ai rencontré Yaguel, j'ai découvert son personnage, et c'est ça qui est important; elle vous recharge d'énergie, elle est extrêmement tonifiante. Je me suis dit : « Cet après-midi, j'ai rencontré quelqu'un qui va tout changer dans ma vie. » Elle m'avait dit : « Téléphonez-moi, on se verra. » Je lui ai téléphoné un mois après et je suis retournée à Chatou, un samedi, parce qu'elle était très occupée, et j'étais loin d'avoir en tête tout ce qu'elle m'a annoncé. Elle m'a prédit ma rencontre avec Robert et, je me le rappelle mot pour mot, elle m'a dit : « Vous allez rencontrer dans un endroit où on fait du sport, un homme qui sera plus âgé que vous, qui a l'air d'un tzigane. » Je me creusais la tête... En dehors de la voyance où elle m'a prédit des choses extraordinaires, c'est l'amour que j'ai pour cette femme qui compte. Elle est quelqu'un de formidable.

G. G.-T. – Elle vous a donc parlé d'un homme à l'apparence tzigane. Vous a-t-elle dit qu'il était dans le théâtre?

C. P. – Elle m'a dit : « Je vois un endroit où on fait du sport, et je vois des gens en loques, je ne peux comprendre... » Et moi non plus, je ne pouvais comprendre! Le palais des Sports, c'était pour un des premiers spectacles de Robert; je n'ai saisi que par la suite, quand je l'ai rencontré; ça fait maintenant quatorze ans.

G. G.-T. – Et elle ne vous a pas donné d'initiales; elle vous a donné seulement des précisions physiques.

C. P. – Oui, une description physique. Mais elle m'a parlé d'un décès récent qui l'avait beaucoup éprouvé.

G. G.-T. – Elle n'a pas prononcé le mot comédien ou théâtre?

C. P. – Non!

G. G.-T. – Vous l'avez rencontré combien de temps après?

C. P. – Trois mois après.

G. G.-T. – Que répétait-il à ce moment-là?

C. P. – Notre Dame de Paris.

G. G.-T. – Les gens en loques! On comprend. Vous l'avez vu pour quelles raisons?

C. P. – Pour une audition. J'avais rencontré Robert Hossein pour la première fois au Théâtre Marigny, mais tout a vraiment démarré au palais des Sports, où j'ai passé une audition comme des centaines de filles. C'est là que Yaguel a situé le contact avec cet homme qui allait changer ma vie. Par la suite, j'ai eu des rapports privilégiés avec elle, parce que j'admire la femme, sa démarche; je n'allais pas la voir pour une voyance mais seulement pour parler.

G. G.-T. – Vous me parlez, d'entrée de jeu, du rôle que joue Yaguel alors que c'est une question que l'on aborde d'ordinaire en fin d'interview. Pour le moment je voudrais faire, pardonnez-moi, les « stockages » des visions péremptoires que vous avez eues avec elle.

C. P. – Donc, rencontre avec Robert. Et comme je la voyais régulièrement, elle m'a annoncé que j'allais avoir un fils. « Vous allez vous marier, mais vous allez avoir des problèmes ! Le mariage va être reporté une première fois. »

G. G.-T. – Que s'est-il passé?

C. P. – Nous avions choisi un jour et un endroit, mais comme toute la presse était à nos trousses, Robert ne voulait absolument pas de ça ! Nous nous sommes mariés dans l'intimité.

G. G.-T. – Vous êtes donc retournée la voir, elle vous a affiné ses prédictions, qu'est-ce qu'elle vous a dit d'autre?

C. P. – Je vais vous dire une chose assez bouleversante; cela remonte à trois ans. Le film *Les Misérables* avait été sélectionné pour Moscou. Yaguel m'avait fait une voyance très vite : « Le père de Robert est très malade; vous allez le perdre, et vous aurez un problème concernant sa sépulture. Vous allez apprendre la nouvelle sur le quai d'une gare. » Nous partons pour Moscou en train, aller et retour. Sur le quai, l'assistante de Robert nous annonce que son père était à l'hôpital. Un mois après il mourait. Nous avons eu en effet un problème car les uns voulaient l'incinérer, Robert voulait qu'il ait une tombe, enfin voilà. Je ne crois pas qu'il soit utile d'évoquer plus avant une question strictement familiale. L'important, c'est que nous ne savions pas qu'il était malade et que j'avais pu préparer Robert à cette éventualité !

G. G.-T. – Ce qui m'intéresse, quand il y a un détail comme celui-là, c'est qu'on ne choisit pas l'incinération ou l'enterrement par hasard. En général il y a une tradition ou une vision spirituelle particulière. Yaguel vous avait donc parlé d'une difficulté. Il y a eu probablement discussion avec sa mère. Et puis, finalement, on l'a enterré?

C. P. – Oui. Toute ma vie elle m'a suivie par ses prédictions. Elle m'a parlé d'un endroit où nous devions aller passer un été; Robert n'avait jamais pris de vacances. Elle m'a dit : « Je vois une maison avec des petits cailloux où Robert va écrire un livre. » C'est là qu'elle m'avait annoncé justement que j'allais avoir un enfant. Nous sommes allés au Pilat en vacances; Robert a effectivement écrit un livre et Julien est né.

G. G.-T. – Est-ce qu'elle vous a fait une description de cet enfant?

C. P. – Oui ! Elle m'avait dit qu'il aurait le regard de son père. Et elle m'a même annoncé qu'il allait subir une opération sans gravité.

G. G.-T. – Est-ce qu'elle vous avait donné des traits de caractère remarquables qu'on retrouve chez l'enfant?

C. P. – Oui !

G. G.-T. – Vous la connaissez depuis longtemps, vous avez donc eu plusieurs voyances d'elle. Est-ce que vous avez l'habitude de la consulter, par exemple une fois par an, ou est-ce que vous la rencontrez beaucoup plus souvent, quand vous avez un problème; avez-vous quelquefois des contacts uniquement par téléphone au cours desquels elle vous dit des choses, ou bien ces derniers temps avez-vous cessé vos consultations?

C. P. – Tout d'abord, je ne vois Yaguel que lorsque j'ai quelque chose à lui demander. C'était un peu devenu un jeu de la mettre au défi, parce que quand on a des prédictions aussi frappantes, on y prend goût, je dois dire. Souvent, en réalité, j'allais la consulter pour Robert.

G. G.-T. – Est-ce qu'il est allé lui-même la consulter?

C. P. – Il n'y est allé qu'une seule fois.

G. G.-T. – Il en a été troublé?

C. P. – Il y croit; il est bien obligé en raison de tout ce qui s'est passé avec moi et qui le touche de près.

G. G.-T. – Qu'a-t-elle dit pour les spectacles?

C. P. – Par exemple, on monte un spectacle, *Kean*, avec Belmondo. Au cours de la conversation, je lui en parle et elle me dit : « Vous allez jouer à guichet fermé. » Elle ne savait pas que Belmondo participait, elle ignorait tout; elle a ajouté : « Il y aura un arrêt, ne vous inquiétez pas, mais tout rentrera dans l'ordre. » Et il y a eu un arrêt parce que Jean-Paul a pris deux mois de vacances.

G. G.-T. – Vous a-t-elle donné une description de la carrière très remarquable de Robert Hossein, qui au début était essentiellement un comédien, puis qui, dans le théâtre, est devenu un grand metteur en scène?

C. P. – Oui, elle a vu une chose, mais j'attends parce que ça ne s'est pas réalisé. Je pensais que ce serait avec *Un Homme nommé Jésus*, qu'il irait un peu partout dans le monde, or Yaguel m'a dit que Robert partirait avec un spectacle à l'étranger. Depuis le temps qu'on parle de ça, Robert a mis au point une structure qui lui permet de partir partout dans le monde. Cette structure sera au point en 1990-1991. Et il est question de partir avec *Un Homme nommé Jésus*. On revient donc à ce que Yaguel nous a prédit il y a trois ans.

G. G.-T. – Vous avait-elle précisé que ce serait Un Homme nommé Jésus*?*

C. P. – Oui! Il n'y a pas de problème d'adaptation puisque c'est simplement une voix; le texte c'est l'Évangile.

G. G.-T. – Vous l'avez consultée pour la pièce actuelle La Liberté ou la Mort*?*

C. P. – Oui! Elle avait prédit un succès. Mais je trouve que ça n'est pas très caractéristique. Quand elle me dit, sept mois avant, par exemple, que sur le quai d'une gare on va vous annoncer la maladie de mon beau-père, c'est tout de même plus étonnant.

G. G.-T. – Mais que vous a-t-elle dit sur la carrière de Robert Hossein? Que cette carrière serait ascendante?

C. P. – Oui! Mais cela n'est pas surprenant.

G. G.-T. – Comment! On a souvent vu de grands succès suivis par des tunnels.

C. P. – Elle m'a toujours dit qu'il y aurait une progression constante.

G. G.-T. – On peut donc en parler dans cette interview. Il n'y a aucun triomphalisme à cela.

C. P. – C'est évident.

G. G.-T. – Et sur votre propre carrière? Vous a-t-elle dit que vous incarneriez certains personnages?

C. P. – Oui! Elle m'a prédit ma carrière. Je la questionnais sur le fait qu'il est très difficile de mener de front une activité d'artiste et une aventure de couple, une vie familiale. Or je tiens davantage à ma cellule familiale. J'adore le théâtre et ce que j'aime ce sont les rôles. J'ai joué *Maison de poupée* et elle m'a prédit un grand succès chaque fois que je jouerais une pièce; elle a vu que j'allais tourner dans un film. Je ne participe pas, en général, aux spectacles de mon mari. Nous avons joué une pièce ensemble. C'était une pièce qui s'appelait *Lorna et Ted*. Elle m'avait dit : « Joue cela, c'est formidable pour vous deux. » Ce que j'ai fait, je l'ai reprise ensuite en tournée, et c'est vrai, ça a été fabuleux.

G. G.-T. – Donc, dans votre carrière, vous avez des moments de repos et d'arrêt.

C. P. – Oui, c'est ça. Je lâche, après je redémarre. Elle m'a parlé d'une période très propice. En effet, après *Maison de Poupée*, j'ai joué le *Caviar Rouge*. Pour moi, un arrêt ne provoque pas du tout un manque, parce que j'ai besoin de respirer. De plus, quand on vit avec un homme comme Robert!...

G. G.-T. – On arrive à un autre type de questions : est-ce que vous vous êtes soumise aux voyances de Yaguel, ou avez-vous eu une action sur ce qui vous était prédit?

C. P. – Oui. Par la pensée positive, on arrive quelquefois à modifier.

G. G.-T. – Elle a dû vous prédire, à certains moments, des choses qui ne vous plaisaient pas tellement, sans que ce soit des drames, des choses que vous aviez envie de changer. Est-ce que vous avez agi sur une prédiction qui avait été faite? Quelle est votre attitude en face de ces prédictions?

C. P. – Je suis du Bélier, alors je fonce. Je suis Bélier, ascendant Vierge. Heureusement, parce qu'avec un Capricorne!

G. G.-T. – Y a-t-il d'autres événements concernant votre état psychologique, ou des gens qui vous touchent de près?

C. P. – Nous avions un ami très cher, mais je n'ai jamais compris que c'était de lui qu'il s'agissait; elle voyait quelqu'un avec une épée de Damoclès..., une mort. Elle m'a dit que nous allions être bouleversés. Cet homme a été d'un courage extraordinaire : il avait un cancer, et ne nous l'a pas dit. Il est mort dernièrement; elle me l'avait redit, il y a un mois : « Tu vas perdre une personne très proche. »

G. G.-T. – Et vous n'aviez pu préciser qui c'était?

C. P. – Non!

G. G.-T. – C'est très troublant, parce que c'est encore un des cas où la voyance est comprise après.

C. P. – Oui! Par exemple, pour Lino Ventura, elle nous avait dit : « Un ami, une relation de travail, ça va vous faire énormément de peine. »

G. G.-T. – Et elle ne vous l'avait pas décrit physiquement, parce que Lino Ventura, en deux clichés, vous auriez compris qui c'était.

C. P. – Non!

G. G.-T. – Quand on a une séparation avec un être proche, un ami, on se reproche toujours de ne pas avoir fait ou dit ce qu'il fallait faire ou dire.

C. P. – Je me suis trompée sur la personne; j'ai pensé à quelqu'un d'autre. Je n'ai jamais pensé que c'était lui.

G. G.-T. – Maintenant que vous la connaissez depuis longtemps, est-ce que vous avez ressenti une inquiétude : « Elle me connaît tellement bien et elle m'aime tellement que si elle voit un jour un événement dur, elle ne me le dira pas. »

C. P. – C'est ce que j'avais pensé au début, mais comme elle sait que je suis quelqu'un de fort...

G. G.-T. – Elle vous a prédit des accidents de voiture? (Candice venait d'avoir un accrochage avant cette interview).

C. P. – Lorsque je vais voir Yaguel, c'est pour des questions graves. Je ne vis pas avec l'obsession des prédictions. Je suis angoissée par certains problèmes, quand j'ai des décisions à prendre, mais je ne suis pas conditionnée, or, ce qui me fascine chez Yaguel, c'est de pouvoir nous raconter des trucs incroyables. Son livre *Leur vrai destin*, par exemple, m'a fascinée. Quand elle m'a parlé de ma rencontre avec Robert, de la mort de son père, de la naissance de notre fils, ou d'événements de ce niveau, j'ai été très troublée, mais mes rapports avec la voyance ne tournent pas à la dépendance (je connais des filles qui en sont intoxiquées). J'aime Yaguel avant tout parce que c'est une femme forte, positive, d'une richesse extraordinaire. Alors que l'on va voir une voyante très souvent parce qu'on ne sait rien sur soi, rien de ce qu'il est bon de faire...

G. G.-T. – Lui arrive-t-il de vous dire des choses auxquelles vous ne pensez pas, au-delà de vos questions?

C. P. – Évidemment. Les petits accrochages en voiture, elle me les a tous annoncés. « Ne prends pas ta voiture entre telle et telle date, m'a-t-elle dit une fois, parce que ce n'est pas possible pour toi. »

G. G.-T. – Et vous l'avez prise?

C. P. – Je l'ai prise et j'ai été emboutie place du Trocadéro.

G. G.-T. – Critique classique : on peut dire que sachant cela, vous étiez nerveuse et que vous avez provoqué l'accrochage.

C. P. – Oui!

G. G.-T. – Vous a-t-elle dit des choses qui ne vous étaient pas positivement agréables, que vous avez suivies ou que vous avez déviées?

C. P. – Oui, des rencontres, par exemple, avec des gens tout à fait négatifs. Elle m'a décrit une personne et j'ai ressenti exactement ce qu'elle m'avait dit. Je n'ai pas continué cette relation.

G. G.-T. – Donc, elle vous avait précisé que vous aviez la possibilité d'éviter cette personne.

C. P. – Oui, tout à fait!

G. G.-T. – Est-ce que vous avez eu d'autres voyances importantes pour d'autres personnes?

C. P. – Une de mes amies, depuis des années, voulait se marier, et était désespérée de ne pas épouser l'homme qu'elle aimait. Yaguel m'a dit : « Tu as, à côté de toi, une fille (elle ne la connaissait pas du tout); tu vas aller à son mariage. » Et cela à peu près six mois avant que le mariage ne se fasse. Ah, autre chose! Lorsque Robert avait créé *Un Homme nommé Jésus*, Yaguel, après le spectacle, m'avait dit que celui-ci aurait une seconde vie. Elle pensait qu'il serait monté à travers le monde. Dans une autre voyance, elle m'avait décrit les financiers, les personnes qui étaient dans le noyau de la structure actuelle. Elle m'a dépeint l'avocat d'une façon hallucinante, ensuite un autre homme à lunettes, grand, mais en ajoutant : « Il y aura un problème. » Tout cela s'est recoupé, parce que le problème, hélas! ce fut la mort de ce monsieur. Elle les a tous décrits d'une façon inouïe. J'avais l'impression de les voir entrer dans la pièce!

G. G.-T. – Et la structure s'est montée?

C. P. – Oui. Elle est faite. Ça y est...

G. G.-T. – Vous m'avez déjà parlé abondamment de l'aspect positif de Yaguel et de ce rôle de thérapeute qu'elle a, dans certains cas. Quand elle vous a annoncé la naissance de votre enfant, vous l'avez eu combien de temps après?

C. P. – Un an et demi après. Et elle m'avait prédit un garçon.

G. G.-T. – Est-ce que le contact de Yaguel a modifié certaines convictions que vous aviez, notamment pour ce qui touche à votre attitude spirituelle? Considérez-vous la voyance comme une sorte de projection d'un pouvoir humain qui sera peut-être un jour partagé par tout le monde? Ou alors est-ce que pour vous, dans le sens exact du terme, le médium est un pont entre un monde et un autre?

C. P. – Oui! Je pense que c'est un pont entre un monde et un autre.

G. G.-T. – Étiez-vous persuadée de cela avant de rencontrer Yaguel?

C. P. – Non! Pas du tout! C'est au contact de Yaguel!

G. G.-T. – Quand vous êtes allée la voir, vous aviez une vie spirituelle, une croyance?

C. P. – Je suis très croyante, mais à force de parler avec elle je me suis préparée à certaines approches. Quand j'ai lu Murphy, je savais beaucoup de choses que Yaguel m'avait dites et que je trouvais dans son livre. Yaguel est tout bonheur; elle vous aide à avoir des pensées positives et elle vous amène à comprendre des choses que vous avez devant les yeux sans y faire attention. Elle, elle remet tout en place. En dehors de cela je suis fascinée par son don, mais je n'ai pas fait d'expérience plus poussée. J'ai pris les choses au premier degré.

G. G.-T. – Si vous pensez que ce don vient de quelque part, qu'il n'est pas une simple faculté humaine exacerbée et affinée, croyez-vous qu'elle est – comme on dit – « missionnée »?

C. P. – Elle est visionnaire. Elle a une mission à remplir, c'est évident.

G. G.-T. – Mais alors, il apparaît un certain nombre de croyances à propos desquelles elle conserve une grande prudence, bien qu'elle ait eu je ne sais combien de confirmations. Je veux parler de la vie de l'au-delà; elle y croit, bien évidemment...

C. P. – Moi aussi.

G. G.-T. – Et le karma...

C. P. – Je vais vous raconter quelque chose dont vous ne pourrez faire état, car il s'agit d'un fait trop personnel (ici, un récit que nous avons résumé).

G. G.-T. –Après vous avoir écoutée je pense qu'on arrive, avec de tels faits, au dernier degré de la médiumnie spirite. Des gens ont des rapports avec Yaguel qui ne portent que sur ce genre d'affaires. On pourra simplement dire, dans le cadre de cette enquête, que Yaguel vous avait annoncé un apaisement à l'égard d'une personne disparue, sur laquelle vous aviez des pensées non positives. Vous avez eu un jour la perception claire de sa présence, et vous êtes persuadée qu'un certain nombre de choses se sont produites depuis cette expérience. Vous avez ressenti un grand apaisement, après cette vision, phénomène qui ne s'est produit qu'une seule fois dans votre vie. C'était un flash médiumnique très précis, sur quelqu'un qui vous obsédait. Le sentiment que vous éprouviez auparavant était très compréhensible, c'était un sentiment de jalousie post-mortem *pour une personne qui avait compté beaucoup. Maintenant vous la sentez proche de vous, amicale et complice.*

C. P. – Yaguel a des résonances bienfaisantes sur l'individu, au plus profond de lui-même. On ne peut la comparer à quelqu'un d'autre. Le terme de « voyante », appliqué à elle, ne lui convient pas. Je n'aime pas ce mot, pour elle. C'est son personnage qui compte.

G. G.-T. – C'est pourquoi je ne l'emploie pas dans ce livre. Je préfère celui de médium.

(Intervention de Robert Hossein qui arrive en cours d'interview).

G. G.-T. – Un certain nombre de voyances ont été faites sur vous à travers votre femme. Elle a parlé de votre carrière, de certains spectacles.

Robert Hossein. – C'est plus métaphysique qu'anecdotique. Yaguel ne sait jamais exactement de quoi il s'agit. Elle n'est pas aussi catégorique sur le détail que le dit Candice, à moins que nous ne l'interrogions de façon explicite : « Quel sera le devenir de tel spectacle? » Pour une question extrêmement précise elle répond avec franchise, sincérité, simplicité. C'est ce qu'elle m'avait dit pour ce spectacle *(La Liberté ou la Mort)* et qu'elle a confirmé après être venue le voir. En général, je ne sais pas moi-même de quoi sera fait demain par rapport au travail que je fais. Je ne vais pas consulter Yaguel chaque fois que je monte une pièce. Je lui demande de façon générale : « Crois-tu que j'aurai une démarche professionnelle intéressante cette année ou l'année prochaine? J'ai plusieurs projets, sens-tu qu'ils pourront se réaliser? » Alors, elle peut me dire tout à coup : « Ah, je vois un projet à tel endroit, ou à l'étranger, ou bien je vois une chose à laquelle tu crois, à laquelle tu tiens beaucoup, mais qui ne se fera pas. » Je ne peux pas dire que l'on sache exactement de quoi il s'agit.

G. G.-T.– Dans un cas très précis, elle a annoncé une carrière internationale à l'une de vos réalisations?

R. H. – Oui, *Un Homme nommé Jésus*! Il y a de cela huit ans, mais pour l'instant il n'y a rien. Moi, je trouve qu'elle est extraordinaire parce qu'elle a une espèce d'intuition prodigieuse. Mais j'ai quand même des différences avec Candice. Je ne la consulte pas. Je l'ai consultée une fois, en tête à tête, et les choses que je demande sont plus abstraites que celles que demande Candice. Si vous voulez, je me place par rapport à une conjoncture, à un climat, à une démarche future, exactement sur ce qui m'intéresse, plutôt que de la questionner sur un fait donné. Ce qui ne signifie pas que je la mette en doute. C'est moi que je mets en doute, puisque je l'interroge sur des points qui ne sont même pas précisés pour moi, par exemple lorsque j'aspire à réaliser plusieurs projets différents, théâtraux ou cinématographiques. Vous savez que je suis mon propre créateur, mais il me faut les moyens de ma création et de mes ambitions. N'ayant pas ces moyens, je dois proposer plusieurs projets, à des gens différents, pour en voir un ou deux aboutir. Donc je lui demande plutôt quelle sera la conjoncture par rapport à une espérance d'aboutissement, alors que Candice consulte Yaguel pour des problèmes plus précis, relevant de la vie quotidienne.

G. G.-T. – Vous avez tout à l'heure employé le mot « métaphysique », ce qui peut signifier que dans les conversations que vous avez eues avec elle, vous avez, vous aussi, un rôle extrêmement important, qui dépasse la simple mise en place des faits.

R. H. – Ah! oui, vous voulez parler d'une tendance visionnaire!

G. G.-T. – D'un problème spirituel également.

R. H. – Totalement!

G. G.-T. – Je pense que vous êtes complètement habité par ça.

R. H. – Totalement! Dramatiquement! Je suis habité complètement par la foi!

G. G.-T. – Vous pensez que l'acte théâtral est un acte qui a une signification au-delà du temporel.

R. H. – Ah! pas toujours! Pour ce qui concerne ma démarche, certainement, mais pas pour celle des copains. Mon inspiration ne vient que de là. Ma vision des choses, à tort ou à raison, ne part pas de la réflexion. Elle se place au niveau des visions et des sensations... Quand j'aperçois quelque chose, je vous regarde comme je vous regarde, et à travers vous, je peux parfaitement apercevoir ce que je vais faire. Si vous voulez, mon problème n'est jamais de chercher la manière dont je vais faire les choses, car elles s'imposent rapidement et spontanément par des images visuelles immédiates. Comme dans un puzzle, j'essaie de ramasser les pièces des images que j'émets.

G. G.-T. – Dans vos rapports avec Yaguel, avez-vous été éclairé sur certaines démarches que vous alliez avoir, sur certaines directions que vous alliez donner à vos travaux? Et, deuxième question, quel rapport établissez-vous entre la médiumnie et la création au niveau du théâtre?

R. H. – Je vais être franc avec vous, au sujet de la médiumnie. Moi, je suis un aveugle qui voudrait bien regarder les étoiles mais qui tombe dans tous les trous. Je cohabite avec un univers qui est abstrait, un univers qui n'est pas réaliste. Grâce à l'imagination, je m'évade perpétuellement, j'échafaude des combinaisons extraordinaires d'images et de créations. Comme des visions que j'aperçois, mais je n'ai pas un don de médiumnie. Elle, elle a un pouvoir étonnant, elle a des sentiments par rapport à des choses qu'elle ignore et qu'elle énonce pourtant. Par exemple, elle me dit : « Dans ce que vous allez faire, je vois, etc. », alors qu'elle ne sait pas ce que je vais faire. Elle sait que je vais monter un spectacle mais je ne lui dis pas ce qu'il en est.

G. G.-T. – Donc elle sent des mouvements de forces. Mais je vous signale que depuis un moment vous me tenez un langage de voyant. A un moment, vous m'avez dit : « Je pourrais voir derrière vous quelque chose. » Vous m'avez affirmé que votre démarche (qui doit être en partie rationnelle) était, avant tout, une projection sur l'imaginaire...

R. H. – Elle n'a rien de rationnel!

G. G.-T. – Vous êtes dans un domaine où justement la création touche à la médiumnie.

R. H. – Uniquement en ce qui concerne mon métier. Jamais en ce qui concerne les êtres. Elle, elle peut voir les mêmes images dont je vous parle, sur la personne qui est en face d'elle. Vous êtes en face de moi, je peux psychologiquement essayer de définir votre caractère par rapport à votre sensibilité, mais c'est uniquement en me fondant sur des sentiments, alors qu'elle voit au-delà de cette approche psychologique.

G. G.-T. – Mais elle, elle est médium par vocation. Elle est donc au service d'une force, elle est au service d'une ouverture, de gens qui posent des questions. Vous, vous êtes hyperhabité par votre œuvre, vous êtes bourré de ce que vous avez à faire. Comment voudriez-vous, en plus, vous trouver vacant en face d'êtres qui viendraient vous questionner? C'est la démarche inverse. C'est vous qui donnez au public, au niveau de votre création et des plans auxquels vous accédez. Vous avez une position complètement différente, il ne faut donc pas vous étonner que vous soyez enfermé dans votre création, puisque cette création est vous-même, complètement. Vous êtes incarné en elle. A chacun son boulot!

R. H. – Je suis peut-être incarné dans ma création, mais c'est quand même à Yaguel que je dois demander si le spectacle que je vois a quelque chose de juste ou de faux.

G. G.-T. – Oui, mais les visions que vous avez sont finalement des visions assez péremptoires auxquelles vous vous tenez. Vous ne l'interrogez qu'ensuite.

R. H. – Elle décrit des choses que je n'ai pas encore conceptualisées. Elle les voit avec la résultante, alors que moi je suis incapable de vous dire si ce que je vois va marcher ou pas. Je ne vais pas jusque-là. Elle, elle le sait.

G. G.-T. – Oui, mais ce que vous voyez, vous savez que vous allez le faire.

R. H. – Mais pas si ça sera bon ou mauvais.

G. G.-T. – Vous êtes poussé à le faire par une force, et ça, vous le savez.

R. H. – Ah oui! C'est terrible! J'ai une visualisation immédiate, qui est absolument aberrante. Je dis : « Est-ce que tu vois, camarade? » Il me répond : « Mais non, je ne vois rien », et je rétorque : « Mais c'est là, devant toi. » Ça m'arrive tout le temps. Mais il faut que ce soit un thème de spectacle.

G. G.-T. – Votre sujet s'impose-t-il par des intuitions extrêmement fortes ou bien sous forme d'images? Vous êtes un visuel, vous voyez des formes, des images.

R. H. – Il apparaît en images et immédiatement je ressens un choc nerveux, comme une angoisse! C'est très violent et je sais que si je le ressens, les autres vont le ressentir.

G. G.-T. – C'est une sorte de vibration?

R. H. – C'est plus qu'une vibration! Pour *Un Homme nommé Jésus*, c'était une sensation hallucinante dont je suis content de ne plus être assailli.

G. G.-T. – Là, vous avez des problèmes analogues à ceux que Yaguel a eus.

R. H. – Ah, non, non!

G. G.-T. – Quand elle a fait son livre Leur vrai destin, *elle a abordé des moments de spiritualité intenses, au-delà desquels elle n'a pu aller, comme si elle allait être brûlée en persistant.*

R. H. – Je l'admire beaucoup. D'autant plus que je me dis : « Je vois quelquefois ce que d'autres ont cru voir », mais, elle, j'ai l'impression qu'elle voit des choses que moi je ne vois absolument pas. Je ne peux me mettre à côté d'elle qu'à la seconde où j'ai la vision de ce qui va tout à coup se bâtir, se construire, et alors c'est très inquiétant. Par exemple, en parlant avec vous, je voyais parfaitement bien l'image finale de mon prochain spectacle. J'entends les sons, je vois absolument comment ça va se dérouler, mais ce qui est étonnant, ce n'est pas tellement que je voie quelque chose, mais c'est qu'elle ait la même sensation que moi. Je dis souvent : « Les choses me sont soufflées, je n'ai aucun mérite, parce que j'en ai la vision. » C'est comme si on vous disait : « Regardez cela et maintenant refaites-le-moi. » Et vous vous appliquez à le refaire.

G. G.-T. – C'est une des catégories de la médiumnie, c'est évident...

R. H. – A cela près que je ne vois rien d'autre. Yaguel voit ce que je vois dans mes spectacles, pour les faire, mais également ce qu'ils vont être avant que moi-même je ne les réalise. Elle me dit, par exemple : « Vous allez faire quelque chose qui va... » Quel est ce quelque chose? Et, tout à coup, en effet, quelque chose arrive.

G. G.-T. – Pourquoi ne voulez-vous pas parler de ce qui s'est passé pour Un Homme nommé Jésus*? Est-ce vraiment une expérience trop forte?*

R. H. – Mais non! Quand on monte un spectacle, on est, à un moment donné, tellement concentré dessus, qu'on est visité par ce spectacle, que fatalement on interprète et on exagère des indices complètement naturels et tout à fait quotidiens. J'avoue franchement que lorsque j'ai monté *Un Homme nommé Jésus*, j'ai été cueilli à froid, j'ai été pris à l'estomac.

C.P. – Il a monté ce spectacle sans scénario, sans rien...

G. G.-T. – Le phénomène d'identification se produit presque fatalement dans le domaine de la création dramatique... Quand on s'identifie à un personnage historique, c'est important, mais quand c'est le Christ qui est en jeu!

R. H. – Je ne m'identifie jamais à un personnage! C'est pour cela que, grâce aux dieux, la presse est extrêmement honnête quand elle aime un spectacle par rapport à une analyse, et note que je me suis investi dans la réalité de l'histoire. Quand il s'agit de l'histoire du Christ, là, c'est autre chose. Tous les phénomènes ont disparu à la seconde où le spectacle a été donné pour la première fois. J'ai été délivré et j'en ai été ravi.

Je vais vous donner un exemple. On choisit de faire un spectacle, on y pense, on y rêve, et tout à coup on est « cueilli », de façon imprévue, on est bouleversé. On peut se révolter devant un projet. Et puis, quand on se décide à le faire on y trouve toutes sortes d'avantages; ce qui vous semblait impossible, par exemple raconter les miracles dans l'histoire de Jésus, eh bien! les gens le trouvent complètement quotidien, venant tout naturellement. C'est très douloureux, mais, à la fin, on se dit : « Je l'ai fait! »

G. G.-T. – A ce moment-là, vous avez dialogué avec Yaguel?

R. H. – Ah, oui!

G. G.-T. – Et elle a été très investie?

R. H. – Écoutez, Yaguel voit des choses parfois tellement ahurissantes! On ne s'arrêtait pas au stade de la création du spectacle, je vous l'ai dit. Peu à peu les thèmes que j'essaie d'évoquer à travers ces spectacles touchent à la finalité de la condition humaine. Et plus ça va, plus je commence à percevoir ce qui va arriver. Il y a des moments où j'ai envie de dire : « Arrêtez, je sais où on va. » Par contre, je ne sais pas où moi je vais et je dis tout le temps : « Pas de message, pas de mission. » Je ne peux pas vous dire combien de temps il reste à l'homme, mais je sais que le processus est commencé.

G. G.-T. – On va vers l'Apocalypse?

R. H. – Je ne connais pas ce mot, parce qu'il a quelque chose de terrible. Je pense que nous sommes arrivés à la fin d'un voyage, à moins d'une prise de conscience universelle qui pourrait renverser le processus en cours. Mais cela nécessiterait un tel effort, une telle confiance en l'homme, une telle foi dans l'homme, une telle spiritualité, soulevant une telle aspiration de la liberté assumée, une telle envie lucide, et admettre enfin que *l'humanisme* n'est pas une utopie, ni une rêverie d'idéaliste, mais bien au contraire quelque chose de concret, de réaliste, d'urgent, comme une issue se situant par son action bien au-delà des parties-système.

G. G.-T. – A un seuil de transformation?

R. H. – Inexorablement, et ce n'est pas parce que l'on supprime une bombe de plus que tout à coup on prendra conscience. L'homme, en ce moment, n'a qu'un instinct de conservation, un réflexe de Pavlov, mais le cœur n'est absolument pas sollicité pour lui permettre d'évoluer et de dépasser cette échéance. J'ai mis en exergue à mon spectacle, alors que je sais que ce n'est qu'une espérance très incertaine : « Le jour où les hommes mettront au service du cœur et de la conscience le génie qu'ils déploient aux évolutions des techniques, la liberté fleurira sur la Terre, sans avoir à se nourrir du sang des morts. » En l'occurrence, c'était une réflexion par rapport à l'oppression, mais je voulais simplement dire que si l'homme, si l'humanité ne s'allonge pas par terre pour respirer, souffler, se reprendre, s'il n'y a pas une prise de conscience universelle dans les temps les plus brefs, inexorablement elle est dans le processus de ce que j'appelle l'entonnoir. Le processus de destruction est inexorable. Ce qui est merveilleux dans l'homme est sa contradiction; il est sans arrêt en mouvement. Et puis tout d'un coup il meurt d'inertie, de non-considération, quand il se demande à quoi il sert. C'est alors le désespoir. Car toute chose qui n'est pas au service du cœur est totalement inutile. Nous décrivons la face du monde d'une manière extraordinaire, en analysant. Personne ne s'investit : nous rendons compte parfaitement de l'événement, mais nous ne faisons absolument rien pour l'empêcher, car cela demanderait l'abandon de tellement de privilèges, l'admission de tant d'erreurs. L'homme ne peut monter qu'à partir du moment où il renonce, renonce, renonce. Il faut vivre à nu et pour cela il ne faut rien installer, être perpétuellement à l'écoute.

Bon, pourquoi Yaguel dans tout cela? Eh bien, Yaguel, quand j'ai des doutes, des angoisses ou des inquiétudes, je lui demande, en plaisantant : « Vois-tu cela? » Et ce qui me plaît en elle, c'est le calme et la tranquillité avec lesquels elle dit les choses. On l'interroge sur un projet, elle répond : « Il se fait... Ah, il sera positif », ou bien « Ah, non, fais attention!... » Elle voit tranquillement les choses. Cela se passe encore mieux par l'intermédiaire de ma femme.

G. G.-T. – Peut-être parce que vous dégagez une passion, des influx, une irradiation. Mais ne la bloquez-vous pas?

R. H. – Non, mais je l'embrouille! Alors qu'avec Candice c'est extrêmement précis. Moi, je l'empêche de se concentrer sur moi.

G. G.-T. – Votre passion théâtrale est en même temps votre outil d'action. Puisque vous ne voulez pas parler de « message ». N'empêche que vous agissez bel et bien à travers votre théâtre pour essayer de faire passer des valeurs, une vision du monde.

R. H. – J'ai dit, en arrivant à Reims : « Un jour il y aura des salles immenses et les gens viendront comme au stade voir des spectacles. » On a pensé : « Il est mégalo, il est complètement fou. » C'était au moment où l'on voulait faire des petites salles. J'ai dit, il y a des années : « Non ! Il faudra faire des rassemblements chaleureux, avec les plus grandes œuvres et les plus grands textes, au service de tous. »

G. G.-T. – C'était une voyance !

R. H. – C'était une logique ! Et Yaguel, elle est merveilleuse, parce que dans tous mes embrouillements, elle garde un esprit de synthèse, et me dit : « Sois un peu plus précis, s'il te plaît ! » J'essaie, et quand je précise ma question, j'ai une réponse claire et sans hésitation. Je repars, un peu troublé, parce que quelqu'un qui vous dit, quelques jours avant de pouvoir le vérifier, que les choses vont se passer de telle façon est plutôt courageux.

G. G.-T. – Vous avez quand même le sentiment de votre liberté. Vous l'avez questionnée, vous la prenez comme confidente, vous écoutez ce qu'elle vous dit et puis vous faites ce que vous voulez.

R. H. – Quand je me suis engagé, c'est déjà trop tard.

G. G.-T. – Votre liberté précède, c'est encore mieux !

R. H. – Quand vous êtes en train de fabriquer un pont, et qu'au milieu du pont vous demandez : « Dis-donc, crois-tu que le pont va tenir ? » Si on me répond : « Non, il ne va pas tenir », je continuerai quand même.

G. G.-T. – Il a pu vous arriver, tout de même, d'avoir des consultations qui précédaient les idées ou la conceptualisation.

R. H. – Oui, la dernière fois je lui ai demandé : « Dis-moi si je ne vais pas faire une connerie ! »

G. G.-T. – Comment se fait-il que tout à l'heure vous m'ayez dit que, en me parlant, vous aviez la vision de quelque chose qui allait se dérouler ? Est-ce parce que vous êtes en état d'obsession de cette chose, ou bien est-ce arrivé comme cela ?

R. H. – Parce que je suis en ce moment en état de préoccupation. Je veux monter quelque chose de nouveau. J'espère un jour révolutionner certaines conceptions parfaitement établies. Par exemple l'opéra. Eh bien, en quelques minutes, je visualise et je ressens quelle va être ma démarche et, soudain, elle s'impose avec une telle acuité que je pense que dans quelques années, ça paraîtra complètement naturel. Les gens vivent tout le temps au présent et beaucoup trop dans le passé ! Ce qu'il faut, c'est imaginer ce qui adviendra. C'est une grande chance que d'avoir tout à coup ces visions-là ! Je suis comme un chercheur qui fait des expériences qui fatalement aboutiront à quelque chose de positif ou de négatif, mais qui, de temps en temps, suspend ses recherches pour aller demander : « Est-ce que vous croyez que le mélange que j'ai fait peut me permettre d'évoluer et donner tel résultat ? »

G. G.-T. – Vous avez fait allusion à un certain nombre de cas où il y a eu une consultation peut-être très brève, au cours d'un dîner, ou en public. Vous dites que vous ne l'avez consultée en tête à tête qu'une seule fois et que, pour le reste, les questions sont passées par votre femme.

R. H. – Je n'ose pas la consulter au sujet de prémonitions, de ce que je ressens et qui peut arriver. Au départ, il faut construire l'outil conçu pour atteindre au but, établir les normes qui vous permettent de vous en servir, d'entrevoir toutes les combinaisons possibles. Or, peu à peu, je le vois, on s'éloigne des spectacles au premier degré. A travers ces spectacles, on touche à la condition des individus, aux sentiments, à la vie, à la liberté, à l'oppression, à la justice, à l'injustice. Vous avez vu que je fais participer de plus en plus le public. C'est ce que je fais dans *Le Courrier de Lyon* pour la peine de mort. Je veux que les gens soient concernés. On se dit : « Mon Dieu, merci de me laisser m'exprimer à travers mon métier. » Et, en même temps, avec une profonde tristesse, une grande nostalgie, on réalise : « Je n'ai pas fait ce que j'aurais dû tenter de faire », peut-être par manque de courage. Mais je crois que ce que l'on doit faire sera fait. Il y a tout de même une programmation des actes.

G. G.-T. – Vous êtes habité par une grande exigence et une extrême tension. Donc vous devez fatalement avoir des moments d'insatisfaction...

R. H. – De désespoir profond !

G. G.-T. – Oui, mais c'est inévitable. C'est la conséquence de votre exigence. Et pourtant, ce qu'il y a d'extraordinaire dans votre cas, c'est que votre travail est généralement reçu de façon très gratifiante, mais cela ne suffit pas à vous rassurer. Vous pourriez estimer tout de même, après de tels spectacles, et prenant acte des réactions du public et de ce que dit la presse d'intelligent, que vous pouvez respirer.

R. H. – Jamais ! Mon fils me dit : « Tu n'as pas le goût du bonheur. » De plus en plus, j'ai une inquiétude folle et je me dis : « Je n'ai rien fait, je n'arriverai jamais à faire quelque chose ! »

G. G.-T. – Les fameux répits que vous n'avez pas goûtés, tout de même vous devez les connaître quand vous avez une très bonne réponse à quelque chose que vous avez profondément désiré.

R. H. – Non ! Je pense : « C'est une formalité qui est remplie. »

G. G.-T. – Devant certaines salles, à certains moments, vous devez savourer une minute de grâce extraordinaire, un éclatement, une réaction prodigieuse...

R. H. – J'ai éprouvé certaines réactions de ce genre, mais pour me dire aussitôt : « Alors, qu'est-ce qu'on fait maintenant ? » Je ne connais jamais un moment de répit ! J'ai l'impression que pour découvrir quelque chose, il ne faut pas s'arrêter. Quand on me dit : « C'est très bien ce que vous avez fait », je réponds : « Parlons d'autre chose... »

G. G.-T. – Vous n'avez jamais noté, chez Yaguel, un glissement de voyance ou une erreur ?

R. H. – Non ! Jamais ! Je la prends très au sérieux, et par ailleurs c'est quelqu'un de très agréable, qui fait absolument tout pour vivre normalement, comme s'il n'y avait rien de tragique. En tout cas nous ne pouvons que vous redire que nous l'aimons beaucoup.

28 février 1989

Stephane Jansen

Ancien marchand d'art, collectionneur et conférencier.

Stéphane Jansen – Toute ma vie j'ai consulté des voyantes, ma mère en connaissait et mon père détestait ça ; il était furieux quand nous y allions. Un jour, une amie belge m'a dit : « Si tu vas à Paris, il faut que tu voies une femme extraordinaire à Chatou. » Alors je suis allé la voir. C'était en 1973. Je suis resté la première fois deux heures avec elle ; elle m'a dit trois choses qui m'ont frappé : d'abord qu'une personne qui vivait au-dessus de l'endroit où je travaillais allait mourir et que j'aurais une perception physique de cette mort. Ensuite, que ma femme serait enceinte, ce qui me paraissait très improbable parce qu'elle portait un stérilet et, enfin, que mon père allait mourir d'un cancer « du dos ». Au bout de ces deux heures je lui ai dit : « Eh bien, Madame, tout cela est très intéressant, combien vous dois-je ? ». Elle m'a répondu : « Rien, parce que je ne suis pas du tout satisfaite de ce que je vous ai dit. J'ai été bouleversée par une nouvelle aujourd'hui et je ne peux pas vous en dire davantage. » (Alors que jamais je n'avais reçu une voyance aussi intense.) Elle a ajouté : « Revenez, alors nous parlerons, et si vous êtes satisfait, cette fois-là... » Dans les trois mois qui ont suivi, ce n'est pas la dame du dernier étage de mon immeuble qui est morte, mais c'est celle du second... Je suis rentré dans mon bureau après les vacances et ma secrétaire était hystérique, parce que je lui avais raconté la prédiction sur un ton un peu léger, et que le cercueil de la défunte se trouvait debout dans l'ascenseur tandis qu'on le descendait.

Gérald Gassiot-Talabot – Où cela se passait-il ?

S. J. – A Bruxelles, dans ma galerie qui était rue du Monastère. La seconde prédiction s'est réalisée après nos vacances. Ma femme s'est trouvée enceinte, et puis, deux ans plus tard, mon père est mort d'un cancer de la moelle épinière. J'ai été revoir Yaguel et, de nouveau, à la fin de la consultation, subitement elle m'a regardé et elle m'a dit : « C'est extraordinaire, vous avez eu une liaison avec une femme suisse, qui est une de mes grandes amies, et elle ne m'en a jamais parlé. » Or, cela remontait à l'âge de vingt ans. Elle m'a dit : « Est-ce que vous connaissez cette personne ? » J'ai répondu : « Oui. » Je me suis dit : « Vraiment, elle est fascinante ! » Et je lui ai de nouveau posé cette question qui me paraissait tout à fait normale : « Combien vous dois-je ? » Elle m'a répondu : « Ce serait ridicule que vous me payiez, car nous allons devenir très intimes. » Alors moi je me suis dit : « Très sincèrement, la sorcière de Chatou, elle est folle, parce que je n'ai aucune intention de devenir très intime avec une dame que je ne connais pas, que je vais consulter, comme ça ! » Et puis nous sommes devenus de très grands amis. Je dirai que ça n'avait plus rien à voir avec la voyance. Nous sommes devenus des amis parce que nous étions destinés à nous connaître. Elle a rencontré Hergé par mon intermédiaire.

G. G.-T. – Vous avez là un triplé magnifique.

S. J. – Elle m'a fait d'autres voyances. Elle a décrit un geste que mon père ferait avant sa mort et que ma femme m'a rapporté, car j'étais fâché avec lui.

G. G.-T. – L'approche de sa mort ne vous a pas réconciliés ?

S. J. – Non, pas du tout. Je me suis réconcilié neuf ans après et Yaguel est intervenue.

G. G.-T. – Comment, c'est une réconciliation post-mortem *?*

S. J. – Oui, c'est *post-mortem* ! Un jour je me trouvais à Bali, j'assistais à une crémation exactement neuf ans, jour pour jour, après sa mort, le 3 juillet 1984, et subitement j'ai senti un poids énorme qui se dégageait de mes épaules, j'ai dit alors : « J'ai pardonné à mon père. » Je suis rentré directement à Los Angeles où se trouvait Yaguel. Elle est venue chez moi et elle m'a dit tout de suite : « Venez, on va faire une petite voyance. » Elle m'a fait une voyance qui n'avait aucun intérêt, ce qui est toujours un très bon signe. Et, une fois la séance terminée, subitement elle m'a dit : « Il y a quelqu'un qui veut vous parler. C'est quelqu'un que je n'ai jamais vu. » Elle me l'a décrit physiquement. Je me suis écrié : « C'est mon père ! » Alors Yaguel m'a transmis les paroles de mon père. Il s'est excusé pour ce qu'il avait fait. Mais il m'a dit que c'était son rôle et que c'était ce qui avait fait de moi ce que j'étais devenu. Donc, ce n'était pas si mal, et puis il m'a dit : « Demande à ta mère ce qu'elle m'a fait au cours de notre voyage de noces et tu comprendras beaucoup de choses. » Effectivement, ma mère m'a tout raconté, ce qui a éclairé pas mal de problèmes. Yaguel a été comme un téléphone entre mon père et moi, comme elle l'avait été avec Hergé.

Une fois nous étions avec elle, toujours à Los Angeles, et elle m'a dit : « Il faut faire attention parce que je vois un vol autour de vous, je vois quelque chose de troublant... un policier noir très grand qui intervient; vous devez vous méfier ». A ce moment-là, je menais une vie un peu facile et je n'étais pas toujours très sûr des gens qui m'entouraient. J'ai eu évidemment très peur et je me suis dit : « Il faut que je sois très vigilant. » Nous sommes partis, Yaguel, un ami et moi à New York où nous partagions un appartement dans un hôtel. Nous sommes allés dîner et quand nous sommes rentrés, l'appartement venait d'être cambriolé, mais c'est Yaguel qui avait été la victime! Elle fut la seule à qui fut volée une importante somme d'argent, parce que, ainsi que l'a dit l'agent, elle avait gardé, comme le font toutes les françaises, des billets dans sa valise. Quand le policier est arrivé, c'était un grand Noir qui correspondait exactement au signalement donné. La seule chose qu'elle n'avait pas vue, c'est que c'était elle qui serait volée...

G. G.-T. – Ça c'est extrêmement intéressant parce qu'elle ne peut pas prédire sur elle-même de façon claire en disant : « C'est de moi dont je parle. » Mais elle utilise souvent des relais avec ses proches, ses amis : Élisabeth de Chimay et une de ses collaboratrices, Francine Rivière, ont joué ce rôle. Elle peut être parfois très décontenancée, très inquiète et faire des glissements qui, finalement, la concernent. Élisabeth de Chimay m'a dit à plusieurs reprises qu'elle servait littéralement à Yaguel, (je ne vois pas d'autre mot), de caisse de résonance. Yaguel lui faisait une prédiction qui, en fait, la concernait, elle.

S. J. – Je me suis rendu compte que le type de voyance de Yaguel était souvent visuel, qu'elle avait des images qui se projetaient. Ainsi, nous avons pris un jour un avion en Californie. C'était un tout petit avion, il faisait très chaud. J'étais de mauvaise humeur, écœuré, il y avait des choses qui n'allaient pas. Elle s'est assise à côté de moi et elle m'a dit : « Mais Stéphane, ne vous en faites pas... Vous allez rencontrer l'être que vous avez toujours attendu. » Elle m'en a fait une description physique. Elle m'a dit : « Il ressemble à un jeune pâtre grec, il est étudiant en art, il a eu des parents qui ont divorcé d'une façon très violente, il est habillé tout en blanc, il travaille pour une femme blonde, il vit sous votre nez, vous le connaissez, et vous ne le voyez pas. » Alors je me suis mis à chercher parmi les séminaristes à robe blanche, les joueurs de tennis, le personnel médical... et je n'ai rien trouvé. Ça m'agaçait d'autant plus qu'elle m'annonçait toujours cette chose extraordinaire qui allait m'apporter le bonheur, et puis, un jour, j'ai rencontré quelqu'un qui était français, qui travaillait dans un restaurant et j'ai dit à Yaguel : « Je suis très intéressé par cette personne. » Je lui ai donné son prénom et Yaguel s'est mise à pousser des hurlements en me disant : « Je vous interdis ! Je vois la mort, je vois la violence, c'est dangereux pour votre vie, etc. Ne soyez pas idiot, l'autre est là... » Ça se passait en avril 1981 et l'homme dont elle m'a dit qu'il était dangereux s'est suicidé quatre mois après. Il est sorti pour aller tuer sa petite amie, il ne l'a pas trouvée, alors il s'est tué lui-même. C'était donc violent. Et nous sommes allés ce soir-là au restaurant, il y avait Yaguel, une très grande amie à moi qui s'occupait de Christie's et un ami mexicain et, subitement, dans le restaurant, elle m'a dit : « Voyez ce garçon, ce serveur, c'est lui que je vois en médiumnie ». Je lui réponds : « Yaguel vous êtes folle ! Il est emmerdant comme tout, il est boulot-boulot et ne parle jamais aux clients; ensuite je sais très bien qu'il vit avec un anglais et, en tout cas, il ne m'a jamais adressé la parole. » Elle m'a dit : « Il va venir ce soir vous parler. Vous vivrez ensemble, il vous quittera pendant une très brève période, il reviendra et vous vivrez ensemble pendant très, très longtemps. » Le soir, ce garçon est arrivé, il a adressé la parole à Yaguel puis ensuite, il s'est retourné et m'a dit : « Je ne crois pas que vous sachiez qui je suis. » Je lui ai répondu : « Si, je le sais très bien. » Nous avons déjeuné ensemble. Nous avons découvert qu'il aimait Brancusi et Klee, ce qui n'est pas courant pour un garçon de restaurant de Los Angeles, qu'il était très malheureux avec l'homme avec lequel il vivait... Elle m'avait dit aussi que je le reconnaîtrais parce qu'il me proposerait son aide. Et il m'a effectivement téléphoné une nuit, à trois heures du matin, en me disant : « Tu bois trop, tu manges trop, je vais t'aider dans la vie. » C'est ce qu'il a fait. Il m'a quitté pendant trois jours, parce qu'il est retourné chez l'Anglais avec qui il vivait. Les jalons du destin sont quelquefois saugrenus, car Yaguel m'avait dit : « Ne vous en faites pas, il reviendra quand vous aurez une fuite de gaz... » Deux jours après qu'il soit parti, on a sonné à ma porte et des ouvriers m'ont dit : « Coupez votre gaz : vous avez une fuite. » J'ai sauté de joie et je leur ai dit : « Merci beaucoup. » Il est revenu le lendemain. Il est exactement tel qu'elle me l'avait décrit : il était artiste, ses parents ont divorcé, son père a failli le tuer d'un coup de fusil... C'est donc un événement très important dans ma vie. Je vis depuis sept ans avec lui et je suis merveilleusement heureux. Alors, je peux très difficilement douter quand elle me fait des prédictions.

G. G.-T. – Avez-vous constaté l'un des « parasitages » qui peuvent arriver et que nous étudions avec Yaguel ?

S. J. – Non, parce que j'aurais plutôt tendance à faire ce que j'ai envie de faire, même si elle me dit que ce n'est pas bon. Toutefois, elle m'avait averti que j'allais être empoisonné au cours d'un voyage imminent : « Je vous entends dire : “ Je crois que je vais mourir ”. » Comme je me rendais en Grèce, j'ai mangé avec précaution au restaurant où j'étais allé à Athènes, au Hilton, je suis monté me coucher et, à quatre heures du matin, mon ami américain est venu frapper à ma porte et m'a dit : « Je crois que je vais mourir. » Donc, ce n'était pas moi, c'était lui, mais comme à l'époque nous vivions ensemble elle a fait une interférence. Ça, ça lui arrive.

G. G.-T. – Vous avez une grande maison à Los Angeles. Est-ce qu'elle vous a fait des prédictions à son propos ?

S. J. – Non, pas vraiment. Quand je cherchais, elle m'a dit : « Vous allez trouver une maison merveilleuse qui est toute bleue. » De fait, lorsqu'on la regarde, il y a le ciel tout autour; c'est donc, peut-être ce qu'elle a vu. Mais elle n'a pas fait de prédictions. Elle m'a dit : « Vous n'y resterez pas toujours », alors que j'étais absolument persuadé que ce serait ma dernière maison parce que c'est la plus belle que j'ai eue dans ma vie. Quand il y a eu le tremblement de terre le 1er octobre 1987, ça m'a ouvert les yeux et je me suis dit : c'est un tout petit signe mais il pourrait y avoir autre chose. Je lui ai téléphoné à ce sujet et elle m'a confié : « Je ne peux pas vous dire s'il va y avoir un tremblement de terre ou pas. Je sais qu'il y en aura, mais je ne peux pas dire où ce sera exactement. Mais si vous le sentez, allez-vous-en. » En revanche, je lui ai montré la photo des endroits où je voulais acheter ma nouvelle maison et elle m'a tout de suite dit, car j'hésitais entre deux propositions : « Un des lieux vous fait peur et l'autre est calme. » J'ai dit oui et elle m'a répondu : « N'échangez pas une peur contre une autre. » Au-dessus d'un des terrains il y avait, en effet, des rochers gigantesques qui pouvaient se détacher. Enfin j'ai vu un autre terrain que je voulais vendre, elle m'a assuré que ça se ferait; mais cela fait huit ans et je ne l'ai toujours pas vendu.

G. G.-T. – Là nous touchons au problème du temps encore une fois; très souvent les gens disent à Yaguel qu'elle s'est trompée parce qu'un événement n'est pas arrivé. Or, il y a une sorte de dilatation et de contraction du temps qui est, vous le savez, un phénomène très complexe dans la voyance. Dans le mythe de l'Ouest américain il existe cette menace latente qui est à la fois fondée sur un certain nombre de prédictions, de légendes, et sur des phénomènes mesurables. Hélas, on sait comment fonctionnent les couches tectoniques et ce qui se produit actuellement ! Ainsi, il y a une ambiance assez catastrophique. En mai 1988 on a assisté à une sorte de panique à Los Angeles : des gens sont partis et, heureusement, il ne s'est rien produit.

S. J. – Vous savez, le 1er octobre j'étais en train de boucler ma valise. Un taxi venait me chercher à huit heures. Ma maison a commencé à trembler, ça a duré trente-cinq secondes. Je me suis dit : « J'ai compris, je suis totalement impuissant devant ce phénomène. Moi, je me sens très protégé. Et puis, si je meurs, c'est dans la nature des choses, mais je n'ai pas envie que trente Alechinsky, les meilleurs Jorn, Appel, cent tableaux de Guillet soient anéantis, parce que j'ai l'impression que j'ai une responsabilité. » Pour en revenir aux dates, Yaguel m'avait dit une chose extraordinaire pour mon père : « Je vois dans sa mort le chiffre 73. » Or, nous étions en 1973 à ce moment-là. « Vous voulez me dire qu'il va mourir cette année? » Elle m'a répondu : « Pas du tout, mais souvenez-vous. » Alors, chaque fois qu'il était malade, je disais à ma femme : « Quel est son numéro de chambre? etc. » et il est mort le 3 juillet. J'étais aux États-Unis où j'ai reçu un télégramme qui était daté : 7-3. Elle est très bonne avec les chiffres.

G. G.-T. – Cela dépend avec qui. Dans les prédictions sociopolitiques dont j'ai les traces, on trouve des événements dont on se rend compte qu'ils risquent de se produire mais avec des décalages.

S. J. – Moi, c'est plutôt dans les chiffres. Par exemple, j'avais vu un tableau de Dubuffet dont j'étais fou et je demande à Yaguel : « Est-ce que je peux l'acheter? Combien est-ce que cela coûtera? » Elle m'a répondu : « Votre question est idiote, c'est à vous de décider, mais j'entends un double 7. » Or le tableau était estimé entre trois cent mille et quatre cent mille dollars et il a fait sept cent mille dollars, plus les frais, ce qui a donné sept cent soixante-dix mille dollars.

Quand j'ai vendu ma maison de Los Angeles j'espérais en obtenir six millions de dollars. Ce qui était une somme démente, je le reconnais. Elle m'a dit : « Non, j'entends trois et demi. » Comme elle ne connaît rien aux problèmes de change, je ne savais pas si c'était trois cent cinquante millions d'anciens francs français. Or, je l'ai vendue net trois millions et demi de dollars. Ce qui était le prix que je l'avais payée.

G. G.-T. – Et vos collections où iront-elles?

S. J. – En Arizona, près de Phoenix où je vais habiter : j'ai acheté six hectares superbes. Je quitte totalement la Californie.

G. G.-T. – Il faut bien reconnaître que c'est un ensemble d'impressions intimes, de convictions et de prémonitions, et également tout ce qui a été prédit, qui vous ont conduit à cette décision. Car vous n'aviez pas de raison de quitter une région magnifique, où vous aviez une maison façonnée par vous.

S. J. – C'était très étrange. Je me suis réveillé un matin, deux mois après le tremblement de terre et je me suis tourné vers Mikael en lui disant : « Que penserais-tu si nous déménagions? » Il m'a regardé en disant : « Tu es fou ! Nous adorons cette maison. Nous en avons fait en sept ans, exactement ce que nous voulions. » Je lui ai répondu : « Oui, mais j'ai perdu ces deux céramiques précieuses qui ont éclaté pendant le tremblement de terre et j'ai l'impression que quelque chose de terrible va se passer. » Il y a, maintenant, une grande violence sous-jacente à Los Angeles. Moi, je ne suis pas quelqu'un de mondain. La ville ne m'intéresse pas.

G. G.-T. – Mais ce qu'il y a d'étrange, c'est que les prédictions plus ou moins catastrophiques qui ont été faites et confirmées par une jeune astrologue qui a vu votre maison détruite, vont peut-être se réaliser au sujet de cette demeure, précisément, mais vous n'y serez plus et vos collections seront ailleurs. Yaguel, cependant, a toujours été prudente sur ce sujet.

S. J. – Voilà. Et elle m'a dit quand je lui en ai parlé : « Stéphane, vous quitterez la maison à la fin juillet. » Comme j'avais mis en vente le 14 janvier j'ai pensé que, d'un côté j'aurais été ravi de la vendre tôt et cher, et d'un autre côté je n'avais pas envie de la vendre avant fin juillet. C'est ce que je me suis dit, sinon Mike devrait quitter la maison pendant ses examens, et ça, c'était très mauvais. Elle m'a toujours dit : « Ne vous inquiétez pas... »

G. G.-T. – Oui, elle est très apaisante.

S. J. – J'ai des angoisses affreuses, parce que, comme tous les gens qui aiment beaucoup les tableaux, j'achète toujours un tableau en trop ! Je me dis : « Je suis fou, je devrais garder l'argent à ma banque, je devrais toucher les dividendes... » Je viens d'une famille où on croit à la force de la Bourse et de la gestion financière. Et Yaguel m'a dit en 1981 : « Ne vous en faites pas... Vous allez paraître à la télévision, on parlera de vous dans les journaux et en 1991, 1992, vous allez connaître la célébrité. » Et je lui ai répondu : « Vraiment, vous êtes folle ! » Parce que je n'y crois pas, je n'ai jamais rien fait dans ma vie. Je suis la brebis galeuse de ma famille ; ils sont tous banquiers, industriels, et moi je n'ai jamais rien fait. Je vis confortablement grâce à des revenus d'origine familiale. Mais je me suis toujours sorti de cette situation. Quand j'avais une galerie, jusqu'en 1976, mon père me disait que j'étais un « boutiquier ». Aujourd'hui je m'occupe de ma collection, j'essaie de promouvoir l'art européen aux États-Unis, je fais des conférences dans les universités ; elle m'a dit : « Il y aura des tas d'articles dans les journaux sur vous. » Ça m'a peut-être donné le courage de me lancer et quand le *Louisiana* m'a demandé de faire une causerie sur ma collection, j'ai accepté. Et, de fait, je suis passé à la télévision, j'ai donné des conférences, il y a eu une pile d'articles dans des journaux, notamment au Danemark et aux États-Unis. J'ai vu Gillet, il était en train de faire douze tableaux, dont quatre sur la Révolution française qu'il va exposer à Saint-Priest. J'ai toujours dit que Gillet était un très grand peintre, et je commençais à me fatiguer un peu parce que ça fait trente ans que je le dis et que tout le monde se tord de rire en m'écoutant. L'exposition de 1987, organisée par le Centre national d'art contemporain m'a vraiment fait un grand plaisir.

G. G.-T. – Elle était très belle. Yaguel vous a-t-elle conseillé dans votre action de collectionneur?

S. J. – Yaguel n'a pas une grande passion comparable à la mienne pour la peinture. Je ne l'ai jamais vraiment questionnée sur ce sujet. Je n'ai jamais acheté de tableaux qu'avec mes yeux et jamais avec mes oreilles. De toute façon, mes questions se sont modifiées. L'événement qui a changé ma vie, et où Yaguel est intervenue, c'est la mort d'Hergé qui était mon meilleur ami. Quand j'ai eu dix-huit ans, j'ai eu l'énorme privilège de le connaître. Il me disait : « Lisez des essais sur l'hindouisme, sur le zen... »; il me prêtait des livres que je laissais dans le coffre de ma voiture et que je lui rendais quinze jours plus tard en lui disant : « Je ne les ai pas lus parce que ça m'embête. » Et puis il est mort, et ça a été pour moi un choc épouvantable. Yaguel n'a jamais vraiment voulu m'éclairer quand il était malade et que je lui demandais : « Qu'est-ce qui va arriver? »; elle me répondait : « Seul Dieu le sait. » Mais elle savait très bien, parce que je la sentais de plus en plus inquiète; elle ne m'en parlait jamais. Il est mort le 3 mars 1983. Nous sommes revenus à Paris, Marie-Claire et moi, au mois de mai 1983 et nous avons dîné avec Yaguel. J'avais bu une bouteille de vin à moi tout seul quand elle est arrivée. J'avais mangé beaucoup trop. J'étais agacé parce qu'elle était en retard. Puis nous sommes rentrés et elle a beaucoup insisté pour faire une voyance, ce qui n'est pas dans ses habitudes. Or, elle m'a fait une voyance sans intérêt. Elle a rangé ses cartes; il était à ce moment-là une heure du matin. Et subitement, elle est devenue verte : elle était assise sur le lit et elle m'a dit : « Georges (Hergé) est là et il veut vous parler. Pour que vous sachiez que c'est lui, il me demande de mettre ma main sur votre épaule gauche et de vous dire : Faites attention. » C'était toujours la phrase qu'il prononçait quand nous nous quittions. Il avait une très grande pudeur et était inquiet pour moi parce que je menais une vie un peu dissolue à ce moment-là. J'ai donc su que c'était lui et nous avons eu une conversation (enfin! c'est surtout lui qui a parlé parce que moi je pleurais tellement que je ne pouvais pas dire un mot). Il m'a dit des choses extraordinaires et depuis, je n'ai plus jamais de doute sur le fait que lorsque nous mourrons nous irons ailleurs retrouver ceux que nous aimons. Ça a changé ma vie car, de ce jour, j'ai commencé à lire, à m'intéresser au phénomène de la mort. Cette communication m'a complètement bouleversé parce que Hergé était vraiment le père que j'aurais voulu avoir. Et, à ce tournant de mon existence, Yaguel était là; elle a été l'instrument de téléphone entre nous deux. Pour moi, c'est un événement capital auquel elle est associée.

G. G.-T. – L'ensemble de ce que vous me dites est extrêmement important, intéressant, original. C'est lié à Yaguel d'une façon très précise, puisque vous avez bien défini le rôle qu'elle a joué, et vous donnez un témoignage de médiumnie spirite, ce qui est toujours très délicat à avancer. Mais quand vous dites : elle m'a demandé de monter et a fait une voyance sans intérêt, qu'est-ce que cela signifie?

S. J. – C'est qu'elle me disait : « Tout va bien, au fond je n'ai plus rien à vous dire, parce que vous êtes tellement heureux! Vous allez faire un voyage en bateau, vous aurez peut-être le mal de mer », et je répondais : « Pour cela, Yaguel, je n'ai pas besoin de vous... »

G. G.-T. – Vous est-il arrivé d'intervenir sur certaines prédictions et pensez-vous qu'il y ait une possibilité de modifier le cours d'une voyance apparemment péremptoire, de perturber le déroulement d'une série d'événements par la seule volonté?

S. J. – Je n'en suis pas sûr du tout. J'ai justement discuté avec un ami qui est très suicidaire en ce moment, et je lui disais que la seule façon de s'opposer au destin c'était de se suicider. C'est pour cela que Dieu, ou ce qui est en haut, condamne le suicide. Je crois énormément à la prédestination. Nous nous gargarisons en disant : « J'ai pris une décision importante, un jour je me suis dit que j'allais vivre une autre vie, etc. » Mais, si on regarde de près ce que nous appelons le hasard, la chance, notre décision... Je crois que, finalement, nous avons très peu à dire...

G. G.-T. – Ne vous est-il pas arrivé de bloquer un fait relativement mineur mais précis qui n'engageait pas toute votre vie mais qui vous agaçait, vous déplaisait? N'avez-vous jamais constaté que les événements arrivaient jusqu'à un certain point, tels qu'ils étaient prévus et puis qu'à un moment, tout bifurquait?

S. J. – Non! C'est plutôt le contraire, parce que j'ai tendance à ne pas écouter ce qu'elle me dit au départ quand ça ne me convient pas. Si elle me dit : « Vous allez devoir raccourcir un voyage » et que je repousse l'idée, je garde mes dates. Et puis au cours du voyage un incident survient, qui m'oblige à rentrer. Au sujet des gens que j'ai rencontrés dans ma vie à propos desquels elle me disait : « Non! ce n'est pas ce qu'il vous faut... » je m'entêtais, alors que si je m'étais regardé dans ma glace, j'aurais su que je me trompais. C'est plutôt moi, dès le départ, qui essaye de contrecarrer ce qu'elle me dit ou qui ne veux pas écouter. Et puis je suis ramené, en général, en douceur. Le plus souvent, c'est elle qui a raison et ça m'agace!

G. G.-T. – Je suis à la recherche de ce genre de faits importants qui posent ou ne posent pas le problème d'une liberté, même par-

tielle. Pourtant je sais très bien que la plus grande liberté est dans l'attitude que l'on prend à l'intérieur d'un événement qui peut avoir été prédit. C'est la façon de l'accepter, de le gérer, de l'assumer intellectuellement et spirituellement qui est le fond même de la liberté.

S. J. – Oui, dans le cas bien précis que je vous ai cité, quand, au bout de quatre mois, mon ami m'a dit : « Je te quitte parce que j'ai décidé de retourner avec la personne avec qui je vivais... », j'ai téléphoné à Yaguel, absolument paniqué, alors qu'elle me l'avait prédit et que je n'avais pas voulu l'écouter... « C'est épouvantable, je sais que vous m'avez dit que je ferai un long chemin avec lui... qu'est-ce que je dois faire? » Elle m'a répondu : « Il y a toujours deux solutions : ou vous vous fâchez, ou vous lui dites que vous l'aimez, que quoiqu'il arrive vous l'aimerez toujours, et vous ne vous fâchez pas. » Alors j'ai pensé que je devais sacrifier mon bonheur si c'était le sien et je lui ai dit : « Fais ce que tu veux, si tu dois le faire, mais je serai toujours là pour toi. » Et là, j'ai gagné en me comportant ainsi... Je ne dirai pas qu'elle m'a influencé, mais elle m'a dit : « Il y a toujours une réponse négative et une réponse positive. Si vous répondez positivement, les choses se passeront bien. » J'ai pris cette attitude et j'ai très bien senti qu'à un moment j'aurais pu hurler, parler de trahison, etc. J'ai simplement dit : « Je suis désespéré, je suis malheureux, je t'aime », et voilà il est revenu.

G. G.-T. – Mais elle vous avait prédit ce court hiatus et vous avait donné non le moment de son retour mais le signe qui coïnciderait avec ce retour. Dire que quelqu'un va revenir après qu'une fuite de gaz se sera produite, c'est prendre un événement tout à fait mineur comme signe. C'est un coup d'horloge. Quand ce fait, vraiment anecdotique, s'est produit, vous vous êtes dit : « Le reste va arriver. » Dans votre cas il y a eu une très grande conformité avec ce qui avait été dit de façon péremptoire. Mais j'ai des expériences plus complexes où des pans de voyance ont été occultés après un début de réalisation très brillant. Où se trouve donc ce qui a été décrit, dans quelle matrice? C'est étrange qu'un fait soit si rigoureusement exact jusqu'au moment où une volonté très précise l'affaiblit. C'est un mystère auquel ce livre ne répondra pas et que chaque sujet vit différemment.

22 juin 1988.

KATINKA

Artiste peintre.

Katinka. – L'intérêt d'une conversation comme la nôtre, c'est d'aller au fond des choses. Je pense que je ne vous demanderai pas de supprimer certains passages. Par ailleurs, mon expérience avec Yaguel Didier porte sur un sujet tellement précis, qu'il est essentiel que je dise tout.

Gérald Gassiot-Talabot. – Vous avez rencontré Yaguel à quelle époque?

K. – Pour la première fois quand elle vivait encore à Chatou, en 1982, ou 1983. Je l'ai consultée un peu « mondainement ». C'était une mode qui courait dans Paris. J'avais eu une expérience à Hong Kong, six mois avant de la rencontrer qui a été très importante pour moi. Donc, en allant voir Yaguel, je savais ce qu'était la « voyance » et, de plus, je me sentais tellement comblée par mon rendez-vous de Hong Kong que, à la limite, ce que Yaguel aurait pu me dire ce jour-là n'était pas tellement important. Donc j'y suis allée de façon très décontractée, avec, dans mon esprit, un point fondamental, qui était d'être sincère avec elle. C'est-à-dire qu'en entrant dans son bureau, je devenais avec elle une seule et même personne, en communion totale.

G. G.-T. – Elle vous a captée très bien?

K. – J'ai d'abord été surprise par la taille très réduite de son bureau. Nous étions vraiment assise l'une sur l'autre. J'ai été attirée par sa beauté, par sa lumière. C'est important.

G. G.-T. – C'est une impression qui revient très souvent dans les témoignages.

K. – Oui! J'ai lu aussi une très grande générosité dans son visage. Alors la petite angoisse que j'aurais pu avoir, a tout de suite été annulée. Quand j'ai mélangé les cartes, j'ai immédiatement réalisé qu'elle m'observait, intensément : ma façon de toucher les cartes, de bouger les mains. J'ai donc compris que les cartes étaient peut-être importantes, mais que, déjà, elle avait démarré sa voyance. Elle a immédiatement capté ma vie. Elle m'a « lue » tout de suite. J'étais allée la voir parce que j'ai eu un parcours qui a duré onze ans, celui d'une femme qui essaie d'avoir un enfant. C'est une expérience très lourde, une bataille presque incroyable! J'ai porté deux enfants, je les ai perdus. On m'a retiré mes enfants dans des blocs opératoires. J'en suis ressortie en deuil mais j'ai accepté de survivre. J'essaie de sortir de moi-même pour arriver à vous décrire cette femme que j'ai été pendant onze ans. Alors comment Yaguel a-t-elle été très importante? Eh bien, elle m'a tout simplement sauvé la vie, parce qu'il y a des moments, après des échecs, où j'ai abdiqué devant ce désir d'enfant, et elle m'a dit : « Continue, je sais que tu en auras un. » En entrant dans des blocs opératoires ou en faisant des tentatives de fécondation *in vitro*, j'ai été convaincue que j'allais réussir. Or, Yaguel a trouvé le courage de me dire que j'affronterais une fois de plus un échec.

G. G.-T. – Elle vous l'avait dit avant?

K. – Oui. Il m'est arrivé de lui téléphoner, sous l'effet des piqûres d'hormones, que l'on subit quand on fait une fécondation *in vitro*, et de l'entendre me dire : « Katinka, ce qui va t'arriver maintenant, c'est un échec. » Je sentais qu'elle était triste, mais elle n'a jamais hésité à me dire la vérité.

Il faut imaginer ce que ressent une femme qui est allongée depuis des semaines, qui va tenter pour la énième fois d'avoir un enfant, et qui reçoit un « non ». Yaguel me disait : « Tu es en train de tenter quelque chose, mais ça ne va pas réussir. » Je pouvais très facilement à ce moment-là me retourner contre elle, l'accuser d'être à l'origine de mon échec, de ne pas vouloir jouer le jeu avec moi...

G. G.-T. – Oui! Ou d'avoir eu une influence psychologique négative et de ne pas vous avoir mis dans un état réceptif.

K. – C'est le contraire qui s'est passé. Comment Yaguel m'a aidée? Elle m'a dit ce qui était un fait et qui s'est révélé juste : elle m'a donc permis de changer mon attitude par rapport à ce fait qui allait me frapper une nouvelle fois. Je veux dire que si la réponse négative que je recevais par téléphone, de la secrétaire du médecin, ne m'avait pas trouvé préparée, je pense que je n'aurais pas réussi à réagir comme je l'ai fait. C'est ainsi que Yaguel m'a sauvé la vie.

G. G.-T. – Est-ce que vous avez eu des velléités ou des tentatives de suicide? Est-ce que vous vous êtes sentie menacée dans votre vie?

K. – Oui, tout à fait. Au moment précis où je recevais la réponse négative du corps médical, j'aurais pu basculer dans le suicide, très facilement. En tant que malade on a accès aux médicaments, on apprend un tas de choses.

G. G.-T. – Ces consultations pouvez-vous me dire combien de fois elles se sont produites, combien de fois vous avez affronté des fécondations qui n'ont pas réussi, des débuts de grossesse avec fausse couche?

K. – Ça se chiffre à sept fois. Ce qui est considérable. Nous ne nous étions pas rencontrées depuis deux ans, Yaguel et moi; elle a vu alors une de mes amies et elle lui a dit : « Katinka va être enceinte. » C'était incroyable car j'étais condamnée par tout le corps médical, je ne pouvais pas physiquement être enceinte sans aide médicale. Or c'est elle qui avait raison : j'étais enceinte! C'est comme ça que j'ai eu ma troisième grossesse extra-utérine. Une autre fois, elle a revu la même personne et là encore, nous ne nous étions pas revues depuis un an et elle lui a dit : « Il faut absolument téléphoner à Katinka, elle a un problème terrible. » Je l'ai appelée le jour même et elle m'a dit : « Si tu continues, tu vas avoir une phlébite à chaque jambe. Va immédiatement voir mon médecin, il va t'aider. » Elle est intervenue dans ma vie indirectement, sans que je le lui demande.

G. G.-T. – Au cours de ces différentes épreuves, vous avez eu pratiquement, à chaque fois, un dialogue avec Yaguel?

K. – Par moment, j'ai refusé de l'avoir. Parce que je voulais voir jusqu'où allait ma force, savoir jusqu'où j'allais pouvoir assumer toute seule et, finalement, je suis souvent revenue vers elle.

G. G.-T. – Et peut-être aussi, vous ne vouliez pas entendre...

K. – Oui, peut-être bien. Et là il m'arrive maintenant quelque chose de très étonnant avec elle. Je suis allée la voir trois fois ces derniers temps; elle ne parvient plus à me lire.

G. G.-T. – C'est fréquent. Que s'est-il passé : un rideau?

K. – Oui, elle a même eu deux fois une espèce d'attaque violente à la nuque. J'ai dû lui envoyer des vibrations tellement négatives qu'elle les a éprouvées physiquement. J'ai vu comme sa nuque s'est raidie; elle avait mal, très mal. Cela s'est passé il y a à peu près un mois.

G. G.-T. – Vous vous sentiez chargée de questions, d'angoisse?

K. – Je l'étais. Les deux premières fois, je l'ai stressée et la troisième fois, je suis venue à un rendez-vous marqué sur son agenda, mais elle a fait un acte manqué, elle avait accepté un autre rendez-vous. C'est comme si elle refusait de me lire.

G. G.-T. – Où en êtes-vous de ce problème?

K. – J'ai écrit un livre qui raconte le parcours de cette femme qui essaie d'avoir un enfant. C'est un témoignage qui sera peut-être édité, je ne sais pas. Elle me donnera son avis et sa vision. Yaguel me dit en ce moment qu'il y a des bouleversements très forts dans ma vie et elle me voit projetée sur quelque chose qu'elle a perçu quand elle m'a rencontrée, il y a plusieurs années. Elle me voit faire des choses importantes, pour la première fois peut-être, toute seule. Vivre vraiment ma vie, non pas à travers quelqu'un, mais face à moi-même. Et peut-être réalise-t-elle que ce qu'elle va me dire va avoir énormément d'importance.

G. G.-T. – Quelles sont les activités que vous avez eues et quelles sont les prédictions professionnelles?

K. – Depuis que je connais Yaguel, j'ai été la femme d'un homme que tout le monde connaît; j'ai donc vécu la vie de notre couple. Dans mon second mariage, celui dans lequel je suis actuellement, c'est un peu le même parcours. Alors que peut-être, aujourd'hui, Yaguel voit ce qu'elle dit depuis toujours, c'est que je vais me retrouver face à ma propre vie, à l'âge de bientôt trente-cinq ans. Mais le fait important, c'est que, en tant que femme désirant avoir un enfant j'ai arrêté mon parcours. Or Yaguel me répond : « C'est impossible, je vois cet enfant, tu l'auras ! » Elle n'a pu dater cet événement, mais elle me l'a décrit physiquement : un garçon, il a les cheveux blonds raides... Enfin, c'est absolument insensé ! Je sais grâce à qui je l'aurai. Elle m'a nommé le médecin. Et je lui dis : « Yaguel, arrête ! » Parce que je ne veux plus entrer dans les blocs opératoires, ni voir ces seringues et ces pilules.

G. G.-T. – Elle vous a dit que vous l'auriez par fécondation artificielle ?

K. – Eh bien, oui et non. Là-dessus elle n'est pas très claire. D'abord parce que je refuse d'entendre. Je mets un veto, quand elle me le répète encore et encore. Elle me dit une autre chose incroyable qui doit m'arriver. Je ne voudrais pas être prétentieuse, mais elle emploie une métaphore très gratifiante. Je vais parler à la radio, à la télévision, délivrer un message. Alors peut-être ce message va être pour toutes ces femmes que j'ai laissées derrière moi dans toutes les salles d'attente. Souvent elles ont les deux bras bandés parce qu'elles ont fait des tentatives de suicide et ce sont des femmes qui ne savent plus sourire, qui ne savent plus se tenir droites ; elles sont allées tellement loin dans la souffrance qu'elles ne s'en sortent plus. Moi j'ai une chance incroyable, parce que j'ai réussi à rester lucide avec moi-même. J'ai atteint ma limite et je sais que si je l'avais dépassée, je serais morte par suicide ou je serais devenue un être humain qui ne vit plus, qui fonctionne vaguement.

G. G.-T. – Votre manuscrit est-il terminé ?

K. – Oui.

G. G-T. – Vous savez qu'il y a une maison du Zodiaque, la V, qui gouverne les enfants, les amours et les œuvres. C'est-à-dire que les enfants sont sur le même plan que les œuvres. Et quand on sort une œuvre, c'est un enfant. Mais enfin il ne faut pas qu'il y ait d'ambiguïté : l'enfant qu'elle vous prédit, elle l'a vu en chair et en os.

K. – Il se passe quelque chose de très important. A la fin du livre je raconte un rêve que je fais où je retrouve mon enfant, à qui j'ai donné un corps physique, un prénom (il s'appelle Léopold). C'est l'enfant qu'elle m'a décrit ! Il a une culotte courte bouffante, bleue et blanche ; il a des cheveux blonds et raides, et quand il court ses cheveux bougent.

G. G-T. – Vous le voyez à quel âge ?

K. – Il a deux ans, il marche. C'est peut-être lui que Yaguel voit. C'est comme si mon enfant était déjà né, s'il était déjà là avec moi. Peut-être que la forme physique qu'aura mon enfant est celle qu'il a actuellement.

G. G-T. – Oui, mais enfin il n'est pas question d'adoption. C'est un enfant que vous devrez avoir vous-même, de votre chair.

K. – Peut-être que Yaguel considère que je l'ai déjà eu.

G. G-T. – Un enfant imaginaire et un enfant réel, ça n'est pas tout à fait la même chose.

K. – Si, parce que si le manuscrit est publié, que les femmes me lisent, peut-être que cet enfant va prendre une présence physique, pas seulement pour moi, mais pour d'autres personnes, sous la forme d'une pensée, d'un parcours de vie. Une maman peut partager un amour avec son enfant dans l'imaginaire. C'est une chose possible.

G. G-T. – Oui, mais de toute façon, il y a des problèmes extrêmement graves dans une naissance. Si l'on se place dans un tel système spirituel, il s'agit du passage d'une âme dans l'incarnation. Si Yaguel a une vision péremptoire, c'est qu'il s'agit d'un enfant bien réel. Quant à l'ambiguïté œuvre-enfant c'est un autre problème. A élucider avec elle.

K. – Yaguel a développé chez moi une sorte d'intuition médiumnique ; elle m'a fait prendre conscience que nous vivions en n'utilisant qu'une toute petite partie de nos possibilités psychiques. J'ai des intuitions et des clichés beaucoup plus à l'état de veille qu'à l'état de rêve. Avec des personnes qui me sont proches et que j'aime beaucoup. Je m'investis dans leur vie et j'ai envie qu'elles soient heureuses et qu'elles réussissent ce qu'elles entreprennent. Je ressens souvent un amour tellement fort pour elles que j'arrive à lire violemment ce qui se passe, à prévoir ce qui peut leur arriver, à leur dire : « Ne fais pas cela. »

G. G-T. – Vous avez eu différentes activités? Vous n'avez pas été uniquement la femme de vos deux maris successifs? Avez-vous des activités créatrices?

K. – Je suis peintre. Je fais des décors sur murs.

G. G-T. – Faites-vous un art onirique avec des inventions de situations, de formes et de personnages, ou bien qui se réfère à des éléments existants à partir de documents? Quelle attitude avez-vous en face de cette création?

K.– Tout dépend pour qui je peins. Je peins pour des clients qui me demandent des décors, mais je fais de plus en plus des toiles de chevalet.

G. G-T. – Est-ce que pour vous il y a un rapport entre la médiumnie, ce que vous ressentez, et la création artistique?

K. – Oui. Il y en a un. Évidemment. Je dirai que c'est le rapprochement de Dieu, parce qu'il nous donne des possibilités infiniment plus grandes que ce que nous pouvons utiliser dans le système dans lequel nous vivons, et je crois que la puissance de la médiumnie ou la puissance créative ou artistique, c'est évidemment un rapprochement avec Dieu.

G. G-T. – Sentez-vous qu'il y a une force qui guide votre main au-delà de votre volonté?

K. – Tout à fait. Et c'est un stade très euphorique. Par exemple, si je suis sur un chantier et que j'ai un projet précis à faire, cela commence par une euphorie totale, ensuite j'ai une traversée du désert qui est vraiment extrêmement difficile; j'ai envie d'abandonner; je remets tout en question. Alors que je sais qu'il y a à l'intérieur de moi une force infaillible, une créativité et que cette réussite va se produire, que je vais aller jusqu'au bout.

G. G-T. – Parlez-moi de cet autre médium que vous avez rencontré avant Yaguel, au cours d'un voyage en Asie du Sud-Est.

K. – Il m'est arrivé, en effet, une chose très étonnante, j'ai rencontré un homme, d'une soixantaine d'années, « voyant » professionnel, ce que l'on appelle là-bas un « fortune-teller ».

C'était un parcours archisecret. Je suis allée le voir comme j'aurais pu aller visiter les pagodes... Un rendez-vous insensé. Il m'a tout dit, sur mon enfance, en décrivant les endroits où j'avais vécu, me donnant des noms de gens qui ont été dans ma vie. Il m'a tout dit jusqu'au jour de ma mort. Mes différents mariages, un succès médiatique.

G. G-T. – Quand vous dites « jusqu'à ma mort », il n'a tout de même pas donné de précisions sur ça?

K. – Il m'a donné des précisions sur ma mort. Il m'a dit où je mourrai. Je continue à penser que la vie est une chose extravagante et dérisoire. Je suis quelqu'un qui est très proche de la mort. Quand j'allais voir Yaguel, il m'est arrivé de dire : « Mais demain je ne serai plus là. » Et Yaguel me répondait : « Mais tu vas être tellement vieille... Tu vas mourir si tard... »

G. G-T. – Je dirai tout de même qu'il vous a donné des projections à moyenne et longue échéance.

K. – Voilà! Et ça c'est la vérité!

G. G-T. – Vous a-t-il dit que vous auriez un enfant?

K. – Il a dit, à un moment, que j'aurais un enfant grâce à la science, et puis il s'est retourné, et il y a eu comme un voile de deuil qui a envahi son visage. Il a vu cet enfant et a été très bouleversé. Il m'a simplement dit que l'enfant que j'aurais, c'était un drame, le plus grand drame de ma vie. Comme si mon enfant n'avait pas droit à la vie comme un enfant normal.

G. G-T. – Pourquoi êtes-vous persuadée de ça? Comment arrivez-vous à voir un enfant qui a deux ans et qui a les cheveux blonds et raides? Comment Yaguel peut-elle arriver à vous le prédire et comment pouvez-vous penser en même temps qu'il n'arrivera pas?... Comme si vous pensiez qu'il a uniquement une existence astrale?

K. – Oui!

G. G-T. – Si les choses doivent être ainsi vous aurez donc eu à la fois le parcours et la sagesse de l'accepter.

K. – Il y a peut-être une explication à tout cela. Si je n'avais pas eu ce drame atroce, ma vie n'aurait servi à rien. Si je ne vivais pas cette souffrance, j'aurais connu une non-vie, j'aurais fonctionné très bêtement. Tout était là pour cela, par ma naissance et par mes maris!

G. G-T. – Vous auriez eu une vie mondaine, ce qui peut avoir un sens, parce qu'un certain nombre de choses peuvent se faire dans le monde, qui ne sont pas du tout méprisables.

K. – Mais Yaguel voit ma carrière professionnelle complètement dans le domaine artistique. Art et écriture.

G. G-T. – Avez-vous consulté pour des proches, des amis?

K. – Je me suis permis, pour des gens très proches, d'amener des photos chez Yaguel et de l'interroger sur leur vie. Elle ne s'est jamais trompée. Alors que ces gens refusaient souvent la voyance; ça m'a permis d'être éclairée sur eux et de les aider efficacement. J'ai pu être là au moment où je savais ce qui allait leur arriver.

G. G-T. – Sans nommer personne, dites-moi de quel ordre étaient ces prédictions. Vous a-t-on annoncé des deuils, des transformations douloureuses ou heureuses?

K. – Yaguel est allée jusqu'à m'annoncer des deuils, alors qu'elle n'aime pas le faire.

G. G-T. – Elle vous a annoncé des deuils qui frappaient ces personnes-là ou la mort de ces personnes-là?

K. – Des deuils qui frappaient ces personnes-là.

G. G-T. – Ne vous a-t-elle jamais dit, par exemple : « Cette amie, elle va être atteinte d'une maladie incurable »?

K. – Oui!

G. G-T. – Donc, dans ces cas-là, vous le saviez, et vous avez été à côté de ces personnes, vous les avez aidées?

K. – Absolument! Yaguel ne s'est jamais trompée avec moi. Mais elle ne m'a jamais annoncé brutalement et définitivement un deuil. Les mots deuil, mort, chez Yaguel, peuvent avoir des consonances atténuées. Elle m'a préparée un jour à un deuil que j'allais vivre avec une personne très proche de moi. Et le deuil, dans la terminologie de Yaguel, pour cette personne que j'aimais profondément, était l'annonce que nos relations allaient être définitivement interrompues. J'étais tellement bouleversée. Yaguel a eu raison de ne pas prononcer le mot « mort », elle m'a aidée à comprendre doucement que c'était une séparation définitive et qu'au niveau de l'échange, quelque chose n'existerait plus du tout.

G. G-T. – Pour d'autres personnes, elle vous a parlé d'événements qui touchaient à quels aspects de leur vie?

K. – A leur vie affective, professionnelle aussi. Avec Yaguel, j'ai été très gâtée parce qu'elle couvre tout. Je lui montre une photo et elle voit. Elle peut également, en ce qui me concerne, me conseiller de façon très impérative quand elle sent que quelque chose est mauvais pour moi. Mais là, je veux garder ma liberté et prendre mes décisions, suivre mes inclinations, quitte à réaliser plus tard que j'ai fait une erreur. Même si elle analyse de façon négative un sentiment que je perçois comme positif.

G. G-T. – En bref, Yaguel joue un rôle particulièrement important, moins par l'exactitude de ses voyances que parce qu'elle prépare, aide à voir clair et à trouver les forces nécessaires pour affronter son destin.

23 avril 1989.

Robert Laffont
Éditeur.

Gérald Gassiot-Talabot. – Robert Laffont, vous m'aviez parlé d'une voyance très remarquable que vous avait donnée Yaguel Didier. Ce qui est très intéressant dans votre cas, c'est que vous l'avez connue à ses débuts, à une période où elle n'habitait pas loin de la place Saint-Sulpice où sont vos bureaux.

Robert Laffont. – Elle habitait même rue Saint-Sulpice. C'est d'ailleurs comme cela que je l'ai connue parce que je ne me serais pas déplacé. On m'a dit que des gens vont voir au bout du monde une voyante extraordinaire qu'on leur a signalée... Si j'avais dû faire quelques kilomètres, même simplement aller rive droite, je ne me serais pas déplacé, mais comme c'était à côté de chez moi...

G. G.-T. – Étiez-vous en état de scepticisme? Ce qui semblerait étrange: lorsque l'on regarde votre catalogue et que l'on connaît votre trajectoire, on sait que vous êtes intéressé par ces problèmes.

R. L. – Je n'ai pas de blocage, sans être un croyant inconditionnel.

G. G.-T. –Alors vous êtes allé la voir, sans avoir de question à lui poser, comme ça...

R. L. – Oui. Je vivais une période difficile parce que je traversais une crise passionnelle : j'étais très amoureux d'une jeune femme canadienne que j'ai épousée par la suite. J'étais dans une situation compliquée car elle était mariée, avait des enfants, et était en train de divorcer. J'étais donc anxieux. J'ai rencontré quelqu'un qui m'a dit : « Vous avez une voyante extraordinaire qui habite à deux pas de chez vous. » Alors, par curiosité, pas tant pour savoir, plutôt pour qu'elle me définisse le climat que je traversais, je suis allé la voir. Elle avait à ce moment-là une boule de cristal. C'était tout à fait la première période. Elle a regardé sa boule et m'a dit : « Vous êtes très soucieux, vous pensez à quelqu'un qui habite de l'autre côté de l'Atlantique; cette jeune personne a des problèmes, elle est en procès, des gens lui en veulent, mais tout cela s'arrangera, car d'ailleurs vous vivrez ensemble à la fin de l'année », puis elle a ajouté : « Entretemps, vous allez passer des vacances ensemble, et vous passerez ces vacances sur l'eau. » Comme elle m'avait décrit tout ce que je pensais, j'ai été très impressionné et je lui ai dit : « Bravo! C'est formidable. » J'ai sorti de ma veste un billet car j'avais réservé deux places pour une croisière au Spitzberg. A ce moment-là, elle m'a dit : « Euh! C'est drôle, mais moi je vous vois en Grèce. » Alors, soudain sceptique, je lui ai répondu : « Écoutez, vous avez été brillante, tout ce que vous m'avez dit est totalement exact, je suis épaté, vous avez précisé " vacances sur l'eau ", c'est vrai également, n'allez pas trop loin! Nous allons au Spitzberg. » Elle m'a répété, têtue : « Peut-être, mais, moi, je vous vois en Grèce. »

Je pars donc, assez impressionné, et le temps passe. Ma future femme est retardée par son procès qui dure plus longtemps que prévu, et le bateau s'en va sans nous, fin juin, pour le Spitzberg. Je n'avais pas rendu les places car, jusqu'au dernier moment, j'avais cru pouvoir partir. Mon budget de vacances était fichu. Mon amie arrive alors à Paris et nous nous disons : « Qu'allons-nous faire pour les vacances, puisque notre projet est raté? » Nous décidons de repartir pour le Canada dans une petite maison. Nous allions le faire quand le téléphone sonne et un ami cher, le général de Bénouville, me dit : « Que fais-tu cet été? – J'avais prévu d'aller au Spitzberg mais je crois que je vais aller simplement au Canada – J'ai loué un bateau, en Grèce, que je ne peux pas utiliser maintenant parce que ma mère est très malade. Veux-tu aller en Grèce? » Je réponds qu'il m'est impossible de louer un bateau pour la Grèce parce que mon budget est clos et que je ne peux faire une nouvelle dépense. Il s'écrie : « Mais non! J'ai déjà payé et si je n'y vais pas, ce sera perdu pour moi aussi. Je souhaite donc que tu en profites. » J'ai accepté et je me suis retrouvé sur ce bateau en Grèce, sans que je l'aie planifié, sans que ce que m'avait dit Yaguel ait été l'incitation qui m'aurait poussé à y aller. Cela a été totalement proposé par un tiers, au moment où j'allais faire autre chose.

G. G.-T. – C'est une voyance péremptoire. Cette séance s'était passée en avril?

R. L. – En juin.

G. G.-T. – Très près des événements prédits. C'est important car il n'y a pas eu de retard temporel : elle avait vu qu'il s'agissait de vacances d'été.

R. L. – Elle m'a prédit aussi bien ce qui allait se passer à la fin de l'année que ce qui allait arriver dans l'immédiat.

G. G.-T. – C'était exact?

R. L. – Totalement exact. Nous l'avons consultée souvent, parce que j'avais raconté cette voyance à ma femme. Une autre fois, ce fut extraordinaire : nous la voyions amicalement, sans la consulter, car elle était devenue une amie. Un jour, alors qu'on bavardait avec elle, elle nous dit : « Rentrez vite chez vous, il y a une inondation. » Nous sommes rentrés en hâte : le robinet de la cuisine était ouvert et, comme il y avait une tasse sur l'évier qui faisait bouchon, l'eau coulait dans l'appartement.

G. G.-T. – Ce sont des exemples intéressants. Les vacances sont un moment assez important dans une année, peut-être pas capital dans une vie, mais ce qui est remarquable c'est le caractère péremptoire, assuré, de cette voyance, malgré le billet de croisière. Le robinet qui coule est une petite anecdote, encore que les dégâts des eaux ne soient jamais agréables, et la voyance a prévenu, non un danger, mais simplement un inconvénient. Ce qui est troublant en médiumnie, c'est que l'on touche indifféremment à des faits presque anodins ou à des événements gravissimes...

Yaguel vous a-t-elle prédit des choses très importantes pour vos affaires ou dans votre vie privée?

R. L. – Oui! Ma femme avait des troubles sanguins importants, elle risquait une embolie et devait prendre régulièrement des anticoagulants, ce qu'elle faisait plus ou moins. Par deux fois Yaguel est intervenue de façon pressante : « Attention! Cela ne va pas du tout. Allez vite vous faire faire une analyse. » Et ces deux fois elle courait un danger d'infarctus, donc, par deux fois, Yaguel a changé le cours possible de sa vie.

G. G.-T. – A-t-elle changé son destin, ou cette voyance était-elle inscrite dans son destin? On n'arrivera jamais à résoudre ce problème. Une simple consultation médicale aurait pu lui donner l'alerte, mais c'est la voyance qui a joué ce rôle et qui a été cautionnée par l'intervention médicale. Mais n'avez-vous jamais questionné Yaguel au sujet de vos affaires, par exemple sur la marche de votre maison ou sur l'opportunité d'éditer un ouvrage?

R. L. – Je ne l'ai pas voulu ou ça ne s'est pas présenté. Et puis quand elle est partie pour Chatou je l'ai complètement perdue de vue.

G. G.-T. – Vous entendiez parler d'elle par des amis?

R. L. – Oui, par Pierre Rey, qu'elle avait vu aux États-Unis, et qui m'a dit qu'elle faisait là-bas une carrière. Elle est venue un jour, nous avons bavardé dans mon bureau, elle m'a tiré les cartes, mais je n'en ai rien déduit de très important. J'ai senti qu'elle le faisait un peu pour s'amuser et je n'avais pas à ce moment-là de problème qui pouvait m'inciter à consulter.

G. G.-T. – C'est étrange, mais c'est la vie qui veut ça, que vous n'ayez eu que très peu de voyances, pourtant très probantes, avec Yaguel ! Des événements importants vous sont arrivés sur lesquels vous auriez pu être éclairé. Il y a eu dans votre vie et dans vos affaires des moments clés.

R. L. – Mais je n'ai pas senti le besoin de la voir. Non. Sinon, je la consulterais tout le temps pour savoir si je dois prendre tel ou tel livre... Or, je ne veux pas. C'est mon côté professionnel.

G. G.-T. – Vous pensez qu'il faut éviter la surdose, l'intox, avec une voyante?

R. L. – Je suis sensible à ces phénomènes, mais je ne me déplace pas pour les rechercher.

G. G.-T. – Je voulais simplement dire que, lorsque vous avez édité Papillon, *c'était un enjeu très important. Elle a fait de nombreuses prédictions « professionnelles », à des auteurs et à des éditeurs.*

R. L. – Je ne connaissais pas Yaguel à cette époque et, de toute façon, quand j'ai lu ce manuscrit cela faisait partie de mon métier. J'ai trouvé que c'était une histoire fascinante, mais je n'avais pas du tout prévu le succès que ça aurait. J'étais sûr que ça marcherait, mais pas à ce point-là. Et puis il reste tout de même ce qu'elle m'a dit sur celle qui allait devenir ma femme. C'était fabuleux, tout était exact. Elle m'a décrit la personne, le lieu.

G. G.-T. – Comme éditeur, avez-vous une opinion sur les sources et sur la raison d'être de la voyance? Sur son origine? Pensez-vous que c'est une faculté humaine enfouie qui resurgit? Avez-vous une conception philosophique, spiritualiste? Considérez-vous que cela s'inscrive dans une mission?

R. L. – J'ai des tas d'opinions, avec la vie que je mène, les gens que je rencontre, les livres que j'édite. J'ai connaissance d'un assez grand nombre de faits, qui dépassent le plan logique; donc je suis ouvert, j'accepte, mais je n'en tire pas une philosophie. Je crois qu'on est tout au début de cette perception. Est-ce que c'est un don, inhérent à chacun de nous et que, peu à peu, on va pouvoir développer? Je n'en sais rien. Je suis très humble à ce sujet qui m'apprend surtout la modestie. On croit beaucoup en un livre et on se trompe, on croit un peu moins à un autre, on a un énorme succès. Je suis fâché quand je rencontre des gens péremptoires, qui ont des idées très absolues sur ces choses qu'ils nient et qui pourtant arrivent. Je ne crois pas aux théories définitives : on est là, on est curieux, on observe, on est ouvert.

G. G.-T. – C'est donc un problème posé, en latence, mais sur lequel vous n'avez pas d'intime conviction.

R. L. – Mon intime conviction c'est que j'ai trop d'exemples de phénomènes absolument ahurissants pour ne pas en vouloir aux gens qui les nient. La position rationaliste, je la trouve stupide, mais je n'ai pas à étaler moi-même une théorie.

G. G.-T. – Avez-vous été amené à répondre dans des dîners en ville, dans des émissions, des discussions, des rencontres, de votre position qui est quand même très, très particulière, parce que vous êtes un éditeur de grande notoriété et plusieurs de vos collections traitent de ces sujets? Votre intérêt, votre état de réceptivité à cet égard est bien connu. N'avez-vous pas été quelquefois agressé? Avez-vous dû répondre de vos choix?

R. L. – Certainement. Je pense à ceux qui me disent : « Je comprends encore qu'untel y croie, mais qu'un homme comme vous puisse être concerné par un tel sujet, c'est à hurler! »

G. G.-T. – C'est justement à ce genre d'attitude que ce livre, partiellement, modestement, et sans illusion essaiera de répondre. Et une grande partie de votre fonds essaye d'établir ce dialogue avec un public sans parti pris, qui s'interroge.

15 mai 1988.

DOMINIQUE LAVANANT

Comédienne.

Gérald Gassiot-Talabot. – Quand avez-vous rencontré Yaguel? Dans quelles circonstances?

Dominique Lavanant. – Par une amie qui est une consultante régulière et qui m'a dit : « Tu vas voir, c'est époustouflant! » Non seulement j'ai été époustouflée, mais en plus, l'avantage c'est que l'on ressort de cette heure-là avec un optimisme que peu de gens peuvent vous apporter sinon un bon médecin quand on croit que l'on est gravement malade et qu'on apprend que l'on a un « tennis-elbow! »

G. G.-T. – Aviez-vous consulté des médiums avant?

D. L. – Ça m'est arrivé deux fois, dont un médium très intéressant puisqu'il s'agit de celui de la cour d'Angleterre (c'est le bruit qui courait à son sujet). Une amie, qui l'avait rencontré à Londres, l'a fait venir à Paris pour deux jours. En deux jours il a reçu quantité d'amis qui ont tous été enthousiasmés, quitte à être déçus quand ils l'ont fait revenir. J'avais vu une autre femme auparavant qui était vraiment la voyante caricaturale avec la boule, les odeurs de chat, le petit appartement, etc., mais elle m'avait tout de même dit des choses très impressionnantes qui avaient un peu guidé ma vie : il y avait, paraît-il, quelqu'un de fragile à côté de moi, et l'on percevait difficilement cette fragilité; elle a provoqué une espèce d'électrochoc et je me suis aperçue qu'il fallait, en effet, faire très attention, par exemple à ma sœur.

G. G.-T. – Vous aviez déjà une certaine sensibilité à la médiumnie sans être en état de dépendance, vous éprouviez une curiosité sympathique.

D. L. – Une curiosité intéressée mais peu déterminante.

G. G.-T. – Vous avez vu Yaguel. Que pouvez-vous me dire sur ses visions péremptoires, si elle en a eu.

D. L. – La première fois, c'était en novembre 1987. Elle m'a dit beaucoup de choses. Voici un fait précis, mais anecdotique : je suis allée aux « Césars » l'année dernière très détendue, très décontractée. Elle avait vu une récompense, un César. C'était en novembre pour le mois de mars 1988.

G. G.-T. – Voilà qui était daté, puisqu'elle avait vu cette échéance au moment de la cérémonie des Césars. Vous étiez décontractée, avec tout de même une petite appréhension?

D. L. – Aucune! Ça s'est passé exactement comme elle l'avait prédit. Je lui ai dit : « Je n'ai pas eu besoin de prendre de tranquillisants grâce à vous. » Mais elle avait déjà oublié! Professionnellement elle m'a annoncé des événements qui, pour l'instant, ne sont pas arrivés. Une prédiction, quand même, sur un long feuilleton de télévision. J'ai pris des risques par rapport à la production et je suis encore en train d'en prendre. Je devrais signer la semaine prochaine, je l'espère. Je saurai dans huit jours si elle a eu vraiment raison. Ne sachant si ce feuilleton allait se faire ou non (d'après elle, il va se faire), je suis allée assez loin dans mes demandes à l'égard de la production. Pas forcément des demandes d'argent, mais des demandes de confort qui font que, normalement, un comédien ne doit pas avoir toutes ces exigences et peut faire capoter l'affaire. Là, j'ai comme une certitude que ça va se faire, que je vais très loin!

G. G.-T. – Et si ça se réalise, elle vous en a parlé en quels termes?

D. L. – Elle m'a dit que j'allais faire une grande chose à la télé. Dès que j'aurai signé, je vous le confirmerai. (*N.D. L'A. : Effectivement, Dominique Lavanant a confirmé qu'elle avait signé dix jours plus tard, en téléphonant du lieu de tournage... Il s'agissait d'un téléfilm,* Imogène).

G. G.-T. – Y a-t-il des faits qui concernent votre vie personnelle et dont vous pouvez parler?

D. L. – Ma vie privée n'est pas guidée par Yaguel. Mais il y a des cas où j'ai fait des impasses totales par rapport à mon caractère, parce que je lui ai donné ma confiance, j'ai accepté l'idée qu'elle se faisait de l'autre, sans le connaître. Je pense que cela m'a aidée dans la persistance d'un lien concernant quelqu'un que j'aime très fort.

G. G.-T. – Elle vous a donné des conseils de comportement?

D. L. – Pas vraiment. Elle m'a dit : « Voilà comment il est. »

G. G.-T. – Elle vous a révélé le fond de sa nature.

D. L. – Qui était apparente, mais on pouvait ne pas avoir confiance à long terme. Or la réponse a été complètement positive.

G. G.-T. – Vous avez pu faire ainsi un certain nombre de choix.

D. L. – Ça m'a permis d'organiser ma patience. Elle m'a décrit si précisément son physique, que je me suis dit : « C'est bien de lui qu'il s'agit. » Puis son tempérament, les aventures qui lui étaient arrivées, sa nature et, c'est vrai, ça m'a époustouflée. Je lui ai donc fait confiance pour le reste. Par exemple : « Ne cherchez pas à prendre de décisions, c'est toujours lui qui décide. » Et ça, c'était une phrase clé pour moi. Effectivement, si je fais trois pas en avant, il en fait dix en arrière, alors que si je ne fais rien, il vient.

G. G.-T. – C'est un jeu classique, mais ça vous a conduit à adopter une stratégie psychologique à l'égard de la personne?

D. L. – Non! Une organisation de la patience, de la rencontre.

G. G.-T. – Vous avez, apparemment, un tempérament fougueux et volontaire; vous vous êtes donc déterminée à le freiner. « L'organisation de la patience » c'est une expression intéressante, ça veut dire que vous avez attendu d'avoir un certain nombre d'éléments qui correspondaient bien à ce que Yaguel vous avait dit.

D. L. – Oui! Ils étaient déjà là, tous ces éléments, mais je ne les voyais pas. Je n'avais pas envie de les prendre en considération.

G. G.-T. – Est-ce que Yaguel, dans certains cas, a pu vous conduire à renoncer à quelque chose : une relation avec quelqu'un, un voyage?

D. L. – Non. Jamais!

G. G.-T. – Dans l'ensemble, au cours de ces deux rencontres, est-ce qu'elle vous a donné des prédictions concernant votre santé, votre entourage, des amis?

D. L. – Au sujet de ma santé ça a été extraordinaire. Nous ne nous étions jamais vues; j'étais à peine assise qu'elle m'a dit : « Vous avez un problème de santé, une petite intervention, ce ne sera rien. » Je ne l'ai pas écoutée, je suis allée consulter d'autres médecins qui ont tourné autour de la chose : l'un voulait m'enlever l'appendice, l'autre se proposait de me faire du laser pour je ne sais plus quoi, tous les avis étaient contradictoires, jusqu'au moment où, un an plus tard, je suis allée voir un ponte qui a diagnostiqué et vérifié par des examens exactement ce que Yaguel avait vu. En outre, elle m'a dit des choses très intéressantes au sujet de mon frère. Il a changé de travail, alors que c'était tout à fait imprévu et imprévisible. Elle m'a parlé de ma sœur qui allait épouser un homme formidable, attendre un enfant et être follement heureuse, quitte à nous surprendre tous : c'est chose faite.

G. G.-T. – Ne vous a-t-elle rien annoncé de grave dans votre vie?

D. L. – Pas en ce qui me concerne, mais il lui est arrivé quelque chose de très remarquable avec quelqu'un que je connais. Elle l'a reçu et renvoyé au bout de dix minutes en lui disant : « Je suis trop fatiguée, reprenons un rendez-vous. » Or cette personne a perdu son père le lendemain. Yaguel m'a dit par la suite : « J'ai eu un coup de pompe épouvantable. J'ai vu tout noir et je n'ai pas pu continuer. »

G. G.-T. – Ce rideau noir qui s'abat sur elle peut parfois signifier un événement grave ou un trouble très grand. Avez-vous une opinion sur la médiumnie? Est-ce un don naturel ou est-ce que cela induit une certaine métaphysique, un plan spirituel?

D. L. – Je suis très partagée, parce que je me refuse un peu à prendre au sérieux cette pratique. Je suis très avide, très curieuse, mais j'ai aussi une façon de la rejeter...

G. G.-T. – D'affirmer votre liberté?

D. L. – Oui. Par exemple, avec quelques amis, nous nous sommes promis de nous raconter tout ce qui nous était dit par Yaguel ou par d'autres. On se retrouve pour en parler, en rire, attendre que ça se réalise ou non.

G. G.-T. – Vous introduisez une coloration ludique (c'est d'ailleurs la façon dont Yaguel a pris la médiumnie à ses débuts). Mais c'est un peu contradictoire. Vous tenez, par une sorte de quant-à-soi et d'approche joyeuse et vivante du monde, à garder une distanciation mais, par ailleurs, vous m'avez dit que ces voyances avaient pu, dans certains cas, avoir une influence sur vos décisions, « vous guider ». Donc je suppose que c'est un jeu assez sérieux.

D. L. – Comment dire? Il est vrai que j'ai été influencée, que ça m'a donné une leçon de patience, l'erreur est tellement évidemment possible. Je crois un peu au hasard, à la chance, à l'intuition psychologique, mais je pense que si l'on est attentif à l'autre on a tous un peu cette potentialité. Peut-être pas avec cette violence, mais très souvent on s'entend dire : « Eh bien, tu vois, je t'avais prévenue, je t'avais bien dit que si tu faisais cela ainsi ça allait arriver... » Et ce n'est pas forcément parce que l'on connaît l'autre, mais simplement parce que les schémas psychologiques existent : si quelqu'un a une telle façon de regarder, de se comporter, d'attendre, on peut deviner ce qu'il est et, au fur et à mesure d'une conversation, on prend en charge ses appréhensions, ses envies...

G. G.-T. – En dehors de l'observation du comportement, y a-t-il des données latentes, chez pas mal d'individus, des intuitions poussées assez loin, qui peuvent aller chez certains jusqu'à une sorte de prémédiumnie?

D. L. – Ah oui!

G. G.-T. – Vous est-il arrivé d'avoir des clichés sur les autres?

D. L. – Très fréquemment. Plusieurs fois on m'a dit : « Mais pourquoi n'ouvres-tu pas un cabinet? »

G. G.-T. – Avez-vous senti ce qui pouvait arriver à l'une de vos amies, qu'un événement dont on vous parlait allait se produire?

D. L. – Ça m'arrive assez fréquemment. Parfois on me dit : « Tu juges très vite. » Or je ne juge pas très vite. En face d'une personne j'ai une sensation rapide sur le caractère ou sur les raisons pour lesquelles sa vie va mal. Mais en même temps je ne peux pas tenir un discours qui lui donne un véritable espoir, ou plutôt l'espoir que je donne est très concret, passe par un raisonnement.

G. G.-T. – Quelque chose qui n'est pas structuré ou un raisonnement instantané? Ce serait alors de l'ordre de la raison. Mais je tends à penser que c'est un stade qui précède la médiumnie. La médiumnie vous semble-t-elle vraiment être un pont? Pensez-vous que Yaguel est inspirée ou croyez-vous qu'elle a des fonctions hyperdéveloppées?

D. L. – Pour moi, ce sont des fonctions hypertrophiées.

G. G.-T. – Donc sur un plan naturel, humain?

D. L. – Tout à fait.

G. G.-T. – Ça ne suppose pas du tout l'existence d'un autre plan? Ce n'est pas nécessaire?

D. L. – Non. Je ne crois pas. En même temps, je ne peux vous donner aucune explication argumentée. C'est quelque chose que je ressens ainsi. Je n'y ai, au fond, jamais vraiment réfléchi.

G. G.-T. – Vous n'avez jamais eu de séances médiumniques avec des interférences spirites?

D. L. – Non. Jamais!

G. G.-T. – Vous ne l'avez consultée que depuis peu de temps...

D. L. – Mon César, c'était l'année dernière, celui de la meilleure actrice dans un second rôle, et quand je suis revenue la voir en 1988 elle m'a dit : « Vous allez avoir encore un truc aux Césars. » Effectivement, j'ai eu de nouveau une nomination. C'était au mois de novembre, et ça me semblait impensable parce que je n'avais qu'une toute petite scène, dans un grand film, certes.

G. G.-T. – Elle vous a vue encore couronnée?

D. L. – Non, pas couronnée, mais que je serais sur la liste. Je sais que le résultat d'une consultation peut être interprété de tant et tant de façons! Nous sommes criblés d'éléments et de signes plus ou moins oubliés qui reviennent ensuite dans la réorganisation logique de ce que le médium vient de nous dire.

G. G.-T. – Vous savez que pour un médium, l'état psychologique dans lequel on se trouve a une grande importance. Très souvent ça peut orienter involontairement la médiumnie parce qu'on envoie un certain nombre d'impressions qui font que la médiumnie peut être colorée différemment, qu'il s'agisse d'un acte professionnel ou d'un état sentimental. Est-ce que votre volonté a parfois été utilisée pour que les choses ne se réalisent pas, ou au contraire pour en accélérer le cours?

D. L. – Par exemple, au sujet d'un déménagement. Le mage m'avait dit que j'allais déménager. Yaguel également. Aussi je cherche sans chercher, sans faire les démarches nécessaires parce que le résultat me semble évident.

G. G.-T. – Ou bien la voyance va tellement dans le sens de votre désir, que vous allez faire tout ce qu'il faudra pour la réaliser, ou au contraire (et c'est là le danger), la voyance est tellement gratifiante que vous n'avez plus envie d'agir. Vous avez l'impression que ce sont les anges qui vont se mettre à votre place. On peut être anesthésié par une voyance.

D. L. – Après tout ce sont des cartes qu'on nous propose : c'est à nous de les manipuler, de les choisir...

G. G.-T. – N'avez-vous jamais eu à agir contre une voyance qui vous avait été faite?

D. L. – Non! Avec Yaguel je n'ai jamais eu de mauvaises prédictions. Cependant nous sommes toutes d'accord, mes amies et moi qui la consultons, en nous en amusant un peu : nous avons toutes été extrêmement frappées la première fois. Mais, même un an ou trois mois après, la deuxième fois nous avons été beaucoup mois impressionnées. C'était moins catégorique.

G. G.-T. – Pour elle également, c'est la première voyance qui est la plus extraordinaire. Avez-vous eu des voyances concernant, par exemple, une personne très proche de vous, sur des problèmes de carrière, de comportement?

D. L. – Ah oui, tout à fait, et très précises. Je pense que ça m'a aidé aussi à des moments très critiques de sa situation pour le soutenir complètement, en pensant que, pour lui, le noir allait se dissiper et le rose apparaître. Elle l'a beaucoup capté à travers moi. Je ne suis au courant que d'une consultation abrégée de dix minutes, qui n'avait rien donné. Par ailleurs, elle m'a également précisé : « Vous allez écrire un livre et il aura beaucoup de succès. » Je suis en relation avec Robert Laffont et je suis en train d'écrire : *L'ennui est un péché mortel*. Je n'ai pas signé de contrat parce que j'exerce un métier où l'on vous appelle inopinément et où l'on n'a plus le temps d'écrire. Je n'ai pas voulu faire un contrat qui m'obligerait peut-être à faire appel à un nègre. Mais comme vous me dites que notre éditeur peut accepter des retards, je vais faire cet ouvrage!

G. G.-T. – Vous m'avez dit que vous n'aviez aucune lecture méta-

physique de la médiumnie, mais adhérez-vous par ailleurs à une confession?

D. L. – J'ai eu une crise mystique affolante vers mes quatorze ans qui a duré jusqu'à mes dix-huit ans. Je voulais entrer au couvent; j'y suis restée d'ailleurs longtemps. Je faisais des retraites jusqu'à il y a trois, quatre ans, très régulièrement. Et puis j'ai souffert du décalage qu'il y avait entre la foi qui jaillit dans l'Église et ce que l'on vit à l'extérieur. Je suis plus à l'aise lorsque je n'ai pas à me soumettre au rituel.

3 mars 1989.

EMILIA MASSON

Épigraphiste (spécialiste des écritures anciennes du Proche-Orient) et hittitologue, chercheur au CNRS. Emilia Masson est l'auteur de *Recherches sur les plus anciens emprunts sémitiques en Grec* (Klincksieck, 1967), de *Les Douze Dieux de l'immortalité* (Les Belles Lettres, 1989), et de nombreuses publications.

Le témoignage d'Emilia Masson revêt une importance particulière parce qu'il est triple. Tout d'abord il porte sur les consultations que Yaguel Didier lui avait données pour démêler des problèmes professionnels particulièrement éprouvants et complexes, à un moment de sa vie où son intégrité et sa réputation étaient très injustement remises en question. Ensuite, sur l'affaire des otages français au Liban, Emilia Masson avait questionné Yaguel, tout particulièrement au sujet de Michel Seurat qui appartenait à la même section qu'elle du CNRS. Enfin, plusieurs voyances touchant aux travaux et aux recherches en hittitologie ont été présentées et commentées par l'intéressée elle-même, permettant de préciser le type de relation qui peut s'établir entre la médiumnie et les sciences humaines. Dans son ouvrage, *Les Douze Dieux de l'immortalité*, en suivant la méthode de Georges Dumézil, elle établit des parallèles inattendus, surprenants par leur degré de ressemblance entre les vieux rituels hittites et ceux conservés toujours à l'état vivant dans certaines régions des Balkans.

1. Questions personnelles et professionnelles.

Gérald Gassiot-Talabot. – Avez-vous eu des relations avec un autre médium avant de rencontrer Yaguel Didier?

Emilia Masson. – Oui. Elle s'appelait Elsa, je l'avais connue jadis; elle était devenue comme ma mère spirituelle. Elle n'exerçait pas professionnellement, mais elle avait fini par être tellement connue que le président Tito lui-même l'avait fait venir. Donc, dès ma quinzième année je l'ai rencontrée pour la première fois avec mon père qui était un de ses amis, il y a eu connivence et communication entre nous. Ce qu'elle a dit alors s'est réalisé. Elle a prévu qu'à vingt et un ans j'allais rencontrer mon mari, qui serait un étranger (à l'époque en Yougoslavie on ne sortait pas beaucoup). « Vous l'épouserez avant de finir vos études et vous partirez à l'étranger. » Ça s'est effectivement produit ainsi. J'ai rencontré mon futur mari en Crète. Elle a vu que je vivrais à l'étranger, que je ferais un travail passionnant, que j'aurais deux enfants. Une affection est donc née entre nous, qui a duré jusqu'à son dernier jour.

G. G.-T. – Elle est morte?

E. M. – Elle est morte il y a trois ans, mais le contact entre nous était tel que quand elle a su qu'elle allait mourir, elle me l'a fait savoir de loin. Alertée, je lui ai téléphoné, tremblante : « Je suis soulagée parce que cette nuit je me suis réveillée angoissée à votre sujet. » Elle m'a répondu : « Ça ne m'étonne pas, parce que la seconde partie de la nuit, je vous ai appelée; je vais mourir. » Elle me l'a dit carrément : « Je vais mourir dans quelques jours. Je pars lundi pour l'hôpital (c'était un vendredi matin) et je ne rentrerai pas à la maison. » Et comme c'était une dame très bonne, très délicate, très fine, un peu comme Yaguel, elle m'a dit : « Je considère que je n'avais pas le droit de vous téléphoner, de vous écrire, ni de vous faire venir. Mais je vous ai « appelée », je voulais qu'on se dise au revoir, adieu... » J'avais bien entendu son appel dans la nuit et téléphoné dès le matin.

G. G.-T. – Comment procédait-elle?

E. M. – Elle n'utilisait pas les cartes, mais le marc de café comme support. Mais dès que j'arrivais chez elle, elle m'enlaçait comme son enfant, et, en m'enlaçant, elle voyait l'essentiel en moi : si j'étais amoureuse, si je venais de faire une découverte, si j'avais des difficultés. Je vais prendre un exemple précis. Elle m'a dit un jour : « Soyez gentille avec votre père qui vous aime beaucoup. Il a l'air en bonne santé mais, en réalité, il ne l'est pas. » Cette femme voyait, comme Yaguel, des scènes. « C'est dans sa tête que ça ne va pas. Il va mourir brusquement, je le vois en train de parler et soudain, il commence à se balancer de gauche à droite. Ce sera le début de la fin. Peu de temps après, il mourra. » Et elle m'a indiqué à peu près la période où il devait mourir. J'ai constaté, aussi bien pour Yaguel que pour Elsa, que plus un événement est proche mieux elles le voient clairement.

G. G.-T. – Et plus il est inéluctable.

E. M. – Oui. Quelque temps après, ma mère me téléphone de Belgrade : « Ton père a eu une petite attaque cérébrale. Rien de grave, mais je tiens à t'informer. On l'a hospitalisé. » Je demande à ma mère : « Comment cela s'est-il passé? » Et voici ma mère (elle ne savait rien, bien sûr) qui me répond : « L'autre jour nous parlions, il était un peu fâché, il a commencé à s'énerver, à parler fort, et soudain il s'est mis à vaciller. » Je lui demande : « Comment? Avant-arrière ou gauche-droite? » Et elle me répond :« Gauche-droite et il s'est appuyé au mur... » Ma mère me décrivait exactement la scène qu'Elsa avait vue... J'ai compris que c'était le moment fatal alors que personne ne croyait qu'il allait mourir. Je suis partie, en emportant des vêtements de deuil. Belgrade est à six cents kilomètres de Ljubljana où habitait Elsa à qui j'ai aussitôt téléphoné. Elle m'a dit : « Mon enfant, je sais pourquoi vous êtes à Belgrade : votre père n'est pas bien. – Oui, comment le savez-vous? – C'est très simple, il y a quinze jours j'étais à Belgrade chez ma sœur; vos parents sont venus me voir, quand j'ai tendu la main à votre père je n'ai pas pu lui serrer la sienne, un vent glacial venait de lui, c'était terrible; j'ai compris que la mort était toute proche. Quand ils sont partis, j'ai dit à ma sœur qu'il allait mourir bientôt et évidemment ma sœur s'est écriée : – Tu es folle, il se porte bien, pourquoi enterres-tu un homme en pleine forme? – Non, il va mourir. » J'étais tous les jours en contact téléphonique avec Elsa et, un lundi, je lui ai dit : « Le médecin m'assure que mon père va mieux et que ça peut durer encore six mois, un an. » Et comme j'étais en pleines difficultés professionnelles à Paris : « Je ne peux pas rester trop longtemps, je vais partir en fin de semaine mais je voudrais vous voir. J'ai mon billet d'avion pour mercredi matin et je rentrerai le jour même à Belgrade. » C'est alors qu'elle m'a dit : « Mon enfant, vous savez combien vous m'êtes chère, mais, je vous en prie, ne venez pas me voir ce mercredi parce que votre père n'ira pas plus loin que mercredi soir ou jeudi matin. Si vous venez, vous regretterez de ne pas l'avoir vu une dernière fois. Vous viendrez chez moi le mercredi suivant, après son enterrement. » Elle m'a donné d'autres précisions, notamment sur un geste d'affection que j'avais à l'égard de mon père.

G. G.-T. – Elle avait vu la scène où votre père vacillait. C'était un cliché sur quelqu'un qui vous était proche et qui passait par l'affection qu'elle avait pour vous, mais ça touchait à un phénomène qui concernait un tiers. Votre geste d'affection, ce fait que vous lui caressiez la tête, c'était plus facile à voir puisqu'il s'agissait d'un geste que vous accomplissiez vous-même, comme un acte de tendresse et de thérapie...

E. M. – Oui! Mais elle le voyait par téléphone à six cents kilomètres. Le plus étonnant c'est qu'elle m'ait précisé : « Ne venez pas, votre père va mourir. »

G. G.-T. – Oui, elle avait pris un risque énorme... Cela prouve qu'elle était un supermédium et quand elle avait une certitude : c'était péremptoire.

E. M. – Mon père est tombé dans le coma le mercredi à vingt-deux heures et il est mort jeudi matin à sept heures. Donc elle a vu les deux moments.

G. G.-T. – Quand vous avez abordé Yaguel, avez-vous senti quelque chose de commun avec ce médium?

E. M. – Oui! C'est très curieux. J'ai vu Elsa le mercredi suivant. Elle m'a dit : « J'ai beaucoup de mal à voir parce que, quand les gens meurent, ils restent à côté de quelqu'un pendant un certain temps. Et votre père vous a choisie parce qu'il vous a aimée, il vous suit et j'ai du mal à vous atteindre parce qu'il vous enveloppe; il est là. Il y a comme un nuage autour de vous. » Après, elle m'a parlé de sa propre mort qu'elle sentait proche, car elle devait décéder deux mois après mon père. Me trouvant dans une situation difficile, j'ai pris, à mon retour à Paris, rendez-vous avec une avocate qui s'est occupée de mes affaires, qui m'a parlé de Yaguel et m'a recommandée à elle. C'était donc juste après la mort de mon père et avant celle d'Elsa. J'ai tout de suite senti que Yaguel partageait le même type de voyance qu'Elsa (parce que j'ai l'expérience d'autres voyantes). C'était le même genre de don et de flash. Elle pratiquait à partir des cartes, mais peu importe. Elle voyait le psychisme, elle décantait les événements de la même manière. J'ai toujours abordé la voyance avec un esprit scientifique, selon ma formation; avec une curiosité lucide. Quand je parle de Yaguel je préfère décrire ses dons et ses qualités humaines plutôt que son appartement ou son élégance, comme le fait une certaine presse. Ce qui m'a attachée à elle, c'est qu'elle avait la même finesse, la même subtilité, la même bonté humaine qu'Elsa. Parce que, à mon avis, une voyante n'est opérationnelle et utile que lorsqu'elle réunit en elle talent, honnêteté et bonté...

G. G.-T. – C'est mon sentiment et celui de beaucoup de personnes interrogées. Il est très frappant qu'elle a une sorte de bonté naturelle, sans ostentation. Dans ce milieu où je connais pas mal de gens, les rivalités sont profondes et les médisances cruelles. Même chez des gens de qualité parfois fuse une phrase critique ou insidieuse. Yaguel a quelquefois manifesté des agacements sur des gens qui vraiment l'avaient cherché... Il en faut beaucoup pour qu'elle dise quelque chose, mais toujours d'une façon modérée, avec une immense indulgence. Je le vois très bien dans certains petits conflits qu'elle a eus avec d'autres médiums, la version de Yaguel est toujours adoucissante et va vers l'apaisement. C'est une qualité profonde; elle est un médium bénéfique.

E. M. – Dans ce livre, il faut être non seulement rigoureux, mais se faire l'avocat de la voyance. On attaque la voyance et l'on demande : « Croyez-vous à la voyance? » La question est mal posée, faussement posée, parce qu'un scientifique ne « croit » pas en une chose, il en fait l'expérience et ensuite s'assure que ça existe ou que ça n'existe pas. On peut dire : « Croyez-vous en Dieu? », parce qu'on ne peut pas prouver l'existence de Dieu. Mais à propos de la voyance on ne peut que questionner : « Avez-vous eu des expériences qui vous ont permis de constater, etc. »

G. G.-T. – Oui, mais comme scientifique vous savez que la voyance ne vous donne pas un terrain d'expériences qui vous permet, d'une façon stricte, de répéter une opération sur le même sujet, dans des conditions semblables, pour obtenir le même effet.

E. M. – En abordant ces problèmes de façon méthodique et scientifique, j'ai eu des preuves qu'une personne est capable de prévoir des événements dans le temps et dans l'espace et de les situer avec exactitude. J'en ai conclu donc que le phénomène de voyance existait, mais que, s'il y a des gens réellement doués, malheureusement, les charlatans sont plus nombreux. Il faut insister sur ce point.

G. G.-T. – Il y a peu de voyants véritables.

E. M. – Mais le phénomène existe. Indépendamment de la qualité des voyants.

G. G.-T. – Une fois que l'on a émis tous les doutes possibles, que l'on a posé parapets et garde-fous, la relation avec le médium est fondée sur une confiance, même lorsqu'on constate des erreurs, des écarts ou des différences. Je vous dirai, et c'est presque un paradoxe, que chez Yaguel j'ai été autant intéressé par les voyances fulgurantes, pures, véritables joyaux médiumniques, que par les erreurs, ces erreurs pouvant simplement être des reports temporels, c'est-à-dire des prédictions exactes différées, ou des parasitages.

E. M. – Pour certaines questions elle me disait : « Je ne vois pas, je ne sais pas... » Avec Elsa c'était la même chose. Elle voyait une partie des faits très clairement et d'autres moins bien. Elle m'avait expliqué qu'elle passait à côté de certaines choses.

G. G.-T. – Doit-on ou non poser des questions à un médium?

E. M. – Ah! oui, il faut l'aider!

G. G.-T. – J'insiste suffisamment sur ce point par ailleurs, mais avez-vous pu lui poser des questions qui l'ont bloquée?

E. M. – Non, mais les questions n'appelant pas toujours de réponses immédiates, elles peuvent se décanter deux ou trois jours plus tard. Lorsque j'étais en grande difficulté j'ai failli flancher, j'ai vraiment failli tout lâcher. Je devais aller voir Yaguel et, deux jours auparavant, j'ai rêvé que j'allais sur la tombe de mon père. Comme ce cimetière est au-dessus des collines, il faut passer par un tunnel relativement long et sombre et la voie est concave au milieu du parcours. Je me voyais dans ma voiture; il pleuvait terriblement, mes essuie-glaces n'arrivaient pas à effacer cette pluie, la voiture baignait dans l'eau. Je suis entrée dans ce tunnel noir et quand j'ai été au milieu, dans le creux (tout était symbole dans ce rêve) ma voiture ne pouvait plus avancer. Or, il fallait sortir de ce tunnel pour atteindre le cimetière en haut de la colline. Je me suis dit que j'allais faire demi-tour, que je n'arriverais jamais à monter. Au moment de tourner pour faire marche arrière (vous voyez que c'est un rêve très clair), j'ai entendu une voix d'homme, comme celle du commandeur, m'ordonner : « Redresse ton volant et continue ton chemin, tu arriveras, il ne faut jamais s'arrêter à mi-chemin, il faut que tu ailles jusqu'au bout... » Ça m'a été répété plusieurs fois, et je me suis réveillée très troublée; cette voix était terrible! La nuit suivante, soit la veille du jour où je devais voir Yaguel, j'ai rêvé d'Elsa (ce fut pour la seconde fois depuis sa mort). Dans ce rêve, je l'ai vue s'asseoir sur le bord de mon lit, me prendre la main – comme elle avait l'habitude de la faim –, et elle s'est mise alors à me parler : « Mon enfant, je sais que vous êtes triste de ne plus m'avoir; soyez sûre que je suis toujours auprès de vous, je pense à vous et je suis là. » Et nous engageons un dialogue. Et je la sens, physiquement, assise là, me tenant la main, c'était très curieux. Et elle commence à me donner des conseils : « Il ne faut pas abandonner votre lutte, il faut persister, il faut avoir du courage, etc. » L'émotion me réveille, et je me dis : « Quel dommage! C'était tellement bon de la sentir. » Malgré l'émotion, je me rendors tout de suite, moi qui n'ai pas le sommeil facile. A peine rendormie : la revoilà! Et notre conversation reprend là où elle s'était interrompue... « Il ne faut pas vous arrêter, il faut continuer, vous gagnerez! » Ce jour-là, quand j'ai vu Yaguel, j'ai été bouleversée, alors qu'elle me parlait de mes difficultés, de l'entendre me dire : « Emilia, vous m'entendez, il faut que vous alliez jusqu'au bout... » Elle me répétait les mots exacts de mes rêves. Et elle a ajouté, ce qu'elle fait rarement : « J'entends, je reçois un message, on me dit : il faut que vous alliez jusqu'au bout, jusqu'au bout! » Elle répétait encore cette phrase.

G. G.-T. – Et pour vous, qu'est-ce que cela signifiait : « aller jusqu'au bout »?

E. M. – Il s'agissait d'un problème professionnel et Yaguel m'a littéralement sauvée, à cette occasion, d'un acte désespéré.

Je vais vous dire en gros de quoi il s'agit. C'est une monographie, consacrée aux inscriptions en caractères hiéroglyphiques, sculptées sur les parois d'un monument rupestre hittite (XIIIe siècle avant J.-C.), qui se trouve à l'origine de mes ennuis. Ces épigraphes, très effacées avec le temps, précèdent les figurent divines et indiquent leurs noms.

G. G.-T. – Comment s'appelle ce monument?

E. M. – Yazilikaya. Il est situé en Anatolie centrale à environ 150 km d'Ankara. Unique en son genre, ce moment a été découvert en 1934 par l'explorateur français Charles Texier : plus loin, je donne la transcription d'une voyance de Yaguel à son sujet. Pour lire ces inscriptions abîmées, j'ai utilisé un procédé bien connu, mais jamais appliqué à Yazilikaya, qui consiste à faire des relevés avec un papier spécial ou avec du latex. En combinant les examens sur place et l'étude des moulages à Paris, j'ai pu réaliser quelques lectures de plus que mes prédécesseurs.

G. G.-T. – Mais quelle a été l'intervention de Yaguel dans cette affaire?

E. M. – Lorsque ma monographie est parue, je me suis vue accusée par mes prédécesseurs, hélas plus âgés et puissants, d'avoir « profané » le monument : selon eux, j'aurais versé de l'acide sur le rocher avant de procéder aux relevés des inscriptions! Ce fut une pure calomnie. J'ai déposé plainte en diffamation et c'est alors que je suis devenue, en quelque sorte, la cible de tout ce milieu et en particulier d'un haut fonctionnaire, responsable de cette publication diffamatoire. Il semble qu'on ait même cherché à m'écarter du CNRS alors que je me trouvais au chevet de mon père mourant.

G. G.-T. – Donc, vous étiez dans un trouble immense, attaquée de toutes parts, remise en question, en plus de ça affaiblie par le fait que vous subissiez un deuil et dans un état psychologique difficile.

E. M. – Faute de me mettre à la porte, on m'a infligé une sanction prévue pour le « travail déficient » qui a dû être levée par la suite. Je me sentais accablée, lâchée par ceux que je croyais être des amis. C'est là qu'intervient Yaguel. Je suis allée la voir pour la première fois au moment le plus difficile, alors que les déboires au CNRS s'ajoutaient à d'autres attaques, aux déceptions avec certains proches et à la mort subite de mon père. Yaguel avait évalué à juste mesure mon désespoir et elle a éprouvé immédiatement une amitié pour moi. Par la même occasion, elle a décelé aussi une sensibilité médiumnique en moi, compris que je pouvais servir de « support » Elle m'a dit : « Je sens que vous êtes au bord du gouffre mais, croyez-moi, vous allez gagner. Ne perdez pas courage. » Elle m'a littéralement portée. Dès la première fois, elle a affirmé en frémissant cette chose extraordinaire : « Votre ennemi administratif, quel odieux personnage! Ce qu'il peut être dur! Il va se déchaîner contre vous... ce sera long, très difficile, vous aurez des épreuves à traverser. Mais vous gagnerez à la fin parce que cet homme sera démasqué dans ses manœuvres et subira une mutation qu'il ressentira comme un camouflet. » A l'époque personne ne pouvait prévoir une pareille issue. J'étais seule contre tout le monde. Elle a senti que je pouvais faire un acte désespéré et elle m'a guidée. C'est dans de telles circonstances que l'on mesure l'aspect positif de la voyance. Je crois être quelqu'un de très fort, mais là j'étais dépassée; j'aurais flanché.

G. G.-T. – Comme vous êtes tenue par une obligation de réserve et que vous ne pouvez détailler cette affaire publiquement, je résumerai très sommairement votre situation en disant que vous avez été victime d'une cabale, où la collusion de personnages universitaires et administratifs, la production d'un rapport dont le signataire avait vu sa bonne foi surprise par un ordre supérieur, ont eu pour effet de mettre en garde les autorités turques contre vous et, par là, de vous interdire l'accès de l'Anatolie, donc de ruiner vos recherches. Suivant les visions et les conseils de Yaguel, vous avez remonté l'affaire du rapport, compris les raisons de l'hostilité du diplomate turc qui avait été monté contre vous. Plus les événements approchaient, plus elle voyait nettement : le décès prochain de ce diplomate, l'aide que vous alliez recevoir cette fois d'un diplomate français (elle vous a même enjoint d'être aimable avec cette personne lorsque vous la rencontreriez). Elle a vu que l'on allait venir à votre secours, et que l'imbroglio franco-turc, universitaire, diplomatique et administratif allait être dénoué.

E. M. – Yaguel m'a permis d'agir à tous les niveaux de cette affaire et de résoudre mon problème. Évidemment j'ai agi rationnellement et volontairement, mais il y avait trop d'inconnues, d'éléments cachés, de sournoiserie pour me permettre d'y voir clair avec mes seules forces. Je regrette vraiment de ne pouvoir en dire davantage. Mais les enregistrements des séances de Yaguel sont là pour aller y voir plus avant si l'on y tient. Évidemment, avec cette affaire on a beaucoup parlé de moi, mais ce que l'on peut en dire témoigne, encore une fois, des effets bénéfiques, utiles et constructifs d'une voyance.

G. G.-T. – Oui ! On est en face d'un cas très intéressant de voyance qui suit pas à pas une série d'événements, avec des faits, des descriptions de personnages, des conseils qui permettent au sujet d'ajuster son comportement. Elle vous a « regonflée » et, en même temps, vous a donné des avis pratiques et judicieux dans une affaire qui repose sur une configuration administrative dont elle ignore tout. Et malgré cette ignorance, elle vous a indiqué une sorte de stratégie.

E. M. – Oui, mais j'insiste beaucoup sur le réconfort qu'elle m'a apporté, la première fois que je suis venue chez elle : « Je vois beaucoup de monde et je retiens peu de gens autour de moi, mais lorsque je retiens quelqu'un je le garde parce que j'éprouve une amitié immédiate... Je sens que vous luttez pour une cause juste, vous allez gagner. »

G. G.-T. – Est-ce qu'elle vous a donné des conseils de conduite pour rétablir votre situation au CNRS?

E. M. – Oui. Elle m'en a donné. Quand j'ai dû rencontrer un responsable du CNRS elle m'a dit : « Ça se passera ainsi, soyez confiante. Vous allez laisser bonne impression. Dites ça, ça et ça. » Il fallait que je me lave de cette sanction. Là encore elle m'a guidée, dans les menus détails, dans une administration qu'elle ignore. Votre expérience dans le domaine administratif vous permettra de saisir toutes les nuances et connotations de cette affaire compliquée.

G. G.-T. – Malheureusement, nous n'avons pu raconter qu'une infime partie d'une histoire effectivement très compliquée. On aurait dû également parler des péripéties de l'enquête et des procédures judiciaires. Disons simplement que vous n'avez pas l'intention de pousser votre avantage et que vous ne poursuivrez pas sur le fond. Cette affaire s'étale sur combien d'années?

E. M. – Mon livre a paru en 1981...

2. Voyance concernant les otages au Liban.

G. G.T. – Vous êtes allée voir Yaguel le 20 mars 1986, pour l'interroger plus particulièrement sur Michel Seurat. Pourquoi?

E. M. – Nous étions au CNRS dans la même commission, Langues et civilisations du Proche-Orient, et nous appartenions au même syndicat également. Tous ses collègues étaient également angoissés par l'incertitude de son sort. Est-il mort, est-il vivant? Je n'avais pas la terrible photo où l'on voit Seurat encapuchonné et que ses ravisseurs prétendaient être celle de son cadavre. Je disposais un poster édité par le syndicat que j'ai présenté à Yaguel. Voici la cassette de cette consultation (on entend la voix de Yaguel).

Y. D. – Michel Seurat, il a été fait prisonnier, sa femme souffre terriblement. On dirait qu'il n'a pas voulu céder sur quelque chose, il a dû subir un chantage, je le vois les mains attachées derrière le dos, barbu, habillé avec des vêtements trop larges, très amaigri. Il est retenu par des gens qui portent une espèce de tartan sur la tête. Il ne cède pas. Pourquoi l'a-t-on pris?

E. M. – Comme otage, il était très mêlé, très proche de ces gens-là. Il parle l'arabe, il a été pris par des gens qu'il connaissait.

Y. D. – Je n'ai pas lu la presse en détail, je connais cette affaire dans ses grandes lignes. Il y a donc quatre otages, journalistes et diplomates, et quatre autres. Je le vois essayer de négocier avec ses geôliers, des heures et des heures. Les autres lui mentent. Il est très fatigué, épuisé. Je me demande s'il n'a pas été brutalisé, ou s'il a subi une violence par l'insuffisance de nourriture, un harcèlement. Lui et Kauffmann sont séparés. J'en vois trois autour de lui qui viennent le voir constamment, dont un avec une barbe, un visage émacié et un tartan, un autre sans coiffure. Comme endroit : je vois des voitures qui filent à toute vitesse sur un chemin chaoteux, il y a une colline, on monte sur des hauteurs, dans un endroit qui pourrait être une sorte de palmeraie, c'est boisé, il fait froid, humide; je vois une grande maison un peu délabrée. Il a les mains et les pieds attachés, il est très entravé. Les autres sont prêts à tout, ce sont des fanatiques. Il ne cède pas. Mais cela dure depuis quand?

E. M. – Depuis un an.

Y. D. – Un an! Mais depuis un mois quelque chose s'est passé. Je vois le passage d'un mois, ça s'est gâté. Il a beaucoup écrit mais on ne fait pas passer ses lettres. Est-ce un enjeu politique?

E. M. – Bien sûr!

Y. D. – Je vois quelqu'un de complètement épuisé sur une espèce de matelas par terre, sale. Je vois surtout trois ou quatre personnes qui viennent fréquemment, un type assez jeune, un assez âgé, un entre quarante et cinquante ans, un autre dans les soixante ans. Je vois aussi des militaires. Cet endroit, d'hélicoptère, on peut le voir, c'est un immeuble assez carré. On peut localiser le lieu facilement car c'est un endroit très isolé sur une hauteur, au milieu d'un espace, d'une espèce de palmeraie qui domine la mer. Je vois des hommes armés. Parmi les otages j'en vois un très maigre, émacié, un autre plus âgé. J'entends que toutes les semaines on leur dit qu'ils vont être libérés, c'est une torture terrible, alors qu'au début ils étaient plutôt rassurés. Ça s'est durci depuis un mois. Est-ce qu'il est mort, Michel Seurat? On pourrait faire un assaut, on en a eu l'idée, mais ce serait un carnage. Il ne faut surtout pas attaquer; ils tueraient tous les otages et se feraient tuer.

Je n'arrive pas à voir s'il est mort. Des quatre c'est la forte tête, c'est lui qui négocie, discute des nuits entières, notamment avec un type assez jeune dont il pensait avoir la sympathie. On lui a menti. D'ici trois semaines il y a du nouveau qui arrive. Ils seront libérés mais je n'en vois que trois, trois hommes très amaigris qui descendent d'avion, je n'en vois que trois. Surtout qu'on n'essaye pas d'attaquer!

E. M. – Nous ne pouvons pas accepter qu'il soit mort. Sa femme le croit. Je ne voudrais pas vous brouiller.

Y. D. – J'ai très peur. Je suis pessimiste pour lui. Je le vois épuisé. Ça va se décider. (Yaguel fait un jeu sur Michel et

Marie.) C'est le seul que je vois bien, grand, maigre; mais je n'en vois toujours que trois descendre d'avion.

E. M. – Il y en a d'autres, qui ont été enlevés plus récemment.

Y. D. – Lui je le vois recroquevillé, maltraité, alors qu'au début ça se passait bien. Il y a eu une erreur diplomatique. Ils ont durci leur position parce qu'ils ont cru qu'on ne les prenait pas au sérieux. Michel Seurat : il était la victime désignée parce qu'il savait des choses que les autres ignoraient. Je ne pense pas qu'il ait été descendu, il serait mort de manque de soins.

E. M. – Ceux qui l'ont enlevé disent qu'ils l'ont tué.

Y. D. – Je ne vois pas les choses comme cela, il est tellement mal en point qu'il aurait pu être achevé... Mais non! Il est recroquevillé, ne prend plus de nourriture (a-t-il fait une grève de la faim?). Il faudrait qu'on me montre la photo. Je ne vois pas son corps quelque part, je vois quelqu'un de mourant. Je n'arrive pas à le visualiser mort.

E. M. – Mais si vous ne voyez que trois personnes descendre de l'avion, c'est peut-être parce qu'il est tellement malade que, même libéré, il sera rapatrié par un avion sanitaire, indépendamment de ses compagnons.

Y. D. – Je ne voudrais pas rester sur cette vision négative, mais je suis très pessimiste, précisément à cause de cette vision de l'avion.

Fin de la cassette du 20/3/86

G. G.-T. – Lui avez-vous montré, diffusée par les ravisseurs le 5 mars 1986, la photo? C'est en examinant cette photo que des médecins ont dit que ce n'était pas celle d'un homme mort parce que la carotide était gonflée.

E. M. – Non! Je ne me souviens pas de la lui avoir communiquée par la suite.

G. G.-T. – Elle avait facilement des informations par la presse, la télévision.

E. M. – Au moment de cette consultation, elle n'avait pas grand-chose.

G. G.-T. – A-t-on eu confirmation des descriptions de la maison, du lieu de détention, maintenant que les otages sont libérés?

E. M. – Kauffmann décrit l'épuisement, les matelas, l'ambiance.

G. G.-T. – Cette consultation devra être comparée à celles que Marie Seurat a eues avec Yaguel. Beaucoup d'éléments restent obscurs et peuvent être controversés : les mauvais traitements, la date de la mort de Michel Seurat, la nature exacte du mal dont il souffrait. On a le sentiment que le médium n'osait pas aller au bout de sa vision, ce qu'elle a fait avec Marie Seurat.

3. Séance de voyance sur un monument hittite, commentée par Emilia Masson.

Au cours de la séance du 17 juin 1988, deux photographies, représentant chacune un monument rupestre hittite à ciel ouvert provenant du même endroit (la capitale hittite Bogazköy-Hattusa) sont soumises au médium : l'une figure la partie d'un massif rocheux, qui abrite un ensemble de lieux saints, connu actuellement sous le nom de Yazilikaya (XIIIᵉ siècle av. J.-C.), l'autre porte une inscription sculptée en caractères hiéroglyphiques évoquant les actes d'un roi défunt. Dès le premier coup d'œil, elle saisit la différence essentielle qui les sépare, prend dans la main la photo de Yazilikaya en s'exclamant : « C'est bien plus important, je préfère ça à l'autre; c'est très, très fort là; c'est comme si là il y avait toute une partie cachée, moins évidente. L'autre c'est clair, c'est net, c'est évident. » Yaguel Didier se met à nous parler de ce monument, insolite et unique en son genre, en nous relatant les faits déjà connus, mais aussi ceux qui échappent toujours et qui permettent soit d'améliorer, sur certains points du moins, notre compréhension, soit de nous plonger dans la vie et les activités du lieu saint. Emilia Masson, qui terminait à ce moment-là la rédaction d'un ouvrage de synthèse consacré à ce monument *(Les Douze dieux de l'immortalité)* assiste à cette séance et pose parfois des questions au médium.

Yaguel Didier « capte » d'abord la fin du monument : « Je vois comme une espèce d'énorme cataclysme qui a ravagé tout ça... saccagé, abîmé, il y a eu sacrilège à cet endroit. Après il y a comme un chaos, un mélange de trois civilisations »; elle revient à plusieurs reprises à ce saccage. Elle apporte une précision surprenante : « Il y a deux personnes qui se sont succédé, on dirait qu'après le décès de l'une, il y a eu comme une espèce de cataclysme, comme une disparition, de fin dans l'ensemble. »

(Yaguel Didier a vu en réalité la chute brutale de l'Empire hittite provoquée par des mouvements de population au XIIᵉ siècle av. J.-C. et au cours de laquelle la capitale hittite a été ravagée; le monument en question a sans doute connu un sort comparable. L'aspect définitif du monument est dû, en effet, à l'un des derniers rois hittites, alors que son fils et successeur, qui en a achevé la partie funéraire, c'est-à-dire la chambre funéraire de son père, apparaît comme dernier roi hittite.)

Yaguel Didier voit ensuite la configuration des lieux et l'emplacement du monument. « On est sur une colline, on descend sur une espèce de vallée et je vois toute une ville à côté. On n'a pas tout découvert là, il y a des rochers là, plus bas, qui sont passés inaperçus. On dirait que si on fouille là et plus bas, plus profond, on trouvera encore des choses, tout n'est pas encore trouvé. Il existe deux ou peut-être trois endroits comparables dans une autre région mais appartenant à la même civilisation. »

(Le médium situe très justement ce massif rocheux qui se trouve sur le flanc d'une colline alors que la capitale hittite lui fait face, s'étendant sur les collines de l'autre côté de la vallée. Les découvertes sans cesse nouvelles donnent raison à sa voyance).

Yaguel Didier se met à parler du monument et insiste avant tout sur l'importance de l'eau. « Je vois l'eau, l'eau est très importante, l'eau est à proximité, je vois de l'eau qui coule, je vois des canaux, on creuse des canaux, ça se passe sur trois niveaux, c'était irrigué. L'eau qui est tellement importante. Pas loin, il y a eu des inondations; on a maîtrisé l'eau, il y a eu un travail extraordinaire d'irrigation. » Elle insiste à plusieurs reprises sur le rôle de l'eau. « Il y a une source pas loin, on a irrigué le monument. »

(Yaguel Didier a vu très justement la présence d'une source qui se trouve sous le monument alors que les vestiges de conduites d'eau, trouvés à divers endroits du monument et à des profondeurs variées, témoignent qu'il existait un système d'irrigation assez perfectionné pour l'époque. Cette canalisation permettait aussi de maîtriser l'eau, alors que des constructions particulières autour du monument indiquent qu'on cherchait à éviter des inondations. L'eau constituait un des éléments essentiels dans les rituels qui furent exécutés dans ce monument).

Le médium « capte » ensuite la partie funéraire du monument : « Je vois tout un rituel mortuaire, de toute façon, pour moi, je sens la mort là. Je vois des espèces de rites; je crois qu'on n'embaumait pas les gens comme en Égypte, c'est une autre pratique, un rite qui dure de vingt et un à trente jours, tout était lié au rythme lunaire. Je vois comme une espèce de tombeau, pour un homme. » Yaguel Didier répète plusieurs fois : « Je vois une espèce de tombeau. »

(Le monument de Yazilikaya, qui abrite un ensemble de lieux saints, comporte en effet deux parties principales et, en quelque sorte, symétriques, l'une réservée au panthéon officiel, symbolisant à la fois le renouveau de la nature et la puissance de l'État hittite, l'autre constituant la chambre funéraire d'un roi hittite où se trouve représentée symboliquement sa résurrection. Selon les documents disponibles, les rites funéraires duraient en tout cas quatorze jours alors que d'autres fêtes ou vénérations de cultes pouvaient se prolonger au-delà de vingt ou trente jours. Les textes laissent entrevoir le rôle important de la lune. Le traitement des morts chez les

Hittites était en effet différent de celui que l'on pratiquait en Égypte.)

Le médium continue en décrivant les rites : « Il y a des rites qui passent par les terminaisons des membres, lesquels sont bandés ; les pieds, les mains ; on tire quelque chose autour des membres, ça dure des heures ; je vois comme des anneaux que l'on passe autour des membres. »

(L'une des opérations essentielles dans les rituels hittites de purification consistait à envelopper les membres, les doigts en particulier, de laines de diverses couleurs ainsi que de bandelettes de tissu qui avaient la fonction de conducteurs du mal. On les enroulait et déroulait ensuite.) Plongée dans ces rites, Yaguel Didier « voit » ensuite avec une clarté surprenante, l'une des opérations essentielles de tels rites : « On fait saigner des gens, je vois ceci : il y a des gouttes de sang, de la gorge, on fait couler du sang de la gorge vers la terre, on le mélange dans la terre. Il y a ensuite un espace de trois jours, de trois nuits. Animaux et humains sont présents. Il y a un rite avec un enfant très jeune, dont on recueille du sang. Le rite avec le sang est très important ; on énuclée. »

(La libation du sang, destinée aux divinités chtoniennes constituait en effet l'une des opérations essentielles de tels rites : pour cette raison le sang devait couler droit dans la terre, se mêler à elle. On connaît surtout les descriptions avec des animaux dont on coupait la carotide en les tenant penchés vers le bas, afin que le sang descende directement dans la terre. Les jeunes enfants prenaient part aussi à ces rites.)

Le médium « capte » ensuite quelques parties des cérémonies d'incinération : « On dirait que tout ça est mis dans des récipients en albâtre, ce sont comme des tombeaux, les corps qui sont déposés là sont comme des tombeaux.

C'est drôle, ça dure des jours et des nuits, je vois des cérémonies liées à la croissance et à la décroissance de la lune. On fait un mélange de trois herbes, ce n'est pas fait par n'importe qui, ce sont des prêtres. On met ce mélange dans les corps ; des liquides sont versés sur les dépouilles. » (Les morts privilégiés hittites (appartenant à des classes supérieures) étaient effectivement incinérés et leurs cendres déposées dans des récipients en céramique. A côté du monument en question, un autre massif rupestre abrite une nécropole où l'on a trouvé des urnes de ce type. Des prêtres et prêtresses particuliers officiaient au cours de ces rites alors qu'on déversait sur les cadavres ou sur des objets leur ayant appartenu, de l'huile fine, du vin et de la bière.)

Le médium apporte ensuite cette précision étonnante : « Je vois le chiffre 9 ; le chiffre 9 joue un rôle. »

(Ce chiffre joue en effet un rôle important au cours des rituels d'évocation des morts ou des divinités infernales auxquels les défunts sont désormais associés.)

Plongeant de plus en plus dans les lieux, le médium « voit » les gens dedans : « C'est comme si on pouvait les diviser par trois, ils sont comme divisés par trois origines : quelque chose qui vient du nord (pointant de sa main le nord-est); des basanés et des asiatiques. Des personnages très fins physiquement, basanés, de l'autre côté des gens très clairs, la peau très claire, les cheveux sont très clairs, les yeux sont très clairs, il y a une espèce de fusion entre les deux. »

(Les Hittites sont, comme on sait, des Indo-Européens; ils pénètrent en Anatolie probablement à partir du nord-est, ainsi que les deux autres tribus de même origine (Louvites et Palaïtes), vers le XXe siècle av. J.-C. et se mélangent à la fois à la population autochtone et aux Sémites qui pénètrent dans les mêmes régions par l'est).

Le médium continue dans ce sens : « Il y a deux, plutôt trois entrées dans ce monument, pas plus de trois. Je suis plongée, je vois les personnages qui avancent en procession, en robes longues, blanches, quelque chose sur la tête d'un peu étrange, qui tombe sur le front, ou des casques hauts. C'est toute une espèce de rite, il y a trois colonnes et, lorsqu'ils arrivent à l'endroit, ils forment comme un demi-cercle; leur façon d'avancer les pieds est très particulière. Je les vois bouger, danser. On dirait que ces personnages étaient choisis, il y a une colonne au milieu, plus large et deux à côté; elle est composée de gens représentatifs, ou quelque chose comme ça, les autres par des gens plus simples, du peuple. »

(Le monument a en effet deux entrées principales et une petite à l'arrière. Lors des fêtes religieuses on y venait, effectivement, en procession et les prêtres portaient en tête les statues divines qui se trouvaient dans les temples de la capitale; les reliefs montrent que les prêtres étaient vêtus de robes longues, alors que les textes indiquent leur couleur, qui fut en effet blanche, le blanc étant « rituellement » pur, et des sortes de bonnets particuliers sur la tête qui descendent sur le front. Les rois ou guerriers avaient des casques. Une hiérarchie stricte était observée dans la composition de ces processions, mais on ne connaît pas leur disposition exacte (précisée par le médium). (Lors de ces fêtes, on dansait, effectivement.)

Emilia Masson interroge le médium sur l'autre partie importante du monument où se trouve représenté le panthéon officiel hittite, et qui symbolise à la fois le renouveau de la nature et la puissance de l'État hittite; à côté de figures divines, le roi y figure en tant que fondateur. Yaguel Didier répond : « C'est comme si ce lieu-ci était un lieu de pouvoir, comme si la tête, le pouvoir, se trouvait là, dans ce lieu presque sacré. Je vois trois parties sur le rocher, dont une qui représente le pouvoir. Quelque chose qui symbolise la tête, le pouvoir, quelque chose d'absolu mais en étant complètement sacré. Quelque chose un peu en forme d'étoile, des parties coupées en deux. »

(Avec quelques phrases, le médium résume l'essentiel concernant cette partie du monument et sa configuration. Les figures divines sont disposées en effet sur trois parois rupestres et suivant un ordre hiérarchique strict (qui imite la composition d'une structure sociale) : sur la paroi de droite se trouve sculpté le cortège des dieux, sur celle de gauche le cortège des déesses alors que sur le rocher central se trouve représenté le dieu suprême avec sa parèdre et leurs enfants (scène évoquant la famille royale).

Le médium commence à manifester des signes de fatigue.

Pour conclure, je dirai que les voyances « scientifiques » de Yaguel, portant sur des époques révolues, sur l'archéologie ou les croyances religieuses, contribuent à éclaircir ou à parachever certaines idées. Ses visions concrètes et fortement évocatrices vous font plonger dans le passé et vous ouvrent ainsi quelques perspectives sur ses aspects les plus enfouis.

G. G.-T. – En effet, Yaguel a déclaré que son investigation sur les Hittites avait été l'une des plus fortes expériences qu'elle ait connue, car elle s'est sentie complètement dans cette société, non seulement par des visions, mais par des sensations et des émotions.

25 avril 1988, 17 juin 1988, 14 février 1989.

CATHERINE NAY

Écrivain et journaliste, auteur de *La Double Méprise* (Grasset, 1980), *Le Noir et le Rouge* (Grasset, 1984), *Les Sept Mitterrand* (1988). Rédacteur en chef à Europe 1 ; chef du service politique de *Jours de France.*

Gérald Gassiot-Talabot. – Comment avez-vous rencontré Yaguel ?

Catherine Nay. – La première fois que je suis allée voir Yaguel, c'était en septembre 1982. J'avais décidé en juillet de faire un livre sur François Mitterrand, je l'avais annoncé à tout le monde, et réussi à obtenir une année sabbatique à Europe 1. Pendant le mois d'août, j'ai lu tous les ouvrages qui lui avaient été consacrés et j'ai eu alors l'impression que tout avait été dit sur lui. J'ai été prise de panique. J'ai songé à renoncer tant l'entreprise me paraissait périlleuse. C'était un peu comme si je devais escalader le mont Blanc en talons aiguilles. Alors j'ai décidé d'aller voir Yaguel. Auparavant, j'avais une ou deux fois pris rendez-vous avec elle et m'étais décommandée au dernier moment. Et je suis partie pour Chatou, l'angoisse au cœur. J'étais dans un état de malaise total. Et puis, dès que je me suis trouvée face à elle, déjà j'ai eu un sentiment de mieux-être. Je lui ai simplement dit que j'envisageais d'écrire un livre (sans lui préciser le sujet) et que je voulais savoir si j'irais jusqu'au bout. C'est alors qu'elle m'a dit : « C'est un livre sur un homme... Un homme " d'ombre et de lumière ", a-t-elle précisé. Vous mettrez plus de temps à l'écrire que vous ne l'aviez prévu (de fait, il m'a fallu deux ans au lieu d'une année). Il y aura du noir sur la couverture (j'étais alors à cent lieues de savoir que je l'appellerais *Le Noir et le Rouge*). Il se vendra comme des petits pains (ce qui est exact, sept cent mille exemplaires), vous aurez un prix (le prix Aujourd'hui) et il sera traduit à l'étranger (il l'a été en anglais et en allemand). » Et enfin elle a ajouté que ce livre changerait beaucoup de choses dans ma vie (de fait, cela a beaucoup déterminé la suite de ma carrière).

Je ne venais absolument pas la consulter pour des problèmes affectifs ou personnels. C'est alors qu'elle s'est mise à me décrire des personnes que j'allais rencontrer, qui seraient importantes dans ma vie.

G. G.-T. – Avez-vous rencontré le Président pendant la préparation de votre ouvrage?

C. N. – Non. Je crois qu'il est difficile d'aller demander à un tel personnage quel homme il est, parce que dans sa tête il est seulement ce qu'il est devenu. J'ai préféré le regarder dans le regard des autres. Ceux qui ont jalonné sa vie. J'ai rencontré pour cela environ quatre cents personnes, sa famille, des amis, des proches, qui l'ont côtoyé à différentes périodes, et puis évidemment, j'ai lu tout ce qu'il avait écrit depuis l'adolescence, et par chance il a beaucoup écrit. Il y a trace de son évolution politique et intellectuelle. Je n'ai vu François Mitterrand qu'une seule fois et à sa demande. C'était à mi-parcours du livre. Il m'a parlé de son enfance, de Mendès dont il ne m'a pas dit du bien (« il m'a trahi »). Il m'a dit à la fin de l'entretien : « Vous n'irez pas jusqu'au bout. » C'était un défi à ne pas me lancer, et puis... Yaguel m'avait déjà rassurée.

G. G.-T. – Ce qui m'a intrigué, c'est que François Mitterrand n'ait pas donné de suite à cette publication, n'ait pas cherché à entrer en rapport avec vous, car dans l'opposition, cela va de soi, mais très fréquemment dans la majorité, lors de la sortie du livre en 1984, j'ai entendu des avis très élogieux sur votre travail; qu'il s'agisse d'articles de presse ou d'avis personnels de ceux qui approchaient le Président. Même si l'on décelait des malices entre les lignes ou dans les lignes même, on le considérait comme un document tout à fait exceptionnel.

C. N. – François Mitterrand a toujours été intéressé par les livres qui avaient été écrits sur lui. Il est un homme à n'aimer que les hagiographies. C'est un fait. Et pourtant quand j'ai commencé sa biographie, je ne me suis pas dit : « Qu'est-ce que je vais faire pour démolir Mitterrand? » Ma seule démarche était la curiosité pour un homme que je ne connaissais pas. J'étais en état d'apesanteur affective et j'y suis restée jusqu'au bout de l'ouvrage. D'ailleurs au début de mon enquête, quand j'ai décrit son enfance à Jarnac, je me sentais tout à fait en adéquation avec ce milieu catholique, provincial et un peu réac. C'est exactement mon propre milieu.

Après sa vie *(Le Noir et le Rouge)*, ses œuvres *(Les Sept Mitterrand)*. Dès ce deuxième livre, j'avoue avoir été beaucoup plus polémique. Mais objectivement polémique, je n'ai fait que mettre en lumière toutes ses contradictions et ses revirements idéologiques au travers de tout ce qu'il avait dit et écrit.

G. G.-T. – Avez-vous revu Yaguel par la suite pour des raisons personnelles?

C. N. – Assez souvent, car j'ai éprouvé une sympathie spontanée pour elle. Je trouve que c'est une femme d'une générosité formidable. Elle fait un don de soi que j'admire parce que c'est éprouvant d'être disponible. C'est une femme (je pense ne pas abuser du terme) qui est une sorte de lumière dans ma vie. Lorsque j'ai un problème je lui téléphone, je lui dis ce qui me préoccupe, elle me répond toujours et je dois dire qu'elle ne s'est jamais trompée. Quand j'ai du vague à l'âme ou des ennuis, j'ai besoin d'elle. Aujourd'hui ses prédictions n'ont pas toujours la fulgurance de la première fois. Il faut reconnaître que quand je suis allée la voir en 1982, ma vie ressemblait un peu à un livre qui s'ouvrait. Maintenant le cours continue, encore qu'elle m'ait annoncé pour l'avenir des événements. Je verrai bien s'ils se réalisent. Sur mon livre *Les Sept Mitterrand*, elle m'avait dit : « Tu trouveras une fin géniale, le dernier chapitre sera le plus amusant; il aura beaucoup de succès également ». (J'ai été la première à dire que Mitterrand terminait son premier septennat déifié, et c'est après qu'on l'a appelé « Dieu »... J'en ai vendu cent cinquante mille exemplaires).

G. G.-T. – Il a eu moins d'audience parce que c'était un ouvrage de conjoncture, d'avant les élections.

C. N. – Le premier a été un travail considérable, c'était comme un roman. Le second a été rédigé en trois mois. Il était plus polémique.

G. G.-T. – Avez-vous constaté dans les prédictions de Yaguel des écarts avec ce qu'elle vous prédisait : événements non situés dans le temps, glissements d'un événement à un autre? A-t-elle toujours été précise quant aux dates?

C. N. – Non, pas toujours pour les dates. Elle m'a prédit des choses qui ne sont pas toujours arrivées. Heureusement, parce qu'un jour elle m'a parlé de panne d'avion... ou d'accident pas grave...

G. G.-T. – Ce que réserve l'avenir. Il n'y a pas de temps certain en médiumnie.

C. N. – En effet. Elle m'a dit par exemple : « Tu vas faire un livre avec une femme ou sur une femme; à moins que ce ne soit une femme qui t'apporte l'idée ».

G. G.-T. – Pourriez-vous faire un livre à deux?

C. N. – Non, je ne le crois pas.

G. G.-T. – Vous savez que la médiumnie pose le problème de la liberté : on remarque des prédictions qui sont d'une exactitude parfaite, jusqu'à un certain point, mais les choses bougent ensuite et se réalisent différemment. Nous divergeons avec Yaguel sur le sens à donner à ce phénomène.

C. N. – Je devais partir en week-end. Je lui ai téléphoné. Elle m'a dit : « Non, ce ne sera pas possible, il va y avoir un accident ». J'ai pensé à l'avion. Elle m'a dit : « Non, ce sera à cause d'un collaborateur, ça ne te touchera pas directement. Ce voyage n'aura pas lieu ». J'ai pensé à un collaborateur de mon ami. Et puis au moment de partir on m'a téléphoné pour me dire que Gérard Carreyrou, avec lequel je travaillais depuis trois ans, était tombé dans son escalier, s'était cassé le genou. J'ai dû faire l'émission à sa place, alors qu'il avait été convenu qu'il la faisait à la mienne.

G. G.-T. – C'est un exemple intéressant de carambolage dans la lecture d'une prévision. L'accident a bien été prédit, mais vous avez pensé au collaborateur de quelqu'un d'autre, alors que c'était de votre partenaire professionnel qu'il s'agissait. Les éléments ont été brouillés par la compréhension que vous en avez eue. On se demande si les prédictions de cette sorte ne sont pas destinées à être comprises après coup.

C. N. – J'ai le cas d'une amie (c'est un petit fait, mais intéressant) à qui elle avait dit qu'elle la voyait déménager, changer de lieu d'habitation. Cette amie lui a répliqué qu'elle n'en avait pas les moyens. Et puis, en refaisant les peintures de son appartement, elle a été amenée à loger pendant quinze jours chez sa décoratrice pour laisser l'espace libre. La vision était exacte mais n'avait pas l'importance qu'on pouvait lui prêter.

G. G.-T. – En revanche, pour votre livre, sa prédiction a dû vous aider.

C. N. – Oui, parce que je n'ai plus douté que j'irais jusqu'au bout. Quand mon livre est sorti, mon éditeur m'a dit que j'aurais peut-être un prix. Moi j'en étais sûre.

G. G.-T. – Mais cette remarque « Il y aura du noir sur la couverture? »

C. N. – Je pensais à une couleur de jaquette. Je n'ai songé à aucun moment à Yaguel, je vous l'assure, lorsque j'ai choisi le titre du livre. Plus j'étudiais Mitterrand, plus je trouvais qu'il avait un côté stendhalien : côté curé de l'enfance, puis révolutionnaire. Je me souviens du moment où j'ai trouvé le titre en me disant : « Ce n'est pas le Rouge et le Noir, mais le Noir et le Rouge ». J'étais arrêtée à un feu rouge avenue Marceau, et l'idée m'est alors venue. C'est bien après que j'ai pensé à Yaguel.

G. G.-T. – Avez-vous entendu parler autour de vous de gens qui ont consulté Yaguel et qui ont été touchés par ses prédictions?

C. N. – J'ai deux amies qui l'ont vue récemment et qui ont été bouleversées. L'une avait des problèmes avec la gestion d'une boutique dont elle se demandait si elle devait la vendre. Yaguel lui dit : « Vous allez la vendre; quelqu'un va vous faire une proposition. » Deux jours plus tard, un monsieur entre dans la boutique et lui dit : « Si jamais vous voulez vendre, j'achète. » Une autre amie, qui avait des difficultés personnelles, est allée la voir. Elle m'a dit : « Ce qui m'a semblé le plus extraordinaire c'est qu'elle s'est mise à décrire ma vie, me dire que mon mari avait une liaison. Elle m'a parlé de mes enfants, de leur caractère et a conclu que l'issue serait le divorce. » Effectivement, l'issue a été le divorce.

G. G.-T. – Avez-vous d'autres faits remarquables à me signaler?

C. N. – Elle m'avait dit que mon père aurait un problème de santé mais que ce ne serait pas grave; que j'aurais des soucis de santé dans ma famille au printemps et en automne. Effectivement, mon père a dû subir une opération. Elle m'a donné de nombreuses indications concernant ma vie personnelle, et dans des conditions telles que j'ai la certitude que la transmission de pensée n'a pas pu jouer. En revanche, un jour que je l'interrogeais à propos de quelqu'un sans l'identifier, elle me répondit : « Oh! c'est un garçon léger, absolument pas intéressant, pas mûr, physiquement, il ressemble un peu à X ». Et la voilà qui cite le nom de la personne en question, sur laquelle je m'interrogeais précisément. Elle m'a annoncé des rencontres. Elle m'a décrit des caractères, des événements politiques, des mouvements sociaux. Mais elle n'aime pas que je l'interroge sur la politique.

Yaguel est quelqu'un qui compte dans ma vie. Je l'aime énormément et je crois que c'est réciproque. Cet avantage a un inconvénient. Yaguel sait tout de ma vie, de mes craintes et de mes espoirs, aussi quand je vais la voir, j'imagine qu'elle cherche à me rassurer, à me préserver, et qu'elle ne me dit pas toujours la vérité dans ce qu'elle pourrait avoir de décevant.

G. G.-T. – Il faut une grande maîtrise et un vrai discernement de la part du médium, et garder soi-même le plus de lucidité, d'esprit critique et de sens de la relativité. On peut faire confiance à Yaguel pour le premier terme de cette phrase, le reste relève du « bon usage » de la médiumnie. Vous pouvez cependant être assurée que, quel que soit son désir de vous protéger, si elle avait quelque chose de grave à vous dire, elle le ferait.

9 mai 1988, 17 février 1989.

Marie-Claire Pauwels

Directrice de la rédaction de *Madame Figaro*. Écrivain.

Gérald Gassiot-Talabot. – Vous avez joué un rôle important dans la trajectoire de Yaguel, d'abord par la confiance que vous lui avez témoignée à une certaine époque, et surtout par les interviews et par le numéro spécial du 1er février 1986 de Madame Figaro, *sur le jeu de cartes qu'elle avait fait avec Marina de Grèce.*

Marie-Claire Pauwels. – Oui, elle était l'invitée d'honneur du numéro.

G. G.-T. – Depuis quand connaissez-vous Yaguel, et comment l'avez-vous rencontrée?

M.-C. P. – Je l'ai rencontrée il y a cinq ou six ans par un ami commun. Je ne l'ai pas du tout pratiquée comme consultante au début de nos relations. J'ai beaucoup sympathisé avec elle et j'ai eu envie de faire un papier sur elle. Elle connaissait beaucoup de gens célèbres et apparaissait comme une star de la voyance et la voyante des stars. Mon entretien avec elle fut très long et j'ai dû le couper pour en faire un papier. Au cours de cet entretien, elle m'a proposé de me faire les cartes mais j'ai refusé car je ne voulais pas être influencée. Ensuite, nous sommes devenues amies et il lui est arrivé de me faire des voyances. Je l'ai consultée de façon très amicale, environ deux fois par an.

G. G.-T. – Mais comme amie il peut arriver qu'elle ait une voyance, un flash, à un moment inattendu.

M.-C. P. – Oui. Mais comme elle parle d'une façon dédramatisée, on ne mesure pas toujours la portée de ce qu'elle dit. Par exemple, j'ai perdu quelqu'un de très proche récemment. Elle avait vu, il y a quelque temps, une femme malade à côté de moi; je ne pouvais me rendre compte de qui il s'agissait et j'imaginais toutes sortes de choses. Or c'était quelqu'un de jeune, de proche, qui avait un cancer, et personne ne le savait.

G. G.-T. – Elle n'avait pas prononcé de nom, elle ne vous avait pas donné d'indices?

M.-C. P. – Non! Elle m'avait dit: « C'est quelqu'un de très, très malade qui est très près de toi, quelqu'un de jeune, de plus jeune que les personnes auxquelles tu penses. »

G. G.-T. – Donc voilà encore une prédiction que l'on ne comprend qu'après sa réalisation. Vous a-t-elle dit des choses personnelles et intimes qui vous ont frappée, d'une façon fulgurante?

M.-C. P. – J'ai été très touchée par une voyance très forte qui a eu une conséquence considérable dans ma vie. Je me trouvais avec elle et un ami. C'était le soir et Yaguel me propose soudain: « Tiens! On va faire une voyance. » Elle prend ses cartes et me dit: « Toi, tu vas être enceinte, mais oui, tu vas être enceinte, tu vas avoir une petite fille qui sera blonde avec des cheveux frisés; elle aura les yeux comme ça (elle me montre des yeux en amande). C'était à la fin du mois d'octobre, à la Toussaint. Le temps a passé et j'ai eu une fille qui est exactement telle qu'elle me l'avait prédit. C'est la voyance la plus fabuleuse que j'aie eue de Yaguel.

G. G.-T. – Pourquoi? N'est-ce pas la voyance qui a suscité l'envie d'avoir un enfant?

M.-C. P. – Non. C'est extraordinaire. J'avais dit à Yaguel: « Cela fait dix ans que je n'arrive pas à avoir un autre enfant (j'ai un fils de seize ans), ce n'est pas le moment de me dire une chose pareille, un tel événement ne peut arriver dans ma vie. » Je suis rentrée à Paris avec cet ami en lui disant: « Yaguel déraille, elle raconte n'importe quoi, elle exagère, dis-lui de faire attention à ce qu'elle nous dit! »

G. G.-T. – C'est une excellente voyance péremptoire parce que vous n'aviez pas en tête une telle idée, et plutôt tout le contraire. Il n'y a pas pu avoir de transmission de pensée. C'est une chose que vous désiriez au fond de vous-même mais qui était très cachée, écartée de vos projets.

M.-C. P. – Oui! Et qu'elle décrive une fille blonde, avec des yeux en amande! Il y a peut-être des points communs avec moi, mais enfin, quand même, c'était très étonnant.

G. G.-T. – Lorsque Yaguel a parlé, a-t-elle pu détecter votre état, même si vous l'ignoriez?

M.-C. P. – Oui! J'ai su plus tard qu'à ce moment-là j'étais enceinte de huit jours.

G. G.-T. – Est-ce qu'elle a eu des voyances concernant votre livre?

M.-C. P. – A cette époque elle savait que j'écrivais un livre mais ce n'était pas celui qui vient de sortir. Elle m'avait dit : « Tu vas avoir un succès formidable », mais le livre sur lequel je travaillais, finalement, je ne l'ai pas fait. J'en ai fait un autre, *Mon chéri* qui a eu le succès prévu par Yaguel.

G. G.-T. – Ce n'est pas une erreur, mais un glissement d'un livre sur l'autre ou simplement une voyance hors du temps, comme il y en a beaucoup. Dans ce cas il est impossible de dater.

M.-C. P. – Pourtant entre elle et moi ça fonctionne très bien.

G. G.-T. – Et puis vous allez la consulter sans avoir la tête chargée d'idées fixes, d'angoisses, de projections qui peuvent être bloquantes.

M.-C. P. – Ça dépend. Je peux être également préoccupée, mais en l'occurrence, pour le bébé, c'était fulgurant.

G. G.-T. – Vous est-il arrivé d'aller la voir pour un problème précis, compliqué, le lui exposer et avoir une réponse?

M.-C. P. – Oui. Cela m'est arrivé pour des raisons personnelles, récemment, mais je crois que, connaissant les gens (elle me connaissait et connaissait la personne dont je parlais) elle a agi avec une extrême sensibilité psychologique; il y avait ce que les cartes pouvaient dire, et puis aussi sa finesse, son intuition, car on voit mieux pour ses amis que pour soi. Ses talents de psychologue sont extraordinaires.

G. G.-T. – Oui. Mais alors cela n'est pas de la voyance! C'est un talent qui aide beaucoup et qui peut en même temps dérouter complètement, c'est-à-dire qu'on peut accuser la voyante d'utiliser la psychologie pour arriver à des prédictions qui passent pour de la médiumnie.

M.-C. P. – Je crois qu'elle joue des deux.

G. G.-T. – Elle peut être prise par sa finesse psychologique, par la lecture de pensée, ce qui est un véritable casse-tête; je parle beaucoup de ces phénomènes par ailleurs.

M.-C. P. – Elle se branche sur votre passé, c'est sûr.

G. G.-T. – La pure voyance c'est celle que vous citez, c'est celle qui n'est pas dans votre tête. C'est quelque chose qui ne peut pas être un reflet de votre pensée.

M.-C. P. – Moi je suis un peu sceptique, quand même. Je ne marche pas à cent pour cent. Par exemple, la voyance dans l'histoire, je suis très prudente. Dans ce domaine également, elle déploie une psychologie remarquable et une imagination débordante. Donc quand elle voit des choses sur le passé, je ne sais pas, je ne peux pas vous dire que je n'y crois pas, mais je suis sceptique.

G. G.-T. – Ce qu'elle a dit sur Louis XVII, sur Jeanne d'Arc ou sur Jack L'Éventreur, est à la fois inédit et plein de bon sens. Ce qu'il y a de frappant dans son livre Leur vrai destin, *c'est qu'elle trouve des solutions.*

M.-C. P. – Michel de Grèce dit qu'elle n'a pas de culture historique et que ce qu'elle dit est l'effet d'une révélation. Je voudrais le croire, mais je ne sais pas. La seule chose dont je suis certaine ce sont les voyances qui me concernent et qui me paraissent étonnantes. Elle a des flashes, elle voit des choses. Et puis j'ai le souvenir d'une voyance dans une enveloppe qu'elle avait faite sur Arnaud de Rosnay; elle ne savait pas ce qu'il y avait dans cette enveloppe; elle l'a complètement décrit : « Je vois quelque chose de triangulaire, quelqu'un qui a froid, qui est très mouillé », elle faisait les gestes, et puis, tout d'un coup, elle a vu que c'était Arnaud de Rosnay.

G. G.-T. – Elle a vu l'issue?

M.-C. P. – Après, oui, elle a vu l'issue, mais au moment où elle l'a découvert c'était extraordinaire.

G. G.-T. – Il n'y a pas eu d'autres témoins?

M.-C. P. – Non! C'est par hasard, un soir, où l'on dînait tous les trois.

G. G.-T. – Vous n'avez pas eu d'autres voyances « flashées » concernant les gens de votre entourage ou votre carrière professionnelle?

M.-C. P. – Des récits frappants, non. Des petites choses que j'ai oubliées.

G. G.-T. – Il peut y avoir comme cela des petites voyances qui sont intéressantes à étudier in vitro. *Il y a deux possibilités : l'événement qu'elle a décrit se produit ou bien il n'arrive pas et, dans ce cas, on ne peut savoir s'il y a erreur, s'il y aura modification ou seulement retard.*

M.-C. P. – Ce qu'elle me dit et qui ne se produit pas, je l'oublie.

G. G.-T. – Lorsqu'elle vous annonce quelque chose qui est agréable, gratifiant, est-ce que vous cherchez à le réaliser? Il est important de savoir quel est le pouvoir de votre interférence, de votre liberté. Quand elle vous a annoncé une rencontre avec quelqu'un au cours d'une soirée, s'agissait-il d'une personne que vous ne connaissiez pas?

M.-C. P. – Non. Je ne la connaissais pas. Je ne cherchais rien et ça s'est réalisé.

G. G.-T. – Vous m'avez dit tout à l'heure que vous étiez prudente et tout de même assez sceptique au départ?

M.-C. P. – Oui. J'ai toujours aimé la voyance. La parapsychologie, toutes les possibilités inexploitées de notre cerveau, me fascinent. Tout ce qui est transmission de pensée, lecture de pensée, j'y crois à fond. Je ne m'intéresse pas du tout à l'astrologie des journaux. Je n'y crois pas une seconde, et puis je suis quand même réservée sur la voyance, ce qui est une attitude générale de scepticisme. Pour Yaguel je suis sûre qu'elle a un don; je crois qu'elle a des flashes exceptionnels.

G. G.-T. – Vous avez consulté par un besoin personnel et par curiosité?

M.-C. P. – Je ne sais pas. Un besoin de me rassurer, de savoir des choses que je voulais qu'on me dise.

G. G.-T. – Mais vous avez dû être influencée par les travaux de votre père?

M.-C. P. – Probablement, oui. J'étais très jeune à l'époque, lorsque j'ai été touchée par tout cela.

G. G.-T. – Louis Pauwels a sans doute pris une certaine distance à l'égard de tout cela, mais ma génération a été extrêmement frappée et marquée par Monsieur Gurdjieff, le Matin des magiciens *et la publication de* Planète.

M.-C. P. – Cela traitait de tout ce qu'on ne sait pas encore.

G. G.-T. – Cette période a été très importante. Elle a mis en question les explications étroitement et systématiquement rationnelles du monde et de la vie.

M.-C. P. – Oui. Cela a été et est très important.

G. G.-T. – Vous auriez pu être en rébellion contre votre père?

M.-C. P. – Non. J'ai toujours été impressionnée par ce courant de pensée et de recherche. Je le répète, si j'ai des doutes sur la voyance en général, c'est parce qu'il y a beaucoup trop de charlatans. Mais je crois en Yaguel, je suis sûre qu'elle est géniale, que c'est la meilleure de toutes. Elle est sincère lorsqu'elle fait de la voyance historique. Michel de Grèce est fasciné, mais moi, je pense que c'est possible, si vous voulez, mais j'aimerais avoir une preuve!

G. G.-T. – Vous n'avez pas été tentée en tant que responsable d'un hebdomadaire important de suivre une des pistes données dans ce livre, par exemple celle de Louis XVII? Je ne comprends pas qu'un grand magazine n'ait pas envoyé un reporter sur les indications qu'elle donne.

M.-C. P. – Oui. On devrait le faire! Je suis très intéressée par son travail sur documents lorsqu'elle part d'une image.

G. G.-T. – Comme pour le Sida où le cliché du virus, qui ressemble à un Vasarely, a été pris tout d'abord pour une œuvre d'art; ou pour le Titanic, *focalisé comme une personne. On assiste alors à des glissements intéressants.*

M.-C. P. – Elle est très généreuse. Lorsqu'elle reçoit des gens sur lesquels elle ne voit rien, elle les apaise, elle a une force magnétique qui leur fait du bien. Elle se donne beaucoup et ce magnétisme est important. Elle sent qu'elle a une mission et elle est portée par elle.

G. G.-T. – Quelle est votre position sur les rapports de la médiumnie et de l'écriture?

M.-C. P. – Je suis sûre que les journalistes et écrivains ont une certaine médiumnité; nous avons tous eu des expériences personnelles de visions mais qui n'ont pas été exploitées. J'ai eu souvent des accointances intuitives avec mon père, des incorporations liées à des accidents qui lui arrivaient. A six ans, je me suis réveillée en criant : « J'ai mal au pied de papa ! » au moment où mon père se blessait en se lavant les pieds dans la salle de bains. J'ai connu un étrange phénomène de coliques néphrétiques, avec concrétion de calcaire au moment où mon père connaissait une période de décalcification qui l'empêchait de guérir d'une fracture du fémur. Je n'ai pu m'empêcher de faire un rapprochement. J'ai eu également des transmissions de pensée avec les gens qui m'étaient proches.

G. G.-T. – En tout cas, vous aviez un terrain sacrément propice pour avoir un rapport avec Yaguel, d'abord par votre contexte familial, ensuite par certaines dispositions naturelles.

M.-C. P. – Tout cela m'a semblé très positif et très logique pour beaucoup de choses, mais pour d'autres je ne suis pas complètement impliquée; j'ai des doutes. Une fois, elle a eu une vision sur des vies antérieures, je suis sûre qu'elle faisait marcher son imagination, qu'elle était en plein roman.

G. G.-T. – Il serait important de le discerner car la médiumnie forme un tout, et il est difficile de la fragmenter. Elle refuse l'évocation des esprits, surtout lorsqu'on lui apporte des photographies de personnes récemment décédées, mais elle n'arrête pas de faire de la médiumnie spirite, avec Leur vrai destin, *d'abord, et puis dans diverses communications dont plusieurs personnes font état dans ces témoignages, notamment Élisabeth de Chimay.*

M.-C. P. – Je trouve formidable que des gens comme Yaguel pensent entrer en contact avec les esprits des gens qui sont disparus, c'est fantastique, c'est merveilleux ! Mais je crois qu'elle a réellement des visions et puis ensuite qu'elle laisse parler son imagination, qu'elle a du mal, elle-même, à discerner la part de ses visions et la part de son imagination.

G. G.-T. – Il faut pourtant qu'on s'y emploie, et l'on s'y emploie avec son aide, car elle réfléchit beaucoup sur les phénomènes qui la traversent et elle effectue une analyse critique dont ce livre est la preuve. L'imagination peut être très riche, très foisonnante, mais ce n'est pas un effet médiumnique.

M.-C.P. – N'est-ce pas un peu comme la situation de romancier : vous partez d'une balle, et puis après vous travaillez sur la balle.

G. G.-T. – Non. C'est très différent. Elle est sur un terrain où on ne peut se permettre aucune intrusion de l'imagination. Pour un médium, ce serait un parasitage, un brouillage d'images.

M.-C.P. – Elle m'a amusée en me racontant mes vies antérieures. C'était difficile à accepter.

G. G.-T. – Mais enfin, pour vous, le phénomène karmique est-il une hypothèse que vous évacuez ou bien reste-t-il, en vous, comme une question, comme une explication possible, de l'inégalité des naissances, des données et des destins?

M.-C.P. – Oh! Je n'en sais rien! J'ai tellement l'impression que lorsqu'on est mort, on est mort.

G. G.-T. – Vous posez-vous des questions?

M.-C.P. – Je n'y ai pas répondu. Je pense que lorsque j'aurai perdu des êtres très proches, je me poserai des questions sur la qualité de leur âme.

G. G.-T. – Ça c'est autre chose. On peut méditer sur la « qualité » de l'âme, sur son existence, mais il y a le problème de la transmigration des âmes, sur lequel Yaguel donne un témoignage.

M.-C.P. – A priori je n'y crois pas beaucoup, mais je ne peux pas me prononcer. Je suis quand même très catholique, pas pratiquante, mais très catholique.

G. G.-T. – Même au moment où votre père était en état d'interrogation à ce sujet, car il est passé par plusieurs phases, il a connu une problématique « paganiste »?

M.-C.P. – Oui, mais il n'a pas exercé de pression sur moi. J'ai été élevée dans des pensions religieuses, et puis ensuite j'ai construit ma vie comme je l'entendais. Je crois à la vie des âmes, mais je ne crois pas trop à la réincarnation.

G. G.-T. – Il faut donc prendre votre mot « quand on est mort, on est mort », non comme une réflexion matérialiste, mais comme le sentiment d'une impossibilité d'en savoir plus, comme une coupure entre ce monde et l'autre. « Laissez les morts enterrer les morts. »

M.-C.P. – Il faut choisir ce qui nous convient.

G. G.-T. – Un dernier mot sur Yaguel?

M.-C.P. – Ses yeux! Elle a un regard très fort, un vrai regard de « voyante ».

6 juin 1988.

CATHERINE RIHOIT

Journaliste, écrivain, scénariste et universitaire, elle est grand reporter à *Marie-Claire* et a publié plusieurs romans dont : *Portrait de Gabriel* (1977), *Le Bal des débutantes* (1978), *Les Abîmes du cœur* (1980), *Les Petites Annonces* (1981), *La Favorite* (1982), *Triomphe de l'Amour* (1983), *Soleil* (1985), *Retour à Cythère* (1988), Gallimard.

Gérald Gassiot-Talabot. – Vous avez joué un rôle notoire dans la carrière de Yaguel en lui consacrant des articles, des interviews remarqués et courageux dans Marie-Claire.

Catherine Rihoit. – Les réactions au journal avaient été sans précédent après le premier papier, il y a quatre ans, puisque nous avions reçu autour de deux mille lettres, ce qui est gigantesque. J'ai décidé de recommencer, trois ans plus tard car j'avais le sentiment, étant donné que mon premier article avait été très lu, que ce qui avait été dit pouvait être approfondi.

Le second article portait moins sur le résultat du travail de Yaguel que sur la façon dont elle vivait, dont elle opérait.

G. G.-T. – Elle vous a parlé de sa vie, de l'éclosion de son don?

C. R. – Oui, et j'ai beaucoup aimé écrire le deuxième article. J'avais entendu parler d'elle, il y a six ans environ, et je l'avais rencontrée chez un ami, un soir...

G. G.-T. – Elle n'a pas fait d'expérience de voyance ce soir-là?

C. R. – Je ne l'ai vue que professionnellement pour ces deux interviews, puis au cours de ce dîner. Je n'ai jamais assisté à des expériences de voyance en petit comité. Cette rencontre a été étonnante car j'étais en train d'écrire un roman dont je n'avais parlé à personne. J'étais sûre qu'elle n'avait pu avoir connaissance de rien; elle m'a dit que ce roman se passait au bord de la mer, dans un pays étranger et qu'il y avait un enfant qui intervenait. Effectivement, c'était l'histoire d'une femme qui se retrouvait au bord de la mer et qui assistait à une quasi-noyade de l'enfant (*Soleil*, 1985). Elle a parlé de plusieurs autres choses au cours du repas, mais ce qu'elle m'avait dit sans préalable m'avait surprise car ce n'est pas un thème habituel à mes romans.

G. G.-T. – La seule explication limitative serait qu'il ait pu y avoir une lecture de pensée.

C. R. – Oui, je pense à cela car je connais des phénomènes de ce genre et je crois que, lorsque je l'ai rencontrée, si j'ai été tellement intéressée à faire cette interview, c'est sans doute parce que je pensais que je touchais à un sujet porteur, important dans la vie des femmes d'aujourd'hui ; j'essayais de faire dans un journal comme *Marie-Claire* des articles informatifs et amusants qui, paradoxalement, soient en même temps des articles « sérieux ». (J'aime beaucoup le journalisme féminin et je suis très à l'aise dans ce que je fais, mais je réprouve ce qui, dans ce journalisme, tend à prendre les femmes pour des imbéciles.) Donc, il n'aurait pas suffi que ce soit un thème à la mode pour que j'en parle. Par contre, j'avais constaté que cela provoquait une agressivité très grande. Dans les journaux, la voyance a longtemps été un sujet tabou. Lorsqu'on en parlait, c'était ou bien totalement dithyrambique ou très agressif. De la part de journalistes « sérieux », il y avait un refus de principe, particulièrement à la période féministe, du côté des femmes. On considérait ces pratiques comme du charlatanisme pur et simple – ce qui m'avait choquée car je m'étais dit : « Après tout, ces manifestations relèvent d'une vieille tradition féminine, y compris en France, dans les campagnes, et dans les civilisations anciennes. » Ma visée de départ c'était de restituer un aspect de la culture féminine, c'est-à-dire un type de rapport que les femmes ont entre elles, en dehors de l'univers masculin et qui me paraît quelque chose d'intéressant à ne pas perdre. Peu après cela, j'ai commencé à prendre conscience que j'avais, moi aussi, constaté des petits phénomènes de cet ordre ; je les avais ressentis depuis un certain nombre d'années et, au début, cela m'avait fait peur ; je ne voulais pas savoir. Et puis, au cours d'une période où je travaillais avec *F Magazine*, il m'est arrivé plusieurs choses très frappantes.

G. G.-T. – De quel ordre ? Des intuitions médiumniques ou des voyances, des rêves prémonitoires ?

C. R. – Un peu de tout cela ; j'ai rêvé qu'un homme, qui venait d'entrer dans ma vie à ce moment-là, allait me téléphoner pour me proposer de venir déjeuner dans son quartier, que j'accepterais, et qu'en sortant du restaurant je rencontrerais son père (que je ne connaissais pas). Rêve surprenant, car je n'allais jamais dans ce quartier. Or, le lendemain, cet homme a téléphoné en me proposant ce déjeuner ; et j'ai vu venir, en sortant, un monsieur âgé. Je me suis dit : « C'est son père ! » Et il nous a présentés.

G. G.-T. – Êtes-vous sûre qu'il ne vous avait pas dit : « Nous risquons de rencontrer mon père qui habite dans le quartier ? »

C. R. – Non. Absolument pas ; il ne s'y attendait pas lui-même.

G. G.-T. – C'est un bon cas de rêve prémonitoire sur une chose simple, en apparence secondaire, mais il est intéressant en médiumnie de cerner les choses simples.

C. R. – Cela m'était arrivé quelques années auparavant à propos des prémonitions touchant à la mort. Je me souviens être arrivée à la Sorbonne; c'était mon premier poste. Il y avait un directeur de département que je connaissais fort peu car je venais de province, et je me suis présentée la première semaine pour faire mon cours. Le professeur n'est pas venu. Un jeune collègue m'a dit « C'est curieux! » et je me suis entendue répondre : « Évidemment, c'est parce qu'il va mourir. » Cela m'a paru invraisemblable de dire une chose pareille, mais j'ai répété, malgré l'étonnement de mon collègue : « Oui, il va mourir. – Mais il n'est jamais malade, m'a-t-il répondu, il se porte bien. » Or il est mort quinze jours plus tard, d'une façon inattendue, imprévue.

G. G.-T. – Cela est arrivé comme une intuition, l'écoute d'une voix intérieure?

C. R. – Je ne l'ai même pas « parlé ». C'est sorti de moi, comme cela. A l'époque où j'ai commencé à avoir ces impressions, je les contrôlais mal. Je me souviens, au cours d'un dîner à New York, qu'une amie me présenta son mari, dont je ne savais rien. Je m'entends lui dire : « Vous avez passé votre enfance à Brooklyn, votre père est mort très jeune, vous étiez le préféré de votre mère. » Le type est devenu blanc, j'ai cru qu'il allait avoir un malaise. Depuis, j'ai appris à contrôler ces réflexions, que je garde pour moi.

G. G.-T. – Il est important que vous soyez sensibilisée par une expérience médiumnique personnelle, ce qui n'est pas le cas de la plupart des personnes interrogées dans cet ouvrage qui ont entretenu des relations avec Yaguel ou qui ont écrit des textes sur elle.

C. R. – A la même période, je travaillais avec François Truffaut. Je suis allée dîner dans un restaurant rue Pierre-Ier-de-Serbie. Au cours du repas, je me suis dit : « Truffaut est dans la salle », mais je ne l'ai pas vu et je me suis trouvée absurde. Plus tard, au cours du dîner, une amie qui travaillait avec moi m'a dit : « Tiens, il y a quelqu'un qui te fait signe. » C'était lui, qui sortait d'une autre salle.

G. G.-T. – ... Intuition ou coïncidence. Mais avez-vous rencontré des médiums avant Yaguel?

C. R. – Non, pas du tout, il a fallu que cet ami m'invite et insiste pour que je rencontre Yaguel. Les phénomènes dont je vous parle s'étaient produits depuis quelques années, je m'y étais habituée. Ça m'intéressait donc d'aller y voir de plus près. Je n'avais pas eu l'idée de vérifier avant; cela m'effrayait; je suis universitaire, linguiste, donc littéraire et scientifique. Cela correspondait tellement peu à la formation que j'ai reçue! J'étais intéressée, en revanche, par la psychanalyse. La seule chose que je pouvais admettre, c'était la télépathie. Mais surtout il y avait eu des prémonitions, en grand nombre (je pourrais vous en citer beaucoup d'autres), j'étais troublée. Mon idée de la voyance était caricaturale : boule de cristal, etc., et surtout l'exploitation de la crédulité de pauvres gens.

G. G.-T. – Ce qui est souvent le cas.

C. R. – Yaguel est le seul médium que j'aie vu. J'ai quelquefois la tentation d'aller la consulter aujourd'hui, mais je ne le fais pas. Je me suis aperçue, au cours du deuxième entretien, que je la faisais beaucoup parler sur la mort et j'ai eu le sentiment que ce n'était pas pour rien. Je lui ai demandé si elle voyait la mort autour d'elle; elle m'a répondu qu'en effet cela lui arrivait. Je m'y attendais. Il y a eu plusieurs décès dans mon entourage.

G. G.-T. – Vous a-t-elle précisé de qui il s'agissait?

C. R. – Je ne voulais pas qu'elle me le précise. Je la voyais à ce moment-là pour le deuxième article dans un but professionnel, mais j'ai fait un test. Je n'avais pas de nouvelles d'un ami proche, depuis plusieurs mois. Je lui ai donné un objet qui lui appartenait. Elle m'a fait un portrait très précis de cette personne. Elle m'a dit : « Il ne va pas bien, mais ne vous inquiétez pas, il ne va pas mourir (il avait des tendances suicidaires). Il vous contactera début septembre. » En effet, il m'a appelée le 2 septembre.

G. G.-T. – Belle précision dans le temps! Ce qui est un des points incertains de la médiumnie. A-t-elle fait une voyance directe ou en utilisant des cartes?

C. R. – Non, en voyance directe; elle a posé la main sur l'objet. Ensuite elle a utilisé les cartes et m'a prédit des événements qui se sont réalisés. Et deux choses ne se sont pas réalisées : la première c'est que j'irais en Californie. C'était il y a quatre ans.

G. G.-T. – Il peut s'agir d'une réalisation différée ou simplement d'une erreur, d'un parasitage qui vient de l'idée fixe que l'on a, et il s'agit alors d'une lecture de pensée.

C. R. – Elle m'a annoncé que j'aurais un prix littéraire. Je n'en ai pas vu la couleur!

G. G.-T. – Mettons cela sur la distorsion du temps, car je dirais que c'est une prédiction « prévisible » après huit romans, quatre essais et une pièce de théâtre. Vous pouvez vous attendre à ce que ça arrive un jour. Vous a-t-elle fait des prévisions mondiales dans la première interview qui était plus générale?

C. R. – Non, et je ne lui ai pas demandé. J'étais réticente par rapport à des choses personnelles qu'elle aurait pu me dire. J'aime avoir le sentiment que j'ai mon destin en main.

La première fois que je l'ai vue, elle m'a sorti les prénoms à la file des hommes qui ont compté dans ma vie. A propos de l'homme qui compte aujourd'hui, elle n'a pas trouvé de prénom mais elle m'a dit : « Je vois une gare », or c'est quelqu'un dont le nom est proche de ce mot.

G. G.-T. – Elle a utilisé une sorte de symbolique. Elle a souvent des visions symboliques; elle voit des lieux, des objets, des gestes, qui n'ont pas un rapport concret mais allusif.

C. R. – Pour ce voyage en Californie, je me suis demandé plus tard si elle ne voulait pas dire que j'allais à nouveau travailler pour le cinéma, et j'ai eu le sentiment d'une association d'idées : le cinéma est lié à la Californie.

G. G.-T. – Ne vous a-t-elle pas dit pourquoi vous iriez en Californie?

C. R. – Elle m'a dit qu'elle me voyait y vivre et y séjourner plusieurs mois; plus qu'un voyage touristique. Mais rien de très précis.

G. G.-T. – Vous aviez une sorte de pudeur, de réticence à lui poser des questions; elle vous disait ce qu'elle sentait venir, mais vous ne lui avez pas demandé : « Vais-je faire un voyage? » Vous a-t-elle parlé du succès du roman?

C. R. – Elle m'a dit que le livre que je venais d'écrire aurait beaucoup de succès et que j'allais gagner beaucoup d'argent. Ce qui s'est effectivement produit. Elle m'a précisé un point sur ma santé qui s'est révélé exact. Et puis il y a eu cette liste de prénoms. Par ailleurs, quelque chose m'était arrivé, qui me tourmentait, que je ne comprenais pas. C'était problématique, je ne pouvais pas le décrypter, et ça m'angoissait. Elle m'a répété : « Vous ne comprenez pas maintenant, mais vous allez savoir. » Effectivement, assez vite j'ai eu des indices, deux ans après, une tierce personne m'a confirmé. Le plus étonnant c'est que je n'ai rien dit à Yaguel; ça concernait quelqu'un de connu dont je ne voulais pas donner le nom; je suis assez discrète.

G. G.-T. – Elle aurait pu voir la personne et la fixer. Vous couriez le risque de voir le nom surgir.

C. R. – Il n'y a pas eu de chose, dans ce qui s'est passé entre elle et moi, d'aussi spectaculaire. Là où elle m'a le plus impressionnée c'est quand elle m'a fait comprendre que ces phénomènes existaient; alors j'ai pu travailler pour moi. Elle m'a expliqué que cela se cultivait. J'ai pris conscience que j'avais un don beaucoup plus petit que le sien mais réel. Les gens de mon entourage sont assez surpris, car je fais des prévisions. J'ai des résultats intéressants.

G. G.-T. – Comment cela vous arrive-t-il, par une force intérieure? Une parole que vous entendez? Avez-vous des clichés?

C. R. – Au début c'était des phrases qui sortaient de moi et j'étais très étonnée de m'entendre les dire. Ça c'est terminé; ce sont maintenant des pensées qui s'affirment très fortement et très nettement. Je ne répète pas une voix. Ce sont des états de réceptivité dans lesquels je me mets, mais comme c'est très fatigant, comme cela m'épuise, je le fais uniquement pour moi et dans des cas bien précis : ceux où un raisonnement rationnel est insuffisant. Alors, j'examine l'autre côté. Je suis très méfiante et scrupuleuse pour les autres, encore plus pour mes amis. Ceux-ci viennent parfois me demander conseil et cela devient gênant car on me confie des choses intimes. J'estime que je n'ai pas à répondre. Je ne veux pas risquer d'intervenir sur leur vie.

G. G.-T. – Vous n'utilisez pas de support : ni cartes, ni boule?

C. R. – Rien du tout : je me concentre sur la pensée de la personne et sur la situation.

G. G.-T. – C'est ça qui est le plus épuisant, car les cartes aident. La fatigue est plus grande en voyance directe. En ce qui vous concerne, avec les charges, les responsabilités et le travail que vous avez, cela doit être éprouvant.

C. R. – Je choisis les domaines. Je me dis : « Là, c'est important pour moi. » Mais c'est une situation difficile. Dans le cadre professionnel, je l'utilise parfois comme un outil, et je suis étonnée par les résultats que j'obtiens.

G. G.-T. – Vous ne pensez pas faire contrôler ces pratiques par quelqu'un qui puisse vous aider? Vous avez une structure intellectuelle qui est suffisante pour dominer ces phénomènes, mais il peut y avoir aussi des dangers. Yaguel vous avait-elle dit quelles sortes d'exercices il fallait faire?

C. R. – Elle m'avait dit que ce don se cultivait : je me suis aperçue que ça se produisait avec un type de personnes précis, dans des situations où je me sentais impliquée. Souvent, je le répète, pour des problèmes professionnels. Ça me rend des services. C'est un atout.

G. G.-T. – Avez-vous eu déjà des impressions sur quelqu'un? Avez-vous eu des visions d'auras?

C. R. – Ça m'est arrivé une fois avec une amie. J'ai vu la mort autour d'elle. Une aura brumeuse, mais je savais que ça n'était pas vraiment visuel. C'était curieux. Je ne la connaissais pas encore; je la rencontrais pour la première fois. Elle était la fille d'un homme extrêmement connu qui est mort peu après et dont je ne peux pas parler. Elle m'a dit qu'elle devait subir une opération, dont elle s'est bien tirée, mais elle avait failli mourir peu de temps avant. Il y a eu plus surprenant : la personne chez qui je l'avais rencontrée avait dans sa vie un monsieur très connu, que j'ai vu pour la première fois. Cet homme m'a donné une impression de danger très grand. J'ai vu qu'il allait très très mal. Il m'a emmenée dans une pièce où il voulait me montrer un piano. Un coin de cette pièce m'a effrayée au point que je suis partie précipitamment. Il ne voulait pas me laisser partir; or cet homme a commis un meurtre à cet endroit de la pièce qui m'avait fait si peur. C'est une affaire très connue. J'ai dit à cette amie : « Il va très mal », elle m'a répondu : « Oh non! il est excentrique! »

G. G.-T. – Aviez-vous senti un effroi global, ou le crime vous est-il apparu?

C. R. – J'ai senti la mort autour de cette fille. Comme elle était entourée de deuils, j'ai pensé que c'était l'explication. Ensuite il y a eu le crime à l'endroit pressenti et j'ai appris deux ans plus tard quel pouvait être le mobile de ce crime. C'est lié à des détails de la scène dont je ne peux pas parler. J'avais une impression de danger sur cet homme. J'ai refusé qu'il me raccompagne, j'ai fui.

G. G.-T. – Ce que vous me dites est important car vous n'avez pas détecté un lieu où un crime avait été commis, mais vous avez eu une intuition localisée, une prémonition inéluctable sur un événement qui allait se produire. Vous n'avez pas pu dire les mots qui auraient pu dévier le cours des faits, en supposant une action par libre arbitre; d'ailleurs on ne vous a pas crue lorsque vous avez dit que cet homme « allait très mal. » Et la frayeur a été trop forte. Il faudrait aller plus loin dans ces états prémonitoires et essayer d'agir.

C. R. – Je n'en suis pas là. Je ne sais si j'y parviendrai jamais. J'en arrive au point où j'éprouve un sentiment de gêne par rapport à des amies intéressées par ces phénomènes, et qui font parfois des demandes. Je refuse souvent d'y répondre. Quand quelque chose se produit, on me reproche parfois de ne pas avoir prévenu. Je me bloque. D'ailleurs, je pense que cela est complètement lié à mon travail d'écrivain.

G. G.-T. – Beaucoup d'écrivains ont des phénomènes non avoués de médiumnie, dans la création des personnages, dans la façon de les faire vivre, dans la vision de certains lieux. Avez-vous eu des visions préalables ou de confirmation, en décrivant des lieux?

C. R. – J'ai écrit un roman dans des circonstances très étonnantes : *Les Abîmes du cœur.* Je raconte toujours des histoires modernes, c'est mon type d'inspiration. Et, dans ce cas, j'ai fait un livre à partir d'un fait divers de 1899. J'étais en Normandie, il y a une dizaine d'années, chez des amis. Nous avons visité une maison abandonnée, au bord de la mer. Un fait divers s'y était produit. Un suicide ou un crime y avait été commis. Une femme était tombée de l'observatoire et l'on avait accusé son compagnon. Cet homme a toujours nié et à son tour s'est tué ou a été tué. Il a légué cette maison à un ordre religieux. Personne n'a voulu l'habiter. C'était une très belle construction d'architecture italienne; des papiers peints subsistaient; il s'en dégageait une impression très forte. En outre, ce bâtiment était situé sur un terrain miné pendant la guerre. Personne n'y allait. J'ai été saisie par cette demeure et j'ai décidé de faire un roman qui s'y passerait, à partir de ce fait divers. Je l'ai rédigé deux ans plus tard. J'ai imaginé l'histoire d'une jeune fille qui s'installe, ses parents ayant osé acheter la maison. Or, j'ai écrit ce livre en ayant l'impression que tout m'était dicté, alors que de nombreuses inconnues subsistaient. Je voyais des images, comme à travers un objectif, assez floues. C'était très saisissant, très pénible d'écrire, car il me venait à l'idée que j'allais être prise dans ce cadre, que j'allais entrer dans cette histoire. J'avais des visions dans l'espace. Pas des hallucinations, je savais que c'était dans ma tête.

G. G.-T. – Avez-vous donné une fin libre ou une interprétation?

C. R. – Je n'avais pas d'interprétation sur le crime, car il s'était produit avant l'arrivée de la jeune fille dans la maison. Ce qui était frappant c'est que le livre semblait m'être dicté. C'était visuel, comme les images d'un film qui passaient devant mes yeux. Un objet m'avait inspirée : un recueil de magazines de mode de 1899, *La Vraie Mode*; il avait appartenu à une femme de ma famille qui vivait dans la région. Ce phénomène ne s'est jamais reproduit pour mes autres livres. Était-ce entièrement de l'imagination? Ou est-ce que je voyais des choses qui étaient des rappels de scènes qui s'étaient passées?

G. G.-T. – Avec des phénomènes aussi troublants, vous vous êtes fatalement interrogée sur la raison de la médiumnie, pourquoi certaines personnes ont-elles cette possibilité? Vous êtes-vous posé cette question ou la chassez-vous?

C. R. – Je pourrais donner des explications par la psychologie. Je fonctionne à l'empathie. Je l'ai toujours fait. C'est quelque chose que j'ai appris à combattre car pendant longtemps, j'avais le sentiment d'être tellement ouverte aux autres que je risquais d'être envahie par eux. Je rêvais que les gens prenaient possession de moi. J'ai appris à en faire une force, à contrôler cette sensation, à ne plus me laisser envahir. Maintenant je peux l'utiliser. J'ai fait une psychanalyse. Depuis Freud et Jung les psychanalistes sont intéressés par ces problèmes. J'en ai très peu parlé à mon analyste, parce que cela fait partie de ma créativité et je ne voulais pas trop y toucher. Je sentais un scepticisme et une interrogation, mais ça m'a permis de bien me contrôler, de ne pas en souffrir. Auparavant, l'angoisse des autres semblait se déverser sur moi (il m'est arrivé de pleurer à la place d'un ami qui souffrait). La psychanalyse ne m'a pas donné les clés, mais ça m'a confirmée dans l'idée que ces choses existent. Ça n'est pas de la sorcellerie et je sais que les Russes s'y intéressent beaucoup. J'ai lu des bouquins américains sur la question. C'est un curieux mélange de choses intéressantes et de charlatanisme. Du genre « apprenez à dominer le monde... »

G. G.-T. – Avec Yaguel vous avez fait une expérience qui vous a confirmé la réalité de la voyance. Mais pour vous, en deçà de ces phénomènes, y a-t-il un branchement sur quelque chose de spirituel? Y a-t-il une mission? Si certains êtres ont ce don, ce n'est pas par hasard; il s'inscrit dans une découpe de leur destin et c'est pour en faire quelque chose. N'ont-ils pas des comptes à rendre?

C. R. – J'ai toujours peur de dire des bêtises, de faire des projections mentales...

G. G.-T. – Il a pu se produire que vous ayez des clichés, qu'ils ne se réalisent pas et que vous ayez l'impression d'une projection de votre inconscient. Avez-vous eu le sentiment de commettre des glissades, des dérapages?

C. R. – Pour certaines personnes, j'avais une impression double. J'avais senti que des choses très positives allaient arriver, mais tout a été négatif. J'ai su qu'un incident s'était produit qui avait fait basculer l'événement positif que j'avais prévu. Ou bien j'avais donné trop d'importance à un des facteurs, et minimisé les autres.

G. G.-T. – Cela repose le problème de la liberté. L'événement est-il inéluctable ou modifiable, par une action involontaire ou par un autre événement?

C. R. – Je crois qu'il y a une responsabilité du don médiumnique. Il permet d'aider mais provoque des risques de fixation. On peut être conduit à exercer un « pouvoir » assez gratifiant, flatteur. D'où un danger d'orgueil et d'imprudence. On peut facilement se laisser emporter dans un monde à la Shirley McLaine, où l'on prendrait ses désirs pour des réalités. Je crois qu'il faut toujours envisager les choses sous les deux angles : peser le rationnel et l'irrationnel. Je le sais parce que je suis une intellectuelle et une femme. Je sais qu'on se moque de l'intuition féminine, pourtant ça existe, c'est de cette nature.

G. G.-T. – En tout cas vous étiez destinée à écrire ces articles car tout cela s'est développé après votre rencontre avec Yaguel.

C. R. – C'est là que Yaguel m'a aidée, elle m'a permis de bien comprendre, car, par formation intellectuelle, j'avais besoin de comprendre... Grâce à Yaguel cela a cessé de me faire peur.

G. G.-T. – Il est rare que l'on trouve chez une intellectuelle cette conjonction qui lui permet de laisser s'exprimer un don médiumnique et de le contrôler en même temps par ses structures mentales, son savoir, sa méthode de travail. Si vous arrivez à pro-

gresser dans ce domaine, vous aurez un double atout. Même si vous pensez n'avoir qu'un don limité, il vous permettra, lorsque vous rédigerez une biographie, par exemple, d'être en prise directe avec votre personnage. Vous êtes véritablement, si vous me passez l'expression, un cas à suivre...

3 juin 1988.

ALIX DE SAINT-ANDRÉ
Grand reporter à *Elle.*

Le numéro 2189, du 21 décembre 1987 du magazine *Elle* contient une enquête conduite par Alix de Saint-André et intitulée « Procès-verbal d'une voyance ». Ce document constitue une investigation d'autant plus remarquable qu'il a été réalisé par une équipe qui n'était pas convertie, c'est le moins qu'on puisse dire, au « paranormal ». Celle-ci a manifesté, au début, un humour et une insolence qui ne l'ont pas empêchée de mettre en place une méthode et une approche strictement rigoureuses, sans sacrifier aux effets faciles, au dérisoire, à la caricature qui tentent trop de journalistes en mal de copies « amusantes ». Non seulement Yaguel Didier, qui avait accepté de donner des voyances sur des documents enfermés dans des enveloppes et de se soumettre à une analyse critique très serrée, a fait des prestations extraordinaires, mais les erreurs et les glissements qui ont pu apparaître au cours de cette expérience ont été eux-mêmes très révélateurs du caractère de la médiumnie, de ses possibilités et de ses limites. Alix de Saint-André reprend cette tentative, au cours de cet entretien, en la commentant *a posteriori*, en révélant des détails qui n'ont pas pu figurer dans l'article, article de référence, que tous les curieux et chercheurs en médiumnie et en parapsychologie devraient posséder dans leurs archives.

Gérald Gassiot-Talabot. – Vous allez commencer par la troisième expérience, celle que vous avez rajoutée pour avoir un sujet « contemporain », puisque les deux premières portaient l'une sur le David *de Michel-Ange, l'autre sur le* Titanic. *Il s'agissait de la photographie du virus du Sida.*

Alix de Saint-André. – On voulait lui soumettre ce document et elle avait accepté de nous recevoir, à l'issue d'un dîner chez des amis, alors que nous l'avions déjà sollicitée deux fois à propos des deux sujets précédents. Selon notre méthode, nous avions également dans une autre enveloppe une photo de « Lucy », le squelette de l'australopithèque à la découverte duquel Yves Coppens est associé. Mais c'est l'enveloppe du Sida qu'elle a prise.

G. G.-T. – Où en étaient les recherches sur le Sida? Est-ce que la photographie du virus était déjà divulguée dans la presse?

A. de S.-A. – Ce n'était pas une photo inconnue, elle est très caractéristique et ressemble à un oursin aplati. En prenant l'enveloppe contenant la photographie du virus du Sida, elle l'a aussitôt lâchée en disant : « C'est quelque chose qui tue, ça me fait mal... C'est horrible, ça me prend mon énergie, je me sens terriblement fatiguée, je vois la mort attachée à cela. Je pense à *Nuit et Brouillard* avec des monceaux de cadavres. Je vois des gens en vert et en blanc qui regardent et veulent se battre contre ça à travers des instruments (elle a dit : binoculaires); et puis ça ressemble à un tableau moderne " cubique "; c'est très joli. »

G. G.-T. – Nous avons donc là, très rapidement (puisque vous m'avez dit que cette séance n'avait duré que vingt minutes) plusieurs visions et sensations : premièrement une impression douloureuse liée à la mort; deuxièmement une métaphore de Nuit et Brouillard*; troisièmement un combat contre la « chose » par des hommes de laboratoire; quatrièmement une vision esthétique du virus.*

A. de S.-A. – Mais chaque fois elle reprenait son discours sur la fatigue, *Nuit et Brouillard*, etc. Elle procédait par une vue hélicoïdale, une structure de vision très particulière, en spirale, en revenant par approfondissements successifs, en faisant le lien entre les monceaux de cadavres, les chercheurs et cette « espèce de bête à mille faces et pleine de tentacules qui apportait la mort ». Elle s'est écriée : « Mais c'est contagieux, c'est une maladie » et elle a lâché encore une fois l'enveloppe en disant : « J'ai compris, c'est le Sida! » Elle était épuisée, malade. Cela avait pompé ses forces. Pour nous, c'était ce qu'il y avait de plus évident et impressionnant : la voir prendre l'enveloppe, la lâcher et se sentir mal.

G. G.-T. – Ce qui ajoute dramatiquement, c'est qu'elle voit une extension de l'épidémie, des conséquences mondiales très graves, des cadavres qu'il faut enterrer et brûler, avec des effets sur l'opinion publique, des mesures sanitaires d'extrême urgence, une peur qui devient panique.

A. de S.-A. – Elle ne s'est pas étendue sur cet aspect. Elle essayait, avant tout, d'identifier le document. Elle avait des visions. Elle nous a dit aussi quelque chose de très évident : « Je vois des continents avec des A, je vois l'Afrique, l'Amérique. » Elle aurait pu dire l'Asie ou l'Australie, elle ne l'a pas fait. En revanche, pour les dates, elle nous en a donné un certain nombre qu'il était difficile d'interpréter. Nous avons retenu 1968, 1978, 1979, 1983, 1985, qui sont des étapes dans l'enregistrement de la maladie et l'isolement du virus. A un moment elle nous a dit : « Je les entends qui crient : " Victoire ! " » Mais elle n'a pas poussé dans ce sens et lorsqu'elle a conclu : « C'est le Sida », elle a refusé de continuer après l'identification car elle pensait des choses sur le Sida qui pouvaient influencer ce qu'elle nous dirait.

G. G.-T. – Elle n'a donc pas fait de prédictions sur l'avenir des recherches? Mais je sais qu'elle est confiante, notamment sur les rémissions. Il est vrai que dans sa clientèle elle a vu des séropositifs et des sidéens qui ont été amenés à lui dire, en réponse à ses visions, ce qu'ils connaissaient de leur état et ce qu'ils éprouvaient. Donc elle sait beaucoup de choses sur cette question. J'ignore si cette image d'holocauste, avec ces monceaux de cadavres dont il faut se débarrasser, est une métaphore sur l'aggravation du mal, ou une scène réelle, correspondant à certains indices, à certaines prévisions alarmistes qui, elles, n'ont rien de médiumnique et sont purement médicales. En tout cas, cette cassette sur le Sida est l'une des plus dramatiques, des plus impressionnantes que Yaguel nous ait données. Elle fait passer un froid dans le dos.

A. de S.-A. – Elle aurait pu aller plus loin mais nous ne la voyions vraiment pas pour cela. Elle était sous le coup d'une émotion très forte et visiblement très fatiguée.

G. G.-T. – Revenons au début de cette entreprise : comment avez-vous eu l'idée de faire cette enquête?

A. de S.-A. – J'avais rencontré une « sorcière » qui s'appelle Monique Seurey, et qui avait écrit : *Je suis sorcière, pourquoi pas vous?* Ses deux grand-mères étaient également sorcières; elle attribuait l'apparition de son don à un coup sur la tête, assurant que l'hypothalamus est la région du cerveau qui gouverne la médiumnité. J'étais allée l'interviewer et j'avais fait un papier sympathique sur sa vie, ses pratiques (une espèce de syncrétisme invraisemblable), sa médiumnité, etc. L'idée est venue en conseil de rédaction, collectivement, comme ça, de proposer à Yaguel Didier une expérience.

G. G.-T. – Oui. Vous avez décrit dans Elle *la discussion entre Jean Demachy, Anne-Marie Perier, Françoise Ducout, Jeanne-Marie Darblay et vous-même qui s'est terminée par la « convocation », comme vous dites, de Yaguel Didier, qui a accepté d'examiner des documents sous enveloppe kraft, à condition que ça ait lieu chez des amis, dans un climat de confiance. Ce qui, au début, vous a fait doucement rire, car vous dites que vous aviez été choisie pour mener l'enquête, en raison de votre « scepticisme et de vos sarcasmes permanents ». Vous ne vous êtes pas privés, d'ailleurs, de la piéger.*

A. de S.-A. – Oui! La première photo c'était assez vicieux. On s'était dit : « On va la coincer, Jeanne-Marie et moi, on ne va pas l'écouter béates. » La photo du *David* de Michel-Ange posait beaucoup de problèmes, parce qu'elle pouvait partir ou sur David, ou sur Michel-Ange. Mais nous étions particulièrement vicieux, car nous avions mis un agrandissement du sexe de la statue de Michel-Ange.

G. G.-T. – Ce que vous n'avez pas dit, évidemment, dans le « Procès-verbal », tout en faisant des allusions sur le « détail » choisi qui n'aurait pas permis à Yaguel de reconstituer la statue, à moins d'être « un historien d'art spécialement averti ».

A. de S.-A. – En effet, elle n'avait pas le tout de la photo du *David* et elle pouvait partir sur des histoires invraisemblables de biroutes, de trucs pas possibles... Le deuxième document était le *Titanic*, une photographie en rade de Cherbourg, prise la nuit, tous feux allumés, assez impressionnante. La séance sur Michel-Ange, ça s'est passé le 2 novembre 1987 chez Jeanne-Marie Darblay, dans le VIe.

G. G.-T. – Vous précisez : « Nous grimpons ricanantes les escaliers de Jeanne-Marie avec les deux enveloppes. »

A. de S.-A. – On a donné à Yaguel une enveloppe et Jeanne-Marie n'arrêtait pas de tripatouiller son feu dans la cheminée qui ne voulait pas prendre parce qu'elle n'avait pas de petit bois. Elle est grande et mince, Jeanne-Marie. Au bout d'un moment Yaguel lui a dit : « Arrêtez de bouger, vous me troublez. » C'était comme lorsqu'on met une radio à modulation de fréquence et que quelqu'un se déplace dans la pièce : il brouille les ondes. C'était assez étonnant. Yaguel avait également protesté parce que nous avions placé les enveloppes l'une sur l'autre.

G. G.-T. – Elle avait raison. C'est ce phénomène qui a provoqué les juxtapositions au début de la séance du Nouvel Observateur *(V. Josette Alia).*

A. de S.-A. – Elle était coincée au début, ne racontait pas grand-chose. C'est au fur et à mesure, lorsque nous nous sommes détendues, qu'elle s'est mise à voir des choses. Il est certain que la méfiance des gens la bloque. La sympathie qu'elle ressent, le fait de ne pas la regarder comme une extra-terrestre sont importants.

G. G.-T. – Vous avez noté, après l'enquête que, lorsque Yaguel vous disait qu'elle vous trouvait sympathique cela vous faisait sourire. Mais vous avez compris tout ce que cela signifiait : « Plus elle est en confiance, plus elle est détendue, plus rapide est sa vision. »

A. de S.-A.– Oh ! Pas du tout : nous voulions voir, mais, en même temps, on ne voulait pas lui faciliter les choses, on ne voulait pas regarder, bouche ouverte, un phénomène de foire.

G. G.-T. – Aviez-vous consulté avant?

A. de S.-A. – Oh ! Non, jamais !

G. G.-T. – *Ressentiez-vous une certaine curiosité, aviez-vous lu des livres?*

A. de S.-A. – Bien sûr. Comme tout le monde, j'avais lu des choses sur la parapsychologie, j'avais rencontré ma « sorcière », en plus, la tante d'un de mes amis est médium, je savais que ça existait, qu'il y avait des choses troublantes...

G. G.-T. – Vos rapports avec la « sorcière » avaient-ils été positifs?

A. de S.-A. – Ils avaient été très amusants.

G. G.-T. –Amusants ou positifs? En était-il sorti quelque chose qui vous avait troublée et qui était à dire, ou bien était-ce seulement pittoresque et marrant?

A. de S.-A. – Ah, non, non! Quand on allait déjeuner elle ne pouvait s'empêcher de faire des remarques sur les gens qu'elle croisait : « Tiens, celui-là est cardiaque! » J'étais à Deauville pour le festival du cinéma et je l'avais invitée à venir en lui disant : « Cela vous amusera. » Une de mes amies, attachée de presse du cinéma, me dit avant que nous allions dîner : « Est-ce que tu crois qu'elle peut me dire... » Bref, elle voulait la consulter. Vers le fromage, Monique Seurey lui a dit : « Votre mari a des lunettes; vous avez une petite fille charmante; il a eu une enfance épouvantable, votre histoire d'amour a été compliquée. » Elle lui a raconté toute sa vie. L'autre était ahurie.

G. G.-T. – Lecture de pensée? Revenons à Yaguel, à la séance sur Michel-Ange.

A. de S.-A. – Elle a commencé la première fois à nous parler de David et c'était assez curieux, car il y avait longtemps qu'on avait un peu oublié certains détails de l'Histoire sainte. Elle nous a parlé de ses rapports, avec Saül. « Il y a eu un homme qui est comme son père, qui s'occupe de lui; il est très ambigu parce qu'il est une sorte de poète, mais c'est aussi un guerrier sanglant. » Puis elle nous a raconté le combat de David et Goliath. « Je vois un personnage énorme avec une barbe, bizarrement vêtu (il était couvert d'une cuirasse à écailles, d'après la Bible, et d'un casque de bronze) et il y a un combat, mais ce n'est pas un combat moderne; cela se passe dans le sable, un genre de Sahara (sic). » Dès qu'elle précise, elle se trompe, mais tout le reste est exact : l'Orient, le désert, etc. « Ils se battent, mais ce n'est pas avec des engins modernes et je vois une tête qui roule par terre... On lui a coupé la tête, à ce personnage? » Elle ne voyait pas si c'était lui qui coupait une tête, ou bien si c'était à lui qu'on coupait la tête, c'était à la fois très précis et flou.

Ce qui est très drôle, ce sont les à-côtés qui ne sont pas dans le papier. Il y avait un copain de Jeanne-Marie qui avait un tableau qu'il voulait faire expertiser, dont certains disaient qu'il était faux, d'autres pas. J'ai apporté ce tableau à Yaguel pour qu'elle dise ce qu'elle en pensait. Le type est venu avec quelques copains, dont une femme qui avait un enfant et qui a montré sa photo. Yaguel a dit aussitôt que cet enfant avait des problèmes d'intestins, qu'il avait des difficultés de rapport avec son père. La mère la regardait avec des yeux grands comme des soucoupes ! C'était lancé comme ça, entre la poire et le fromage.

G. G.-T. – Les meilleures voyances qu'elle fait ne sont pas toujours celles qu'elle donne à des gens qui arrivent avec un dossier sous le bras et des problèmes à résoudre. Elle fait beaucoup de voyances spontanées, dans une discussion, et ce sont souvent d'excellentes voyances, surtout quand elle est en présence de gens en état de scepticisme non agressif. Vous comprenez mieux qu'en face d'un membre de la Société rationaliste qui la regarde, a priori, *comme un charlatan et qui multipliera les sûretés et les pièges, elle sera décontenancée. Dans le cas de votre équipe vous avez accumulé les difficultés et les traquenards mais dans un esprit plus malicieux qu'hostile et ça a marché, une fois qu'elle a été mise en confiance et parce qu'elle vous a trouvés sympathiques.*

A. de S.-A. – Un problème m'a semblé très intéressant ; nous nous disions : « Il doit y avoir un phénomène de transmission de pensée. » Elle a convenu, par exemple, que lorsque les gens ne savaient pas ce qu'il y avait dans les enveloppes, c'était beaucoup plus difficile pour elle. Elle risquait même de partir sur de fausses pistes.

G G.-T. – Parce que ses premiers clichés, qui sont toujours pénibles à éclore, tombent à plat, sans le moindre mot qui l'incite à continuer.

A. de S.-A. – Elle a dit : « Oui, bien sûr, il y a un phénomène de transmission de pensée, mais au départ. » Elle ne le mesurait pas, mais il y en avait nécessairement un, et je me suis tournée vers le feu en lui disant : « C'est comme le petit bois qui fait partir le feu. » Elle a ajouté : « C'est exactement cela. La transmission de pensée c'est le petit bois, ça ne remplace pas les bûches, mais c'est nécessaire. »

G. G.-T. – Je m'égosille à répéter que c'est une des objections les plus sérieuses que l'on peut faire à la voyance. C'est précisément le danger qu'il y ait un renvoi de l'idée fixe ou de l'angoisse que le consultant porte en lui et que la voyante soit troublée par la projection que fait le sujet. Dans votre cas, vous aviez cinq ou six enveloppes dont vous connaissiez le contenu ; c'est le tort que vous avez eu dans une expérience qui a été menée, par ailleurs, très rigoureusement. Il aurait fallu que les enveloppes fussent indistinctes et que vous ne reconnaissiez le sujet qu'après qu'elle ait démarré. Dans le cas du Sida, lors de la quatrième séance, il n'y avait qu'une alternative et elle a choisi tout de suite le thème le plus brûlant.

A. de S.-A. – Non seulement elle n'a pas nié le déclic de la transmission de pensée, mais elle a dit que c'était utile.

G. G.-T. – Comme allumage...

A. de S.-A. – Je sais bien qu'il y avait tout autre chose que de la télépathie, car elle nous a raconté sur David et sur Michel-Ange des faits que nous ignorions complètement nous-mêmes et que nous sommes allés vérifier après dans des bouquins. Mais ce qui nous avait beaucoup frappés, c'est la tête qui tombait.

G. G.-T. – Oui, mais le combat de David et Goliath est un événement archiconnu. Ce qui m'intéresse c'est ce que vous avez été obligés d'aller chercher dans des dictionnaires, des ouvrages sur l'art, ou dans la Bible.

A. de S.-A. – Oui, mais cela a été encore plus évident au cours de la deuxième séance, où nous avions sous enveloppe la même photo du « détail » de la statue de David. Ça s'est passé au cours d'un dîner où il y avait, d'un côté Jean Demachy (directeur de la rédaction), Jeanne-Marie Darblay (qui était alors rédacteur en chef adjoint) et moi, et de l'autre Joëlle de Gravelaine, Francine Rivière et Patrick de Bourgues. Cela se passait chez Michel de Grèce. Nous avons dîné d'abord. C'était très sympathique et très détendu. La voyance a commencé et nous lui avons donné le *David* en lui disant que c'était « la même enveloppe » que la première fois. Nous nous sommes dit qu'elle allait se resservir certainement de ce qu'elle avait déjà dit. Mais elle avait complètement oublié. Nous ne lui avions d'ailleurs pas livré le sujet à la fin de la première séance. Elle n'était, du reste, pas très contente de cette première séance ; elle trouvait qu'elle avait beaucoup tourné autour du pot (entre la Bible et la Renaissance, forcément !) et que c'était « une simple prise de contact ». Elle est repartie mais, ce qui est très drôle, c'est qu'elle a pris une autre piste : « Je vois que c'est de la pierre, c'est froid. » Elle a vaguement fait allusion à David, mais elle nous a dit textuellement : « Je vois le type qui a fait ce truc. – Parlez-nous donc du type qui a fait le truc, avons-nous répondu en chœur. – Il a une barbe ; il est entouré de garçons, c'est une sorte de maître ; il y a des femmes dans sa vie, mais il aime les garçons ; ça se passe sous des voûtes peintes ; j'entends de la musique ; il regarde le ciel avec une lunette ; et puis il s'est fait mal, il s'est cassé la jambe, il a une jambe en très mauvais état... Ah ! vous voulez toujours que je vous parle de lui, c'est le Maître absolu, avec un grand M. Oh ! Il y a eu des papes dans sa vie, mais trois ont compté plus particulièrement. Mais il parle en italien... il est italien. » Alors elle a identifié la Renaissance, et, ce qui est très drôle, elle nous a dit : « C'est Léonard de Vinci ? » Comme pour le « Sahara », en voulant préciser, elle s'est trompée.

Nous avons vérifié ensuite et c'est un fait que, parmi les onze pontifes qui ont jalonné sa vie, Jules II, Marcel II et Paul IV sont les papes qui ont compté pour Michel-Ange, en lui confiant, lui reprenant et lui redonnant des travaux. Et il est tombé d'un échafaudage en se brisant les jambes, ce que nous ignorions complètement.

G. G.-T. – A-t-elle parlé du sujet de la photo : le sexe de David?

A. de S.-A. – Non, elle n'a jamais précisé. Ah, si ! A un moment elle a fait un dessin qui ressemblait très vaguement (on se marrait tous !) au genre colonne ; nous n'avons jamais vraiment identifié : ça ressemblait à n'importe quoi. Elle a extrapolé et a vu le *David* dans son intégralité. En nous parlant de lui, la première chose qu'elle avait dite dans la première voyance, c'est : « Je vois un homme petit et frêle et un autre très grand à côté. » Elle mélangeait tout le temps cet homme grand, qui par moments était Saül, et par moments Goliath. Alors que, dans la deuxième séance, elle est partie de Michel-Ange et nous a parlé de sa vie, de son enfance, de ses maîtres, comment lui était venue sa vocation de sculpteur, etc.

G. G.-T. – Je sais bien qu'elle ne connaît pas la vie des grands artistes et n'a, comme tout le monde, que des idées générales. Je sais qu'entre les deux séances elle ignorait qu'on reprendrait le premier sujet. Mais vous avez eu tort de couper en deux la prestation sur le David *de Michel-Ange, car on ne manquera pas de prétendre qu'elle avait pu repérer le sujet en visionnant le combat et la tête coupée, que tout le monde connaît le* David *de Florence et qu'il était facile de se documenter sur des détails de la vie de Michel-Ange pour éblouir l'auditoire. Nous touchons là à une des difficultés de l'expérimentation médiumnique qui repose sur la recherche de la supercherie pour les examinateurs classiques, alors que nous connaissons Yaguel et que nous avons dépassé ce souci méticuleux de la preuve. Vous vous en tenez au fait que les personnes présentes ignoraient le rôle des trois papes, l'accident à la jambe, sa formation d'artiste, etc. Cela aurait été imparable si vous aviez terminé la vision sur le* David *en une seule séance. Lui avez-vous montré l'image dans l'enveloppe?*

A. de S.-A. – Nous avons ouvert l'enveloppe et elle a éclaté de rire en disant qu'on ne lui avait pas facilité la vie. Mais cette malice ne l'a pas dérangée au cours de sa vision, car c'est l'ensemble de la statue, du personnage et de l'artiste qu'elle a saisi. Toujours au cours de cette deuxième séance nous lui avons tendu la photo du *Titanic* sous enveloppe.

Nous ne savions pas que c'était une vacherie, parce qu'il y avait là, autour d'elle, Patrick de Bourgues, qui l'a déjà vu faire des voyances et qui sait la diriger, et Joëlle de Gravelaine. C'est-à-dire que nous n'avons pas osé lui dire que c'était un objet, non un personnage. Il y avait quiproquo car elle était convaincue de n'avoir à trouver que des individus. Elle avait donc une photo du *Titanic* en rade de Cherbourg ; c'était une photo prise la nuit, où le *Titanic* était complètement illuminé ; on voyait tous les hublots, il y avait des lanternes, etc. Alors, ce qu'il y a d'extraordinaire c'est qu'elle l'a pris pour un être humain, de bout en bout de la voyance, et elle nous a raconté la vie du *Titanic*, comme si c'était un personnage. Par exemple, elle nous a expliqué qu'il était très brun et qu'il avait des yeux lumineux (ce qui était drôle par rapport à la photo), qu'il devait aller d'un point précis à un autre et qu'il n'y arriverait jamais parce qu'il se perdrait dans une sorte de labyrinthe blanc, etc. Cette vision se mêlait à celle du capitaine, qui apparaissait en uniforme, au milieu de beaucoup de gens. On a eu droit à tous les problèmes sentimentaux du capitaine du *Titanic*, qu'on n'a pas pu vérifier et l'on ne s'est pas servi de cette partie de l'enquête. Elle voyait la mer, de la glace, des morts et elle disait en parlant du bateau-personnage : « C'est très curieux parce qu'il n'est pas méchant, c'est sa faute, effectivement, tous ces gens qui sont morts, mais ce n'est pas lui qui l'a voulu, ce n'est pas un tyran sanguinaire. » C'était formidable pour nous d'entendre ce récit transposé du *Titanic*. Et puis, elle nous a raconté qu'il y avait deux frères qui étaient nés en même temps, dans un grand espace qui ressemblait un peu à un palais (elle voyait le chantier naval en Irlande, et il a été construit en même temps que l'*Olympic*). Elle parlait aussi de sa voix : « Il a une drôle de voix. Je ne sais pas quelle est sa langue, difficilement identifiable; ce sont des sons rauques, heurtés. » (Je ne sais pas s'il s'agissait du morse, de la sirène). « On l'attend pour une fête, c'est un homme qui commence sa vie riche et paré et qui finira squelettique. »

G. G.-T. – Nous avons là une prodigieuse voyance symbolique, la plus étrange et la plus belle que Yaguel ait jamais faite. Il faut se reporter au texte que vous avez publié dans le n° 2189 de Elle. *Ce vaisseau noir, dont le regard continue à nous fixer, qui naît paré et fort, et meurt noyé, squelettique, dont la voix hachée appelle un secours qui ne vient pas, la glace, le froid, cela compose une sorte de poème désespéré, dans lequel Yaguel exprime une angoisse déchirante, sans parvenir à déchiffrer l'énigme. Elle n'a visionné à aucun moment un bateau?*

A. de S.-A. – Non! Mais on a eu accès à toute l'âme du *Titanic*. Elle a vu beaucoup d'eau, de glace, des gens noyés. Des têtes qui flottaient, des cadavres.

G. G.-T. – C'est un phénomène quasiment unique dans son travail, car Yaguel procède souvent par visions symboliques mais l'explication suit toujours; les images sont décryptées. Elle n'a pas dit l'essentiel, que c'était un navire qui avait coulé, mais elle nous a plongés dans une métaphore d'une extraordinaire richesse, comme vous dites, elle nous a donné l'âme du Titanic.

A. de S.-A. – Il y a toutes sortes d'indications à étudier et à interpréter. Par exemple, elle nous a dit : « Je vois un, deux, trois. » Il y avait trois classes sur le *Titanic*, nous étions obligés, pour que cela soit lisible, de proposer à chaque fois une interprétation, mais il peut y en avoir d'autres plus profondes. Elle nous a attrapés parce qu'on ne lui avait pas dit qu'il s'agissait d'un objet : « Un objet, il aurait fallu le dire, parce qu'il y avait plein de gens, ce qui m'a brouillée. Dans ce cas, je pars dans tous les sens (la fuite dans les coursives, la foule, les noyés, les cris, la musique, etc.). »

G. G.-T. – Très souvent elle donne des chiffres.

A. de S.-A. – Mais ce n'est jamais probant. C'est comme les dates pour le Sida. D'ailleurs les médiums disent qu'ils sont brouillés avec le temps et avec les chiffres. A mon avis, l'erreur se trouve dans l'interprétation que font les gens qui écoutent ou dans celle qu'elle fait elle-même. C'est quand elle précise trop qu'elle peut se tromper (le Sahara, Vinci) ; elle a raison, en fait, dans ce qu'elle voit, mais pas toujours dans ce qu'elle en tire.

G. G.-T. – Le Sahara c'était le symbole du désert ; elle n'a pas voulu le désigner comme une zone géographique précise ; cela voulait dire que la scène se passait dans une zone désertique, en Orient. C'est une erreur vénielle.

A. de S.-A. – Ce qui est également amusant, c'est quand elle dit de David : « Est-ce qu'on lui a coupé la tête ? » Elle voit une tête coupée, mais elle ne sait pas à qui appartenait cette tête, au personnage ou à l'autre.

La deuxième séance s'est terminée par des prédictions touchant à la vie familiale de Jean Demachy, qui l'ont extrêmement frappé, mais qui sont confidentielles. Elle a vu également que l'on retrouvait la voiture volée de sa fille, à la date exacte et au lieu précis. Et, comme toujours, elle parlait d'une, deux, trois, quatre données, et elle y revenait en allant plus au fond, dans un parcours en spirale.

G. G.-T. – Mais vous, est-ce que vous avez eu une expérience personnelle avec Yaguel ?

A. de S.-A. – Ah non ! Pas du tout. Je n'y tiens pas. Il y a des sujets avec lesquels il ne faut pas plaisanter. Je ne vois pas l'utilité de consulter. Après la publication de l'enquête, beaucoup de gens dans le milieu où je travaille m'ont demandé le téléphone de Yaguel. Ils l'ont consultée et ont souvent été déçus. D'abord parce que la voyante ne parle pas nécessairement de ce qui vous préoccupe : on va la voir pour un problème de cœur, elle vous parle de carrière, de famille. Les gens attendent toujours des prédictions mirobolantes... Ma petite « sorcière », qui n'est pas du niveau de Yaguel, me disait : « On ne prévoit pas exactement ce que les gens vont faire, on prévoit les nœuds de leur vie, le moment où certaines choses vont se retrouver groupées » ; elle voit très clairement le problème, mais la personne reste libre et ce qu'elle va faire, on ne le sait pas. Cela maintient le libre arbitre. Ce n'est pas le « mektoub ! »... Il serait atroce d'imaginer un monde où quelqu'un détiendrait une vision inéluctable de l'avenir. Et puis je pense que les médiums ont beaucoup de mal à faire la différence entre des événements très forts en puissance et des événements déjà arrivés ou qui sont imminents. Ils ont tendance à dire que vont se produire rapidement les choses dont ils ont une vision très claire. Ils confondent l'intensité de la voyance avec le fait qu'elle va se réaliser très prochainement.

G. G.-T. – Avez-vous eu tout de même d'autres expériences avec des médiums?

A. de S.-A. – Oui. Toujours avec ma petite « sorcière ». Elle était à Paris et me propose de déjeuner avec elle. Je lui réponds que je dois faire un papier et que je suis ennuyée parce que je dois voir une amie qui a un bébé, dont je suis la marraine, et qui est malade. Elle me dit : « Ce bébé, il est né à quelle date? – Il est de novembre. – Oh! Alors il est né entre le 11 et le 13. » Je ne me souvenais pas, je demande à ma copine qui me dit : « Oui. Il est du 12. – Dites à votre amie qu'elle ne s'inquiète pas, je m'en occupe. » Je téléphone à mon amie : « Je suis avec une sorcière qui m'assure qu'elle s'occupe d'Alexandre. » Et je raccroche. Au cours du dîner, il était neuf heures moins dix, elle me dit : « Appelez votre amie, son gosse va mieux. » En rentrant chez moi, je l'appelle et elle m'apprend que la fièvre est complètement tombée. « Vers quelle heure? – A neuf heures! »

G. G.-T. – Pourquoi la désignez-vous comme une sorcière?

A. de S.-A. – Parce qu'elle s'était définie ainsi elle-même dans son bouquin : *Je suis sorcière, pourquoi pas vous*? J'ai également, je vous l'ai dit, des amis béarnais, dont la tante est médium. Elle peut annoncer qu'il y aura un décès dans le village, elle prédit toutes sortes de faits quotidiens. Elle avait séjourné en Afrique et, en se réunissant avec d'autres médiums, elle avait été effrayée par le manque de maîtrise que l'on peut avoir sur sa propre voyance. Elle ne pratique plus.

J'oubliais! La femme de ménage de ma mère interprète les rêves, a prédit des morts, des mariages.

G. G.-T. – Eh bien! Vous qui ne consultez pas, vous êtes entourée de médiums! Quel est votre sentiment sur la raison d'être, l'origine de la voyance?

A. de S.-A. – Je suis convaincue que c'est tout à fait réel. Mais en présentant mon enquête j'écrivais : « Vous ne trouverez ici ni glose, ni explications, un simple procès-verbal, retranscrit directement... » Pour le reste, « il y a plus de choses dans le ciel et sur la terre que dans toute ta philosophie ».

G. G.-T. – Est-ce que vous considérez la médiumnie comme une espèce de don qui a pu exister chez l'homme, ou qui est latent, ou qui renaîtra mais qui apparaît chez certains individus? Dans ce cas, il y a tout de même quelque chose qui est donné à certains êtres pour qu'ils en fassent usage. Ce n'est pas innocent, par hasard...

A. de S.-A. – C'est un phénomène qui m'amuse de l'extérieur mais dans lequel je n'aimerais pas être impliquée. Je pense, oui, que certaines personnes ont ce don, comme on a un don pour la musique.

G. G.-T. – Mais pourquoi ce don?

A. de S.-A. – Je ne suis pas Dieu le Père!

G. G.-T. – Bon! Alors si vous n'êtes pas Dieu le Père, vous pensez peut-être que c'est Dieu le Père qui le donne?

A. de S.-A. – C'est ce qu'il y a de dangereux dans ces phénomènes : qui parle à travers Yaguel Didier? D'où provient cette vision?

G. G.-T. – On peut penser que c'est bénéfique.

A. de S.-A. – Cela dépend de l'usage qu'on en fait. On peut en faire un usage catastrophique. Imaginez quelqu'un qui a ces dons et qui verrait hommes d'État et ministres, en leur expliquant ce qu'il faut faire. Imaginez que l'on prenne un ascendant formidable sur des gens influençables et disposant du pouvoir...

G. G.-T. – C'est un rapport qui a existé à travers l'histoire, sans qu'il soit nécessairement catastrophique (mis à part quelques exemples célèbres). Si je fais cette enquête sur le travail de Yaguel Didier, la connaissant depuis dix ans, c'est que j'ai pu voir ce qui est en elle, en entendre parler par des témoins, examiner ce qui s'est réalisé, observer certains de ses dons en action, et puis aussi noter des erreurs, des glissements. C'est l'ensemble qui m'intéresse, comme un sujet global, sous un angle de critique constructive. Ce qu'elle accepte.

A. de S.-A. – Mais je trouve que c'est une responsabilité énorme pour le médium, que ça exige une morale très stricte, très profonde, lorsque l'on mesure l'effet de certaines paroles. Quelqu'un qui va voir une voyante n'est pas un être fort, au départ... Quand tout va bien, on ne va pas voir une voyante.

G. G.-T. – Nous savons que des gens qui ont des responsabilités politiques énormes vont consulter des voyantes; ils sont, en principe, des hommes assez solides qui ont une approche des problèmes et un certain usage du pouvoir.

A. de S.-A. – Cela m'étonne qu'un homme qui a fréquenté les ministères, comme vous, dise des choses pareilles!

G. G.-T. – J'ai vu des gens qui avaient de hautes fonctions et qui pouvaient être influençables, au bord de l'hystérie et de l'angoisse, mais leurs responsabilités les obligent à prendre des décisions et ils ont des facultés de récupération.

A. de S.-A. – Oui! Mais plutôt que de se fier à des rapports, à des analyses, à des conversations, à quelque chose de raisonnable, ils se fondent sur des voyances qui peuvent être partielles, inexactes, approximatives.

G. G.-T. – Ils se fient d'abord aux éléments rationnels mais, comme le disait un chef d'État français : « La voyance peut apporter un supplément d'information. » Je me suis expliqué suffisamment sur les raisons et les limites de mon intérêt concernant la médiumnie pour ne pas avoir à me répéter.

A. de S.-A. – Vous êtes quand même un cas particulier parmi les consultants des médiums. Autant je trouve cela « amusant » d'un point de vue spéculatif, historique, autant je trouve que dans une vie, à moins d'être comme vous très fort, rationnel et armé, ça peut être dramatique. Je ne vois pas l'utilité de savoir l'avenir en sachant que ça n'est peut-être pas précis, et que l'on n'est pas sûr d'avoir exactement interprété la vision du médium.

G. G.-T. – Beaucoup peuvent le prendre comme un jeu, c'est d'ailleurs une forme de jeu, un jeu sacré avec le destin, avec la mort, avec le salut.

4 mai 1988.
12 novembre 1989.

MARIE SEURAT

Auteur de *Les Corbeaux d'Alep* (Gallimard)

Gérald Gassiot-Talabot. – Ce qui m'intéresse, dans ce que vous allez me dire, se situe par rapport à vos témoignages sur l'enlèvement et la mort de Michel Seurat, votre mari. Dans votre livre Les Corbeaux d'Alep, *puis dans diverses interviews, vous parlez de votre rencontre avec Yaguel.*

Marie Seurat. – Oui. Il s'est passé quelque chose de très important qui m'a échappé, dont je n'ai jamais parlé, mais je vais le faire maintenant parce que ça me tient à cœur. J'ai été voir Yaguel parce que je n'avais plus le choix. Tout le monde me mentait, et comme elle m'a donné des dates très précises concernant la libération des otages, je me suis sentie dans une sorte de dépendance par rapport à elle.

G. G.-T. – Dans votre livre, vous décrivez ainsi cette consultation qui a eu lieu à la fin de l'été 1986. « La jeune femme qui m'invite en souriant à passer dans un bureau ne ressemble guère aux diseuses de bonne aventure de mon enfance. Elle regarde un long moment les frondaisons, au-delà de la baie vitrée, prend enfin un paquet de tarots : « Donnez-moi cinq cartes, Marie, et pensez aux otages. »

Soudain je vois le cercueil et le vautour côte à côte sur la table d'acajou. Une deuxième, une troisième et une quatrième fois, les cartes de mort surgissent. « Il n'a pas cédé. J'entends qu'il n'a pas cédé. Il était costaud. Il a été battu. Je le vois le visage tuméfié. Il est tombé malade après les coups. Vous savez il a résisté longtemps. Ils ont abattu un homme fini, comme s'ils voulaient l'achever », et vous demandez alors : « Et les autres? – Deux d'entre eux sortiront le 12 novembre. Un en fin d'année. » Vous ajoutez : « Je me souviendrai de cette prédiction lorsque Sontag et Condari seront relâchés le 11 novembre, puis Aurel Cornéa, le 24 décembre. »

M. S. – Cette année, c'est la troisième fois que je la vois mais depuis cette rencontre j'y allais chaque automne. Notamment à l'automne 1987 j'avais été la voir parce que j'écrivais mon livre, je voulais savoir quand il sortirait. Cette fois-là, elle m'avait dit que l'un des quatre otages était mort ou allait mourir, sans donner de nom. Mais, un an avant, elle m'avait dit que mon mari était mort de maladie, que son cœur avait cédé; à mon avis, elle s'était trompée lorsqu'elle avait affirmé qu'il avait été battu. Je suis persuadée qu'ils ne l'ont pas brutalisé; or voici qu'un an plus tard, le 28 octobre 1987, elle me précisait que l'un d'eux était mort d'une maladie gastrique. Lorsque Kauffmann a été libéré, le 4 mai, il a dit que Michel avait été très malade, qu'il avait ressenti les premiers symptômes en septembre 1985. Il pensait que c'était un cancer de l'estomac qui avait déclenché une hépatite. C'est quand même ahurissant.

G. G.-T. – Sait-on maintenant la date à peu près exacte de sa mort?

M. S. – Ça coïncide avec la date que Yaguel m'avait donnée : « février-mars », et Kauffmann a dit que le 10 janvier 1986 il n'était plus dans la cellule voisine.

G. G.-T. – Ce qui pouvait signifier qu'il était mort ou qu'il avait été transféré ailleurs.

M. S. – Ou l'un, ou l'autre.

G. G.-T. – C'est étrange que Yaguel ait vu des brutalités commises contre Michel. Pouvez-vous être certaine, bien que cette supposition soit douloureuse, qu'il n'y en ait pas eu? Même s'il s'agissait de pressions violentes pour lui faire dire des choses...

M. S. – Non! Non! Il était très connu dans le milieu intégriste et très proche de ces gens. Quand Yaguel a dit qu'ils l'avaient abîmé, je ne l'ai pas crue.

G. G.-T. – Yaguel a donc été très précise pour la libération de Sontag et Condari, puis d'Aurel Cornéa, mais pour Marcel Fontaine et Marcel Carton qu'a-t-elle dit, car elle a bien vu arriver l'avion avec trois otages seulement (Voir le témoignage d'Emilia Masson)?

M. S. – Elle n'a pas dit que Kauffmann serait libéré en novembre-décembre. Elle a parlé d'une libération en 1987, or c'est celle des deux jumelles qui a failli avoir lieu, on le sait maintenant. Mais comme j'étais obsédée par Kauffmann, j'ai cru qu'il s'agissait de lui. Pourtant quand je l'avais interrogée sur Jean-Paul, elle m'avait bien dit : « Sa captivité ne durera pas plus de trois ans. » Or il a été enlevé avec Michel le 22 mai 1985 et libéré le 4 mai 1988. Elle m'a dit que l'on aurait des précisions sur la mort de Michel, à la libération de Kauffmann, mais qu'ils avaient été séparés.

G. G.-T. – De toute façon, Kauffmann a donné des indications, il vous a vue.

M. S. – Oui, je l'ai vu, mais j'ai été incapable de parler avec lui parce que j'étais dans un tel état, et lui également.

G. G.-T. – Donc, à la date où nous sommes, le 10 novembre 1988, vous n'avez pas eu un entretien approfondi avec Jean-Paul Kauffmann.

M. S. – On parlera, mais jusqu'à présent, je n'étais pas prête.

G. G.-T. – Précisons bien que lorsque vous l'avez revu, il était dans un état d'émotion immense et vous aussi. Donc il y a eu une impossibilité de dialogue uniquement à cause de cela. Il n'y avait absolument aucune ambiguïté, il n'y avait absolument rien dans ce qu'il avait pu dire à son arrivée qui vous ait posé un problème?

M. S. – Absolument pas. Quand Yaguel a dit : « L'un d'eux est mort de problèmes gastriques, sans préciser si c'était ou si ce n'était pas mon mari, je n'ai pu croire qu'il s'agissait de Michel. Il était solide comme un roc, et d'ailleurs elle-même avait dit qu'il était « costaud »... Bon, maintenant chaque année je vais la voir et toutes mes décisions importantes ne sont jamais prises sans la consulter. Elle est difficilement accessible aussi j'ai pris quelqu'un d'autre qui n'est pas vraiment médium, mais qui tire les cartes. Je peux aller la voir plus facilement et, c'est incroyable, mais elles m'ont dit toutes les deux la même chose à deux semaines d'écart.

Lorsque je cherchais un éditeur pour mon livre, Yaguel Didier m'a simplement dit : « Tout va changer », sans insister ni préciser. Mais l'autre m'a tiré les cartes sans avoir le nom d'un éditeur et m'a demandé : « Pensez au premier, pensez au second », elle m'a dit qu'avec le premier je risquais d'être transformée en savonnette; elle m'a demandé d'aller chez le second, Gallimard.

G. G.-T. – Mais est-ce de la voyance? N'est-ce pas plutôt l'avis de quelqu'un qui a une opinion sur les milieux de l'édition?

M. S. – En tout cas, maintenant, pour toutes les décisions importantes, quand je ne sais pas quoi faire, je consulte.

G. G.-T. – Avant tous ces événements vous étiez portée sur la voyance?

M. S. – J'étais perméable, comme toutes les orientales.

G. G.-T. – Vous aviez déjà consulté?

M. S. – Non! Je n'avais jamais été acculée à le faire.

G. G.-T. – Vous auriez pu le faire par curiosité. Vous venez de me dire que vous ne preniez pas de décision importante sans consulter. Mais vous avez constaté qu'il pouvait tout de même y avoir des glissements, des erreurs, donc comment gérez-vous cela?

M. S. – Je crois qu'il peut y avoir des erreurs statistiquement, mais elles portent sur des dates, sur l'identité de tel ou tel personnage, mais jamais sur les lignes importantes. Je vais vous dire quelque chose de bouleversant qui s'est passé avec Yaguel. J'ai vendu les droits des *Corbeaux d'Alep* pour faire un film et j'ai commencé un autre roman. J'ai eu un doute : « Pourquoi écrire si ça ne doit pas marcher? » Je suis donc allée voir Yaguel qui m'a dit : « Non seulement je vois ton livre sortir, qui va être un grand succès, mais j'en vois un deuxième, un troisième, un quatrième. Et puis tu vas faire un ouvrage illustré, avec beaucoup d'images. » Or un mois et demi plus tard, quelqu'un m'a informée qu'un des consuls honoraires était mort en laissant derrière lui une collection fabuleuse de cartes postales sur la Syrie. Aujourd'hui je suis en plein travail pour réaliser un album sur Alep. Si elle ne m'avait pas dit : « Je vois un livre de photos », je l'aurais probablement fait quand même parce que je suis une visuelle et non une littéraire, mais quand elle m'a donné cette précision je ne l'ai pas crue. Je ne voyais pas comment je pourrais faire un tel travail. Or j'ai trouvé le financement et l'éditeur et je suis plongée dans cette réalisation.

Depuis que je la connais, elle ne me prédit que des bonnes choses, mais vous vous rendez compte de ce qui se serait passé si elle m'avait connue avant la catastrophe...

G. G.-T. – Elle vous aurait dit : « Votre mari court le risque d'être enlevé. » L'auriez-vous crue? Auriez-vous poussé Michel à se préserver?... La question est forcément vaine.

M. S. – Maintenant je vais au devant de la voyance. Elle me dicte ma vie...

G. G.-T. – Ce que vous me dites est extrêmement dangereux ; il ne faut pas dire qu'elle vous « dicte votre vie ». Elle vous a annoncé un acte éditorial inattendu. L'affaire s'est présentée et à ce moment vous avez pensé à Yaguel, un tilt qui s'est produit...

M. S. – Non! C'est venu de moi. Personne ne m'a proposé cet album. C'est lorsque j'ai su que ce lot de cartes postales existait que j'ai eu l'idée de faire un livre sur Alep où il sera question d'architecture, où j'introduirai des vues sur la ville. Mais je ne sais pas encore si je pourrai disposer des cartes. Je fais un livre avec des images. Mais je ne vais pas m'arrêter là.

Par ailleurs, j'ai interrogé Yaguel sur le retour du corps de mon mari. Elle m'a dit que cela aurait lieu.

G. G.-T. – Savez-vous où il a été enterré?

M. S. – On m'a dit où il était, mais comment savoir si c'est exact?

G. G.-T. – Il faut revenir à ce que vous m'avez dit au sujet de votre dépendance au médium. C'est fondamental : car diriez-vous que le médium vous donne simplement un surplus d'information, ou est-ce qu'il peut avoir le pouvoir de canaliser, de susciter, d'empêcher certains actes?

M. S. – Dans mon cas, oui! Certaines opinions émises par Yaguel ont eu des effets sur ma vie privée, ont gouverné mon attitude à l'égard de certains êtres, m'ont retenue dans certaines décisions. Mais à un moment donné j'ai passé outre, et j'ai fait ce que j'avais envie de faire, même si cela peut apparaître un jour comme négatif.

G. G.-T. – C'est exactement comme cela qu'il faut agir. Elle ne souhaite absolument pas une subordination à ses dires! Agissez et vous verrez.

M. S. – N'empêche que j'ai pu être bloquée et remettre une décision pendant plusieurs mois.

G. G.-T. – C'est très grave que votre volonté, votre pouvoir de décision se trouvent oblitérés. Et puis il y a toujours le risque d'un de ces parasitages de la vision, voire d'une erreur.

M. S. – Parmi les gens que je rencontre, certains me donnent leur sentiment, mais cela n'a aucune influence sur moi. Je continue à faire ce que j'ai à faire. Mais ce que les médiums me disent, particulièrement Yaguel, je ne peux qu'en tenir compte. Oui, cela peut provoquer des modifications dans mon comportement.

G. G.-T. – Mais vous allez beaucoup plus loin, vous avez prononcé cette phrase terrible : « Elle me dicte ma vie. »

M. S. – Par exemple, pour mon second livre, elle m'aurait dit que ça n'allait pas marcher, je n'aurais pas commencé à y travailler.

G. G.-T. – Pour ces problèmes d'édition il s'agit d'aspects positifs. Mais chez Yaguel il y a une grande humanité. Je suis persuadé que si elle vous avait vue avant le départ de votre mari, elle vous aurait mise en garde, vous aurait dit son inquiétude, mais n'aurait pas généré angoisse et panique. Il est important que le médium se comporte avec psychologie et évalue ce que le consultant peut entendre et supporter. Je parle dans ce livre de voyances péremptoires et importantes qui peuvent briser certains sujets par leur brutalité. Je n'y reviens pas ici.

M. S. – Quand elle m'a dit la vérité sur mon mari vous pouvez imaginer dans quel état j'étais!

G. G.-T. – Mais à ce moment-là vous veniez chercher la vérité. L'événement s'était produit et vous étiez dans le brouillard. D'ailleurs, vous lui avez été reconnaissante de sa franchise.

M. S. – Oui! Je le lui ai dit! Sans elle je pense que je me serais tuée! Et puis ce qu'elle m'a prédit pour la suite de mon destin est tellement favorable que cela m'a raccrochée à la vie. C'est vrai, elle n'arrête pas de me prédire, depuis deux ans, des choses extraordinaires qui sont en train d'arriver! Elle m'a dit que je voyagerais beaucoup aux États-Unis. Cela se vérifie! Qui aurait pu penser, quand je la voyais pour Michel, que j'écrirais un livre? Qui aurait pensé que j'allais en vendre les droits?

G. G.-T. – Les voyances concernant votre vie privée ont-elles été des réponses à des questions posées, ou au contraire, des clichés spontanés?

M. S. – Ce sont des voyances spontanées, à partir des cartes. Mais elle a pu me situer tel personnage, me donner ses activités, décrire son caractère, son état affectif et me conseiller une ligne de conduite que je n'ai pas suivie.

G. G.-T. – Dans ces cas il faut laisser faire les dieux et suivre sa propre intuition, même si elle est opposée à celle d'une voyante en qui on croit. D'autant plus que le temps n'étant pas donné avec certitude (bien que le retour des otages vous ait persuadée du contraire), il ne faut pas ajuster sa vie sur un calendrier médiumnique.

M. S. – Oui, mais ses visions sont si précises, si descriptives sur des êtres que je connais ou ne connais pas encore...

G. G.-T. – Il faut s'abandonner aux rencontres et vivre au présent.

M. S. – Ça me fait peur!

G. G.-T. – Cela fait peur si on se dit : ce sont des injonctions du destin! Or ce ne sont pas des ordres qui vous sont donnés, ce sont des potentialités qui sont visualisées, et il faut croire en votre libre arbitre. La preuve c'est que pendant plusieurs mois vous avez bloqué un événement qui n'arrivait pas à éclore parce que vous l'empêchiez. Vous pouvez toujours agir, agir pour, agir contre. Mais si, à un moment, certaines évolutions se dessinent ou un état psychologique se modifie, si vous vous interrogez, vous pouvez alors repenser aux schémas proposés par Yaguel, faire un bilan, et prendre plus facilement une décision dans un sens ou dans un autre. Vous pouvez alors vous laisser guider, mais avec un plein acquiescement dans un sens qui vous paraîtra propice. Il est assez merveilleux de se trouver face à face, un jour, avec une personne dont on vous a donné la description et que vous n'avez rien fait pour rencontrer.

M. S. – Elle m'a prédit un décès, d'une personne proche, ce qui m'a incitée à modifier mon comportement à son égard, à effectuer des gestes d'adoucissement, de réconciliation.

G. G.-T. – Voilà un cas où la voyance peut être bénéfique et humaine, parce que, même s'il ne faut pas hypothéquer une mort, vous avez été conduite à accomplir des actes que vous auriez peut-être retenus, qui, de toute façon, sont positifs et qui prendront encore plus de sens si une échéance fatale se produit. C'est un bon usage de la voyance, alors que le blocage au niveau d'une lecture, comme si votre destin était scellé, comme si tout était écrit, est une attitude à bannir.

M. S. – Ça fait deux ans qu'elle me prédit qu'une de mes filles va avoir soit une appendicite, soit une opération de ce genre.

G. G.-T. – Ce n'est pas très grave. Elle n'a pas daté? C'est une potentialité qui est écrite dans le corps de votre fille. Il n'y a aucun danger?

M. S. – Non! Elle m'a dit qu'il ne m'arriverait plus jamais d'horreur!

G. G.-T. – Il faut la croire.

M. S. – Oh oui! Parce que moi, ma seule hantise maintenant ce sont mes filles! Aussi je ne lui pose jamais de questions sur mes filles!

G. G.-T. – C'est elle qui vous en parle. Ne voulez-vous pas savoir quels sont, non pas leurs destins, mais leurs virtualités, leurs orientations, leurs goûts?

M. S. – La grande, elle l'a vue exactement comme elle est. Elle sera orientaliste comme son père. Mais j'ai peur qu'on touche à elle, c'est tellement horrible ce que j'ai vécu. Vous ne pouvez pas vous imaginer.

G. G.-T. – La France entière l'a imaginé!

M. S. – Je vous le répète : si je n'avais pas rencontré Yaguel, je pense que je me serais tuée! J'étais suicidaire depuis l'âge de douze ans, mais avec ce drame je n'avais pas d'autre issue. Elle m'a dit que ma vie allait s'ouvrir d'une façon extraordinaire. Je vais vous faire un aveu, après toutes ces épreuves et ce livre, je ne me suis jamais sentie aussi bien. J'avais un mal d'être, des problèmes psychanalytiques, il semble qu'il ait fallu cette douleur, cette horreur (elle me l'a d'ailleurs dit) pour autoriser le commencement d'une nouvelle vie!

G. G.-T. – Vous avez dépassé la mélancolie de votre tempérament.

M. S. – Oui. Je me suis réconciliée avec une part de moi-même. J'ai accepté ma mère, mes filles. Surtout depuis la sortie du livre. Je suis devenue moins agressive, plus douce, plus tolérante.

G. G.-T. – Avez-vous envoyé à Yaguel des amis en difficulté?

M. S. – J'ai un copain qui a vingt-deux ans, qui est atteint du Sida. Il a dû se piquer. Je revenais d'une voyance; il m'a suppliée de lui donner le numéro de Yaguel, ce que j'ai fait, évidemment, sans la prévenir. Il veut savoir s'il va vivre ou pas. Dans ces cas-là, si elle voit le Sida, que fait-elle?

G. G.-T. – Elle a eu de nombreux cas où elle a parfaitement vu la maladie. Elle peut être d'un grand secours, d'abord parce qu'elle peut indiquer des rémissions, et puis il y a toujours l'espérance qu'on trouvera la thérapie. Elle voit des choses absolument épouvantables, dramatiques, mais si le sujet appelle la vérité, notamment s'il a à régler certains problèmes, elle dira la vérité. A-t-elle eu des captations post-mortem *de votre mari?*

M. S. – Au cours d'une voyance, elle m'a rapporté : – « Michel te dit : " Tiens bon, tiens bon; le livre va être la fin de l'enfer ". » A ce moment-là j'étais en rapport avec un monsieur qui m'a énormément aidée à Beyrouth. Et Michel a ajouté : « Suis-le pas à pas; écoute tout ce qu'il te dit. » Quand elle me parlait ainsi, ça avait l'air tout naturel, elle ne mettait pas l'accent sur la gravité et l'importance de cette communication.

G. G.-T. – Elle a horreur qu'on la prenne pour un médium spirite et pourtant de nombreux témoignages vont dans ce sens.

M. S. – Comment cela se fait-il qu'il ne m'ait pas dit de choses importantes?

G. G.-T. – Il ne vous a pas parlé des enfants?

M. S. – Elle ne me l'a pas dit. Mais je ne me suis pas rendu compte qu'elle l'entendait, lui, qui était mort!

G. G.-T. – Oui, on a beaucoup de peine à détecter, quand elle voit une entité, si elle la perçoit physiquement.

M. S. – Elle le voyait entouré de bleu. Il adorait le bleu.

Elle m'a également parlé d'un « grand projet ». C'est le film. Vous rendez-vous compte qu'elle m'a décrit physiquement le producteur? Elle a ajouté, pour bien préciser, que sa femme allait bientôt être enceinte; effectivement, deux mois plus tard, sa femme attendait un enfant! Nous avons un réalisateur en vue; elle pense que ce ne sera pas lui, alors que tout le désigne pour le moment. Elle a vu également l'actrice qui incarnerait mon rôle, Meryl Streep, et elle a assuré que ce serait un succès.

G. G.-T. – N'êtes-vous pas un peu médium? Avez-vous eu des rêves prémonitoires?

M. S. – Je ne sais pas ce que je suis, mais pour Michel, je savais qu'il allait mourir. Je savais qu'il allait lui arriver quelque chose. Pendant sa captivité j'étais très, très mal, mais je ne recevais aucune indication, rien. Rien. Au début, je jouais aux cartes, j'allais me baigner. Quand on vit dans un pays comme le Liban, on assume. Ce n'est qu'à partir du 5, 10 janvier 1986, jusqu'au 5 mars, que je suis entrée dans une crise épouvantable, je voulais me tuer, je voulais tuer mes filles. Je ne savais rien. Je devenais folle. Au cours de cette période du 5 janvier au 5 mars j'ai fait peut-être trois aller-retour sur Beyrouth, et un soir je me suis mise à hurler, et cela coïncide avec la date où Kauffmann pense qu'il mourait. Je me suis mise à arracher mes rideaux. On a dû appeler un médecin. J'avais des nausées, mais c'était surtout une espèce de déchirement intérieur, d'étouffement. Je ne comprenais pas ce qui se passait et pourquoi je voulais me tuer. C'était le 19 février. Je ne savais rien.

G. G.-T. – Et puis il y a eu toute cette glose autour des photos. On disait que ce n'était pas la photo d'un homme mort, que la carotide était gonflée...

M. S. – Il était dans le coma. Mais il semble que Yaguel ait vu l'issue fatale.

G. G.-T. – En effet! (Voir le témoignage d'Emilia Masson.)

M. S. – Mais enfin, qu'est-ce qui pousse à aller consulter des voyantes? Quel est ce besoin de s'en remettre à Yaguel?

G. G.-T. – Il faut prendre garde que cela ne devienne un phénomène semblable à la drogue. Que vous soyez parfois en manque. De toute façon, c'est une opération extrêmement gratifiante car vous avez le sentiment d'être un objet du destin, vous sentez qu'une force s'occupe de vous, vous êtes au centre d'un intérêt.

M. S. – Parmi les gens que vous avez interrogés, pensez-vous que les femmes soient plus perméables?

G. G.-T. – Non. Pas nécessairement. J'ai rencontré des femmes qui gèrent très bien ce genre d'expérience.

M. S. – Mais la majorité des gens sont-ils comme moi, qui consulte pour un oui, pour un non?

G. G.-T. – Non. Certains ont même cessé de la voir après des visions très péremptoires. Vous, vous devez prendre garde à l'overdose! Vous avez maintenant un stock de visions heureuses sur votre avenir, dont vous devez vous contenter.

M. S. – Oui, mais j'ai l'impression que, physiquement, elle me nourrit. Quand je suis avec Yaguel, je suis sécurisée. Elle a provoqué en moi une transformation. Je crois maintenant en la réincarnation.

G. G.-T. – En tout cas, votre témoignage est particulièrement important, non seulement en raison du contexte dramatique dans lequel il baigne, mais parce que vous êtes un exemple extrême de la relation consultant-médium.

10 novembre 1988.

Faisant le point, six mois plus tard, avec Marie Seurat sur cette conversation, celle-ci m'a précisé :

Premièrement, qu'elle avait revu Jean-Paul Kauffmann en public, d'une façon un peu formelle, car elle ne se sentait pas encore la force d'évoquer sur le fond, en tête à tête, l'épisode tragique qu'il avait vécu avec Michel Seurat. Cela se ferait un jour.

Deuxièmement, que Yaguel avait vu le décès de son père qui s'est produit au cours du premier trimestre 1985, et qu'elle avait décrit les conditions sereines et apaisées, dans lesquelles il avait rendu son dernier soupir.

Troisièmement, que rien encore ne lui avait été communiqué au sujet de la sépulture de Michel Seurat ni du retour de son corps en France. La date du 15 décembre, avancée par Yaguel, semblerait porter, selon l'appréciation du médium, sur 1989, 1990 ou 1991.

Quatrièmement, que le livre illustré sur Alep suivait son cours, et prenait de l'ampleur. L'éditeur veut dépasser la collection de cartes postales et décider d'un reportage photographique dont Marie Seurat assumera la direction.

Cinquièmement, qu'aimant tout particulièrement les chevaux (elle monte parfaitement), elle a acheté un troisième cheval qu'elle destinait à la compétition et l'a mis à l'entraînement. Yaguel, consultée, lui a dit que ce cheval ne ferait jamais rien. Désappointée, elle a dû reconnaître, au bout d'un an, qu'on ne pouvait, en effet, fonder aucun espoir sur l'animal, que « quelque chose n'allait pas dans sa tête! » Elle a été très frappée par cette prédiction anecdotique mais contrariante.

Le 7 mai 1989.

MONA TOUZANI

Conseillère en édition d'objets, diplômée de l'École du Louvre.

Mona Touzani. – J'ai rencontré Yaguel au cours d'un dîner en 1981, un dîner intime. Je ne la connaissais pas et la voyance ne me concernait pas. J'ai éprouvé une sympathie spontanée pour elle, mais ce qu'elle a dit ce soir-là est resté gravé dans ma mémoire. J'ai été stupéfaite qu'elle s'avance de la sorte. Elle a raconté qu'elle avait reçu un homme politique du Moyen-Orient à qui elle avait déclaré : « J'ai vu Anouar el-Sadate dans un bain de sang. » C'était quelque temps avant son assassinat. Son visiteur lui a répondu que Sadate était l'homme le mieux gardé au monde et nous étions tous d'accord car il disposait d'une protection particulièrement efficace. On n'a pas beaucoup insisté sur ce sujet et elle m'a dit : « J'aimerais vous faire une voyance, je vous sens très bien. » Le temps a passé. C'était en automne, quelques semaines avant l'assassinat de Sadate qui a eu lieu le 6 octobre 1981. Cela nous a beaucoup impressionnés, mon mari et moi.

J'ai été la voir en février 1982. C'était la première fois qu'elle me faisait une voyance sur le passé. Elle m'a dit des choses étonnantes, sur la carrière de mon mari, qu'elle ne connaissait pas vraiment (vous pouvez toujours me dire que c'est de la transmission de pensée). Je lui ai posé des questions sur ce qui allait se passer au Liban (je suis d'origine libanaise). Alors elle m'a dit une chose tout à fait inattendue, surtout pour quelqu'un qui ne suit pas de près les affaires internationales, quelque chose qui a provoqué chez mon mari cette réflexion : « Elle va fort tout de même ! » Voici ses paroles : « Je vois le Liban, je vois le drapeau israélien. Je vois les chars israéliens dans Beyrouth, je vois un bain de sang, un déluge de feu à Beyrouth. Je vois un charnier humain; le monde entier va en parler. » Je me suis exclamée : « C'est une plaisanterie, ça ne peut pas être pire que ça n'a été depuis 1975. » Nous avions pensé à tout sauf à l'invasion israélienne qui s'est produite en avril 1982. Cette prédiction, pour moi qui ai suivi de très près les événements au Liban, semblait incroyable, après l'enfer, les bombardements, les incendies, comme jamais il n'y en avait eu. Enfin on a connu l'horreur avec les massacres de Sabra et Chatila, le 18 septembre 1982. C'était bien le charnier qu'elle avait vu, un massacre ignoble, gratuit. Quelque temps avant, j'avais parlé de cette prédiction à un ami qui était le cousin de Bechir Gemayel, un chrétien que Yaguel avait rencontré chez moi. Il avait voulu la voir. Très gentiment elle l'avait reçu et ne lui avait pas dit grand-chose. Le soir, elle est venue me voir à la maison et m'a confié : « Je sens la mort autour de cet homme. Je n'ai plus rien à lui dire. Je ne le capte pas bien; je ne sais pas si c'est lui ou quelqu'un très proche de lui; j'ai eu comme un flash. A-t-il une activité très importante de leader? Écoute : je vois une mort brutale dans un moment de triomphe. Une foule, un grand bonheur et, tout d'un coup, quelqu'un est brûlé par le feu. Une explosion. Il a la poitrine brûlée. Si ce n'est pas lui qui meurt, sa vie entière va être bouleversée, plus rien ne sera pareil pour lui. Ou bien il va quitter le pays, ou bien il va mourir. Je ne peux pas le lui dire, c'est quelqu'un de trop fragile. »

Je n'ai rien avoué à ce garçon, mais chaque fois qu'il partait pour le Liban, mon mari et moi nous nous demandions avec angoisse s'il allait lui arriver quelque chose. Et Bechir Gemayel a été assassiné au lendemain de son élection triomphale à la présidence de la République. C'était le seul rassembleur d'hommes au Liban qui dégageait un charisme extraordinaire. Tout le monde y croyait : musulmans, chrétiens, Druzes; tout le monde se disait qu'il était l'homme providentiel. Et c'est dans ce moment de triomphe populaire qu'il y a eu cet attentat, qu'il est mort dans une explosion. Une charge a détruit l'immeuble où il se trouvait et beaucoup de gens ont été tués ou blessés.

Gérald Gassiot-Talabot. – Est-ce que la vie de son cousin, qui n'était donc pas la personne désignée par Yaguel, a changé à la suite de cet événement?

M. T. – Complètement. Matériellement ça l'a à peu près ruiné parce qu'il avait beaucoup investi pendant cette période, comme beaucoup de Libanais. Et puis cela avait été une période d'espoir extraordinaire, après quoi une scission très grave s'est produite entre les chrétiens, particulièrement dans les forces libanaises qui, en principe au départ, suivaient Bechir. Mais tout s'est complètement dévoyé. Il jouait un rôle moins important et il a préféré se retirer. Sa vie a complètement basculé.

G. G.-T. – Vous a-t-elle fait d'autres prédictions sur des faits publics?

M. T. – Oui, cela m'avait énormément frappée car ça nous concernait vraiment. Je lui avais demandé si elle voyait la mort de Bourguiba. Elle m'a répondu : « Je n'arrive pas à préciser, mais c'est drôle, il y a comme une espèce de mort avant la fin, une sorte de disparition; il est mort sans l'être. »

G. G.-T. – Elle vous avait dit cela avant le coup d'État?

M. T. – Il y a un an; et Bourguiba est parti le 7 novembre 1987.

G. G.-T. – C'est, en effet, une disparition en deux temps, puisqu'il n'a plus aucun rôle politique, le second épisode ne s'étant pas encore produit.

M. T. – Ah! Une chose assez amusante : pendant qu'Amin Maalouf écrivait son livre *Samarcande,* il y a un an, il faisait des recherches sur Omar Khayyam. Il trouvait certaines données dans des écrits, mais il ne pouvait pas les situer géographiquement. Par exemple le fameux observatoire qu'il y aurait eu, on pense, sans en être sûr, à Ispahan. Nous ne savions pas encore quel était le personnage principal du livre d'Amin, nous n'avions pas eu le temps d'en parler. Il croit assez à ces choses-là. Nous avons décidé de faire une séance avec Yaguel, chez moi, en présence de Josette Alia.

Amin avait mis dans une enveloppe une partie d'un poème, trois lignes dans lesquelles il faisait allusion aux personnages principaux du livre : Omar Khayyam, poète, mathématicien; un homme d'État très important à l'époque qui était un législateur connu sous le surnom de « l'homme qui met de l'ordre », et un troisième personnage, fondateur de la secte des Hachchachins, d'où est venu le mot « assassins ». C'était un chiite, complètement fanatique, qui avait formé un groupe de terroristes qui assassinaient, en mission politique, qui tuaient des gens connus, généralement dans un endroit public, un vendredi, pendant la prière à la mosquée. C'était donc des actes commis pour l'exemple qui entraînaient, automatiquement, la mort de ceux qui les perpétraient, lynchés par les gardes et par la foule. C'étaient des kamikazes, des chiites en lutte contre le pouvoir Fatimide alors en décadence, et dont la base était en Afghanistan. Ces gens venaient de très loin. Je vous donne ces détails pour expliquer la voyance de Yaguel qui a commencé à toucher l'enveloppe et à dire : « Je sens de la poussière, de la poussière! C'est loin dans le temps, vers le XIIe siècle. » Ce personnage, que nous connaissons maintenant, ne correspond absolument pas à ce qu'il était à cette époque. On dirait que pour des raisons politiques, ou de propagande, on l'a ressorti quelques siècles après et on a insisté sur un aspect de sa personnalité qui n'était pas celle que ses contemporains connaissaient. En effet, il est absolument vrai qu'Omar Khayyam était beaucoup plus connu à son époque comme géomètre, comme mathématicien et algébriste, que comme poète. C'est au XIXe siècle qu'on a découvert un manuscrit de lui qui a été traduit par un Anglais, alors qu'on ne le connaissait même plus dans les pays orientaux (il était persan).

Yaguel demandait qu'on lui soumette un seul personnage et non plusieurs, car elle n'arrivait pas à les distinguer et trouvait une sorte de dualité dans cet individu : « J'entends le mot rubis, je vois la couleur du rubis (qui est la désignation du vin chez Omar Khayyam) et elle ajoutait, je vois cet homme traverser des étendues extrêmement sèches, (mais elle n'arrivait pas à cerner sa personnalité), c'est un homme qui aime le vin, les femmes, la vie facile; un mathématicien, un législateur, mais je vois en même temps un aspect sanguinaire chez lui. C'est quelqu'un qui tue avec cruauté, dans un esprit qui ressemble à celui d'une " croisade ". » (J'utilise vraiment le mot qu'elle a employé.) Nous étions étonnés, nous nous demandions quel était ce personnage qui pratiquait un art de vivre permanent, qui était un lettré et qui, d'un autre côté, assassinait avec fanatisme. Et elle insistait : « Il assassine avec un couteau, je vois des lames pleines de sang, mais tout cela est voulu comme une croisade. » C'est exactement le personnage de « Sabar », qui a d'ailleurs inventé un verset du Coran justifiant l'assassinat comme un principe religieux, ce qui n'existe pas dans l'Islam. Yaguel pensait qu'il s'agissait d'un seul personnage, mais elle a senti la personnalité des trois noms qui figuraient dans le poème, sans arriver à comprendre. Amin, seul, savait.

G. G.-T. – Il n'a pas monté cela comme un piège, mais il a fait ce qu'il faut toujours éviter si l'on veut empêcher les juxtapositions et les confusions : donner plusieurs indications sur des objets ou des personnages différents dans une même enveloppe.

M. T. – Elle disait : « Je vois quelque chose qui a rapport à cet homme, je vois une espèce de grand dôme, qui n'a rien de religieux. » En fait, elle décrivait l'observatoire.

G. G.-T. – Yaguel vous a-t-elle fait des prédictions personnelles?

M. T. – Pour mes enfants, elle m'a dit des choses assez étonnantes sur leur caractère et leur avenir. Et une chose incroyable qui s'est vérifiée depuis un an sur mon fils aîné qu'elle ne connaissait pas. « La musique va jouer un rôle très important dans sa vie. » J'ai inscrit mon fils au conservatoire en me disant : « Il va sûrement être un grand musicien ! » Et puis, au bout de trois ou quatre mois, on m'appelle du conservatoire et l'on me dit qu'il ne venait jamais. Il détestait, en fait, le piano et ses leçons de musique et attendait dans l'escalier que le cours se passe. Il avait dix ans alors. Or depuis deux ans, c'est-à-dire cinq ans après, il s'est pris de passion pour la musique rock et il est parvenu à acheter un synthétiseur. Il a l'intention de faire une carrière dans l'édition musicale.

G. G.-T. – Quelle est votre dépendance à l'égard de la voyance? Car, après tout ce que vous venez de me dire, vous ne pouvez pas affirmer que vous êtes la même qu'avant ce fameux dîner.

M. T. – Une fois que je l'ai quittée, je ne m'acharne pas à réaliser ce qu'elle m'a dit. Si je monte une affaire, il y a des choses que j'attends, mais je continue à me comporter comme d'habitude. Très souvent, je suis en désaccord avec ce qu'elle me dit; je peux penser qu'elle est à côté du problème, et si elle me prédit quelque chose d'agréable je l'aurais fait de toute manière, puisque ça correspond à mon plan de vie, indépendamment d'elle. Cela dit, j'ai fait des rencontres qui ont provoqué une évolution dans ma vie professionnelle. Je me suis rappelée qu'elle les avait prédites. Mais je n'avais rien fait pour que ces choses arrivent et je les avais même tout à fait oubliées.

G. G.-T. – Est-ce que ça a changé quelque chose dans votre vision spirituelle du monde?

M. T. – Non, vraiment pas. Je me dis que c'est une chose à laquelle j'ai toujours plus ou moins pensé, sans que cela soit très net. Je sais que l'approche du monde et de la vie n'est pas seulement logique et rationnelle.

G. G.-T. – Cela n'a pas troublé une certaine conception du destin que vous aviez par votre catholicisme? (Votre mari est musulman sunnite.)

M. T. – Absolument pas. Je pense que certaines choses sont écrites (ça c'est davantage mon côté oriental que religieux) mais que le libre arbitre ne joue pas seulement en changeant le cours des choses, mais en définissant l'attitude que l'on adopte en face des événements. Le libre arbitre s'arrête avec la maladie et la mort.

G. G.-T. – Pourquoi y a-t-il des êtres qui ont des antennes? Un don?

M. T. – Un jour on l'expliquera. Je ne pense pas que ce soit une affaire divine. Je me dis qu'il y a des êtres qui captent des forces, des ondes qui régissent le monde. Par exemple dans le cas typique de l'invasion israélienne, nous pouvons supposer qu'elle ne s'est pas improvisée, qu'elle a dû être pensée plusieurs mois à l'avance par les personnes qui l'ont organisée et qui voulaient se débarrasser des Palestiniens. Yaguel a pu être très réceptive, elle a été un relais avec une chose qui existait déjà quelque part.

G. G.-T. – Je veux bien entendre ce que vous dites parce qu'il s'agit d'un événement international et collectif, mais quand il s'agit d'événements personnels qui touchent de près votre vie, et que l'on vous prédit ce à quoi vous ne pensez pas?

M. T. – Cela se pose exactement pour mes fils. Sur la réussite brillante et rapide de l'un; sur le caractère plus rêveur et théoricien de l'autre. Ce qu'elle m'a dit, par exemple, sur sa vie sentimentale m'aidera, si des événements précis se présentent, à le préparer, à le soutenir, à le conseiller. Oui, sur ces plans qui touchent à mes enfants plus qu'à moi, je reconnais que je suis vulnérable et influencée par Yaguel. Et puis cela a été confirmé par une seconde voyante, une amie.

G. G.-T. – Vous voyez donc que vous faites une part importante dans votre vie à ce qui est donné comme irrationnel.

M. T. – Une autre fois, elle m'avait parlé de quelqu'un avec qui j'avais commencé un projet professionnel. C'était un ami d'enfance avec qui je pensais que tout marcherait bien et que la vie ne nous séparerait jamais. Or Yaguel m'avait dit : « Tu ne feras jamais rien avec lui, il ne te marquera sur aucun plan. » Notre projet a traîné pendant trois ou quatre ans. C'est incroyable, mais cet ami a complètement disparu de ma vie. Yaguel ne voulait même pas parler de ce projet et elle m'affirmait qu'il ne se réaliserait jamais.

G. G.-T. – Vous pouviez être sous influence.

M. T. – Pour moi, ses prédictions n'ont porté sur rien d'essentiel à quoi j'ai eue à m'opposer. Quant aux affaires collectives, je ne pouvais pas les empêcher, et la mort d'un ami, annoncée très précisément, m'a laissée impuissante. Mais pour ce qui touche à mes fils, il n'est pas question que je me dise que c'est leur destin et que je n'ai pas à intervenir.

G. G.-T. – Vous vous battez pour leur donner des armes, pour les conforter, pour définir votre position en face de protagonistes éventuels, en quoi vous ferez un bon usage de la médiumnie.

Le 21 mai 1988.

DOCTEUR DIMITRI VIZA

Directeur du Laboratoire d'immunobiologie à la faculté de médecine de Paris.

Gérald Gassiot-Talabot. – Comment avez-vous rencontré Yaguel?

Dimitri Viza. – J'ai connu Yaguel il y a une quinzaine d'années par des amis. Je me suis toujours intéressé à tout ce qui sort du paradigme habituel. C'est pour cette raison que je fais de la recherche : tout ce qui sort de l'ordinaire, du connu me fascine. Il est donc cohérent avec ma logique que je m'intéresse à la parapsychologie. Bien entendu, mon intérêt est limité par le temps que je peux consacrer à ce problème.

G. G.-T. – Vous êtes médecin? Quelle est votre spécialisation?

D. V. – Je suis biologiste. Je fais de la recherche depuis que j'ai terminé mes études à la faculté de médecine. Les phénomènes de psychologie aussi bien que de parapsychologie m'ont toujours intéressé. En fait, cette distinction me paraît un peu artificielle. J'ai commencé à lire Freud et Jung lorsque j'étais en deuxième année de médecine. Comme vous le savez, Freud et Jung étaient intéressés par les phénomènes dits aujourd'hui parapsychologiques.

G. G.-T. – Surtout Jung.

D. V. – Freud aussi. Il était membre de la Société anglaise et de la Société américaine des recherches parapsychologiques. J'ai donc toujours été intrigué par ce genre de problème. Il est vrai que jusqu'à ce jour, l'explication fait défaut, et, je dirais par voie de conséquence que la preuve indiscutable de l'existence des cas phénomènes n'est pas établie. Je suis moi-même très sceptique et, pendant des années, je n'arrivais pas à me persuader que tout cela n'était pas le résultat de notre besoin inné d'émerveillement que notre époque essaye tant de réprimer. Ma rencontre avec Yaguel fut déterminante. Très rapidement ma conviction fut faite. Nous avons commencé, il y a une quinzaine d'années, ce que j'appelle nos expériences. Cela a été assez remarquable.

G. G.-T. – Qu'est-ce que vous pouvez en dire? Il me semble que l'on est dans l'impossibilité de prouver scientifiquement la voyance.

D. V. – Je ne peux pas vous donner d'exemples précis, et ce n'est pas le but, me semble-t-il, de dire ici qu'elle m'a prédit telle ou telle chose. Vous pouvez trouver un peu partout quantité d'histoires de ce genre. Ce qui est plutôt intéressant c'est de constater son impact sur ma réflexion concernant ce problème.

Il me semble qu'en voyance, il faut distinguer, d'une part, le présent et le passé, où des phénomènes de télépathie peuvent jouer et, d'autre part, la vision du futur. Ce qui m'a toujours fasciné, c'était la possibilité de pouvoir faire des incursions dans le futur. Je pense qu'il est moins intéressant et plus facile d'expliquer le phénomène télépathique que le phénomène de voyance pure, c'est-à-dire le phénomène de précognition. Là se posent des questions qui touchent à la physique moderne, au problème du libre arbitre, mais aussi à la philosophie et à la sociologie des sciences.

Vous avez dit qu'on ne pouvait pas scientifiquement prouver la voyance. Je crois qu'il faut faire la part des choses. On ne peut certainement pas tout expliquer pour l'instant, mais pour moi c'est précisément cela qui rend les phénomènes encore plus passionnants. Avant tout, il faut être certain que phénomène il y a. Or, depuis ma première rencontre avec Yaguel, j'ai commencé à être persuadé de l'existence des faits qui échappent à notre explication, qui n'entrent pas dans le cadre de nos connaissances actuelles, mais qui sont et qui prouvent indubitablement une certaine possibilité de faire des irruptions dans le futur. C'est absolument fascinant.

Je sais que les « contrôles » sont très difficiles, mais certaines expériences peuvent se passer de contrôle, au sens courant du terme. Je m'explique : vous savez qu'en biologie, on fait appel à la statistique et l'on dit : un phénomène est significatif s'il est reproductible et s'il est suffisamment différent du contrôle. Cela se calcule. On peut toutefois imaginer qu'il y a des phénomènes qui ne peuvent être traités de la sorte. Je vais imaginer par exemple : vous prétendez avoir un produit qui fait pousser un sixième doigt lors d'une application unique sur la main. Cela est incroyable, évidemment, mais je l'expérimente... et, le lendemain, je constate un sixième doigt. Je suis très intrigué, j'essaie de répéter cette expérience deux mille fois sans succès. Eh bien, je crois que, quand bien même ce phénomène insolite ne se produirait qu'une fois sur dix mille, cela devrait suffire pour inciter les gens de bonne foi à l'étudier davantage. On ne peut pas vérifier avec la logique statistique, telle que nous l'appliquons dans nos études biologiques banales, de tels phénomènes. Comment voulez-vous étudier un phénomène qui ne se produit qu'une fois sur mille? En faisant dix mille expériences? Or, les ignorer serait une erreur aussi grave que de les accepter sans scepticisme. Dans le cas de la voyance du futur, le seul contrôle est la réalisation de la prédiction, à condition que le sujet n'y joue aucun rôle, car cela peut être important et doit certainement être éliminé. Par exemple : vous conduisez tous les jours une voiture et on vous prédit un accident, ce qui est d'une banalité affligeante, surtout si vous habitez Paris. Si, au bout de quinze jours, vous avez été victime d'un accident, on peut dire que, la probabilité mise à part, la prédiction vous a influencé, et que votre subconscient est responsable de l'accident. Mais quand on vous prédit un accident d'avion!...

G. G.-T. – Ce que j'appelle « les voyances péremptoires ». Il y a un phénomène dont il faudrait parler tout de suite, c'est celui de la télépathie. Pour vous, donc, une voyance sur le présent ou sur le passé est ou risque, automatiquement, d'être entachée de télépathie. Vous ne pensez pas qu'il puisse y avoir de voyance médiumnique sur le présent ou le passé qui fasse ressortir des événements inconnus du sujet – dans les visions historiques, par exemple. Très souvent quand on me cite de telles voyances, je me fais l'avocat du diable et j'objecte : « C'est de la télépathie, attention. » On me répond : « Oui, peut-être pour tel fait que j'avais en tête, mais elle m'a également dit cela qui était complètement hors de mon esprit et puis elle a ajouté cela, qui allait à l'encontre de mes opinions. Il a fallu que je vérifie dans des archives ou des ouvrages que ça s'était véritablement passé comme elle le disait. »

D. V. – Attention, quand on parle de télépathie il faut, par définition, que le sujet sache.

G. G.-T. – C'est là qu'est le problème, au second degré; il peut y avoir une connaissance enfouie, inconsciente, ça peut aller très loin, au niveau de la conscience collective dans laquelle on puise.

D. V. – Je préfère inconscient individuel... Vous avez posé la question de la connaissance historique de la voyance. J'ai assisté à une séance, avec vous...

G. G.-T. – Oui, sur le bourreau Obrecht.

D. V. – C'était très intéressant. Là, des contrôles seraient nécessaires et souhaitables.

G. G.-T. – Ils sont souhaitables mais c'est très compliqué.

D. V. – Il faut essayer d'être aussi rigoureux que possible. Au cours de cette séance, Yaguel a dit peu de chose que l'auteur de l'ouvrage sur le bourreau, présent également, ne connaissait pas déjà.

G. G.-T. – Elle savait beaucoup de choses plus ou moins clairement. Le document placé dans l'enveloppe avait été pris, sans être choisi, mais il avait tout de même été saisi par la mémoire et archivé. Donc l'auteur a donné ce document, Yaguel a vu un certain nombre de choses, n'est pas partie sur le sujet exposé par le document (un condamné à mort, exécuté) mais sur le bourreau lui-même. Elle a donné un certain nombre d'indications sur cet individu et l'auteur a conclu : « Il faudra que je vérifie. » Car il y avait, notamment dans la vie du personnage, des traits qui semblaient tout à fait plausibles...

D. V. – Il est très difficile de faire la part de ce qu'elle a vu et de ce qu'elle a pu savoir en se plongeant dans le subconscient de la personne présente. On peut même imaginer que plusieurs autres personnes en France connaissaient la vie du bourreau, et qu'elle a plongé dans leur inconscient, dans l'inconscient donc d'une personne qui n'était pas présente. Ce qui est beaucoup plus intéressant, c'est de parler des choses que personne ne connaît, mais qu'on peut vérifier *a posteriori*. Par exemple, lors de la deuxième expérience qui concernait le meurtrier présumé et condamné d'une petite fille (Ranucci), elle a énoncé des détails que personne ne pouvait vérifier, mais qu'on pourra peut-être contrôler un jour en faisant des recherches très poussées. Cela serait beaucoup plus convaincant. Mais bien sûr, ce qui est plus probant pour moi, c'est le voyage dans le temps, la voyance du futur.

G. G.-T. – Y a-t-il un temps réversible? Un temps absolu : une dimension qui n'est ni l'avenir, ni le passé?

D. V. – Ce sont là des questions qui ne relèvent pas seulement de la métaphysique – un mot qui me gêne car basé sur un malentendu et chargé de sens négatif – mais aussi de la physique moderne. Classiquement, le temps n'est pas réversible : il a une flèche, sa direction est fixée. Et pourtant, certains physiciens, comme Costa de Beauregard, se posent la question et prétendent même que, dans certaines conditions, la réversibilité du temps est possible.

G. G.-T. – Mais c'est un des problèmes que pose la médiumnie, justement. Car, à un certain moment, on a l'impression que le médium est hors du temps. Il est hors du temps dans son impossibilité ou sa difficulté de mesurer le temps, quand il prédit une chose, il se trompe très souvent sur le laps de temps qu'il donne et il est hors du temps très souvent, en ce sens qu'il y a une sorte de navigation entre le passé et le futur qui est extrêmement étrange.

D. V. – Oui. Mes expériences avec Yaguel suggèrent effectivement qu'elle voyage dans le temps sans savoir où elle se trouve. Une prédiction peut se réaliser le lendemain, dans deux ans, dans dix ans. Le médium est dans l'impossibilité de vous dire où se situe sa prédiction dans le temps, et quand il essaie, très souvent il se trompe.

G. G.-T. – Cela vous le comprenez, vous l'admettez? Ce n'est pas pour vous une défaillance de la médiumnie, justement un élément qui pourrait...

D. V. – Je ne suis pas là pour trouver des failles et juger, j'essaye simplement de constater. Il faut, bien sûr, apprécier objectivement les limites, mais avant tout, il faut s'assurer que le phénomène existe, et pour cela, il faudrait éliminer tous les partis pris, les superstitions, les crédulités et les rejets *a priori*. C'est l'attitude qu'un scientifique doit adopter devant un phénomène insolite qui contredit le dogme du jour, le paradigme dominant qui est apparemment intangible. Un scientifique a le devoir de ne rien accepter, de ne rien rejeter *a priori*, mais d'observer dans la plus grande neutralité et avec beaucoup de prudence.

G. G.-T. – On va arriver très vite à cette question, parce qu'elle est la plus intéressante, mais je voulais simplement faire référence au problème de la preuve que j'aborde dans la conclusion de ce livre. La difficulté de la preuve en médiumnie repose sur l'examen du phénomène, sur sa pureté, et sur la possibilité de la supercherie qui est une interrogation latente : le médium est mis en doute, les conditions d'expérimentation sont insupportables et contraires à l'expression naturelle du phénomène médiumnique. On crée un environnement qui déconnecte, en quelque sorte, le médium. On doit donc en arriver à invoquer « l'intime conviction ». Or, l'intime conviction n'a jamais été une preuve mais c'est à quoi on peut atteindre dans le domaine de la médiumnie, et non à la preuve dans le sens comtiste. Vous avez dit une chose qui est capitale en tant que scientifique : « si je constate une fois un phénomène qui ne se reproduit pas mille fois, le fait qu'il se soit reproduit une fois m'incite à m'intéresser à lui et à le considérer comme un événement. » Peut-être qu'en médiumnie, un phénomène peut ne se produire qu'une fois...

D. V. – Mais on vit dans un monde d'incertitude où le hasard n'est pas total, mais contrôlé, et il laisse aux choses son parfum d'imprévisibilité relative. On pourrait dire que l'impact de la théorie quantique se retrouve dans tous les domaines. Le cosmos est fluide et, pour reprendre le mot de Castaneda, il s'ajuste à lui-même. Rien n'est prévisible avec une certitude absolue, même dans notre monde quotidien. Par exemple, même des souris génétiquement identiques ne se comportent pas tout à fait de la même façon. Il y a une distribution des phénomènes selon une courbe en cloche. Ce qui se trouve aux extrémités de la courbe sort de l'ordinaire, du normal. Le monde est plein d' « aberrations » respectables car répertoriées et reconnues par la science. Mais il y a les « aberrations » qui n'ont pas encore été acceptées car elles remettent en cause notre vision du monde ou, plus prosaïquement, parce qu'elles défient tel ou tel paradigme bien accepté. Elles menacent la cohérence de notre monde, de notre société. L'intime conviction, comme vous dites, les *a priori* sont présents dans toutes nos démarches. Mais la preuve pour la voyance est relativement facile à obtenir si l'on se limite aux « voyances péremptoires » et si l'on a la patience d'attendre leur réalisation.

G. G.-T. – Comment procédez-vous dans une expérience classique? Vous prenez six souris identiques et si cinq produisent le résultat escompté, vous pouvez penser que ça marche?

D. V. – On en prend beaucoup plus que six, à cause des variations. Plus la variation est grande, plus il faut prendre d'animaux. Cela dépend de la nature du phénomène que l'on étudie. Mais la qualité peut remplacer la quantité. Autrement dit, un phénomène « aberrant » mais relativement banal est accepté facilement car prévisible, se produisant dans les limites fixées par le calcul statistique. Par exemple, un homme qui mesure 205 cm est rare, mais il entre dans la distribution normale de la courbe de Gauss. Un homme qui mesurerait 220 cm serait étonnant, mais ne remettrait pas en cause notre vision du monde. Par contre, un phénomène qui met les prémisses de notre logique au défi est d'une qualité autre et demande un traitement, de la part de l'observateur, différent. C'est l'exemple du sixième doigt, mais ça peut-être la régression spontanée d'un cancer du pancréas. En effet, le cancer du pancréas est mortel pratiquement à 100 pour cent, et ne régresse pas spontanément. Quand vous voyez une telle régression spontanée qui conduit à la survie du malade, il faut s'interroger, à moins que l'on ne croie à une intervention métaphysique. Or, le scientifique n'a pas le droit de croire : il a le devoir de constater et tout au plus de proposer une explication qui ne saurait être rien de plus qu'une hypothèse.

Occulter les faits que l'on observe parce que l'on manque de cadre conceptuel adéquat pour les classer et les expliquer relève de la bigoterie, de l'obscurantisme religieux. Les faits insolites, à mon avis, constituent des indices qui nous mettent sur la voie. Si l'on n'a pas un esprit prêt à s'intéresser aux phénomènes « extraordinaires », on passera certainement à côté de choses très intéressantes. En général, ces faits entrent dans la catégorie des observations non reproductibles, donc ils sont, *a priori*, suspects. La raison est simple : ils sont rares et l'on ignore les conditions requises pour leur reproductibilité. Donc personne ne veut perdre son temps à les étudier. Pourtant plusieurs grandes découvertes ont été faites par des scientifiques qui ont relevé un fait étrange et qui ont eu la patience et le courage de l'étudier, d'aller plus loin : l'histoire des sciences est remplie de tels exemples.

Les critères du rejet des observations – je dis bien observations et non pas hypothèses – sont incroyables et fascinants. Et c'est une des raisons pour lesquelles je m'intéresse aux faits parapsychologiques. La réaction que de tels phénomènes produisent auprès de certains scientifiques est assez curieuse et je dirai m'intéresse autant, sinon plus, que le phénomène rejeté. Le refus d'admettre *a priori* la possibilité de l'existence de ces phénomènes – un *a priori* chez des scientifiques, qui sont supposés être ouverts à toute observation mais qui préfèrent le confort du connu!... C'est remarquable! Mais il ne faut pas oublier que le scientifique – comme le reste des hommes – est soumis au paradigme du jour, le paradigme dominant, et il préfère y rester; c'est tellement plus confortable. Cela fait penser à la religion. Et si un scientifique osait proposer quelque chose qui sortirait du cadre habituel ou qui serait complètement en opposition avec la vérité du jour, sa carrière pourrait être brisée!

Je ne vais pas vous énumérer les impossibilités scientifiques depuis le début du siècle. Mais prenons un exemple d'actualité : le virus du Sida – un virus ARN qui doit être transmis en ADN avant sa réplication – n'aurait pas droit de cité si le dogme central de la biologie moléculaire, qui stipulait que l'information biologique circule en sens unique, de l'ADN vers l'ARN et ensuite vers les protéines, n'avait pas été battu en brèche, il y a une vingtaine d'années. En effet, il y a quelques années, Temin a montré que l'information pouvait remonter de l'ARN vers l'ADN; ce qui détruisait le dogme. Vous imaginez la réaction... La réputation de Temin a été sauvée parce qu'un autre scientifique, plus conventionnel, Baltimore, a eu l'intelligence et le courage de confirmer ses expériences. Ils ont partagé le prix Nobel.

Pour revenir à la voyance, la seule qui ne subit pas d'influence extérieure et qui peut échapper aux critiques de la reproductibilité est la voyance du futur, et c'est la seule qui m'intéresse.

G. G.-T. – Une voyance qui se fait en dehors de la volonté du sujet, car il y a des voyances tellement gratifiantes, j'en ai parlé vingt-cinq fois, que le sujet tend à accomplir son destin selon la prédiction, c'est très courant.

D. V. – Il y a l'inverse également.

G. G.-T. – Oui. Il a tellement peur de ce qui a été prédit qu'il s'arrange, finalement, soit pour éviter la chose ou faire des actes qui le rendent vulnérable, soit la réaliser comme une espèce de punition, en allant droit vers l'accident. Revenons à l'événement qui se produit de façon quasi inéluctable, en dehors de la volonté du sujet. Il serait intéressant que vous puissiez me dire quelle est votre opinion sur ce genre de phénomène.

D. V. – C'est le phénomène qui emporte la conviction, que l'on ne peut expliquer par la supercherie, la télépathie, la suggestion ou par n'importe quel autre mécanisme connu ou hypothèse « banale » relevant du connu de la biologie ou de la physique.

Je l'ai déjà dit, le temps est le problème clé. Qu'est-ce que le temps? Peut-on y voyager? Aujourd'hui ces questions ne sont pas uniquement posées par les auteurs de science-fiction. On peut, bien sûr, imaginer des prédictions relativement simples résultant de l'effet de causes plus ou moins évidentes et à court terme. Peut-on imaginer que tous les phénomènes relèvent de ce mécanisme? Certainement pas. Cela suppose que certains événements sont prédéterminés? La vision actuelle de l'univers nous porte plutôt vers l'indéterminisme limité. Mais cela n'exclut pas que tel ou tel événement soit incontournable. La liberté n'est pas illimitée, l'incertitude opère entre certaines limites.

Il est bien entendu très difficile d'accepter ce mécanisme car on ne peut pas imaginer que des causes connues pourraient conduire à une image précise de la réalité dans un temps assez long, cinq, dix ans. Bien sûr, c'est une limitation du cerveau humain qui ne peut appréhender qu'une image linéaire du temps, limitation comparable à celle qui empêche d'appréhender la notion de l'espace à quatre dimensions. Pourtant, la physique moderne explore plusieurs hypothèses aussi incompréhensibles par notre perception, notre logique quotidienne : par exemple l'existence d'univers parallèles qui se créeraient continuellement sous nos yeux, des mondes qui se créeraient par la présence de l'observateur et qui ne pourraient exister sans lui. On est loin d'avoir compris la nature du temps et les surprises qu'il nous réserve. Mais on est aussi très loin d'avoir compris le fonctionnement du cerveau. Car il faudrait également imaginer qu'il existe un mécanisme qui permettrait au cerveau de capter des images du futur. Je reste toutefois fondamentalement optimiste. Je pense que le XXIe siècle acceptera le principe de ces phénomènes et les étudiera réellement. En physique on est déjà près d'accepter une des conséquences des réalités quantiques, à savoir que, comme l'écrivait N. Herbert, pour comprendre les faits il faut plus que de la logique.

G. G.-T. – Ce que j'ai dit tout à l'heure sur la preuve, c'est que je souhaiterais qu'il y ait une modification de la notion de preuve dans la désignation scientifique, pour aborder ce type de phénomène. C'est-à-dire qu'il faudrait s'adapter à ces sujets. Il y a un effort d'imagination à faire. Je ne disais pas que la preuve était impossible, mais que la preuve de laboratoire classique était impossible, et vous venez de me dire que même cette preuve-là avait changé de nature.

D. V. – Constater le phénomène d'une façon irréfutable est la première étape; ensuite, il faut faire une hypothèse de travail pour l'expliquer. L'existence des phénomènes de voyance, surtout grâce à mes expériences avec Yaguel, est devenue pour moi aujourd'hui une réalité. Quant aux hypothèses en vue d'une explication, on en est actuellement aux balbutiements. La linéarité du temps n'est qu'une apparence. Cela est un truisme que de dire aujourd'hui que l'espace-temps est courbe et en interconnexion avec la matière qui s'y trouve. Pour reprendre l'expression de Hawking, avant la théorie de la relativité générale d'Einstein (1915), l'espace et le temps étaient considérés comme une arène immuable dans laquelle les événements se déroulaient sans l'affecter. Autrement dit, le temps et l'espace continuaient d'exister sans être affectés par ce qui s'y passait, et cela pour l'éternité. Mais maintenant l'espace et le temps sont devenus des entités dynamiques. Un corps en mouvement affecte la courbure de l'espace-temps et vice versa. Cela implique déjà une relation entre espace-temps et événements. Cela implique aussi que tout est dynamique et que l'univers a un début et une fin. Je ne suis pas mathématicien, mais je ne crois pas que quiconque ait aujourd'hui une hypothèse qu'il suffirait de tester pour expliquer notre phénomène « irrationnel », c'est-à-dire, quelque chose qui justement – d'où la controverse – sorte du cadre actuel.

Il ne faut pas oublier toutefois que, pour le non-mathématicien, même la théorie restreinte de la relativité semble irrationnelle. En effet, comment imaginer un espace à quatre dimensions? La physique moderne pose énormément de questions sur l'espace-temps, sur la vitesse de l'information et les liens qui existent entre les différentes parties de l'univers, entre les différentes particules de l'univers.

A mon avis, la chose la plus troublante et la plus fascinante de ces dernières années, c'est le théorème de John Stewart Bell qui postule que la réalité n'est pas locale. A l'origine, il y a eu le défi qu'Einstein, avec deux de ses collègues, Podolsky et Rosen, avait lancé à la théorie quantique. C'est le paradoxe EPR, une expérience « théorique », imaginée pour montrer que la théorie quantique ne fournissait pas dans tous les cas une description de la réalité. Voici d'une manière un peu trop simplifiée de quoi il s'agit : une paire de particules (par exemple, photons ou électrons), des « jumeaux », ont certaines constantes dès leur naissance, par exemple polarisation ou spin, qui doivent être identiques. Toutefois, celles-ci ne peuvent être connues que lorsqu'elles seront mesurées par l'observateur. Donc, l'état de la polarisation des photons par exemple est inconnu, mais identique, et lorsqu'on aura déterminé par l'observation l'état de l'un d'eux, le second aura – acquerra – la même polarisation. Comme des frères jumeaux qui, avant même leur conception sont par définition identiques, mais personne ne connaît la couleur de leurs yeux ou de leurs cheveux. Le paradoxe est donc ceci : comment le photon A va-t-il communiquer à son jumeau B l'état de sa polarisation lorsque celle-ci sera déterminée par l'observateur? Car celle-ci est bien déterminée lors de l'observation. Il faut donc que les deux particules restent liées à travers le temps et l'espace – ce qui peut représenter, dans certains cas, des millions d'années-lumière – et, afin qu'elles puissent communiquer entre elles, que le signal de A vers B ait une vitesse supérieure à celle de la lumière. Cela a été confirmé par les expériences d'Alain Aspect en 1982. Car cette barrière rendrait la réalité quantique impossible. Aussi, il a été postulé par Bell que la réalité n'est pas locale et, par conséquent, que les particules dans toutes les parties de l'univers sont interconnectées. Cela suppose, pour reprendre le mot de Nick Herbert, que derrière notre monde phénoménal existe une réalité invisible qui ne change pas, véhiculée sans support à une vitesse qui dépasse celle de la lumière.

G. G-T. – Donc, dans ce contexte, qu'est-ce que fait la voyance? Comment se place-t-elle?

D. V. – La voyance n'a pas tellement de place dans un univers statique, limité, ne serait-ce que par la vitesse de la lumière, où la causalité est évidente, linéaire, où l'improbabilité ne joue aucun rôle. C'est pour cette raison que l'on a vécu jusqu'à la fin du XIXe siècle dans un univers matérialiste de causalité absolue. Il a fallu attendre la fin du XXe siècle pour que les scientifiques prennent conscience que nous vivons dans un monde d'incertitude et de liberté relative mais omniprésente. Il n'y a pas de contradiction, mais je sais qu'il est très difficile d'imaginer que la causalité est en partie éliminée, que le déterminisme est relatif et que le hasard joue un rôle limité. Car il y a toujours, et à tous les niveaux, une causalité; la question est de savoir comment l'appréhender et aussi comment déterminer son importance. Peut-être pourrait-on imaginer une double causalité – celle de la réalité quotidienne et celle de la réalité quantique de la réalité invisible. Et on peut se demander si ce n'est pas la raison pour laquelle les visions du futur sont discontinues. On pourrait même imaginer que la voyance, dans une certaine mesure, cristallise certaines possibilités, comme l'observation « matérialise » la particule, voire l'univers...

Tout aurait évolué par le hasard et la nécessité, mais pas au sens de Monod... Le hasard n'existant qu'à l'intérieur des limites imposées par les constantes initiales de l'univers qui ont déterminé, au fur et à mesure que l'univers évoluait, d'autres limites. Une évolution en spirale où de nouvelles limites et de nouvelles libertés apparaissent à chaque tour de spire. La nécessité étant la nature même de l'univers qui le rend dynamique, la force qui l'oblige à évoluer. Ainsi on arrive aux « miracles » de l'évolution. La vie en est un, les conditions de sa création nous rappellent l'improbabilité apparente du phénomène. Mais on assiste aujourd'hui à un renversement de tendance : la vie étant une nécessité inhérente à la dynamique de l'univers, par conséquent obligée et prévisible. Rien de miraculeux au premier degré donc, et un coup de plus porté à notre anthropocentrisme. Le miracle, le merveilleux c'est l'existence même et l'évolution de cet univers. Il ne faut pas le chercher ailleurs. Cet univers qui a une existence encore plus aléatoire que le phénomène vie, car à un milliardième de seconde près, il n'aurait jamais existé sous la forme que nous lui connaissons, et la vie telle que nous la voyons aurait été impensable. Un univers qui évolue donc à la limite du possible entre l'expansion et la contraction entre l'existence et la non-existence.

Or, dans cet univers, Dieu, un Dieu transcendantal comme il est enseigné par toutes les religions monothéistes, n'a pas de place. Je trouve même son idée choquante, une insulte à notre intelligence et à notre humanisme, surtout si l'on songe à tous les crimes perpétrés au nom du « Seigneur ». Un scientifique ne peut pourtant se sentir que profondément « religieux » devant le cosmos qui évolue sous ses yeux. Mais si l'idée puérile du Dieu anthropomorphique de la plupart des religions était remplacée par un univers dynamique, qui évolue, par l'idée d'un Dieu immanent, si l'on veut, qui est dans cette « création » et nulle part ailleurs, cette idée ne me choquerait point. Il est temps que l'homme puisse s'assumer sans les béquilles de la religion. L'univers est plus réel, plus terrifiant et plus merveilleux que tous les dieux imaginés par nos ancêtres.

G. G-T. – Il y a une question que je voulais vous poser quand on parlait de cette fluidité des causes et donc de cette fluidité des effets d'un univers qui était improbable, qui s'est réalisé dans une certaine forme, qui aurait pu se réaliser dans une autre, mais en tout cas dans un champ relativement étroit. Ce qui m'importe, c'est cette fluidité des causes qui produit une fluidité des effets. Est-ce que ce n'est pas une image qui peut s'appliquer précisément à la médiumnie, dans la mesure où le médium, pour arriver à faire une prédiction sur l'avenir, donc une projection, procède par une certaine lecture dans ce qu'on appelle les matrices du temps.

C'est une idée un peu mythique. Une lecture peut conduire à une prédiction qui peut comporter une certaine fluidité, une certaine virtualité, à une prédiction qui pourrait être intéressante mais pas complètement univoque. Ne peut-il y avoir modification, par le temps, de cette prédiction, modification par l'action humaine, modification par différents éléments qui font que l'événement vu par le médium (au moment où il le voit) peut se réaliser avec un certain écart. Si ce qui vous intéresse c'est précisément la vision très nette, très définie, très claire, très péremptoire, dans ce cas, étrangement, on entre, pour tout ce qui concerne la médiumnie, dans une rigidité de relations entre la source de la médiumnie et son effet. On a une source, qui est une source très précise; le médium y puise, on ne sait pas comment il fait, mais il procède par une lecture, et cette lecture aboutit à un effet qui est un effet déterminé, clair, impératif... Dans ce cas, on a un système relativement rigide. Or, dans tout ce que nous venons de dire, nous avons une souplesse d'approche, aussi bien à l'origine des choses qu'à leur terme.

D. V. – Le paradoxe est que l'on arrive à un effet déterminé sans pour autant aliéner la parcelle de liberté qui nous est impartie. Le paradoxe est que, malgré la fluidité des causes et des effets – à moins que cela ne se produise précisément à cause de cette double fluidité – on arrive à des prédictions précises et, pour les raisons déjà évoquées, ce sont les seules qui m'intéressent. Mais il faut faire très attention. Car en évoquant la fluidité, les modifications apportées par les comportements humains, etc., on pourrait faire dire n'importe quoi à n'importe qui. Avec un facteur de correction, tous les charlatans deviendraient des voyants extraordinaires, toutes les prédictions auraient un sens. C'est pour cette raison que ma démarche a été très simple et mon ambition très modeste : me persuader que de tels phénomènes puissent réellement exister.

Toutefois votre objection est de taille et il me semble qu'il faudra la considérer lorsque le vrai débat sur la voyance sera ouvert. Je suis d'accord avec vous, que la voyance ne saurait être rigide, en fait elle pose déjà trop de problèmes même en acceptant sa plasticité. Un dernier élément de réflexion que je voudrais ajouter ici est la discontinuité. On obtient des images, des flashes, je doute qu'il soit possible d'avoir le film complet des événements. Ce qui est entre les visions constitue peut-être le champ de liberté.

G. G.-T. – Vous avez été persuadé de l'existence de certains phénomènes à partir de quel moment? Vous avez accumulé un certain nombre de visions péremptoires, qui vous ont été données par Yaguel ou par d'autres voyants, et vous avez pu constater que ces visions se réalisaient?

D. V. – C'est tout à fait cela. J'ai noté les prédictions et les faits, je les ai collationnés et, dix ans plus tard, je peux dire ce qui vraiment était une prédiction et ce qui relevait de la banalité de la projection, de l'erreur...

G. G.-T. – Vous avez là une attitude qui est extrêmement particulière. Vous dites : « Je collationne les faits et puis je vois ce qu'ils deviennent. » Vous examinez le sujet dans son évolution en quelque sorte, mais vous ne citez pas le fait... C'est le côté paradoxal de la situation : vous êtes extrêmement précis et vous avez une méthode, ce qui n'est pas le cas de beaucoup de gens que j'ai interrogés, mais c'est un peu comme si vous faisiez une expérience scientifique confidentielle.

D. V. – Parfaitement. Et je ne trouve pas intéressant de donner des exemples personnels. Il suffit de dire que j'ai constaté la réalisation de certaines « prédictions péremptoires ». Mon refus d'en parler n'est pas de la pudeur, mais plutôt un certain sens d'esthétique : je ne lis jamais *France-Dimanche.* Je reste donc dans le général car je ne suis pas là pour convaincre avec des histoires anecdotiques. Mais j'ai accepté de vous faire part de mes recherches et de mes réflexions, voire de mes convictions, et de discuter avec vous de ma démarche. Je le répète : d'abord j'ai voulu me convaincre. Or, je suis actuellement convaincu. A partir de là, ce qui m'intéresse, c'est d'essayer de comprendre le mécanisme, d'analyser, de disséquer le fonctionnement et de formuler éventuellement des hypothèses de travail.

Vous m'avez invité à formuler des hypothèses en vue d'une ébauche d'explication. J'ai trouvé cet exercice intéressant. Mais il faut souligner que ce ne sont que des hypothèses qui, par définition, se révéleront en partie ou en totalité fausses plus tard. Il faut commencer par des hypothèses, même fausses, si l'on veut avancer. Peut-être nous aideront-elles à accepter que le phénomène de voyance peut exister; qu'il n'est pas plus impossible, plus irrationnel ou choquant que d'autres phénomènes, à commencer par le phénomène de la vie.

G. G.-T. – C'est comme ça qu'il faut le formuler effectivement. Pourriez-vous proposer des expériences pour explorer le phénomène?

D. V. – On pourrait très bien imaginer de le perturber... Au lieu d'essayer de voir combien de prédictions tombent juste et combien sont fausses, on pourrait peut-être tout simplement essayer de voir quelles sont les drogues ou les interférences qui facilitent ou, mieux, dans un premier temps, les molécules qui empêchent la voyance. On pourrait aussi essayer d'avoir une idée de la partie du cerveau qui est utilisée, qui est indispensable pour ce phénomène en mesurant l'activité électrique de différentes régions du cerveau du sujet pendant l'expérience.

G. G.-T. – Pensez-vous que la voyance pourrait être utilisée par les scientifiques?

D. V. – Vous savez que les Américains ont utilisé cela pour des recherches criminologiques...

G. G.-T. – Oui, et pour des recherches militaires et paramilitaires, et pour des recherches archéologiques (Le Projet Alexandrie). *Mais vous, dans votre cadre, avez-vous un projet?*

D. V. – Nous en avons parlé avec Yaguel plusieurs fois, mais nous n'avons jamais pu le faire. C'est le temps qui nous a manqué. Nous avions envisagé une collaboration pour utiliser la voyance dans la recherche scientifique. Cela apporterait une preuve supplémentaire et cela pourrait aussi faire gagner du temps au chercheur. Mais il y a des problèmes prévisibles. Comment communiquer lorsque le langage n'est pas commun? Une ou deux fois, Yaguel m'a parlé de mes recherches. Je n'ai rien compris. Il y avait peut-être un message, mais il n'était pas compréhensible, faute de pouvoir traduire ses images. Yaguel ne parle pas le jargon scientifique. Il faut donc procéder autrement. Par exemple, présenter plusieurs protocoles et demander de choisir celui qui a le plus de chances de réussir. Mais là aussi il y a un autre écueil. Les meilleurs résultats à mon avis sont obtenus en voyance spontanée, lorsqu'on ne pose pas de question. Alors, à moins que le médium ait une formation scientifique afin que ses images soient intelligibles...

G. G.-T. – Oui, mais pour Yaguel, ce n'est pas le cas. Elle fait comme toujours une approche, dans son langage à elle, avec des métaphores qui sont les siennes et qu'il faut arriver à replacer. Il faut constamment la déchiffrer. En archéologie c'est très frappant, parce qu'elle n'a pas de notions d'archéologie ni d'histoire ancienne, mais elle a des images et l'on s'y retrouve.

D. V. – Notre jargon est plus ardu et nos notions plus abstraites pour le profane.

G. G.-T. – Peut-être. Sauf si vous la mettez sur des résultats.

D. V. – C'est cela. Cela peut se faire, ça demandera un effort. Ça fait au moins dix ans que l'on en parle avec Yaguel, mais cet effort, un jour on le fera...

G. G.-T. – Ce serait extrêmement intéressant, car elle souhaite transformer son activité médiumnique, de plus en plus, vers quelque chose qui soit relié à des recherches, à la science. En quelque sorte, « se mettre au service de »... Ça la préoccupe beaucoup. Il faudrait que cela se passe dans une certaine discrétion, que ce soit révélé plus tard...

26 juillet 1989.

COMMENTAIRES SUR LES TÉMOIGNAGES

Il paraît indispensable afin de conclure de façon concrète ces vingt-sept « dossiers », d'apporter certaines précisions sur la méthode que j'ai suivie pour mener ces entretiens, de proposer un classement des types d'interrogation des consultants, des réponses et des voyances spontanées du médium, de donner un aperçu des expériences que Yaguel a effectuées hors des consultations personnelles, de souligner la diversité des convictions et des approches des personnes interrogées, et, enfin, de me référer à des clichés particuliers, à des exemples précis qui viennent illustrer les considérations exprimées de façon générale dans la première partie, et qui permettent de rassembler des notations distribuées dans le cours de ces entretiens.

***

Ces interviews ont toutes été enregistrées sur cassettes et, si elles ont fait l'objet de réductions nécessaires, elles portent sur l'essentiel de ce qu'ont dit mes interlocuteurs. Un petit nombre d'entre elles a été relu et corrigé par ces derniers, mais nous sommes convenus que certaines confidences qui m'étaient faites ne seraient pas reproduites, ou seraient résumées de telle sorte que leur contenu intime ne soit pas apparent. Le plan du questionnement a suivi un modèle simple, qui a pu subir des variations selon les cas et qui n'apparaît donc pas nécessairement après la lecture de ces dossiers. En voici les grandes lignes :

– Dans quelles conditions êtes-vous venu voir Yaguel Didier? Aviez-vous déjà consulté? Dans quel esprit l'avez-vous rencontrée (hostile; sceptique; curieux; venu pour une expérience, une enquête; en état de réceptivité; en très vive connivence affective, spirituelle ou médiumnique)?

– Quelles sont votre philosophie personnelle, vos dispositions intellectuelles, spirituelles, religieuses? Êtes-vous agnostique, athée?

– Avez-vous eu des voyances péremptoires? Sur des faits importants, anecdotiques? Critique de ces voyances.

– Avez-vous constaté des erreurs, des glissements temporels, des parasitages dans les prédictions?

– Quelle impression vous a faite Yaguel? Quel est votre sentiment sur la médiumnie? Pensez-vous qu'il s'agisse d'un don ou d'une faculté communément partagée? Est-ce une expérience sans lendemain, une déception ou un phénomène bouleversant? Sur quel plan vous situez-vous : un fait constaté sans recherche d'explications, une disposition particulière de l'esprit qui pourra être comprise un jour, la manifestation d'un être missionné, une relation entre un plan et un autre, une ouverture spirituelle, spirite? Êtes-vous vous-même médium, avez-vous fait des rêves prémonitoires, êtes-vous simplement intuitif, ou résolument positiviste et rationaliste?

– Ce contact avec Yaguel a-t-il modifié votre façon de voir les êtres et le monde, votre vie spirituelle et intellectuelle? Quel est votre comportement face à vos décisions après une séance chez Yaguel? Croyez-vous au libre arbitre? Pensez-vous que les voyances indiquent seulement des potentialités, avez-vous réalisé volontairement des prédictions bonnes ou mauvaises ou sont-elles inéluctables quand elles sont péremptoires? Quel usage faites-vous de la médiumnie?

***

Au cours de ces entretiens il m'a fallu tenir la balance entre l'examen critique des faits dont on m'informait, et le crédit à apporter aux témoignages qui m'étaient donnés. J'ai souvent dû me faire l'avocat du diable, présenter les objections qui pouvaient être faites en bonne logique, mettre en doute, ou tout au moins relativiser, certaines affirmations. Chaque fois qu'une explication étrangère à la voyance pouvait être avancée, je l'ai signalée, mais si j'ai dû m'adapter à toute la gamme des opinions et des sentiments de mes interlocuteurs, il a été nécessaire, pour cette même raison, d'aller parfois aussi loin qu'eux. Passer de la voyance événementielle, portant sur des faits de carrière, d'écriture, d'amour, de naissance et de mort, à la voyance spirite qui touche parfois au pittoresque et à l'extravagance ou à des données essentielles de la vie de l'esprit, n'est pas une démarche toujours aisée. C'est la richesse et la variété de ces conversations, qu'elles nous mettent en contact avec des athées, des agnostiques, des tenants des religions révélées, des spiritualistes influencés par l'ésotérisme occidental et les courants orientaux, pour ce qui touche notamment au karma, à la réincarnation, à la pérennité de l'identité après la mort.

Une fois ces questions posées et les réponses enregistrées, je me suis trouvé dans la situation d'un chercheur de trésor qui aurait accumulé un trop lourd butin et ne saurait comment le gérer ni le répartir. Cet ensemble de conversations devait être traité comme une enquête, c'est-à-dire que l'avis de chacun des interviewés comptait pour chacun des points abordés. Au risque de paraître complaisant et répétitif, il a bien fallu noter que l'impression produite par Yaguel était extrêmement positive et que l'on appréciait, au-delà de ses qualités de médium, sa gaieté, sa vitalité, sa générosité. Que l'on n'était pas insensible à son charme ni à son « look » de femme moderne. Répété vingt-sept fois, cela fait beaucoup ! Mais lorsque ce consensus a été dépassé, rien n'a été plus divergent que les expériences des participants, que leur approche de la médiumnité, que les niveaux auxquels ils ont souhaité se placer.

Si la plupart ont consulté Yaguel par hasard, sur recommandation, ou après une rencontre chez des amis, certains journalistes sont allés la voir pour faire un reportage, dépêchés par un magazine (Josette Alia, Alix de Saint-André, Marie-Claire Pauwels, Catherine Rihoit). Mais les motivations personnelles dominent, avec de véritables chocs émotifs au cours des premières rencontres, ou à certains moments de rupture intime (Élisabeth de Caraman-Chimay, Catherine Hermary-Vieille, Stéphane Jansen, Fanny Hergé, Candice Patou et Robert Hossein, etc.). Beaucoup de prédictions ont porté sur des faits quotidiens, presque anodins, touchant à des événements professionnels heureux, à des états de santé ou à des accidents sans gravité, à des choix de maison, des changements de domicile à l'étranger (Catherine Hermary-Vieille, Stéphane Jansen, Jean-Pierre Foucault, Claire Bretécher, Fanny Hergé, Alexandra de Chimay, Catherine Rihoit, Catherine Marlet [1]), sur des rencontres et évolutions sentimentales (Stéphane Jansen, Robert Laffont, Catherine Marlet, Jean-Michel

1. Le témoignage de Catherine Marlet, styliste, est cité à différents moments de l'ouvrage. Yaguel lui a donné des indications exactes sur l'évolution de sa vie sentimentale et sur la force d'un lien, au-delà des ruptures et des suspensions de la vie ; sur des maisons qu'elle a acquises au Maroc ; sur les caractéristiques de ses créations de mode et d'objets ; sur ses affaires ; sur des deuils concernant sa fille. Au cours de séances, elle a entendu Yaguel donner à Waldemar Lestienne des précisions concernant la vocation de son frère, prédire à un ami un prix littéraire.

Ribes [2]), sur des vacances (Robert Laffont, avec une extraordinaire voyance péremptoire). Mais d'autres ont été lourdes de révélations extrêmement importantes, touchant à des faits graves ou douloureux (le krach boursier pour Laurent Adamowicz; la mort de Michel Seurat à Marie Seurat et Emilia Masson; l'assassinat de Sadate (Élisabeth de Chimay, Françoise Bitton [3] et Mona Touzani) et celui de Bechir Gemayel (Mona Touzani); la mort d'Arnaud de Rosnay (Marie-Claire Pauwels). La lutte pour enfanter (Marie-Claire Pauwels), ses drames (Katinka), ses permutations heureuses (Catherine Hermary-Vieille), ses espérances forment une trame de fond. A un moindre degré, des accidents graves ont été prédits (Jean-Pierre Foucault au sujet d'un ami); la séquestration du baron Empain a été évoquée devant Alexandra de Chimay; une hésitation sur une intervention chirurgicale a reçu une réponse (Claire Bretécher); les visions d'accidents de voiture ne se comptent plus (Élisabeth et Alexandra de Chimay notamment); différents décès furent annoncés à Candice Patou et Robert Hossein, à Ferdinand de Habsbourg et à beaucoup d'autres. Des flashes concernant des réalisations professionnelles sont apparus, ici et là, particulièrement brillants : cinq grands reportages prédits à Christian Brincourt, une description minutieuse et pittoresque donnée à Virginie Ferry au sujet de la création de son restaurant à Los Angeles; Robert Hossein interrogeant et s'interrogeant sur les mises en scène qu'il « voit » et sur l'effet de sa dramaturgie sur le public; Dominique Lavanant s'entendant annoncer un César, au point qu'elle ne manifestera aucune émotivité quand l'événement se produira... Yaguel démonte, expose et résout la situation professionnelle extrêmement compliquée d'Emilia Masson; Catherine Nay reçoit les réponses dont elle a besoin pour *Le Noir et le Rouge*.

Les expériences tentées par les périodiques ont dans l'ensemble connu des succès et ont touché essentiellement à des investigations sur le passé : Josette Alia pour *Le Nouvel Observateur*, Alix de Saint-

2. Jean-Michel Ribes, auteur et réalisateur de télévision, insiste sur le fait qu'il n'est pas concerné par la voyance comme consultant, et qu'il ne s'interroge pas, sinon avec scepticisme, sur ce phénomène. Seules son amitié pour Yaguel, la façon sympathique et décontractée dont s'est passé un entretien occasionnel lui font témoigner que celle-ci lui avait prédit un mariage avec une personne de langue anglaise dont elle lui avait fait une description physique. Ce qui s'est réalisé, hors intuition ou déduction psychologique, puisqu'il a épousé une Canadienne de Vancouver qui correspond exactement à l'image qui lui avait été donnée. Des prédictions professionnelles sont exactes, mais s'inscrivent dans le cours des choses et ne relèvent pas forcément, à son avis, de la voyance.

3. Françoise Bitton a été l'amie de Yaguel peu après son arrivée à Paris; elle parle, dans la première partie, de l'apparition du don médiumnique. Son témoignage sur la prédiction de la mort de Sadate, cité parmi les visions péremptoires, est particulièrement précis.

André pour *Elle*. Ainsi, Akhenaton, Michel-Ange, le *Titanic*, sont des dossiers qui prennent place à côté de la prodigieuse approche menée par Emilia Masson sur les Hittites, avec la rigueur scientifique la plus exigeante, à côté de séances (qui ne figurent pas ici) que Yaguel a conduites avec le Pr. Rémy Chauvin sur la météorite d'Orgueil, la planète Mars, le mont Ararat ou, avec d'autres intervenants, sur la pyramide de Chéops.

La recherche des énigmes historiques, des secrets de famille, qui est une des grandes « spécialités » de Yaguel Didier depuis *Leur vrai destin*, a retrouvé tous ses droits avec Michel de Grèce, Sophie de Habsbourg, Élisabeth de Chimay, mais certains, comme Marie-Claire Pauwels, pensent que ce type de voyance peut être l'effet d'une imagination romanesque, et reculent devant la singularité des faits qui sont abordés et élucidés par le médium. On voit cette dernière privilégier la voyance personnelle contre les visions rétrospectives, alors qu'Alix de Saint-André écarte le recours à cette même voyance personnelle, dangereuse et faillible selon elle, pour s'intéresser aux investigations dans le temps, menées avec une équipe.

Des glissements temporels sont relevés, avec des écarts souvent importants ou des réalisations en suspens (Alexandra de Chimay, Catherine Rihoit, Laurent Adamowicz, Mona Touzani). Laurent Adamowicz signale une curieuse ambiguïté sur les causes : un incendie étant à l'origine d'une inondation de marchandises! Des « erreurs » sont notées par Claire Bretécher, Michel de Grèce et moi-même (ou des semi-prédictions) mais Yaguel, comme on l'a vu, tend à intégrer l'erreur médiumnique au destin. Des confusions, dans des séances collectives pour *Elle*, par exemple, sont l'effet d'analogies (Sahara = désert; Léonard de Vinci à la place de Michel-Ange), du transfert symbolique de l'image (le *Titanic* est un homme).

Un des parasitages les plus curieux de la voyance, résultant des juxtapositions, des carambolages, des agglomérats de visions qui portent sur des faits, des personnes, ou des objets distincts est ici illustré : un écrivain, qui a tenu à rester anonyme, nous dit que Yaguel a vu en un seul cliché deux appartements qu'il allait successivement occuper; Catherine Nay parle d'une confusion de personnes dans la prédiction d'un accident; Josette Alia et Alix de Saint-André insistent sur les imprégnations réciproques de documents juxtaposés, sur la mutabilité de certains personnages. Mais, très souvent, ces distorsions sont le fait de notre propre incapacité à interpréter le flash médiumnique, et, sur ce point, beaucoup rejoignent Élisabeth de Chimay et Alix de Saint-André (l'écrivain, déjà cité, avait attendu le Prix Fémina, parce qu'on lui avait dit qu'il allait recevoir une distinction décernée par des femmes, alors qu'il s'agissait du prix des lectrices d'*Elle*), etc.

Restent les moyens d'intervention sur une voyance très clairement proférée. Olivier Dassault explique comment il a pu éviter un séjour aux États-Unis, pourtant programmé, et par là il affirme sa foi dans le libre arbitre; Catherine Hermary-Vieille considère que « le destin n'est pas rigide », Alix de Saint-André que la voyance ne donne que les nœuds des problèmes et non leur solution. Michel de Grèce, l'un des intimes de Yaguel Didier, l'inspirateur des voyances historiques, a une conception très souple, très relativiste de la médiumnie qui trace des chemins mais n'explique pas tout. Ces convictions, plus proches de la conception astrologique traditionnelle que de la médiumnie fondée sur des clichés, font l'objet d'un débat permanent avec Yaguel et ses amis, qui réapparaît à plusieurs moments de ce livre. On voit aussi comment s'ouvre le large éventail des interprétations de la médiumnie, et la divergence des avis, des convictions, des expériences dans les vingt-sept témoignages réunis et confrontés est l'un des résultats les plus passionnants de cette enquête. Cela commence par le simple constat, fait en passant et sans recherche d'explication (Jean-Pierre Foucault, Claire Bretécher) ou en éprouvant l'impossibilité de trouver une explication (Marie-Claire Pauwels), cela trahit la peur de toucher à un domaine dangereux mais bien avéré (Alix de Saint-André), induit l'approche psychoanalytique (Catherine Rihoit) et le phénomène de société (Josette Alia).

Pour beaucoup, la voyance est un des attributs de l'esprit humain qui n'implique aucun lien entre un plan et un autre et qui, chez le médium, est une disposition hypertrophiée (Dominique Lavanant, qui est par ailleurs croyante); sans doute, Catherine Nay; Michel de Grèce pense que la voyance est quelque chose de plus simple et de plus naturel que ce qu'on en fait.

C'est d'ailleurs là le premier terme d'une alternative dont l'autre est la croyance en un don, voire en une mission. Le médium a une charge, une action à conduire, et sans doute des comptes à rendre (Élisabeth de Chimay, Robert Hossein, Emilia Masson, Stéphane Jansen, Catherine Hermary-Vieille). Le point extrême de ce cheminement est atteint par le constat d'une voyance spirite avec manifestation d'entités : pour Michel de Grèce, Catherine Hermary-Vieille, Emilia Masson, Fanny Hergé, pour Stéphane Jansen également, qui est passé d'une voyance événementielle à l'évocation d'un ami décédé. Mais cette voyance spirite touche à des situations limites avec les évocations provoquées par Michel de Grèce et Patrick de Bourgues, et dont certaines ont donné la substance de *Leur vrai destin*, à moins qu'elles n'aient eu lieu en leur présence à la demande de tiers. L'un des épisodes les plus amusants, que certains lecteurs considéreront comme de la pure élucubration, est celui du « fantôme de

Chimay » que Yaguel a permis d'identifier. Mais tout le témoignage de la princesse de Chimay baigne dans ce que j'appelle « la communion des vivants et des morts ». Très souvent la vision se présente sous une forme symbolique que Yaguel interprète presque toujours rapidement, ce qu'elle a fait dans la métaphore du building qui s'écroule pour indiquer le krach de Wall Street, mais qu'elle n'a pu contrôler dans l'étrange vision du *Titanic* où elle a pris le Pirée pour un homme. Le virus du Sida est « visionné » à un moment comme un tableau de Vasarely.

On évoque également, sans préciser, d'étonnantes « reconstitutions de carrière », avec dates, rencontres, progressions, des lectures du passé individuel et des discussions, à mon avis fondamentales, sur le lien entre médiumnie et création (Claire Bretécher, Katinka, Catherine Rihoit).

Beaucoup, nous l'avons vu, interrogent dans le cadre de leur profession (reportages, films, affaires) ou reçoivent des précisions sur leurs enjeux politiques (Olivier Dassault) et les écrivains (les historiens plus particulièrement) obtiennent des informations, partielles mais inédites, et vérifiées ultérieurement, sur des personnages dont ils vont étudier la vie (Michel de Grèce pour Théodora, Catherine Hermary-Vieille pour la Brinvilliers, Catherine Rihoit qui se voit décrire le cadre de son roman *Soleil*). Certains reçoivent l'annonce de prix littéraires. Cependant plusieurs, malgré de brillantes prestations avec Yaguel, refusent d'utiliser sa voyance dans leur métier : Robert Laffont pour l'édition, Josette Alia pour ses reportages.

Il est frappant que plusieurs personnes interrogées aient fait état d'expériences médiumniques personnelles, parallèlement à celles qu'elles ont eues avec Yaguel.

C'est sans doute Catherine Rihoit qui va le plus loin, puisqu'elle nous fait assister au déploiement d'un don, dans des circonstances tantôt anecdotiques, tantôt dramatiques, mais Élisabeth et Alexandra de Chimay, Michel de Grèce et, à un degré moindre, Fanny Hergé, Dominique Lavanant, Marie-Claire Pauwels, Katinka revendiquent une sorte de parenté avec Yaguel.

On dira que cette affinité avec celle qui est au centre de cet ouvrage émousse la pertinence des témoignages. Je pense qu'il s'agit, au contraire, de convictions parallèles qui n'enlèvent rien à l'exacte description des faits ni à leur mise en situation critique.

Le cas de Robert Hossein, qui refuse de donner le nom de voyance aux clichés qu'il a dans son travail parce qu'il n'en connaît pas la finalité, pose, à lui seul, un problème très particulier. Nous n'avons cessé de nous chamailler à ce sujet au cours de notre entretien.

Et pourtant, nombreux sont ceux qui affirment ne pas être déterminés dans leur action par une voyance de Yaguel, ne pas penser à celle-ci lorsque l'événement prévu va arriver et ne rien faire pour le maîtriser. J'ai inlassablement questionné sur cet aspect important du comportement du consultant, et j'ai dû m'en tenir à ce qui m'était répondu. C'était, la plupart du temps, assez évident, l'écart étant trop grand entre l'ampleur de la prédiction et les forces, la conjoncture, les coïncidences nécessaires à sa réalisation.

L'interrogation sur la télépathie comme une explication possible est souvent présente dans ces témoignages, mais si Alix de Saint-André la considère comme un déclic nécessaire à la vision, nous sommes nombreux à nous interroger sur sa réalité et sur les effets perturbants qu'elle exerce dans la voyance. De toute façon, les « scrutateurs en médiumnie » font observer que, même dans le cas d'une lecture de pensée, Yaguel leur a dit beaucoup plus qu'ils ne savaient et qu'ils ont dû vérifier dans des ouvrages ou par leurs recherches ce qu'elle avançait (Josette Alia, Alix de Saint-André, Catherine Hermary-Vieille, Michel de Grèce).

A travers ces lignes s'impose une image de Yaguel très chaleureuse, mais il est important de noter que, bien au-delà de la voyante, certains de ses consultants ont vu en elle une amie et une confidente. Candice Patou, Catherine Nay, Stéphane Jansen, Olivier Dassault, Virginie Ferry, Catherine Hermary-Vieille, Robert Hossein, Katinka, Mona Touzani ont des mots très personnels et très affectueux pour parler de Yaguel, pour exprimer la reconnaissance qu'ils éprouvent à son égard en raison de ce qu'elle leur a apporté. Yaguel, il est vrai, a beaucoup d'amis... Sa fréquentation a bouleversé la vie, les convictions et les pratiques de certains, qui le disent et le répètent ici. Trois personnes m'ont confié que Yaguel leur avait sauvé la vie dans des périodes où seul le suicide leur paraissait une issue. Reste le cas – extrême – de Marie Seurat qui décrit sa dépendance médiumnique et avoue : « Elle me dicte ma vie. » On lira mes mises en garde, mais le parcours de Marie Seurat est, on le sait, particulier et douloureux. Élisabeth de Chimay et Michel de Grèce (ainsi que Marina de Grèce) occupent une place particulière dans ce groupe car ils ont soutenu Yaguel, psychiquement et médiumniquement, l'une étant une véritable « caisse de résonance », une compagne spirituelle, l'autre exerçant avec vigilance et perspicacité une sorte de protection sur un don qu'il sait vulnérable et précieux.

Joëlle de Gravelaine, avec son étude du thème de Yaguel placée en annexe, intervient par des voies qui doivent sans doute à l'amitié, mais surtout à la pratique de son art. Il était tout de même important de savoir si l'on pouvait lire son don médiumnique dans sa carte du ciel. Le regard d'une des grandes prêtresses de l'astrologie sur l'une des grandes dames de la médiumnie est un exercice dont on appréciera la primeur et la saveur.

J. A. Muenier, graphologue, a bien voulu nous confier une étude qu'il avait faite sur l'écriture de Yaguel. Le Dr Dimitri Viza situe le cas de Yaguel et la médiumnie dans un rapport possible avec l'expérimentation, avec les théories scientifiques les plus récentes. Il apporte une caution importante en considérant la voyance comme un fait.

CONCLUSION

LA « PREUVE » EST-ELLE POSSIBLE ?

Nous avons insisté, à plusieurs reprises dans la première partie de cet ouvrage, et au cours de certaines interviews, sur le caractère fragile, aléatoire, incertain de l'acte médiumnique. Les conditions mêmes de l'apparition de l'image et de son interprétation, les parasitages dont nous avons examiné les effets, le caractère symbolique de nombreux clichés qui oblige le médium et le consultant à un véritable décryptage, le processus de l'interrogation de la voyante que certains réprouvent, et qui conduit souvent à une rupture du champ médiumnique par le handicap de la « parole coupée », contribuent à écarter les prédictions et la clairvoyance des phénomènes aisément saisissables par l'expérience.

Avant d'organiser le fonctionnement de son équipe, Stephan A. Schwartz souligne l'influence que les conditions de travail exercent sur le résultat des prestations. Encore ne distingue-t-il tout d'abord que les terrains désertiques et les recherches d'épaves où le médium n'est relativement pas perturbé par les interférences qui peuvent se produire lorsqu'il faut obtenir une concentration, productive de clichés exacts, dans une ville, au milieu de nuisances qui déstabilisent l'officiant. Et d'ajouter : « Même dans les conditions apparemment idéales d'un laboratoire, les compétences psychiques sont fragiles. Le bruit, les vibrations et tout simplement le nombre d'habitants d'une grande ville mettent à rude épreuve ces capacités sensibles et peu comprises. » (*Le Projet Alexandrie*). Yaguel Didier, lorsqu'elle accepte de passer dans une émission de radio ou de télévision, est très souvent aimablement invitée à faire une prédiction politique, à trancher sur un fait divers. Elle s'y refuse systématiquement en disant : « Je suis incapable de voir sur commande, non que l'ambiance soit hostile, mais je ne suis pas chez moi, je ne suis pas un ordinateur qui fonctionne en appuyant sur un bouton. J'ai besoin d'un cadre, d'une ambiance chaleureuse, même s'il y a, par ailleurs, des témoins oculaires, des contrôles. » Encore, dans un échange courtois avec l'animateur d'« Indicatif présent », reconnaît-elle que le climat de l'émission est sympathique et qu'elle n'a pas le sentiment d'être piégée. Il en va tout autrement dans la plupart des émissions qui se sont préoccupées depuis quelques années des phénomènes de médiumnie. Dans une édition de « Droit de Réponse », Michel Polac avait réuni médiums et observateurs. Il régnait une atmosphère d'aimable capharnaüm; les médiums s'étaient copieusement trompés, avaient été ridiculisés par Gérard Majax et sévèrement contrés par le représentant de l'Union rationaliste.

Les prestidigitateurs produisent des résultats surprenants, qui pourraient passer pour des expériences paranormales s'ils n'annonçaient honnêtement, à chaque fois : « Il y a un truc. » En quoi ils font œuvre de salubrité car, en indiquant les possibilités extraordinaires de la virtuosité illusionniste, ils montrent que le truquage est toujours possible. Comme ils sont généralement sympathiques, animés par une espièglerie ludique qui ajoute à l'habileté de leurs démonstrations, ils mettent les rieurs de leur côté, ce qui, en France, est un atout considérable, mais qui ne fait pas progresser considérablement l'étude du phénomène.

L'histoire de la médiumnie est polluée par cette suite de tricheries et de duperies qui ont trompé les meilleurs esprits et les savants les plus authentiques. On ne devra jamais écarter cette possibilité du charlatanisme, d'autant qu'il apparaît, comme une moisissure nauséabonde, chez certains médiums authentiquement doués au départ, chez certains expérimentateurs initialement honnêtes, mais qui, acculés à la performance, se laissent tenter par le démon de la fraude. (On se souvient de Rhine dénonçant, le cœur brisé, la tricherie du Dr Jay Levy, commise dans son laboratoire.) Ce qui a pour effet de faire s'écrouler l'édifice des expériences conduites avec de tels sujets et de ruiner des approches qui auraient pu donner des résultats appréciables. Mais cet hommage rendu aux illusionnistes, bien que leur religion soit établie et que leur action ait pour unique projet de démontrer la supercherie et l'inanité du paranormal, il faut souligner le caractère particulièrement stressant, humiliant et agressif des conditions qui sont faites aux malheureux médiums qui acceptent de jouer le jeu. Dans la moiteur d'un studio éclairé *a giorno*, considérés *a priori* comme des tricheurs potentiels, ils reçoivent des sommations, des interdictions, des injonctions à conclure rapidement, sous le regard férocement soupçonneux du rationaliste de service qui exprime un doute sourcilleux plus qu'une ironie caustique, l'humour restant l'apanage des illusionnistes qui s'amusent visiblement à leur jeu de massacre. J'ai vu Marie Delclos, bonne astrologue, qui réussit régulièrement avec son partenaire des opérations de télépathie, être complètement contrée et décontenancée par le protocole tatillon et perturbant qu'on lui imposait au cours de l'émission précitée.

Avec une extrême virulence, une polémique a été déclenchée contre la complaisance des instruments médiatiques à l'égard des « parasciences », de l'astrologie, de la numérologie qui trouveraient une place excessive sur nos écrans de télévision et nos antennes. Ces temps d'émission consacrés aux différentes « logies » sont, paraît-il, une atteinte à l'intégrité de l'intelligence qui appelle des mesures de salubrité, de censure et d'interdiction. D'autant plus, nous dit Alain Cuniot, que « les intermédiaires médiatiques n'hésitent pas à faire monter la mayonnaise entre de pâles gourous incultes mais verbeux, et les Français... » Je partage exactement cette dernière critique, mais pour des raisons diamétralement opposées. Ce n'est pas la place accordée dans les grilles d'émissions au paranormal, expérimental ou anecdotique, qui m'inquiète, mais l'usage, très souvent grotesque et caricatural, qu'on en fait. Le paranormal, sous toutes ses formes, et si possible sous ses espèces les plus mêlées et les plus composites, est utilisé par des réalisateurs de télévision comme ingrédient comique très recherché. Ils ont pour objectif de divertir, et ils y parviennent avec talent, souvent, ces jeunes animateurs qui convoquent sous des prétextes farfelus, et quelquefois sous les appâts d'une confrontation sérieuse, les voyants les plus complaisants, les mages les plus ringards, les parapsychologues les plus marginaux, pour organiser une foire d'empoigne dont les effets de dérision sont assurés. Des chercheurs authentiques se laissent parfois convaincre par ces assurances trompeuses et se débattent ensuite comme de beaux diables pour se dégager du piège auquel ils se trouvent pris.

Est-il nécessaire de sacrifier à ces grotesques parodies d'où est absent jusqu'au prétexte des anciens « Droit de Réponse » – qui était d'ouvrir et d'épuiser un dossier – pour obtenir un niveau d'audimat convenable? Ces émissions ont pris le parti de démystifier tout ce qu'elles touchent; intention salutaire lorsqu'il s'agit d'institutions établies et de lieux communs arrogants, mais qui, sur des hypothèses fragiles et controversées, brouille toute approche, toute réflexion. On voit pourtant qu'il est possible d'obtenir un mouvement d'intérêt très appréciable en informant honnêtement et sérieusement. Cela demande évidemment un talent qui ne repose pas uniquement sur le burlesque des protagonistes ni sur le ridicule de leurs prestations. Jacques Chancel invite Yaguel avec des médiums qui présentent leurs livres récents sans surenchère compétitive; il pourfend au passage un plaisantin qui sévit sur le petit écran, mais conduit un échange où l'auditeur a des chances d'apprendre quelque chose. Jacques Paugam, voulant organiser un entretien sur le « Temps », réunit des scientifiques aussi peu contestables que Yves Coppens, Henri Laborit et Jean Matricon qui acceptent sans embarras un échange de vues avec Yaguel Didier, dont l'expérience médiumnique éclaire le sujet sous un jour particulier. Si j'insiste sur cette émission, c'est autant parce que Yaguel y tint fort aisément sa place, que pour la simplicité et la courtoisie avec laquelle elle se déroula. Aucun des participants ne se sentit compromis par la présence d'une voyante célèbre, ni obligé non plus de se rendre aveuglément à ses arguments ou à son témoignage. Mais, avec un respect réciproque, quatre personnes ont tenu, ce soir-là, la gageure d'un réalisateur attentif aux choses de l'esprit et n'ont pas laissé les téléspectateurs sur cette impression d'amertume et de non-sens qu'ils ressentent trop souvent après avoir assisté à des empoignades stériles, à des échanges de coups ponctués par des : « Laissez-moi parler, Monsieur, puisque vous vous êtes exprimé. » Lorsqu'une confrontation débouche sur ce genre d'exclamation, elle signe son échec médiatique, et les participants sérieux devraient se lever et partir. Les confrontations organisées par Jean-Claude Bourret sous le titre de « Duel sur la 5 » sont révélatrices de cette impossibilité de communiquer, de cette interférence constante des discours, de l'usage des qualificatifs les plus blessants et les plus méprisants pour nier à l'interlocuteur toute respectabilité. Alors, pourquoi engager un duel à coups de massue dont il ne sort absolument rien? L'auteur d'*Incroyable... mais faux* est plus efficace lorsqu'il compare les prédictions téméraires de certains voyants et astrologues avec le calendrier des événements réalisés. Le résultat est comique et accablant, mais il ne fait que traduire (mis à part le jugement que l'on pourra porter sur la capacité des intervenants) la difficulté de se livrer sur commande à des pronostics concernant la vie publique. Lorsque Yaguel Didier a eu des flashes touchant à des personnes privées ou à des phénomènes catastrophiques, il lui est arrivé d'agir dans le cadre de consultations, comme on l'atteste dans plusieurs interviews, mais elle a le plus souvent été saisie par le surgissement de l'image, notamment lorsque cette image concernait des épisodes tragiques, des assassinats politiques, le sort d'otages, de personnes kidnappées ou disparues. Cependant, le rapport de tous ceux qui ont reçu la confidence de ces visions étayera des « cas », des dossiers, mais restera entaché par les suspicions qui s'attachent au caractère incertain de tout témoignage, notamment dans le domaine judiciaire. Ce n'est pas la moindre coïncidence que nous soyons conduits à utiliser deux termes qui ont cours dans les prétoires et dont les conséquences sur la liberté, l'honneur, voire la vie, de certains individus sont déterminantes. Le « témoignage », comme en matière pénale, est faillible : défaut de mémoire sur les faits, les dates, embellissement ou dévaluation, manifestation du « vouloir croire » qui pousse à éluder, à gauchir, à gommer imperceptiblement, en toute bonne foi, ce qui pourrait contrarier le cheminement de la volonté démonstrative. « L'intime conviction », qui procède du premier terme, doit être pourtant considérée comme une approche sérieuse du paranormal; il doit en être tenu compte dans cette tentative d'ébauche de preuve dont il est si difficile de rassembler les constituantes péremptoires. « L'intime conviction » peut procéder de la fréquentation du médium, de l'approche commune qui peut être faite avec lui de ses expériences, de l'accumulation et de la convergence de certains témoignages, de l'examen approfondi de voyances au moment de leur éclosion et au cours de leur processus de réalisation. Cette « intime conviction », qui habite le juge d'instruction et conduit les jurés, ne peut-elle, malgré la valeur relative de sa force probatoire, inspirer le jugement que l'on portera sur certains actes médiumniques devant le tribunal de notre conscience, de notre discernement, de notre capacité à conclure?

Cela dit, comment en vouloir aux vérificateurs de multiplier les modes de vérification, aux contrôleurs d'accumuler les contrôles jusqu'à annihiler, par leur rigueur même, toute chance de réussite? Nous touchons là peut-être à l'impossibilité de l'expérimentation. Si, pour être persuadé de l'existence d'un phénomène médiumnique, on exige que les mêmes causes produisent les mêmes effets dans des conditions semblables, l'échec est inéluctable car le médium n'est pas un instrument aux performances constantes; il exige une approche progressive, une écoute amicale, une complicité chaleureuse, même si celle-ci reste vigilante et critique. Rien n'est plus étranger au code élaboré par Claude Bernard pour l'étude de la médecine expérimentale, aux conditions d'observation et d'expérimentation en laboratoire, où l'impassibilité de l'intervenant peut engendrer un blocage et la multiplication des appareils de contrôle et de mesure une gêne physique. Il faudrait que l'on puisse proposer à un sujet de reprendre une tentative autant de fois que l'exigera une mise en condition propice, qui peut demander de nombreux reports, une infinie patience, l'acceptation de défaillances qui ne seront pas comptées comme des échecs, et que l'on ne mette pas un frein à l'expression d'une sympathie qui n'est pas antinomique avec l'esprit scientifique.

LE RÔLE DES SCIENCES HUMAINES

François Laplantine, dans un article publié dans *Le Monde* du 18 octobre 1987, avait écrit, en ce sens, « La voyance... est un phénomène complexe qui, comme la passion amoureuse ou la création artistique, n'est pas " reproductible " à la demande... Ce n'est pas une machine à explorer le temps produisant des réponses binaires dont nous pourrions évaluer les performances. C'est un mode de communication sensoriel, intermittent, involontaire et semi-conscient, organisé en une pratique sociale qui se laisse difficilement réduire dans les termes simplificateurs de l'erreur et de l'illusion, de l'hallucination et de la réalité. C'est la raison pour laquelle l'étude strictement expérimentale de la voyance (comme l'étude expérimentale de l'amour ou de la création musicale, littéraire, picturale) ne peut que détruire le phénomène que l'on se proposait d'étudier. » Je cite longuement cet article, à la suite d'Alain Cuniot qui s'y réfère pour critiquer l'entreprise de François Laplantine et de son équipe, mais il est préférable de se reporter au livre lui-même, *Un Voyant dans la ville*, dont j'ai dit à plusieurs reprises l'estime qu'il m'inspirait. Le maître d'œuvre analyse bien les raisons qui font de la clairvoyance, dans notre culture de langage et de discours, un phénomène incompatible avec notre forme de pensée : « Le refus de la voyance s'apparente au refus de *l'étranger* dont la différence nous paraît insupportable parce qu'elle met en péril notre propre identité et notre propre conception du monde. » Il définit les caractéristiques et les limites de sa méthode, qui n'est pas de « faire de la parapsychologie ou de la parasociologie, mais bien de la psychologie et de la sociologie », en se situant dans l'observation directe du voyant et de ses consultants, saisis dans leur milieu naturel. « Notre intention n'était pas de faire l'apologie de la pratique (ni de la personnalité) de Georges de Bellerive, mais de l'analyser et d'en rendre compte. » D'où la création d'une équipe pluridisciplinaire qui implique l'étroite collaboration des partenaires en présence, persuade le médium de se soumettre à une investigation d'un an et demi qui n'est pas sans risque pour lui, se propose de rendre compte d'un « phénomène social total », intégrant toutes les approches disponibles du « sujet ». Les auteurs renoncent à l'application de grilles d'interrogation coercitives pour s'impliquer personnellement, accepter leurs propres divergences : une « hypothèse basse » tient l'énoncé de la prédiction en dehors du champ d'investigation; une « hypothèse haute » accepte de soumettre les modèles de référence (sociologie, anthropologie, biologie et médecine) à des « procédures d'invalidation », c'est-à-dire à réfléchir sur le « mode de pensée catégoriel et classificatoire » acquis, qui « nous apprend à séparer l'avant et l'après, le moi et le non-moi, l'intérieur et l'extérieur, alors que le voyant... les réunit ou les fait communiquer. » On voit avec quelle prudence, et en même temps avec quelle audace, François Laplantine propose sept grands axes d'approche du phénomène de la voyance à travers la mise en situation du voyant. Ces axes passent tour à tour par une approche extérieure du contexte culturel, d'une anthropologie de la communication et de la confrontation avec la science contemporaine, une interrogation des discours tenus *sur* le voyant et l'examen du discours tenu *par* le voyant.

Un tel travail ne conclut pas à la véracité de l'énoncé de la prédiction, ne constitue pas un élément de preuve, mais un effort pour cerner sans « postulat de complaisance », comme accuse Alain Cuniot, le fonctionnement d'un médium. On reproche, en somme, à François Laplantine de ne pas « faire l'appréhension... statistique des manifestations du don revendiquées par les voyants » (bien que les « cas » énumérés dans l'ouvrage constituent une couverture du phénomène). Donc de ne proposer qu'une étude conforme aux champs d'examen des différentes disciplines qu'il a réunies et qu'il ne refuse pourtant pas de soumettre à des « procédures d'invalidation ». Autant lui reprocher de ne pas traiter de la médiumnie-spirite et de ne pas avoir inclu dans son étude un cas similaire au fantôme de Chimay.

La comparaison entre médiumnité, expression de l'amour et création artistique agace particulièrement car ces deux derniers phénomènes, nous dit-on, se mesurent à leurs effets. La médiumnie également, puisque c'est en tant que phénomène qu'un chercheur comme le Dr Dimitri Viza accepte de l'appréhender. Si la création engendre l'œuvre, la médiumnie engendre la prédiction que l'on peut approcher, décrire et vérifier. Ce n'était pas la vocation de l'équipe de Laplantine de dresser un répertoire des voyances réalisées ou non, comme je le fais dans cet ouvrage par le truchement des interviews et de mon dialogue avec Yaguel Didier. Certains témoignages de consultants de Georges de Bellerive débouchent, certes, sur ce type de problème, mais, encore une fois, ce n'était pas le propos fondamental du livre. C'est ne rien vouloir comprendre à la démarche des auteurs d'*Un Voyant dans la ville* que de leur demander d'avancer des hypothèses explicatives, des « justifications scientifiques », une mise en situation de la voyance dans le temps, comme pourront le faire un physicien, Olivier Costa de Beauregard, à partir d'une explication du paradoxe EPR (Voir Dimitri Viza) ou un éthologue et biologiste, Rémy Chauvin, dans sa présentation de la parapsychologie. Mais le plus grave, dans la critique d'Alain Cuniot, qui nous conduit à la mise en question de la possibilité même de la preuve, c'est sa démonstration en trois points où il reconnaît que la voyance est intermittente, qu'elle n'est donc pas reproductible à la demande, mais que dans ce cas, « un voyant honnête ne devrait parler que lorsqu'il reçoit un flash, message à lui destiné, propulsé dans le temps et dans l'espace. Il ne devrait y avoir, insiste Alain Cuniot, que des voyances toutes vérifiables. Car le temps ne saurait se tromper... » Et il ajoute ceci, qui est rédhibitoire : « Qu'un voyant, *une seule fois*, revendiquant le don sensoriel de communication avec le futur, se trompe, *c'est qu'il a menti.* Il n'a rien vu. Car il ne dit, dit-il, que ce qu'il voit. »

Pour qui a suivi la naissance fulgurante, mais le plus souvent tâtonnante et embuée, de l'image, qui a mesuré l'écart entre le flash et son interprétation, apprécié les différents parasitages que nous avons ici énumérés, une telle phrase constitue une rupture de dialogue, d'un dialogue qui n'a pu et ne pourra d'ailleurs jamais s'instaurer car la négation de la voyance, en se jouant sur l'argument du tout ou rien, est un refus d'appréhender ce phénomène dans son extrême complexité, c'est-à-dire dans sa réalité même.

MÉDIUMNITÉ ET PARAPSYCHOLOGIE

La médiumnité (ce mot pompeux et lourd dont je souhaiterais qu'il fût remplacé par un néologisme plus nerveux, la « médiumnie ») est un des chapitres de la parapsychologie et, étudiée comme telle, a sa place dans les ouvrages qui sont consacrés à la perception extrasensorielle (PES ou ESP en anglais) et à ce que l'on nomme couramment « l'effet psi ». Dans le cadre précis et restreint de cet ouvrage, j'ai évité d'évoquer, après tant d'autres, l'histoire de la médiumnité avec ses grandes figures de savants et de médecins renommés, William Crookes, William James, sir Olivier Lodge, Lombroso, Théodor Flournoy, Charles Richet, le Dr Osty, les « couples » souvent tumultueux qu'ils ont formés avec leurs médiums préférés. Les supercheries dont fut victime le découvreur du thallium, William Crookes, de la part de D.H. Home et de Florence Cook, sont, en une certaine manière, exemplaires des tribulations qui peuvent marquer les recherches d'esprits pourtant formés à l'expérience scientifique. En revanche, de nombreuses collaborations furent marquées par une parfaite honnêteté et des résultats probants : Pascal Fortuny, questionné par le Dr Geley, directeur de l'Institut, à qui le Dr Eugène Osty a consacré une monographie, n'est pas le seul cas de réussite dans cet échange nécessaire entre l'investigateur et le médium.

Un ouvrage sur la parapsychologie contient généralement une

approche historique de ces phénomènes, un éclairage du regain constaté au XIXe siècle, avec les sœurs Fox, les médiums américains, Allan Kardec et le spiritisme, une évocation des médiums célèbres, de ce que l'on a appelé d'abord la métapsychie, puis un inventaire des phénomènes paranormaux dans le champ d'expérimentation de la science moderne : la minutieuse quête de J.B. Rhine, fondateur de la « parapsychologie quantitative », sur la clairvoyance et la télépathie, l'étude de la psychocinèse (action de l'esprit sur la matière) et des générateurs aléatoires (H. Schmidt, P. Janin), de l'hypnose, des expériences de Batcheldor sur les tables tournantes (muettes) et sur les verres tournants ou sur le ouija qui, eux, peuvent être très bavards. On aborde ensuite le problème des rêves prémonitoires, des interrogations sur l'aura humaine (effet Kirlian), sur les dispositions animales, sur les chirurgiens psi, sur des approches de la mort et le voyage de l'âme. On traite enfin des *poltergeists* ou « esprits frappeurs », des médiums à effets physiques, de la radiesthésie, des techniques divinatoires comme le Yi King, la géomancie, voire le Tarot, et enfin de la voyance étudiée à travers son support le plus traditionnel, la boule de cristal (cristallomancie) et comme relation directe avec le consultant.

C'est précisément ce seul aspect des pratiques relevant de la parapsychologie qui nous a occupé ici, ce qui nous aura permis de limiter notre vocabulaire à des emprunts modestes : rétrocognition, précognition, télépathie (ou prophétie), pour la voyance du passé et du futur, clairvoyance utilisée indifféremment avec le concept de voyance, psychocinèse, en évitant de puiser dans l'abondant réservoir de la terminologie du paranormal qui a le mérite, certes, de préciser chacune des nuances de la médiumnité, mais dont je soupçonne les auteurs de se barbouiller avec une certaine délectation : « métagnonie (clairvoyance), cryptesthésie (perception des choses cachées), cryptomésie (réminiscence de la mémoire inconsciente), etc. » Il y a d'ailleurs chaque fois, derrière ces mots exacts et pédants, la proposition d'un grand exégète qui a voulu laisser sa marque.

Sans compter les soixante-dix mots forgés à partir de la racine « mancie », et dont la géomancie et la chiromancie ne sont que les expressions les plus courantes, tombées dans le langage commun et accessibles au vulgaire, à côté de l'aimable nécromancie et de la fascinante catophtomancie (divination par le miroir)...

Les essais consacrés à ces questions peuvent être écrits « de l'intérieur » comme le gros ouvrage de Werner Keller qui prend position dès son titre, *La Parapsychologie ouvre le futur* et conclut, optimiste : « L'humanité est à l'aube d'une ère nouvelle! » Ils peuvent, comme le court précis de Michel Rouzé, *La Parapsychologie en question*, se montrer aimablement persifleurs, en comptant les coups et en mettant le lecteur en garde. Deux études, cependant, méritent le détour, l'une est *L'Ère des Médiums*, l'autre, écrite par Rémy Chauvin, *La Parapsychologie, quand l'irrationnel rejoint la science*, se montre résolument favorable au dialogue, et termine toutes ses interrogations par des ouvertures. Situant, comme c'est l'usage, la parapsychologie sur le plan du phénomène humain, puisqu'il s'écarte résolument des hypothèses spirites, loue Batcheldor d'avoir mis des tables en lévitation sans essayer d'obtenir d'elles des messages, trouve dans les prédispositions du curé d'Ars lui-même l'origine des manifestations qu'il attribuait à Satan, il entre cependant dans le jeu : invente un appareil plus maniable que le ouija, s'intéresse à des séances de « verres parlants », où des réponses sont données à des questions écrites et posées dans un ordre ignoré du récepteur (celui qui met son doigt sur le verre et assure donc son mouvement). Mais il suggère l'élargissement de certaines expériences; en éthologie il va aussi loin que possible dans la parapsychologie animale, et il propose une consultation du Yi King par ordinateur. Il écrit aussi, au sujet des querelles sur la psychocinèse, qui ont donné lieu à des résultats ambigus (Crussart-Girard) et à la révélation de véritables impostures (Uri Geller), « il ne s'agit plus d'une recherche scientifique désintéressée et impassible, mais d'un véritable procès où les protagonistes cherchent à s'embarrasser ou à se déshonorer les uns les autres. » Il relève que les approximations, décelées en matière scientifique, lors des premières expériences, sont admises, à condition que l'on mette en œuvre un protocole plus rigoureux et que l'on améliore la méthodologie. En parapsychologie, les inévitables erreurs de début, les naïvetés, les insuffisances de contrôle à un point initial de l'approche, poursuivent le chercheur pendant toute sa démarche. Et, en allant plus loin, constatons que chaque fois qu'un scientifique, reconnu dans sa discipline et qui a associé son nom à des travaux notoires, s'écarte de l'orthodoxie du système causal, s'interroge sur une explication hypothétique ou ne refuse pas d'intervenir dans un dialogue avec un médium et de se pencher sur une expérience dans le paranormal, il est frappé d'indignité par ses pairs. On apprend que François Laplantine doit sa notoriété à son seul livre *Un Voyant dans la ville* et non à ses travaux sur l'ethnopsychiatrie et l'anthropologie de la maladie, qu'il est parti d'un « postulat de complaisance » et que, scientifiquement, son étude « ne vaut que peu ». « Jean Charon n'est pas sérieux, et Costa de Beauregard! Demandez l'avis des autres physiciens », peut affirmer le Pr Yves Galifret. Il ne s'agit pas, évidemment, du Costa de Beauregard physicien, mais de celui qui, à partir de ses convictions scientifiques, s'interroge sur le phénomène de rétroaction temporelle dans le paradoxe EPR; Bernard d'Espagnat, aux marges de l'interrogation : « Y a-t-il des physiciens dignes de ce nom qui croient à une intervention de la conscience dans les lois physiques? », répond : « Oui » (sans être impliqué, d'ailleurs, dans ladite réponse). Ne sent-il pas un peu le soufre?

Rien n'est plus déplaisant que de procéder à un racolage scientifique, dans l'histoire et dans la recherche contemporaine, de se barder de bouts de citations, de faire appel à une érudition courte pour se donner une crédibilité. Mais il n'est pas interdit de penser que David Bohm, Fritjof Capra, Brian Josephson, Eugène Wigner, Georgius Chew, Gary Zukav, Everett, Karl Pribram, John Ecclès, R.W. Sperry, F.A. Popp, illustres, nobelisés pour certains, pourvus de chaires prestigieuses pour des travaux qui n'ont évidemment rien à voir avec la parapsychologie, sont à l'origine de questionnements, d'inconfortables hypothèses, d'ébranlements des certitudes acquises. C'est le droit de chacun, s'il a pu directement affronter ces pensées majeures ou y accéder par des intermédiaires fiables, d'être, comme on dit, « interpellé ».

Rémy Chauvin, à son tour, est mis à mal par René Louis dans l'*Ère des Médiums*, qui perd son calme pour mettre en doute son « honnêteté intellectuelle », l'accuser d'être l'auteur de « théories-fictions » et de ne paraître « aussi assuré de ce qu'il énonce que lorsqu'il nous mène en bateau ». Cette façon de « dire les choses sans les dire tout en les disant » est la rançon d'un esprit de curiosité qui donne parfois au discours de Rémy Chauvin, dans ses interviews, une ambiguïté et une sinuosité que relève René Louis; mais il reste les écrits, les travaux, l'inlassable questionnement sur des problèmes non directement et immédiatement accessibles à l'appréhension scientifique ou sujets à divergences.

Les interrogations auxquelles s'est prêtée Yaguel Didier font partie de ce champ d'examen, et il faut espérer qu'elles seront exploitées en publication.

LE « VOULOIR CROIRE » ET LE « VOULOIR NE PAS CROIRE »

Il est notable que dans l'ouvrage de René Louis, qui prend donc à partie si rudement Rémy Chauvin, on trouve des dispositions exactement inverses à celles que celui-ci adopte. Reposant sur une écriture et une documentation serrées, atténuant l'ironie par un montage très articulé et « objectif » des faits, l'auteur trahit pourtant d'étranges défaillances méthodologiques, des impasses implicites. Il se prête à une expérience de verre parlant animée par un ancien ami, où les esprits les plus distingués se manifestent : Rimbaud,

Sade, des philologues et philosophes éminents; on interroge sur des différends de chapelle, sur une thèse à mener à bien, mais l'invité triche et pousse le verre pour lui faire « écrire » le nom d'un directeur de thèse potentiel. Tout le monde prend cela pour une communication du verre, et l'auteur de la supercherie, qui n'ose avouer son forfait, se perd en considérations sur la difficulté « d'avoir raison tout seul », ne réintègre pas dans son analyse le contenu des séances précédentes, et reste persuadé que, malgré quelques courtes défaillances où « il a pu se laisser porter par l'illusion d'être en communication avec des entités intelligentes », il n'a eu aucun rapport avec l'astral. La réfutation finale de l'aventure des chevaux d'Elberfeld est également décevante : après l'explication par les micromimiques et les modifications respiratoires, nous voilà devant une présomption d'anthropomorphisme car le Dr Krall, ayant donné à ses chevaux des noms humains (Zarif, Muhamed, Berto, Haenshen), « on a installé des réflexes conditionnés » dans ces animaux. Je crois, autant que l'auteur, au pouvoir des mots, à leur force formative, à la connexion chez les poètes du signifiant et du signifié, du signe avec son référent, mais on ne peut lire sans ébahissement que « Maeterlinck donnait... dans le piège des mots. Muhamed, Mohammed, Mahomet... Sous la figure du cheval n'était-ce point celle du Prophète qui perçait? »

Pour Victor Hugo l'épisode spirite correspond à un profond remaniement psychique, à un moment créateur particulièrement fécond : peut-on cependant parler de paraphrénie? La question reste posée. Dans le cas du médecin psi brésilien, Arigo, que je cite dans l'interview de Christian Brincourt, on met sur le fait qu'il opère en état second les incroyables pratiques chirurgicales auxquelles il se livre, sans anesthésie, sans hygiène. Je passerai sur ces fins de chapitre indécises, où le fleuve comme la rivière marocaine du Dra se perd dans les sables, pour citer deux exemples intéressants qui montrent, encore une fois, l'extrême difficulté, pour ne pas dire l'impossibilité, de la preuve. René Louis cite l'exemple d'un « paragnoste » célèbre, le Polonais Stephan Ossowiecki, que connurent le Dr Geley et Charles Richet. L'expérience de lecture sous enveloppe, que l'auteur rapporte avec minutie et probité, emporterait la conviction du plus sceptique. En se soumettant à un protocole minutieux qui écarte toute possibilité de fraude, Ossowiecki décrypte des images, des phrases, des signes, relie les unes aux autres, donne des noms propres, voit des événements futurs, perçoit des couleurs sous trois enveloppes opaques, fermées et épaisses. L'auteur ne trouve qu'à faire la fine bouche en observant que le médium fait du mot à mot, déchiffre certes des messages simples mais est inapte à en saisir le contenu (!). Et puis il malaxe fiévreusement l'enveloppe et « Richet, pourtant physiologiste, ne forme même pas l'hypothèse que S.O. (initiales du médium) pouvait avoir une perception tactile très fine qui lui permettait de sentir le relief que laisse le tracé d'un crayon ou d'une plume sur le papier (cas d'ultra-sensibilité) ». Donc, le médium est un imposteur : « Sinon, pourquoi aurait-il besoin de " malaxer fiévreusement " l'enveloppe ? » Et puis, cet aristocrate choisit son public ; il peut récuser qui le trouble ou lui déplaît. Comment, dans ces conditions, se livrer à une expérience sérieuse ! Il est beaucoup trop respecté par ses examinateurs qui ne peuvent se livrer à des contrôles minutieux. Enfin, chacun sait qu'une enveloppe imbibée d'alcool devient transparente. Le « prétendu médium » prend connaissance de son contenu. L'alcool sèche et le tour est joué qui « ne nécessite ni une grande dextérité ni beaucoup de matériel ». Lorsque la méthode critique, le souci des contrôles, la recherche des supercheries possibles prend ce tour obsessionnel, quand on inverse à ce point les sûretés d'une méthode de suspicion légitime, on fait apparaître, en face de la notion du « vouloir croire », dont on dénonce justement par ailleurs les glissements et les aveuglements, une pulsion de « vouloir ne pas croire » qui en est exactement l'envers maniaque et constitue une véritable perversion de l'esprit d'expérience. J'ai vu Yaguel Didier manipuler des enveloppes qui contenaient des documents ne comportant aucune trace (photos, coupures de journaux, jaquettes de livres, lettres indéchiffrables en raison de leur longueur), je l'ai vue assise devant six à huit personnes sans sortir de la pièce (exception faite dans l'expérience conduite par Alix de Saint-André), je l'ai vue, par flashes successifs, dépasser le « mot à mot » et entrer comme par une porte dans des situations psychologiques, des événements historiques, des métaphores et des symboles d'une extrême complexité.

Quant au désir exprimé par le médium de se sentir en état de sympathie, de calme et de confiance avec son entourage, de se livrer à une expérience gratifiante, sur un sujet porteur, nous ne cessons de dire qu'il s'agit là de conditions indispensables à la réussite d'une voyance et non d'un caprice aristocratique. Une grande partie de la médiocre réussite de Rhine avec son jeu de Zener[1] tient, selon le sentiment de Rémy Chauvin, au caractère assommant, répétitif, non stimulant du procédé, et il pense justement qu'un test dépourvu de « contenu affectif », comme l'était ce jeu de cartes, ne pourra mettre en évidence les qualités « psi » de l'opérateur. A ce niveau d'exaspération réciproque, on se sent d'humeur à rétorquer à nos contradicteurs, comme Michel de Grèce : « Si vous ne croyez pas à la

---

1. Cinq symboles : la croix, le cercle, les lignes ondulées, l'étoile et le carré, par jeu de vingt-cinq cartes, dont un intervenant « émetteur » transmet les images à un « récepteur ».

voyance, n'embêtez pas ceux qui y croient! » Ce qui est évidemment une réplique de dernière extrémité car tout, dans notre démarche, repose sur le constat d'une réflexion divergente mais exposée de bonne foi.

Une autre page de ce livre est passionnante parce qu'elle est à la fois révélatrice d'un système critique, dans ce qu'il peut avoir de plus légitime, et des dérapages incontrôlés où l'on voit que la liberté déductive, la possibilité d'une conclusion contraire aux prémisses, le réexamen des convictions les plus enracinées se trouvent complètement bloqués.

René Louis a l'honnêteté, qui ici est une manière de naïveté, de nous raconter comment il voulut, avec l'une de ses collègues, se livrer à une vérification expérimentale du phénomène de la télépathie. En adoptant le protocole du métapsychiste Henri Marcotte, ils se partagèrent la tâche : il serait l'agent émetteur, et elle, la « percipiente ». Il suggérerait, le soir même, le choix d'un objet et constaterait le lendemain matin s'il se trouvait dans le sac à main de sa partenaire. Il nous explique, avec une précision qui fait honneur à ses scrupules, comment il écarta des objets trop intimes ou trop extravagants qui auraient pu provoquer une censure. Son regard tomba sur un tournevis qui lui servait à régler sa vieille machine à écrire et il le mit dans sa serviette, comme preuve de son choix. Le lendemain, sa collègue sortit, à leur ébahissement réciproque, un tournevis presque semblable au sien. Expérience exemplaire qui, loin de convaincre les protagonistes sur la possibilité d'un échange télépathique, les laissa « dubitatifs » et les plongea dans une inquiétude qui, entre les lignes, apparaît comme une véritable panique. Et si la transmission de pensée était possible! Une brèche dans ce bel édifice de scepticisme et de rationalisme critique, incident saugrenu, ne pouvait être admise sans remettre en question l'ensemble. On s'avisa que le message n'avait peut-être pas été transmis en direct (si transmission il y avait eu) de l'agent à la « percipiente », qu'il s'était trompé de « destinataire », car une amie de cette dernière, au cours d'un dîner, la veille, avait suggéré le choix de ce tournevis. Ce qui ne changeait rien à l'affaire. Le mot avait été jeté avec un peu de malice car la collègue de René Louis ayant horreur du bricolage, on ne penserait jamais qu'elle pourrait choisir un outil. A partir de cette constatation, tout à fait troublante, les deux compères regardèrent leur tournevis avec une perplexité grandissante, et se livrèrent à une cogitation vertigineuse qui leur permit de déduire, d'évidence, que le choix de cet objet, était dû à « l'heureuse conjonction du hasard et du raisonnement ». Cela allait de soi, comme on voit, un tournevis est un objet aisément déductible. Je passe au lecteur l'étonnante dialectique qui permit à nos apprentis sorciers d'aboutir à cette évidence que l'on devait substituer au concept de télépathie celui d'empathie, que tout reposait sur l'interprétation des mimiques, des gestes et des silences (comme pour les chevaux d'Elberfeld, mais en l'occurrence on ne voit pas quand ni comment) et surtout de se conforter dans cette conclusion rassurante, véritable « ouf ! » de soulagement, l'expérience ayant été répétée, sous des modalités diverses, « jamais nous n'obtînmes de résultats positifs, même approchés ».

Cette confidence est trop exemplaire pour que l'on ne sache gré à René Louis de l'avoir scrupuleusement rapportée [2]. Selon un tour de phrase qu'il affectionne, en s'étonnant par exemple du manque de discernement et d'esprit critique de Charles Richet et de Gustave Geley face à Ossowiecki, ne pourrait-on pas lui rétorquer : « Mais comment, après avoir reçu un tel stress au moment de la découverte du tournevis, et éprouvé une inquiétude aussi profonde, avez-vous pu considérer que le renouvellement d'un pareil exploit serait possible ? » On imagine le conditionnement psychologique de ces deux partenaires, répétant consciencieusement leurs tentatives d'échanges télépathiques, en tremblant à l'idée que celles-ci puissent aboutir. Le « vouloir ne pas croire » est un arrêtoir puissant, invincible, un blocage mental absolu. Il est, autant que le « vouloir croire » une composante redoutable de l'obscurantisme intellectuel, de la subtile paralysie expérimentale qui, dans le débat qui nous oppose – et nous allons le voir dans les derniers termes de notre conclusion – porte le masque de l'intolérance, de la fermeture au possible, à l'imagination, à la vérité. Il est temps que le principe de « sixième doigt », exposé par Dimitri Viza dans sa contribution, entre dans les usages de l'expérimentation scientifique.

L'approche biologique et médicale

La difficulté de la preuve en matière de médiumnie nous a conduit, on l'a vu, à renoncer aux procédures perturbantes des séances publiques et médiatiques pour tenter d'obtenir des manifestations probantes, réalisées avec toute la sérénité requise. Elle nous

2. Il n'y a pas dans ce cas refus, à proprement parler, de l'expérience puisqu'elle a été recommencée plusieurs fois. Et, sans doute, les intervenants ont-ils souhaité obtenir une neutralité psychique et une objectivité perceptive propices, croyaient-ils, à l'observation expérimentale. Mais, que l'on nous entende bien, une expérience de télépathie n'est pas un examen *in vitro*, le contrôle d'une réaction chimique; elle demande une volonté d'aboutir, une projection positive, sans subterfuge ni truquage, que les protagonistes, dans le cas qui nous occupe, ne pouvaient provoquer après l'aveu, par euphémisme, de leur « inquiétude » et de leur doute. Leur explication *a posteriori* du phénomène corrobore cette disposition d'esprit.

fait placer nos espérances dans les approches et les méthodes des sciences humaines et limiter la certitude probatoire à « l'intime conviction », le procès-verbal expérimental au « dossier », à l'étude de cas et au témoignage.

Des scientifiques, pourtant, relèvent le défi. Dimitri Viza s'explique sur la possibilité d'inclure un médium dans un protocole d'expérimentation biologique et, après avoir contrôlé la fiabilité du médium, de l'utiliser comme un instrument d'appréciation de la probabilité de réussite dans les différentes virtualités d'une expérience.

Dimitri Viza, comme Rémy Chauvin, s'interroge sur l'action de certaines substances chimiques sur le fonctionnement de la voyance. La tentation de se livrer à des expériences sur des sujets consentants n'est pas exempte de danger. Les résultats comparés, obtenus par des dépressifs, par des personnes sous stimulants, et par des psychédéliques, sont difficilement saisissables : à titre individuel les patients font état de perceptions extrasensorielles souvent surprenantes dont on ne retrouve pas les performances dans les tests fondés sur l'ennuyeuse méthode des cartes de Zener. Les réponses faites par les médiums pour ce qui touche à l'influence de leur état de santé sur la qualité de leurs prestations reproduisent la même disparité. En revanche, le cas célèbre d'une hyperthyroïdienne qui obtint, sur mille huit cent cinquante essais, des résultats de vingt-quatre succès sur vingt-cinq cartes, et dont la réussite s'effondra après avoir subi un traitement médical, fait figure de « sixième doigt » et pose encore des interrogations.

Reste la localisation des dispositions « psi » dans l'hémisphère droit du cerveau, attaché aux fonctions synthétiques, intuitives (alors que l'hémisphère gauche gouverne les fonctions analytiques, rationnelles et concrètes). Le Dr E. Attias procède à des examens sur les ondes électromagnétiques produites par l'organisme avec des appareils [3] qui lui permettent non seulement de donner des diagnostics, mais de déterminer les tendances psychophysiologiques des patients. Il a observé, chez ceux qui possédaient des dispositions « psi », une hypertrophie de l'hémisphère droit au niveau fonctionnel. Il interroge la dislatéralité cervicale qui permet de développer certaines dispositions (analyse-synthèse; rationnalité-intuition, etc.). Cette dislatéralité peut être la cause et le symptôme de pathologies sur lesquelles le praticien peut intervenir. L'approche du Dr Attias est évidemment d'une extrême prudence, n'induit aucune hypothèse théorique que ses appareils ne pourraient mesurer. Or, avec ses

3. Décodeurs dermographes en « morathérapie ». On les utilise en électro-acupuncture.

émissions à basses fréquences (temps court-profonde pénétration), ce médecin peut procéder à des examens quantitatifs, répétitifs, comparables et propose une interprétation sur la médiumnie, définie en tant que jeu de fréquences émettrices-réceptrices. En analogie avec l'idée du physicien allemand Popp, selon laquelle le dialogue cellulaire ne peut se faire que lorsqu'il y a résonance et cohérence, la conscience du médium ne pourra entrer en clairvoyance que si la fréquence émise par son cerveau est en phase avec celle du sujet émetteur. Cette hypothèse, qui expliquerait les « échecs » constatés en face de certains consultants, me paraît trop restrictive pour expliquer le fonctionnement normal d'un cabinet de voyance avec une clientèle dont les interférences sont nécessairement trop diverses pour coïncider avec la fréquence d'une seule personne, aussi extralucide soit-elle, à moins que l'on puisse déceler, parmi les facultés médiumniques, la possibilité d'adapter la gamme des ondes réceptrices à celles du patient. Cette constatation, mesurable quant aux manifestations, sinon quant aux effets, pourrait, par ailleurs, expliquer les cas de télépathie continue constatés entre deux personnes (mère et enfant, jumeaux, etc.). La prévision d'un état pathologique précis peut être faite au niveau du diagnostic, mais cette sorte de précognition physiologique, dialogue cellulaire anticipé, obtenue par une mesure électromagnétique, de même nature qu'un électrocardiogramme ou un encéphalogramme, ne pourra-t-elle pas permettre, par extrapolation et changement de registre, de développer une théorie intégrant l'événement à venir dans un programme déjà inscrit dans le sujet? Le problème du libre arbitre trouve donc une exposition difficile dans la pratique de la médiumnie d'une part, de l'astrologie, d'autre part. Il a été évoqué, analysé au cours de cet ouvrage, notamment dans des conversations qu'il traverse de façon fulgurante, comme une angoissante énigme, comme une hypothèse qui fonde notre rapport au monde, à la vie, à la responsabilité. J'ai fini par penser que Yaguel, qui croit à l'inéluctabilité de la vision, mais prône une attitude volontaire dans la conduite des affaires humaines, prend en compte l'erreur comme composante du destin et reconnaît la possibilité du glissement temporel, s'insérait dans une conception leibnizienne où la finalité intègre la volonté et la responsabilité.

Nouvelle physique et médiumnité

Le paradoxe d'Einstein-Podolsky-Rosen (paradoxe EPR), discerné par Einstein en 1927 et énoncé par EPR en 1935 n'en finit pas, depuis cinquante-cinq ans, « d'interpeller » la physique moderne. Le

« critère de réalité physique » formulé par EPR [4] semblait reposer sur une évidence qui conduisait à établir une relation certaine entre la réalité physique et la détermination de la quantité physique lui correspondant.

L'existence de cette réalité physique apparaissait comme indépendante de sa saisie expérimentale. Or, ce principe fut mis en cause par la mécanique quantique qui fondait la connaissance des propriétés d'un objet de dimension atomique sur son interaction avec les instruments de mesure qui permettaient de l'appréhender. D'où cette révélation révolutionnaire que c'est l'observateur qui déclenche le « collapsus du psi », c'est-à-dire l'altération brutale d'une fonction d'onde au moment d'une mesure, ce qui, de déduction en déduction, conduisit à penser qu'il n'y avait pas d'univers sans conscience et que c'était l'homme ou toute présence vivante [5] qui, précisément, « faisait » l'univers. Des chapitres entiers ont été écrits dans les ouvrages consacrés à la théorique quantique, à ce « sphinx au fascinant regard » (Costa de Beauregard) qu'est le paradoxe EPR et Franco Selleri introduisait ce sujet, très récemment, dans son ouvrage *Le Grand Débat de la théorie quantique*, en s'interrogeant : « ... ou bien l'espace est pour une grande part une illusion des sens, ou bien les voyages vers le passé sont possibles. De toute façon, quelque chose de fondamental est à changer. »

Dans l'exposé du paradoxe EPR effectué dans le dossier du Dr Dimitri Viza, on voit comment deux particules (électrons ou photons), issues d'une particule mère, ont des comportements et des spécificités complémentaires (polarisation, situation ou vitesse), dès lors que l'observation effectuée sur l'une (et qui en fonde l'existence) se trouve instantanément transmise à l'autre. Comme la distance qui sépare les deux particules peut correspondre à plusieurs années-lumière, on se heurte au refus d'Einstein, qui estimait que cette transmission « télépathique », supérieure à la vitesse de la lumière, était contraire à la théorie de la relativité restreinte, donc

---

4. ... « Si, en ne perturbant aucunement un système, on peut prédire avec certitude... la valeur d'une quantité physique, alors il existe un élément de la réalité physique correspondant à cette quantité. »

5. La fameuse affaire du « chat de Schrödinger » montra que la présence ou l'absence d'un animal dans une boîte influençait les manifestations produites par un générateur aléatoire sur des ampoules disposées dans cette boîte et hors de cette boîte. Le chat put être considéré, le plus scientifiquement du monde, comme « l'observateur qui faisait le phénomène ». Cette expérience menée par le parapsychologue Helmut Schmidt en 1970, fut contestée dans les milieux scientifiques qui se divisèrent, mais font toujours une place aux idéalistes (Eugène Wigner) qui considèrent que le rôle de l'observateur est déterminant pour « réduire les paquets d'ondes ». Certains d'entre eux pensent, comme Helmut Schmidt, que le chat est un appareil de mesure.

impossible, et que la théorie quantique était incomplète. Les controverses EPR composent un récit à suspense dont les épisodes marquants sont la réponse de Niels Bohr, contemporaine de « l'attaque » d'Einstein, qui confirme les affirmations de la théorie quantique en précisant que l'influence d'un système sur l'autre « n'est pas mécanique mais agit sur les conditions qui définissent quelles prédictions sont possibles sur le devenir du système ». Il confirme que la mesure des vitesses exclut celle des positions et vice versa. Ce qui est une donnée confirmée de la théorie quantique. Le second épisode est l'intervention de John Stewart Bell, en 1965, que Dimitri Viza (voir p. 305) considère comme déterminante car elle postule que « la réalité n'est pas locale » et que l'on ne peut décrire la réalité physique plus complètement que ne le fait la mécanique quantique qui n'a jamais été mise en défaut.

Les efforts de Franco Selleri pour approcher une nouvelle formulation du paradoxe (*op. cit.*), la critique de « L'inégalité de Bell » effectuée par Heinz Pagels (*L'Univers quantique, des quarks aux étoiles*), qui affirme que les expériences proposées par Bell n'étaient pas probantes, laissent ce problème en suspens et le monde scientifique divisé [6]. Nous n'entrerons pas dans l'exposé de cette querelle où Bell repose la question des « variables cachées » et tranche sur le dilemme « soit le monde est non-objectif et n'existe pas dans un état défini, soit il y a non-localité et action à distance instantanée », en choisissant le second terme.

Il reste que cette transmission instantanée d'une information à distance, la non-séparabilité des polarisations de deux particules « correlées », issue d'une cascade atomique, donne une place plausible à la proposition de Costa de Beauregard qui, après s'être heurtée à l'effarement de Louis de Broglie et avoir été écartée des confrontations scientifiques, a obtenu droit de cité, se trouve évoquée aujourd'hui parmi les solutions possibles et a souvent été exposée par son auteur. Entre l'attitude empirique, mais peu scienti-

---

6. Pour Pagels, l'expérience de Bell « implique simplement que l'on peut modifier instantanément la corrélation de deux séquences aléatoires d'événements survenus aux deux extrémités de la galaxie. Mais la corrélation de deux ensembles d'événements très éloignés les uns des autres ne constitue pas un objet local et l'information qu'elle peut contenir ne peut servir à contredire le principe de causalité locale. » En revanche les expériences effectuées avec rigueur par le physicien Aspect confirment que la propriété de polarisation de la particule 1 n'est acquise que lorsqu'elle est mesurée, et que cette mesure donne instantanément la valeur de la polarisation de la particule 2. La critique de Pagels perd de son acuité si l'on pense, comme le fait le Dr D. Viza, que « non-localité » et « localité » ne sont pas exclusives l'une de l'autre, l'une se superposant à l'autre (voir p. 305) : « derrière notre monde phénoménal existe une réalité invisible... véhiculée... à une vitesse qui dépasse celle de la lumière. »

fique, qui consiste à calculer sans réfléchir puisque ça marche et la mise en défaut, soit de la théorie quantique, soit de la relativité (mise en question impossible car les deux théories sont vérifiées par l'expérience), il reste l'approche d'Olivier Costa de Beauregard qui, ne mettant en cause ni le formalisme quantique ni le formalisme relativiste, modifie la conception de la causalité héritée de l'expérience microscopique. Elle intègre la division ternaire de Minkowski qui distingue trois régions dans l'espace-temps quadridimensionnel : le futur, le passé, et *l'ailleurs*; elle établit la symétrie passé-futur (le passé, le futur et le présent existent *à la fois* – ce qui ne veut pas dire *en même temps*–) et postule que la matière étendue dans l'espace l'est également dans le temps [7]. Ce qui détruit la notion de temps absolu [8].

En se référant au zigzag de Feynman, c'est-à-dire aux problèmes posés par une paire de particules formée d'un électron (particule négative) et d'un positron (antiparticule chargée positivement), Costa de Beauregard souligne que la trajectoire du positron peut être interprétée comme celle d'un électron qui serait orientée vers des *temps décroissants* (et non pas, selon une image courante « comme remontant le cours du temps » puisque quand on fait, en physique théorique, de la géométrie quadridimensionnelle, *la matière ne devient pas, elle est* ». L'application de la proposition de Feynman à l'expérience attachée au paradoxe EPR, explique que la télégraphie instantanée à distance de l'information entre les deux particules (la non-séparabilité des polarisations des deux photons corrélés) peut procéder de deux connexions du genre temps, *l'une vers le passé*, l'autre vers le futur.

Ce comportement corpusculaire a eu des répercussions considérables puisqu'il a troublé certains des plus grands esprits de la physique moderne : Einstein parlait de « télépathie » (1949), Schrödinger osait le mot de « magie » (1935). Louis de Broglie, dans ses conversations avec Costa de Beauregard, entre 1947 et 1950, refusait d'admettre que le paradoxe EPR (ne pouvant impliquer une

---

7. La synthèse de Costa de Beauregard comprend également l'addition des amplitudes partielles selon Born, qui sont des amplitudes d'ondes. Ce nouveau calcul ondulatoire des probabilités exige un recours à un formalisme mathématique qui ne fait plus appel à des représentations connues et présente une véritable révolution dans le domaine de la pensée scientifique.

8. La théorie de la relativité a retrouvé le concept aristotélicien d'un temps « déployé en acte », dans un univers qui pourrait avoir autant de régions où l'entropie (assimilée à un défaut d'information) croît que de régions où elle décroît, la question se posant de savoir (une fois constaté que des êtres vivants sont obligés de vivre selon la direction du temps où l'entropie croît) : « pourquoi des êtres vivants parcourent la quatrième dimension dans le sens où le cosmos est en expansion et non pourquoi le cosmos est en expansion (Costa de Beauregard).

transmission supérieure à la vitesse de la lumière sans lien physique entre les deux particules) permettait que la polarisation de l'un des photons, effective au moment de l'observation, ne puisse parvenir à son jumeau que par une remontée à la source, donc par une *rétroaction.*

Un témoin de cette conversation avait fait remarquer à Costa de Beauregard que Louis de Broglie « l'avait regardé comme s'il était fou ». Ce dernier devait écrire, courtoisement mais avec fermeté, en 1956, dans *Une tentative d'interprétation de la mécanique ondulatoire*, que cette hypothèse introduisait « une incompatibilité avec nos idées classiques sur l'espace et le temps ». Au cours du colloque de Cordoue dont les actes ont été réunis, avec probité et intelligence, par Michel Cazenave sous le titre *Science et Conscience, les deux lectures de l'Univers* [9], Olivier Costa de Beauregard put déclarer : « Les symétries associées passé-futur et connaissance-organisation entraînent (on peut le montrer *par les formules*) que l'observateur est *aussi* un acteur, et donc que ce que les parapsychologues appellent « psychokinèse » doit *logiquement* être escompté. La « précognition » doit être logiquement escomptée aussi, si le futur existe en acte et si les ondes convergentes ne doivent pas être écartées [10]. Cette porte ouverte à la parapsychologie a permis d'émettre différentes hypothèses sur la nature de la précognition. Celle-ci a été confrontée à la probabilité des « ondes avancées » (qui se mani-

9. Dans un ouvrage peu suspect de complaisance à l'égard du colloque de Cordoue, Sven Ortoli et Jean-Pierre Pharabod (*Le Cantique des Quantiques*, 1984) constatent le ralliement des physiciens américains Russell Targ et Harold Pathoff, directeurs de recherches du Stanford Research Institute, à la mise en expérience des phénomènes parapsychologiques, notamment de la téléphatie (*Aux confins de l'Esprit*, 1978). Ils notent *in extremis* que le prix Nobel de physique (1973), Brian Josephson « n'hésite pas à reprendre la thèse occultiste du « corps astral », d'origine hindoue, selon laquelle notre corps physique serait doublé d'un autre corps qui s'étendrait à travers l'espace et le temps et serait responsable des phénomènes supposés de télépathie, de clairvoyance et de précognition ! » Cette citation, si elle montre quelque embarras dans la terminologie et dans l'exposé et un étonnement sous-jacent quelque peu sceptique, est l'une des réponses à l'objection sur l'antagonisme esprit-matière. L'existence d'un corps astral présuppose la référence à une substance qui, aussi subtile qu'elle soit, est un attribut de la matière. Il faudra se reporter aux termes exacts de la participation de Brian Josephson dans *Science et Conscience* (op. cit.), sous le titre : « L'expérience de la conscience et sa place en physique. »

10. Il est remarquable de noter que les défenseurs de la causalité d'Einstein acceptent de nuancer les principes de la relativité pour mieux critiquer la théorie quantique. Jean-Pierre Vigier admet l'existence d'interactions *superluminales* non locales « qui se propagent comme des ondes de pression dans un milieu chaotique subquantique ». On conçoit que des signaux plus rapides que la vitesse de la lumière puissent transmettre des informations « dès lors que les particules elles-mêmes restent dans le cône de Minkowski », c'est-à-dire soumises aux critères de la relativité.

festent *avant un phénomène*) et dont les physiciens disputent de l'existence. Rémy Chauvin critique la position de Rhine, tenant la perception extra-sensorielle pour une faculté liée à « l'esprit », c'est-à-dire immatérielle. Les parapsychologues en appellent aux physiciens et le mot de Feinberg, définissant la précognition comme « la mémoire du futur », c'est-à-dire « la perception par le cerveau des événements qui l'impressionneront dans le futur » peut expliquer pourquoi elle n'est limitée ni par un écran matériel (enveloppe opaque) ni par la distance. Mais ce « cerveau en observation sur lui-même et sur ses états » implique que c'est la perception de l'observateur communiquée au sujet qui fait l'événement. Nous rejoignons l'une des constatations de la théorie quantique avec cette interrogation embarrassante sur les précognitions relatives à des événements que le sujet n'aura pu connaître après leur accomplissement. Rémy Chauvin, à son habitude, propose d'aller plus loin en comparant des précognitions, dont les résultats ne sont jamais révélés au sujet, avec d'autres où on les révèle. La belle et assez paradoxale expression de Feinberg, la « mémoire du futur », comporte une ambiguïté si elle impose la seule solution quantique ramenée à sa dimension phénoménale et matérielle, malgré les échappées qu'elle propose vers le pouvoir de la conscience, et ferme la porte aux hypothèses spiritualistes que d'aucuns s'efforcent heureusement d'approcher par la recherche expérimentale. Ce que Heinz Pagels (*op. cit.*) appelle malicieusement le « bazar de la réalité », contient une des « curiosités » assez excitantes qui s'inscrit dans la « multi-universalité » de la théorie quantique : c'est la théorie des univers multiples de John Wheeler qui est l'extrême conséquence du pouvoir de l'observateur sur l'apparition du phénomène. « La réalité est alors formée de tous ces univers qui cohabitent à l'intérieur d'un superespace ». D'où l'hypothèse du rôle du médium dans la formation de l'événement détecté et prédit. Mais dans ces univers cloisonnés, le postulat de Bell, pour qui la réalité n'est pas locale, induit que les particules dans toutes les parties de l'univers sont interconnectées et qu'une vitesse qui dépasse celle de la lumière anime une réalité invisible, intangible, sans support (Voir Dimitri Viza, p. 305). Le colloque de Cordoue donna lieu à de nombreuses comparaisons entre la pensée orientale et la science contemporaine. Ce fut l'un des champs de confrontations et d'échanges, les plus originaux et les plus fructueux de cette rencontre. Deux des données nouvelles les plus réconfortantes de la vie de l'esprit sont sans doute, d'une part, ce pont jeté entre la science, la pensée occidentale et les enseignements de la tradition orientale, d'autre part, l'intervention de plus en plus prégnante des scientifiques dans le mouvement des idées qui n'est pas étrangère à la réanimation récente de l'activité philosophique.

Le phénomène médiumnique qui nous a occupé dans cet ouvrage, selon une formulation restreinte, n'est qu'une composante modeste d'un vaste questionnement où les grands mythes, les textes fondamentaux, les pratiques les plus vénérables et les plus sacrées recouvrent comme une lave incandescente nos doutes, notre frilosité mentale, nos blocages culturels. L'aveu que j'ai fait, au seuil de ce livre, d'une préoccupation pour le paranormal remontant à mon adolescence ne repose (l'avouerai-je?) sur l'exercice d'aucune mancie. Sans aucune disposition médiumnique ou télépathique, n'ayant jamais été visité par un rêve prémonitoire, incapable de faire mouvoir un pendule ou un ouija, de « lire » des cartes, rétif jusque dans mes intuitions les plus évidentes, par nonchalance ou par un usage bloquant de mes références rationnelles, ne disposant que d'un modeste savoir en astrologie et en chiromancie, je ne peux porter aucun témoignage *vécu* sur les dispositions, les dons et les pratiques que j'expose ici [11].

J'ai pourtant été le témoin attentif, scrupuleux, quelquefois ébloui et passionné de ces manifestations; le commerce amical et vigilant entretenu avec certains médiums et astrologues, et une expérience spirituelle personnelle ont déposé les sédiments de cette « intime conviction », étayée par de nombreuses lectures, par le collationnement de témoignages, par les inlassables vérifications *a posteriori* des précognitions. Le « vouloir croire » a-t-il été suffisamment tempéré et bridé dans cette quête qui ne peut se clore ici, et qui débouche sur l'angoisse des questions sans réponse, sur d'inévitables ambiguïtés, sur des obstacles étranges rencontrés sur mon chemin? Ma conscience s'interroge pour avoir souvent joué avec le feu et peut-être transgressé une obligation de réserve à l'égard des forces que j'ai sollicitées. Même lorsque j'ai eu le sentiment que j'en avais reçu la permission et, d'une certaine manière, la mission.

---

11. Je crois n'avoir tenté qu'une expérience de pétrification fluidique d'un fruit et constaté avec une certaine satisfaction qu'il était en état de dessication au bout de quinze jours. Malheureusement le fruit témoin que j'avais déposé, sans le manipuler, dans un coin de mon bureau, s'était desséché, un peu différemment, mais aussi magistralement, au lieu de pourrir, en raison sans doute de l'absence d'humidité de mon logement. J'ai atteint là l'extrême limite de mon entrée expérimentale dans le paranormal. Tout le reste pour moi est constat, enquête, interrogation, expérience par l'intermédiaire de tiers.

ANNEXES

ANALYSE ASTROLOGIQUE DE YAGUEL DIDIER

Joëlle de Gravelaine

Astrologue, écrivain, directrice de collections.
Auteur de *Parole d'adopté*; *La Voix du Soleil* (Robert Laffont); *Le Retour de Lilith* (Espace Bleu).

Gérald Gassiot-Talabot – Vous avez bien voulu dresser le thème de Yaguel et l'interpréter. Elle est Bélier à la limite du Taureau (29°-30°), ascendant Sagittaire (26°). Vous voudrez bien insister sur tout ce qui vous semble indiquer que Yaguel est un médium.

Joëlle de Gravelaine – Ce qui frappe dans ce thème c'est l'importance du feu, ce feu étant fait de spontanéité, d'énergie, de dynamisme, d'ardeur, de passion, mais aussi je dirai, de valeurs masculines importantes, qui forment le caractère « guerrier » de sa structure. Le Bélier a un côté soldat, et le Sagittaire un côté un peu mousquetaire. Néanmoins, il y a beaucoup de valeurs en terre et je pense que c'est même l'élément déterminant. A travers ces valeurs, c'est quelqu'un qui a une « prise de terre » importante. Il y a en terre, en Taureau, Saturne et Uranus, et puis Neptune et le Dragon qui sont en Vierge, donc il y a une très légère dominante à ce niveau-là. C'est important pour quelqu'un qui a beaucoup de feu d'avoir une « prise de terre », d'abord parce que c'est un réservoir d'énergie important et c'est aussi, je dirai, ce qui permet de ne pas perdre les pédales quand on fait ce genre de métier, parce qu'il y a beaucoup d'êtres qui se dissolvent dans une espèce d'irréalité, qui perdent le contact avec le quotidien. En fait, chez Yaguel, il y a ce rapport au concret, à la réalité, je dirai même un goût du confort, un côté jouisseur de la vie qui me paraît parfaitement sain, et je ne le dis pas du tout avec une intention critique. Ce qui est également important dans ce thème, c'est le milieu du ciel qui est vraisemblablement à 29° (on avait un petit peu déplacé son ascendant en raison d'une hésitation sur son heure de naissance; mais elle a un ascendant Sagittaire et non Capricorne). Il est situé tout à fait à la fin de la Balance, ce qui souligne l'importance du contact avec les autres, l'importance d'une forme de sociabilité car il est évident que Yaguel n'est pas une espèce d'animal sauvage qui se terre dans son coin, elle a le contact facile, ce qui est essentiel.

Et puis, ce qui est important également, et qui est assez frappant, c'est l'extrême dominante des planètes qui se trouvent dans l'hémisphère droit du thème. Les êtres qui ont toutes les planètes dans l'hémisphère gauche sont des êtres qui ont d'abord besoin de passer par une connaissance d'eux-mêmes pour pouvoir faire quelque chose, pour pouvoir exister, et ensuite aller vers les autres; mais d'autres (ceux de « l'hémisphère droit ») peuvent y aller spontanément; il leur est donné de passer par le « grand chariot », comme disent les hindous et, à ce moment-là, ils sont d'entrée de jeu situés dans une sorte d'altérité. On voit chez elle neuf valeurs qui sont dans l'hémisphère droit : le Soleil et Mercure conjoints, tout à fait entre le secteur droit et le secteur gauche; seule Vénus est à gauche, donc il est tout à fait normal qu'elle aille spontanément vers les autres et que sa vie soit petit à petit « happée » dans ce sens, qu'elle soit entraînée à s'intéresser aux autres et à s'occuper d'eux d'une manière dominante.

Sur le plan de sa spécificité, je dirai, à propos de ce qui fait son talent, de ce qui désigne ses dons, qu'il y a plusieurs éléments à souligner en priorité. D'abord, semble-t-il, l'importance de ce Neptune en maison VIII; Neptune est par excellence la planète qui a quelque chose à faire avec la psyché, avec l'intuition, avec la réceptivité, et Neptune occupe un secteur qui a la capacité d'aller voir ce qui est de l'autre côté du visible. La maison VIII est un secteur analogique du Scorpion; d'ailleurs elle a tout le Scorpion en maison X. Donc, on trouve, là encore, une orientation, un appel vers ce qui est de l'autre côté du visible, éventuellement un contact avec des êtres qui peuvent se situer sur un autre plan, à un autre niveau et même avec un rapport à l'au-delà, un rapport particulier à la mort. Ce qui ne signifie pas d'ailleurs, avec ce Dragon en maison VIII que, pour elle, la mort soit tout à fait facile à accepter, à aborder. Les êtres qui ont le Dragon en maison VIII ont une certaine peur de la mort et, précisément, une des choses qu'elle a à surmonter, c'est de dépasser cela et je pense qu'elle y est aidée par Neptune qui est au trigone de Saturne et d'Uranus. Tout cela se passe dans des signes de terre, ce qui veut dire que, là encore, elle a un contrôle de sa voyance, de ses intuitions, de ses dons particuliers, en gardant les pieds sur terre; ce qui est un peu un paradoxe.

Je vous ai signalé également qu'il y avait un degré symbolique [1] qui est tout particulièrement en rapport avec la voyance dans son thème, c'est la position de Chiron à 8° du Lion sur une image assez frappante puisqu'elle est liée aux dons spéciaux de l'individu, à la spiritualité, à la voyance : « C'est un feu, d'où s'élèvent de hautes flammes éclairant, au milieu d'une auréole, un triangle bordé de courtes flammes et ayant un œil en son centre » ou « un foyer d'où s'élèvent de hautes flammes ». Donc, quelque chose de tout à fait superbe, prestigieux, qui est particulièrement intéressant. On retrouve aussi, à côté de ce qui va signer ce rapport à la voyance, indépendamment de ce Neptune en maison VIII, de ce Scorpion qui occupe toute la maison X, sans doute son ascendant Sagittaire, parce que l'ascen-

1. Voir K. Hitschler, *Le Secret des 360 degrés symboliques.*

dant Sagittaire a plusieurs caractéristiques. D'une part c'est un signe double, à la fois Cheval et Archer, qui touche à la fois la part instinctuelle de l'être, qui est liée au Cheval, et cette part spirituelle que représente l'Archer qui lance ses flèches. Cela dégage une dynamique puissante qui est dans un rapport symbolique avec un dépassement des frontières, quelles qu'elles soient. Frontières géographiques ou frontières intérieures. C'est vrai que Yaguel est quelqu'un qui ne déteste pas les voyages et qui en a fait, mais il faut retenir aussi, bien sûr, cette symbolique du voyage intérieur, extrêmement importante parce que cet ascendant Sagittaire est également au sextile de son milieu du ciel et aussi au trigone de son Soleil et de son Mercure. Donc, ce problème du dépassement des frontières vient se surajouter à ses autres valeurs.

A cela aussi, on peut adjoindre ce que je vous disais en astrologie aztèque, qui est à mon avis tout à fait intéressant, Yaguel est née un jour « dix Aigle » dans la treizaine de la Mort, en une année dite « Lapin ». Le 10 est directement lié au don de voyance, à l'ubiquité, au don de réflexion, c'est le miroir fumant, le miroir blanc, qui est directement lié à la symbolique des dons spéciaux et de la voyance; c'est le nombre de la clairvoyance, et le signe de l'Aigle va renforcer l'aspect brillant, un peu exceptionnel. C'est un des signes les plus brillants qui soient, un élément qui « se porte en avant ». En ce sens, on le trouve en comparaison avec le côté Bélier de sa nature. Le Bélier est celui qui se porte en avant du troupeau, et l'Aigle est celui qui domine, qui est le guerrier en chef. C'est ce que représente l'Aigle pour les Aztèques. Donc cette alliance de 10 et d'un Aigle est assez exceptionnelle, superbe. On retrouve la lumière, la vigueur, l'anticipation, la vaillance; l'Aigle regarde le Soleil en face, c'est une promesse de succès, mais aussi un élément qui exige un grand contrôle de soi, car l'orgueil peut surgir et être un élément de perdition. Il y a un risque, à un moment donné, de perdre l'humilité, donc on a la nécessité de contrôler cette humilité. La treizaine de la Mort vient d'ailleurs apporter cette intuition, et cette réflexion qui permet de mettre les pendules à l'heure, avec une nécessité de résoudre toutes les contradictions intérieures. Quant à l'année, elle est liée au cœur de la montagne, au secret, au mystère; on trouve là le dieu Jaguar, donc quelque chose qui a beaucoup de force et qui va dans le sens de cette intériorité, dans le sens de ces dons particuliers. Je dirai que, sur le plan atzèque, elle est encore plus voyante que pour un astrologue ordinaire. C'est assez amusant.

Je vois un aspect qui concerne sa Vénus en Poisson, en maison II, qui est en dissonance avec la Lune noire, Lune noire qui est proche de la Lune et de Jupiter, et même de Mars; or cette Vénus en Poisson a beaucoup à donner aux autres mais peut vivre, sur le plan affectif, des épisodes difficiles. Ce carré de Vénus à la Lune noire, pour moi, donne un côté « Princesse de Clèves ».

G. G.-T. – Oui! Vous voulez dire une tentation de l'impossible. Nous touchons-là à la vie personnelle, à des moments que Yaguel reconnaîtra mais qui n'ont pas leur place ici. Tout ce que vous m'avez dit sur la compensation des contraires, sur une attirance pour l'inaccessible, sur le risque ontologique, peut trouver sa place dans le champ psychologique que nous venons d'explorer.

J. de G. – Je pense aussi, en corrélation avec ce que nous évoquons, que l'image maternelle a été complexe, contradictoire, puisque d'un côté on a une conjonction de Jupiter à la Lune qui donne l'apparence d'une image protectrice, mais de l'autre côté la conjonction de la Lune noire à la Lune, donc, pour moi, une mère qui par ailleurs se trouve en Gémeaux. En ajoutant le carré de la Lune à Neptune, nous sommes donc en face d'un lien qui n'a pas toujours été facile, qui a peut-être bloqué un peu sur un point affectif.

G. G.-T. – Ce que vous me dites est assez surprenant car je m'étais, dans mes conversations avec Yaguel, un peu focalisé sur le père.

J. de G. – Je ne dis pas qu'il n'y ait aucun problème du côté de l'image du père, car il y a un Soleil en maison III conjoint à Mercure, qui est au carré de Pluton; donc au carré de Pluton, il y a aussi un problème possible, par rapport à l'image du père qui, avec ce carré et le Soleil étant maître de la maison VIII, peut être vécu comme lointain ou absent.

G. G.-T. – Il peut y avoir un report. Les rapports mère-fils comportent aussi des difficultés avec des reports d'une situation à l'autre.

J. de G. – Yaguel est une femme qui se sent maternelle, surtout par le fait qu'elle a un fils. C'est un enfant beau et intelligent sur lequel elle projette beaucoup. Cette conjonction Saturne-Uranus qu'elle a en maison V (conjonction des deux planètes qui sont maîtresses de la Ire maison) fait que cet enfant est très important pour elle. Il est important aussi comme projet, comme projection de certaines de ses ambitions, de ses désirs. A mon avis, elle compte beaucoup sur lui et c'est quelque chose qui peut être un facteur très positif. Il y a cependant une ambiguïté entre Saturne et Uranus. Saturne, d'une certaine façon, veut conserver, veut garder, Uranus veut, non pas rejeter, mais jeter dans la vie; c'est une nuance assez complexe; on a une attitude conservatrice qui cherche un peu à « s'approprier les êtres » et une autre qui est, au contraire, l'acte de générosité et d'ouverture, qui donne leur liberté aux êtres; et ça on peut le retrouver dans diverses relations.

G. G.-T. – Nous n'insisterons pas sur ce qui, dans la vie privée de Yaguel, a tenu à cette position de Mars en pointe de maison VII, jalons qu'elle connaît bien. Vous soulignez que certaines épreuves dans sa vie affective l'ont fait avancer et progresser, ce qui nous intéresse dans la trajectoire du médium. Donc Pluton est en VII qui est la maison des contrats et du mariage.

J. de G. – Pluton est strictement dissonant. Il ne fait pas d'harmoniques. Il est un peu difficile.

Il faut dire, en outre, l'importance de la maison III dans son thème. Avec ce Soleil et ce Mercure en III, je pense que de cette conjonction surgissent beaucoup de choses qui sont en rapport avec sa réussite; il y a le trigone de son ascendant avec Mercure, le sextile de Mars, maître du Bélier, et Jupiter aussi en bon aspect de son Soleil-Mercure, et cela donne la possiblité de rayonner, de se faire connaître. La III est un secteur de communication, un secteur de contacts avec le monde extérieur, de diffusion, donc c'est aussi à travers cette conjonction Soleil-Mercure qu'elle s'est fait connaître, apprécier; ça peut être en rapport avec des livres, des articles, je dirai que c'est une disposition analogique du Gémeaux où elle a aussi pas mal de valeurs.

Mercure, d'ailleurs, est sur une image féminine qui va avec son métier et représente une « femme blonde qui est debout, richement vêtue, seule, faisant un geste d'accueil » (28e degré du Bélier), c'est un élément de diplomatie, d'hospitalité, pour quelqu'un qui reçoit beaucoup, qui est à la fois accueillant et réceptif. On peut retrouver cet accueil à la fois sous la forme d'accueil concret, matériel, et d'accueil intérieur. En même temps, pourtant, il y a cette image de solitude, c'est-à-dire de femme seule.

Son soleil se trouve sur une image qui est en fait à la limite de deux signes : on peut la prendre à 29°, on peut la prendre à 30°. Si on la prend à 29°, elle représente un être qui a deux activités en même temps : l'intellectuel qui peut s'occuper les mains, ou le manuel qui se cultive intellectuellement (« Un homme robuste... abat un arbre à coups de hache; à terre un livre, parce que l'homme se repose en étudiant »). Je pense que Yaguel a besoin d'activités physiques, qu'elle doit faire tourner toute cette énergie. Cette image peut aussi indiquer simplement une nature double, c'est-à-dire quelqu'un qui peut vivre sur deux plans différents. On retrouve là aussi le rapport à l'écriture : il y a un livre parce que l'homme se repose en étudiant. D'un côté il abat des arbres, mais il y a ce livre sur lequel il s'appuie, qui peut donc représenter une espèce de construction à partir de l'écriture. L'autre image nous renvoie à l'astrologie, à la prédiction. On peut donc aussi tenter de pousser jusqu'au 30° où l'on voit : « une femme qui entraîne derrière elle un cheval bien harnaché (au lieu de se faire porter par lui d'ailleurs, on ne choisit pas toujours la voie facile); plus loin un homme équipé en " va-t-en guerre ", semble consulter la lune à son déclin. » Cette image, à cause de cette consultation de la lune à son déclin, peut évidemment faire penser à quelque chose qui est de l'ordre de la prévision, de la prédiction.

Son Saturne est également sur un degré que je trouve tout à fait intéressant (27e degré du Taureau), par rapport à ce qu'elle fait : c'est un degré d'alchimiste; elle pourrait un jour s'intéresser de plus près à l'alchimie, mais il y a tant de façons d'interpréter l'alchimie : « l'alchimiste au travail dans son laboratoire avec ses creusets, ses cornues, ses bocaux de poudre, etc. Sur la table un monceau d'or; par la fenêtre on voit un champ moissonné couvert de gerbes de blé »; donc on retrouve tout à fait une fructification, une productivité; le monceau d'or, qui peut représenter beaucoup de choses, de l'or alchimique plutôt que l'autre. Mais Saturne est très présent dans son thème puisque Saturne est le premier maître de sa maison I, donc, pour moi, c'est quelque chose de tout à fait important; Uranus est sur une image qui est un petit peu plus ambiguë, puisque sur une élévation il y a un mât de cocagne auquel un homme essaye de grimper; mais il est maladroit, il amuse les enfants qui regardent faire et, derrière, une femme à l'allure fatiguée s'arrête, tenant un cheval par la bride. On retrouve cette image d'un personnage qui tire un cheval par la bride; c'est interprétable différemment aussi, le cheval a une symbolique extrêmement riche, mais ça peut être un élément de fatigue. A force de vouloir monter au mât de cocagne et de tirer les chevaux, il peut y avoir par moments une fatigue réelle.

Elle a quand même la Lune Noire (15e degré) et Jupiter (19e degré) en Gémeaux, secteur qui a à voir avec le pathologique et il peut y avoir une fragilité au niveau respiratoire en particulier, des problèmes aux membres supérieurs, une blessure éventuelle à ce niveau-là, mais je vois une fragilité surtout dans l'axe Gémeaux-Sagittaire qui est un axe hépatique d'un côté, et respiratoire de l'autre.

En acupuncture on retrouve cette superposition dans le méridien foie-vésicule biliaire et poumons. La Lune Noire est aussi sur une image qui est un peu à côté du réel (15e degré des Gémeaux) : « Un homme assis sur ses talons, qui s'essaye à briser une grosse pierre avec un tout petit marteau ; il est au bord d'une rivière dont le pont a été construit, non pas au-dessus de l'eau mais à côté, sur une des rives », ce qui peut être considéré comme une certaine difficulté à s'adapter d'une manière très claire au quotidien.

Je ne suis pas sûre, en effet, que Yaguel soit à l'aise dans la vie quotidienne, ce côté « maison VI », qui est le côté besogneux, quotidien, fait partie des choses un peu ennuyeuses pour elle, mais, en même temps, il y a une autre image là-dessus qui est un homme à sept têtes ; c'est très intéressant parce que la multiplicité des têtes de cet homme veut dire qu'on est capable de regarder un nombre considérable de choses en même temps ; c'est une image assez intéressante par rapport à sa structure.

La Lune et Jupiter entre 18e et 19e degré ; le 19e où est Jupiter est une image qui a à voir avec la séparation, le divorce, avec le voyage, les changements de domicile et le 18e représente un renard « qui court de toutes ses forces, qui paraît aller plus vite qu'une flèche qui part lancée par une main anonyme ». Je pense qu'il y a quelque chose à voir avec « l'intuition fulgurante », c'est-à-dire quelque chose dans l'esprit qui va plus vite que la déduction, quelque chose qui part et qu'on rattrape, qu'on n'a pas lancé soi-même. C'est, à mon avis, une interprétation tout à fait acceptable de sa Lune.

G. G.-T. – Et le voyage? Vous aviez évidemment noté de nombreux déplacements, des voyages ; je vous avais demandé s'il y avait la vision d'une installation ailleurs, à l'étranger, mais vous m'aviez dit qu'il fallait faire attention, que cela pouvait provoquer une dispersion, un décentrage s'il y avait abus de mobilité.

J. de G. – Il peut arriver un moment où, dans son intérêt même, elle ne pourra pas perpétuellement se décentrer ; tout le feu qu'elle a pourrait exploser en vol. Elle peut avoir trop tendance à disperser et à donner son énergie. Il y a une limite à sa potentialité de mouvement.

Mais le côté « recherche », elle peut l'effectuer ici, elle peut le faire aussi du côté des États-Unis. Elle peut creuser et peaufiner son don. Je ne suis pas sûre que cela soit quelque chose de dépendant de la volonté du sujet. On peut travailler, on peut réfléchir, on peut voir comment cela fonctionne, etc., mais je dis toujours que le don de voyance peut être retiré comme il peut être décuplé ; cela dépend de l'usage qui en est fait.

G. G.-T. – C'est une idée que nous avons abordée et écartée au cours de nos conversations. Elle m'a dit que si quelque chose comme cela lui arrivait, c'est qu'elle aurait fait un mauvais usage de son don. Elle se place dans le cadre de sa mission et il aurait fallu qu'elle faillisse à cette mission.

J. de G. – Il faut qu'elle se garde de l'épuisement, de brûler trop ses réserves. Étant consciente de ce danger, elle est capable de le dépasser. Et ce n'est pas facile non plus de définir le bon usage d'un don, dans la mesure où elle soutient merveilleusement les gens, mais il ne faut pas qu'elle aille au-delà de ce qu'elle peut fournir, malgré les pressions et les sollicitations qu'elle subit.

Mars est une image où il y a une agressivité dont elle peut être victime; elle peut être contestée, elle peut être incomprise par certaines personnes, je dirai : cela, c'est le prix de la réussite, on sait bien que les gens qui réussissent trop bien sont facilement l'objet de jalousies, et dans le domaine où elle est tout particulièrement il y a « des hommes qui se querellent et qui se battent pour affirmer leur opinion »; elle a effectivement intérêt à ne pas se mettre (et ça, elle le fait très bien) en situation d'être agressée parce que c'est quelque chose qui peut lui arriver, qui lui est désagréable. Quand elle fait les choses avec des amis, dans un contexte affectif (ce qui est important pour elle), il n'y a pas de problème.

G. G.-T. – Mars se trouve au 26e degré des Gémeaux; je cite : « Des chiens se mordent, et deux hommes se querellent, frappent le sol de leur bâton pour affirmer leur opinion. » Et cette image, précisément, se trouve sur la planète de l'agressivité; c'est incroyable!

J. de G. – Oui, Mars est, par définition la planète qui a à voir avec l'agressivité, en plus c'est le maître de son signe solaire et en plus (si je puis dire) c'est un Mars angulaire, puisqu'il est juste sur le descendant de son thème. Donc ça joue avec une force certaine.

G. G.-T. – En compensation de cela, quelles sont les marques de protection que vous discernez sur elle? Car, dans le domaine temporel, elle est entourée de protections nombreuses : partenaires, parents, amis affectueux, vigilants et efficaces. Mais peut-être que c'est sur le plan spiritualiste, où elle espère bien se trouver, qu'elle bénéficie des soutiens, des intuitions, des « couvertures » les plus puissants. Je cite par ailleurs quelques anecdotes à ce sujet.

J. de G. – On voit sur elle des images de protection qui, à mon avis, procèdent d'elle-même et arrivent d'un autre plan. En particulier du plan Neptunien, en trigone de Saturne-Uranus. Je pense, en effet, que les protections les plus importantes ne viennent pas vraiment d'ici.

G. G.-T. – Elles ne sont pas uniquement temporelles.

J. de G. – Effectivement, il s'agit d'autre chose. Son Pluton est sur un degré intéressant, même s'il n'est pas très soutenu, parce que c'est un degré d'observateur, qui a une certaine passivité donc qui est réceptif et qui est en même temps très expérimentateur. On retrouve là le côté expérimentation laboratoire, observateur; c'est le chat qui est « au bord d'un étang dans une pose d'attente, et qui regarde ardemment un poisson nageant entre deux eaux ». Autrement dit, elle est spectateur de quelque chose qu'elle peut décrire (comme le chat qui est en train de regarder le poisson) dans sa boule de cristal, ou dans sa rivière, ou dans ses cartes. Et là, elle prend la position de l'observateur qui se tient tout de même à distance, sinon il ne pourrait rien voir.

G. G.-T. – On trouve donc tout de même un foisonnement d'indications médiumniques à son sujet, quel que soit le système astrologique dans lequel on se place. Je pointe particulièrement le 26e degré du Sagittaire dans lequel on voyait apparaître le Bateleur du Tarot, dont Hitschler dit qu'il représente l'artiste, le tireur de cartes, l'occultiste.

J. de G. – C'est ça. C'est le degré de l'ascendant. Une position est également intéressante, c'est le Dragon au 11ᵉ degré de la Vierge, qui représente « un homme monté sur un cheval blanc, lancé à toute vitesse et qui tend le bras en avant, l'index pointé dans un geste de commandement ». C'est, en fait, un degré d'autorité, un degré de dynamisme, un degré de force tout à fait intéressant.

Neptune n'est pas sur un degré très intéressant parce que c'est un degré de changement de situation, mais c'est vrai, après tout, qu'elle a changé d'activités plusieurs fois dans sa vie, qu'elle s'est occupée de mode, de choses diverses.

G. G.-T. – Vous trouvez? Parce qu'elle est tout de même fixée sur sa médiumnie depuis un peu moins de vingt ans; elle a, si vous voulez, changé de moyens et d'approche à l'intérieur même de la médiumnie, c'est certain. Elle a bien connu une période de mode mais, au fond, depuis les années soixante-dix, elle s'est orientée nettement sur la voyance. Avec, je le répète, des changements de supports, de méthode, avec des conceptions différentes.

J. de G. – Dans l'image du milieu du ciel, donc à 29° de la Balance, on retrouve encore le rapport aux livres. Le rapport à la lumière, aux radiations, à la radio, à l'écriture, à la lecture; on retrouve encore cet étang à l'eau sombre, qui pour moi est assez évocateur du Scorpion, de l'invisible, de ce qui se passe de « l'autre côté du visible sous le feuillage du bois ». Il y a donc cet étang et, « sur ses bords, un homme est paresseusement étendu, la main posée sur un livre; quelques légers rayons de soleil, passant au travers de branches, éclairent quelque peu l'eau et l'homme », donc il y a un éclairage. C'est une possibilité de succès à travers un livre, précisément. Et revenons sur ce 26ᵉ degré du Sagittaire que vous citez et que j'avais, pour ma part, précisé parce que je pense que c'est celui qui correspond parfaitement bien avec son activité. On ne peut, je crois, pas trop hésiter entre les différents degrés qui sont là : le fameux bateleur du Tarot, on peut difficilement faire mieux. Du côté Poisson, on note aussi l'inconscient, l'homme qui marche, avec un artifice du dessin qui fait paraître la tête et une main comme séparées du corps, comme s'il y avait un dédoublement. C'est en rapport avec le phénomène de l'inconscient, de l'inconscience, avec un petit risque aussi d'accident à la tête qu'on ne peut pas complètement écarter.

G. G.-T. – Vous semblez jouer avec les degrés, comme avec « un plus »; vous y attachez une grande importance parce que vous les utilisez au-delà des aspects, de la structure même du thème, qui est évidemment votre première donnée. Mais vous piquetez ces images; c'est un peu ludique et malicieux, et toujours porteur d'une charge de poésie insolite.

J. de G. – Effectivement, je trouve cela assez amusant; c'est l'astrologie du Zodiaque, si vous voulez.

2 et 27 juin 1988.

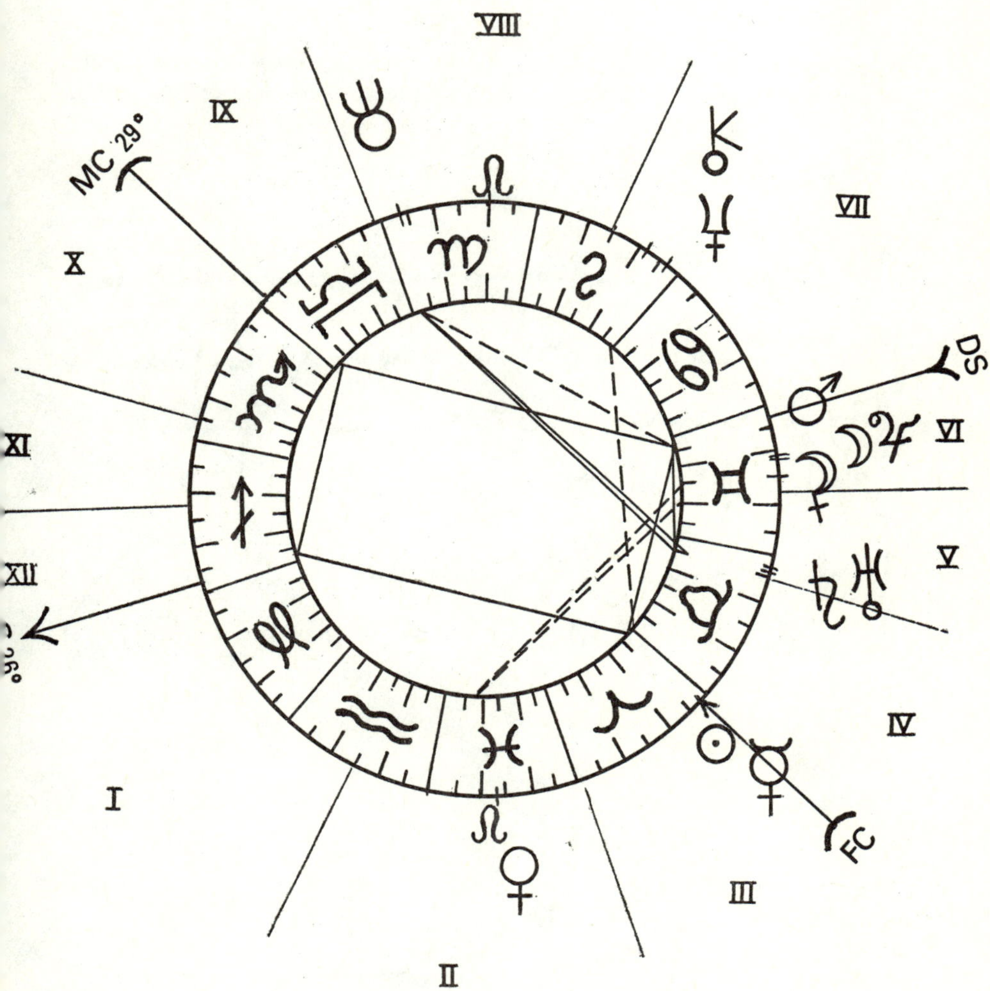
VIII
IX
MC 29°
VII
X
DS
VI
XI
V
XII
IV
I
FC
III
II

ANALYSE GRAPHOLOGIQUE DE YAGUEL DIDIER

J.A. MUENIER

Expert en écriture près la cour d'appel de Paris et le tribunal de grande instance de la Seine. Graphologue-conseil. Expert national.

Et alors ce fut le soir.

Et Almitra la voyante dit, Bénis soient ce jour et ce lieu et votre esprit qui a parlé.

Et il répondit, Etait-ce moi parlais?

N'étais-je point aussi un auditeur?

Puis il descendit les marches du Temple et tout le peuple le suivit.... (Le Prophète : Gibran)

Yaguel Didier

Cette écriture à la fois dilatée et contenue, de jaillissement très vif, au trait alternativement léger et appuyé, aux formes tantôt amplifiées et tantôt réduites au substratum reflète un tempérament fait de contradictions, donnant lieu à un comportement très mobile et diversifié.

Des mouvements très rapides sont entrecoupés d'autres plus lents, sous l'effet d'impulsions extrêmement contrastées, voire oppositionnelles.

Traversée par des courants soudains, porteurs d'énergies souvent considérables, la scriptrice est prédisposée à des réactions subites, voire fulgurantes, surgissant de manière imprévisible, et qui, en même temps, la libèrent d'une manière pouvant être spectaculaire (il arrive sans doute qu'elle en rie la toute première) de certains excès de tension.

Dans le prolongement de ces réactions tempéramentales, il est probable que la scriptrice affectionne, dans des modes d'expression esthétique tels que la musique et la danse, la succession des rythmes endiablés puis des langueurs intermittentes, de même que son rythme vital personnel, syncopé, comporte une affinité pour les mouvements tourbillonnants suivis de brèves phases d'accalmie. *(Accroissement soudain du coloris du trait au niveau des tracés appuyés, qui sont tantôt massués et tantôt fuselés.)*

L'abord social, ultra-féminin, est empreint d'une séduction à la fois spontanée et voulue, en même temps que se situant « dans le bon ton ».

L'extériorité comporte un élément spectaculaire dans lequel intervient à la fois du plaisir à manifester un rayonnement de grande intensité, se nuançant en même temps d'une fantaisie rieuse, amusée et aimable, plutôt bienveillante, et aussi d'un désir de conserver ses distances.

(Maîtrise graphique conservée au niveau des finales des mots, qui sont à la fois fusantes et retenues.)

Le comportement doit être perçu comme souvent un peu déroutant en raison à la fois de l'aspect assez soudain des manifestations du magnétisme personnel et d'une certaine insaisissabilité : la personnalité pique la curiosité, suscite l'attente, lance des étincelles qui facilement « font mouche », puis se dérobe.

Cette facette de l'âme féminine qu'elle manifeste alors évoque assez bien, si l'on veut, l'image de l'élasticité à la fois souple et ferme, qui serait celle d'un félin, qui bondit, puis s'arrête brusquement, s'avance puis se dérobe, voire à la limite, dans un cadre intime, sort ses griffes, puis « fait patte de velours ».

Dans la vie affective, on retrouve cette même diversification du comportement, faisant alterner gentillesse et malice, charme insinuant et absence de réaction, attitude conciliante et opposante, désir d'attirer puis de tenir à distance, « sucre et sel », attrait pour les satisfactions puis dédain envers celles-ci.

(Écriture tantôt précise et tantôt illisible, « en pattes de mouche », faisant alterner traits pâles et traits foncés, tracés arrondis et tracés filiformes.)

L'intuition est développée à un degré de puissance exceptionnelle. Le psychisme possède comme des « antennes » très longues qui lui permettent de détecter, de « toucher » en quelque sorte, les réalités à très grande distance, dans le temps comme dans l'espace.

(Immense prolongement de certaines finales au niveau souvent des M *et des majuscules de la signature.)*

L'esprit est branché de manière imprévisible dans toute sorte de directions possibles. Les découvertes viennent d'on ne sait où ; leur provenance est inattendue ; leur manifestation est souvent stupéfiante et de nature à remettre en question les lois habituellement reconnues dans de tels domaines.

Une sorte d'état de grâce exaltant lui donne souvent la possibilité de se projeter au-delà du paravent constitué par les catégories habituelles : passé, présent, futur, quitte ensuite à ce que, mise en demeure de formuler d'une manière parfaitement adéquate les images ou symboles perçus, la scriptrice doive parfois se reprendre, voire surmonter quelques hésitations au moment de l'interprétation, sa nature fondamentale étant beaucoup plus instinctive et spontanée que cérébrale et portée aux savantes conceptualisations intellectuelles.

Le support essentiel des intuitions paraît se référer le plus souvent à la matière, au domaine incarné.

Les perceptions « extra-sensorielles » ou si l'on préfère les hyperintuitions, (ou clichés de voyance), sont vécues comme des repères irremplaçables qui permettent ensuite et aussitôt après de s'organiser en vue de mieux localiser les problèmes.

Elles constituent des poses de jalons dans l'appréhension du monde, qui, autrement, serait abordé sans méthode.

Elles permettent de mieux se situer par rapport à lui et de mieux mettre les choses à leur véritable place.

(Lettres verticales, telles que j *et* p *à la fois très « encrées », isolées et linéaires.)*

En Conclusion : Une personnalité en dehors des normes, spontanément, sans le vouloir, sans le rechercher, parce que c'est sa nature.

En proie à un très haut degré de tension émotionnelle, donne le change à son inquiétude intérieure, en s'extériorisant avec brio sur le plan social – son domaine de prédilection demeurant de loin le monde invisible de l'irrationnel et de l'exploration des problèmes humains, dans lequel elle se meut habituellement avec une virtuosité inspirée de qualité exceptionnelle.

Bibliographie

1. ÉPISTÉMOLOGIE, HISTOIRE DES SCIENCES

BOORSTIN Daniel, *Les Découvreurs*, Robert Laffont, Paris, 1986.

BERNARD Claude, *Introduction à l'étude de la médecine expérimentale*, Hachette, Paris, 1943.

DAUMAS Maurice (sous la direction de), *Histoire de la science des origines au XXe siècle*, Encyclopédie de la Pléiade, Gallimard, Paris, 1957.

DURAND G., *L'Imagination symbolique*, PUF, Paris, 1976.

GRENIER J., *Essai sur l'esprit d'orthodoxie*, Gallimard, Paris, 1967.

JACOB F., *Le Jeu des possibles*, Fayard, Paris, 1981.

KUHN T., *La Structure de révolution scientifique*, Flammarion, Paris, 1983.

POPPER K., *La Logique de la découverte scientifique*, Payot, Paris, 1973; *L'Univers irrésolu*, Hermann, Paris, 1984; *La Quête inachevée*, Calmann-Lévy, Paris, 1984.

RONAN Colin, *Histoire mondiale des sciences*, Le Seuil, Paris, 1988.

SERRES Michel (sous la direction de), *Éléments d'histoire des sciences*, Bordas, Paris, 1989.

STENGERS Isabelle (sous la direction de), *D'une science à l'autre des concepts nomades*, Le Seuil, Paris, 1987.

WEBER M., *Essai sur la théorie de la science*, Plon, Paris, 1965.

2. PSYCHOLOGIE, PSYCHANALYSE

FREUD Sigmund, « L'inquiétante étrangeté » *in Essais de psychanalyse appliquée*, Gallimard, Paris, 1971; *Nouvelles conférences sur la psychanalyse*, Gallimard, Paris, 1975; *Psychopathologie de la vie quotidienne*, Payot, Paris, 1975; *Un souvenir d'enfance de Léonard de Vinci*, Gallimard, Paris, 1977; *Cinq psychanalyses*, PUF, Paris, 1977; « Psychologie collective et analyse du Moi » *in Essais de psychanalyse*, Payot, Paris, 1980.

JUNG C. G., *Ma vie, souvenirs, rêves et pensées*, Gallimard, Paris, 1966;

Dialectique du moi et de l'inconscient, Gallimard, Paris, 1964; *Les Racines de la conscience, études sur l'archétype*, Buchet-Chastel, Paris, 1971; *Psychologie et Alchimie*, Buchet-Chastel, Paris, 1970; *L'Homme à la découverte de son âme*, Payot, Paris, 1963; *Un Mythe moderne*, Gallimard, Paris, 1961; *Psychologie et orientalisme*, PUF, Paris, 1985.

LACAN Jacques, *Écrits*, Le Seuil, Paris, 1966.

NAVILLE Pierre, *La Psychologie du comportement. Le Behaviorisme de Watson*, Gallimard, Paris, 1963.

SERVADIO E., « Freud et la parapsychologie » *in Revue Française de psychanalyse*, Paris, 1956/20 (3), pages 432 à 438.

3. PHILOSOPHIE

Le Temps, le Nouveau paradigme, Cosmologie.

ABELLIO Raymond, *Manifeste de la nouvelle gnose*, Gallimard, Paris, 1989; *La Structure absolue, essai de phénoménologie génétique*, Gallimard, Paris, 1965; *Vers un nouveau prophétisme, essai sur le rôle politique du sacré et la situation de Lucifer dans le monde moderne*, Gallimard, Paris, 1950.

AUGÉ M., *Pouvoirs de vie, Pouvoirs de mort*, Flammarion, Paris, 1977; *Génie du paganisme*, Gallimard, Paris, 1982.

BELAVAL Yvon, *Leibniz, initiation à la philosophie*, J. Vrin, Paris, 1984.

CAILLOIS Roger, *L'Homme et le sacré*, Gallimard, Paris, 1950.

COSTA DE BEAUREGARD Olivier, CAZENAVE Michel, NOEL Émile, *La Physique moderne et les pouvoirs de l'esprit*, Le Hameau, Paris, 1978.

DAWKINS Richard, *L'Horloger aveugle*, Robert Laffont, Paris, 1989.

DELACAMPAGNE Christian, et MAGGIORI Robert (sous la direction de), *Philosopher, Les interrogations contemporaines, matériaux pour un enseignement*, Fayard, Paris, 1980.

ECO Umberto, *« L'irrationnel – hier et aujourd'hui », in Lettre internationale*, n° 17, été 1988.

ELIADE Mircea, *Images et Symboles*, Gallimard, Paris, 1952; *Le Sacré et le Profane*, Gallimard, Paris, 1965; *Occultisme, sorcellerie et modes culturels*, Gallimard, Paris, 1978.

FAIVRE Antoine, *Accès de l'ésotérisme occidental*, Gallimard, Paris, 1986.

GRATELOUP Léon-Louis, *Problématiques de la philosophie, Les questions philosophiques dans le monde contemporain*, Hachette, Paris, 1985.

HAWKING Stephen, *Une brève histoire du temps du Big Bang aux trous noirs*, Flammarion, Paris, 1989.

LABORIT Henri, *La Vie antérieure*, Éditions Grasset et Fasquelle, Paris, 1989.

LINSSEN Robert, *L'Homme transfini*, Le Courrier du Livre, Paris, 1984.

MATRICON Jean, ROUMETTE Julien, *L'Invention du temps*, Éditions de la Cité des Sciences et de l'Industrie, Paris, 1989.

PERROT Étienne, *La Voie de la transformation d'après C. G. Jung et l'Alchimie*, Étienne Perrot et la Fontaine de Pierre, Paris, 1980.

PERROT Étienne et SAINT RENÉ TAILLANDIER Francine, *C. G. Jung et la voie des profondeurs*, La Fontaine de Pierre, Paris, 1980.

PRIGOGINE I., STENGERS I., *La Nouvelle Alliance*, Gallimard, Paris, 1979; *Entre le Temps et l'Éternité*, Fayard, Paris, 1988.

WILBER Ken, *Les Trois Yeux de la connaissance, la quête du nouveau paradigme*, Éditions du Rocher, Paris, 1987.

4. THÉORIE QUANTIQUE ET RELATIVITÉ NOUVELLE PHYSIQUE

COSTA DE BEAUREGARD Olivier, *Le Temps éloigné, passé-futur-ailleurs*, Éditions du Rocher, Paris, 1988; « Cosmos et conscience » *in Science et Conscience. Les deux lectures de l'univers*, Stock, Paris, 1980; *La Physique moderne et les Pouvoirs de l'esprit*, Radio-France/Le Hameau, Paris, 1981.

DAVIES Paul, *God and the New Physics*, J.M. Dent and Sons, Londres, 1983.

D'ESPAGNAT B., *A la recherche du réel*, Bordas, Paris, 1979; *Une incertaine réalité – Le monde quantique, la connaissance et la durée*, Gauthier Villard, Paris, 1985.

HERBERT Nick, *Quantum Reality Beyond the New Physics*, Rider and Cie, Londres, 1985.

HOFFMANN Barresh et PATY Michel, *L'Étrange Histoire des quantas* et *Nouveaux voyages au pays des quantas*, Le Seuil, Paris, 1967-1981.

ORTOLI Sven, PHARABOD Jean-Pierre, *Le Cantique des Quantiques*, La Découverte, Paris, 1984.

PAGELS Heinz, *L'Univers quantique. Des quarks aux étoiles*, Inter-Éditions, Paris, 1985.

SELLERI Franco, *Le Grand Débat de la théorie quantique*, Flammarion, Paris, 1986.

5. ENSEIGNEMENTS ÉSOTÉRIQUES

MAETERLINCK Maurice, *Le Livre de demain*, Fayard, Paris, *Le Temple enseveli*, Fasquelle, Paris, 1920; *Le Grand Secret*, Fasquelle, Paris, 1921; *L'Hôte inconnu*, Fasquelle, Paris, 1920.

MAGRE Maurice, *La Clef des choses cachées*, Fasquelle, Paris, 1935; *La Mort et la Vie future*, Fasquelle, Paris, 1932.

PRIEUR Jean, *Swedenborg, Biographie et Anthologie*, Fernand Lanore, Paris, 1983; *Les Témoins de l'invisible*, Lanore, Paris, 1986; *L'Europe des médiums et des initiés* 1850-1950, Librairie académique Perrin, Paris.

RIHOUËT-COROZE S., *Qui était Rudolf Steiner? Une épopée de l'esprit au xxe siècle*, Centre Triades, Paris, 1986.

SCHURÉ Édouard, *Les Grands Initiés. Esquisse de l'histoire secrète des religions*, Librairie académique Perrin, Paris, 1949.

STEINER Rudolf, *Théosophie. Introduction à la connaissance suprasensible du monde et de la destinée de l'homme*, Centre Triades, Paris, 1984; *Manifestations du Karma*, La Science Spirituelle, Paris, 1946; *Le Sens de la mort*, Centre Triades, Paris, 1985; *Le Sens de l'amour*, Centre Triades, Paris, 1985; *Le Livre des médiums*, Dervy-Livres, Paris; *Le Mystère chrétien et les Mystères antiques*, Librairie académique Perrin, Paris, 1947.

SWEDENBORG Emmanuel, *Le Livre des rêves*, Pandora, 1979; *Le Ciel et ses merveilles et l'Enfer*, Cercle Swedenborg, Paris, 1973.

WEINBERG Steven Lee, *Ramtha*, Astra, Paris, 1988.

6. PARAPSYCHOLOGIE

BROCH H., ROUZÉ M., « Le projet alpha. Rapport sur trois années de psi », *in Science et Vie*, n° 796, janvier 1984.

CARINGTON W., *La Télépathie*, Payot, Paris, 1972.

CASTELLAN Yvonne, *La Parapsychologie*, PUF, Paris, 1966-1985.

CHAUVIN Rémy, *La Parapsychologie. Quand l'irrationnel rejoint la science*, Hachette, Paris, 1980; *Des animaux et des hommes*, Seghers, Paris, 1989.

COSNIER J., BROSSARD A., *La Communication non verbale*, Delachaux et Niestlé, Neuchâtel, 1984.

CUNIOT Alain, *Incroyable... mais faux!*, L'Horizon chimérique, Bordeaux, 1989.

DELPECH L. J., « La parapsychologie à la croisée des chemins » *in PSI*, n° 1, 2 et 3, 1977, 1977, 1978.

GIRARD Jean-Pierre, *L'Effet G., La science face au psi*, Robert Laffont, Paris, 1981.

KELLER Werner, *La Parapsychologie ouvre le futur*, Robert Laffont, Paris, 1975.

KRIPPNER Stanley, RUBIN Daniel, *L'Effet Kirlian*, Sand, Paris, 1985.

LAFFOREST Roger de, *L'Effet nocebo, Enquête sur les voies et les mécanismes de l'influence à distance*, Robert Laffont, Paris, 1989.

LAPLANTINE François, *La Culture du psy*, Privat, Toulouse, 1975.

MOREAU C., *Parapsychologie en psychiatrie et psychanalyse*, Mémoire de C.E.S. de Psychiatrie, Tours, 1975; *Freud et l'Occultisme*, Privat, Toulouse, 1976.

RHINE J.B., *Le Nouveau Monde de l'esprit (problèmes de Parapsychologie n° 1)*, Librairie Adrien Maisonneuve, Paris, 1955; *La Double Puissance de l'esprit*, Payot, Paris, 1952.

RHINE Louisa E., *Les Voies secrètes de l'esprit*, Fayard, Paris, 1970.

RICHET C., *Traité de métapsychique*, Alcan, Paris, 1923.

ROUZÉ Michel, *La Parapsychologie en question*, Hachette, Paris, 1979.

SUDRE R., *Traité de parapsychologie*, Payot, Paris, 1956.

TISCHNER R., *Introduction à la parapsychologie*, Payot, Paris, 1973.

7. MÉDIUMNITÉ, VOYANCE, OCCULTISME, MAGIE

ALEXANDRE Élisabeth, MATHON Agnès, *Le Guide des voyants et des astrologues*, Philippe Lebaud, Paris, 1988.

BRASEY Édouard, *Sorciers. Voyage chez les astrologues, envoûteurs, guérisseurs, mages et voyants*, Ramsay, Paris, 1989.

CAQUOT A., LEIBOVICI M., *La Divination*, PUF, Paris, 1968.

CHRISTIAN Pierre, *Histoire de la magie et du monde surnaturel*, Artefact-Henri Veyrier, Paris, 1986.

DESSUART Joseph et Annick, *La Voyance*, PUF, Paris, 1980.

FAVRET-SAADA Jeanne, *Les Mots, la Mort, les Sorts. La Sorcellerie dans le Bocage*, Gallimard, Paris, 1977.

FONTAINE Janine, *Nos trois corps et les trois mondes*, Robert Laffont, Paris, 1986.

GALIBRET Yves, *Le Crépuscule des magiciens, Le réalisme français contre la culture*, Éditions Rationalistes, Paris.

IMBERT-NERGAL R., *Les Sciences occultes ne sont pas des sciences*, Publications de l'Union rationaliste, Paris, 1959.

KOECHLIN DE BIZEMONT Dorothée, *L'Univers d'Edgar Cayce, t. I*, Robert Laffont, Paris, 1985; *L'Univers d'Edgar Cayce, t. II*, Robert Laffont, Paris, 1987.

LANDREAUX-VALABRÈGUE Jackie, *La Médiumnité*, Robert Laffont, Paris, 1985.

LAPLANTINE François (sous la direction de), ALLOUCHE Richard, BELLERIVE Georges de, BRUN André, LAPLANTINE Françoise, MOULIN Éliane. RABEYRON Paul-Louis, *Un voyant dans la ville, Le Cabinet de consultation d'un voyant contemporain : Georges de Bellerive*, Payot, Paris, 1985. Cet ouvrage contient une excellente bibliographie à laquelle on pourra se reporter.

LARUE André, *Les Voyantes*, Fayard, Paris, 1971.

LEBRUN Maguy, *Médecins du ciel, Médecins de la terre*, Robert Laffont, Paris, 1987.

LOUIS René, *L'Ère des médiums, enquête sur une voyance : le paranormal*, Éditions Autrement, Paris, n° 103, janvier 1989.

MOZZANI Éloïse, *Magie et superstition de la fin de l'Ancien Régime à la Restauration*, Robert Laffont, Paris, 1988.

PICARD Gilbert, *La France envoûtée*, Éditions Le Carrousel-FN, Paris, 1986.

PRIEUR Jean, *La Prémonition et notre destin*, Robert Laffont, Paris, 1989.

SALLMANN Jean-Michel, *Les Sorcières, fiancées de Satan*, Gallimard, Paris, 1989.

SCHWARTZ Stephan A., *Le Projet Alexandrie*, Sand, Paris, 1985; *Les Cavernes secrètes du temps, l'archéologie psychique*, Robert Laffont, Paris, 1980.

STEARN Jess, *Edgar Cayce le prophète*, Sand, Paris.

TAITTINGER Claude, *Monsieur Cazotte monte à l'échafaud*, Claude Taittinger et Librairie académique Perrin, Paris, 1988.

TERVAGNE Simone de, *Le Livre d'or de la voyance, de Madame de Thèbes à*

Yaguel Didier, Garancière, Paris, 1986; *Une Voyante à l'Élysée, Madame Fraya*, Garancière, Paris, 1984.
VERNANT J.-P. et coll., *Divination et rationalité*, Le Seuil, Paris, 1974.

8. TÉMOIGNAGES DE MÉDIUMS

BELLINE, *Comment je suis devenu voyant?*, Coll. L'Aventure mystérieuse, J'ai lu, Paris; *Les Grands Visionnaires de l'Histoire*, Robert Laffont, Paris, 1983.
BOUISSOU MICHAËL, *Un médium dans la vie*, Plon, Paris, 1954.
BOUVIER Hélène, *Victoire du spirituel*, Astra, Paris.
DELCLOS Marie, *Le Toucher intérieur en direct... d'une voyante*, Souffles, Paris, 1987.
DERLICH Didier, *Un médium avec vous*, Carrère, Paris, 1989.
DESSUART J. et A., *La Voyance*, PUF, Paris, 1984.
DIDIER Yaguel, *Leur vrai destin, révélations sur les grands secrets de l'histoire*, Jean-Claude Lattès, Paris, 1985.
KSENSEE Alain, « Qu'est-ce que c'est que ça? Ça, c'est voir clair! » (Dialogues avec Yaguel Didier) *in Psychiatrie Fiction, Psychiatrie française*, Paris, n° 3/89, juin.
ROBIN F., *La Voyance mon aventure*, Stock, Paris, 1973.

9. ASTROLOGIE

BARBAULT André, *Traité pratique d'astrologie*, Le Seuil, Paris, 1961.
HITSCHLER K., *Le Secret des 360 degrés symboliques, pour une meilleure interprétation et prévision en astrologie*, Dervy-Livres, Paris, 1984.
JANDUZ, *Les 360 degrés du Zodiaque symbolisés par l'image et par la Cabbale*, Bussière, Paris, 1986.
MORIN Edgar (sous la direction de), *La Croyance astrologique moderne*, L'Age d'Homme, Lausanne, 1981.

10. « VIE APRÈS LA MORT », RÉINCARNATION, SPIRITISME

BRUNE François, *Les Morts nous parlent*, Éditions du Félin, Paris, 1989.
CHURCH W.H., *Les Retours d'Edgar Cayce, L'histoire de ses réincarnations*, Éditions de Mortagne, Ottawa, 1988.
DENIS Léon, *La Grande Énigme, Dieu et l'Univers*, Librairie des Sciences Psychiques, Paris, 1911; *Dans l'invisible, spiritisme et médiumnité*, Librairie des Sciences Psychiques, Paris, 1911.
DESJARDINS Denise, *La Mémoire des vies antérieures*, La Table Ronde, Paris, 1980.
HEAD Joseph, CRANSTON S.L., *Le Livre de la réincarnation, Le Phénix et le mystère de sa renaissance*, Éditions de Fanval, Paris, 1984.

JOUVENEL Marcelle de, *Au diapason du ciel*, Fernand Lanore, Paris, 1981; *Quand les sources chantent*, Fernand Lanore, Paris; *Au seuil du royaume*, Fernand Lanore, Paris,; *En absolue fidélité*, Fernand Lanore, Paris; *La seconde vie*, Fernand Lanore, Paris.

KARDEC Allan, *Le Livre des esprits*, Stock, Paris, 1979; *Manuel d'évocation spirite*, Éditions de Mortagne, Ottawa, 1988; *Le Livre des médiums*, Dervy-Livres, Paris.

LEVI Eliphas, *La Science des esprits*, Guy Trédaniel-Éditions de la Maisnie, Paris.

MISRAKI Paul, *L'Expérience de l'après-vie*, Robert Laffont, Paris, 1974.

MONNIER Pierre, *Lettres de Pierre, Tomes I, II, III, IV, V, VI*, Fernand Lanore, Paris, 1984.

MOODY R., *La Vie après la vie*, J'ai lu, Paris, 1980; *Lumières nouvelles sur la vie après la vie*, J'ai lu, Paris, 1981.

MORRANNIER Jeanne, *Au Seuil de la Vérité*, PU; *Après cette vie*, Sorlot-Lanore; *La Mort est un réveil*, Fernand Lanore, Paris, 1980; *La Science et l'Esprit*, Sorlot-Lanore; *La Totalité du réel*, Fernand Lanore, Paris.

PIKE James A., KENNEDY Diane, *Dialogue avec l'au-delà*, Robert Laffont, Paris, 1970.

RENARD Hélène, *L'Après-vie. Croyances et recherches sur la vie après la mort*, Philippe Lebaud, Paris, 1985.

SIMON Gustave, *Chez Victor Hugo, les tables tournantes de Jersey*, Louis Conard, Paris, 1923.

VAN EERSEL Patrice, *La Source noire, révélations aux portes de la mort*, Grasset et Fasquelle, Paris, 1986.

VARTIER Jean, *Allan Kardec. La Naissance du spiritisme*, Hachette, Paris, 1971.

11. MYTHOLOGIES

BAYET Jean, *La Religion romaine, histoire politique et psychologique*, Payot, Paris, 1956.

COMTE Fernand, *Les Grandes Figures des mythologies*, Bordas, Paris, 1988.

DODDS E.R., *Les Grecs et l'Irrationnel*, Flammarion, Paris, 1977.

GRENIER Albert, *Le Génie romain dans la religion, la pensée et l'art*, Albin Michel, Paris, 1969.

HAMILTON Édith, *La Mythologie, ses dieux, ses héros, ses légendes*, Nouvelles Éditions Marabout, Verviers, 1978.

OTTO Walter F., *Les Dieux et la Grèce*, Payot, Paris, 1981.

PICHON Jean-Charles, *L'Homme et les Dieux. Histoire thématique de l'humanité*, Robert Laffont, Paris, 1965.

TABLE DES MATIÈRES

Cet ouvrage a été réalisé sur
Système Cameron
par la SOCIÉTÉ NOUVELLE FIRMIN-DIDOT
Mesnil-sur-l'Estrée
pour le compte des Éditions Laffont
le 24 janvier 1990

Imprimé en France
Dépôt légal : février 1990
N° d'édition : 32296 – N° d'impression : 13467